Jan Rehmann

Einführung in die Ideologietheorie

Weitere Schriften von Jan Rehmann bei Argument

Postmoderner Links-Nietzscheanismus

Deleuze & Foucault. Eine Dekonstruktion

Argument Sonderband AS 298, 2004

Max Weber: Modernisierung als passive Revolution

Kontextstudien zu Politik, Philosophie und Religion

im Übergang zum Fordismus

Argument Sonderband AS 235, 1998, [2]2013

Die Kirchen im NS-Staat

Untersuchung zur Interaktion ideologischer Mächte

Argument Sonderband AS 160, 1986

Gemeinsam mit anderen

Angriff der Leistungsträger?

Das Buch zur Sloterdijk-Debatte

Hg. mit Thomas Wagner. Argument Sonderband AS 307, 2010

Muss ein Christ Sozialist sein?

Nachdenken über Helmut Gollwitzer

Hg. mit Brigitte Kahl. Argument Sonderband AS 232, 1994

Faschismus und Ideologie

Argument Sonderband AS 60 und Argument Sonderband AS 62, 1980

Neuausgabe in einem Band als Argument Classic 2007

Theorien über Ideologie

Argument Sonderband AS 40, 1979, [3]1986

Jan Rehmann

Einführung in die Ideologietheorie

Argument

Das Buch entstand mit freundlicher Unterstützung des
Berliner Instituts für kritische Theorie.

Für Brigitte

Dank für Lektorat und Kritik an: Thomas Barfuss, Mario Candeias, Wolfgang Fritz Haug, Peter Jehle, Christina Kaindl, Juha Koivisto, Ines Langemeyer und Tilman Reitz.
Für technische Hilfe Dank an Elske Bechthold.

Die Deutsche Nationalbibliothek verzeichnet diese Publikation in der Deutschen Nationalbibliografie; detaillierte bibliografische Daten sind im Internet über http://dnb.d-nb.de abrufbar.

Deutsche Originalausgabe

Glashüttenstraße 28 · 20357 Hamburg
Telefon 040/4018000 · Fax 040/40180020
verlag@argument.de · www.argument.de
Umschlagbild: Michelangelo Caravaggio *Narziss* (1594–1596)
Satz: Iris Konopik
Druck: docupoint, Magdeburg
Gedruckt auf säure- und chlorfreiem Papier
ISBN 978-3-88619-337-0
Fünfte Auflage 2025

Inhalt

Einleitung

I.

Was passiert, wenn die religiöse Rechte in den USA moralische und familiäre »Werte« beschwört und damit der Republikanischen Partei zu Wahlsiegen verhilft? Wie erklärt man, dass sie sich in ihrem Kulturkampf gegen »Unmoral«, v. a. gegen gleichgeschlechtliche Ehen und abtreibende Mütter, auf bedeutende Teile der weißen Arbeiterklasse sowie der vom Abstieg bedrohten »Mittelklassen« stützen konnte? Thomas Frank hat in seinem Buch *What's the Matter with Kansas?* ausführlich geschildert, wie es dem Backlash-Konservatismus gelang, an populare Ressentiments gegen die »da oben« anzuknüpfen und sie gegen eine »liberale Elite« zu wenden, die angeblich die Filmindustrie, die Medien, die Kultur beherrscht, Volvo fährt, Caffè-Latte schlürft, französischen Käse isst und sich einbildet, »uns«, dem arbeitenden amerikanischen Volk vorschreiben zu können, wie es zu leben hat (2004a, 5ff, 16f; 2004b, 641f). Eine zweite Frontstellung richtete sich gegen die Gewerkschaften, die den Arbeitern das Geld aus der Tasche ziehen, eine dritte gegen Sittenverfall und Drogenökonomie der v. a. als »schwarz« konstruierten Armen[1], deren alleinstehende Teenage-Mütter als »welfare queens« den Sozialstaat betrügen. Diese komplementären Frontstellungen charakterisierten die kulturelle Hegemonie des Neokonservatismus unter Präsident Reagan und Bush sen. sowie nach der Clinton Ära unter Präsident G. W. Bush jr.

Natürlich wurden die ›Werte‹, in deren Namen die Wähler bei den Republikanern ihr Kreuz machten, nie wirklich umgesetzt: der ›unmoralische‹ Kommerz der Privatsender bleibt, die meisten Ehescheidungen gibt es in den konservativen Staaten des Südens, während das »liberale« Massachusetts, das die gleichgeschlechtliche Ehe legalisiert hat, die niedrigste Scheidungsrate aufweist. Das wirkliche Wahlergebnis bestand in weiteren Sozialkürzungen, Stellenabbau, Privatisierungen, neoliberaler Zersetzung des Gemeinwesens. »Ökonomisch gesehen sind die Republikaner die Partei des organisierten Geldes, doch wenn die Rede auf ›Werte‹ kommt, verwandeln sie sich in etwas sehr anderes und sehr Attraktives: eine Protest-Partei«, beobachtete Frank. Sie sind es, »die am überzeugendsten beanspruchen, für den kleinen Mann zu sprechen, und die sich über die Freveltaten entrüsten, die von hochnäsigen Aristokraten an Leuten aus dem einfachen Volk verübt werden« (2004b, 541f).

1 Obwohl die meisten Armen in den USA weiß sind (wobei die Armutsrate bei »Minderheiten« prozentual größer ist), vermitteln die Medien seit Mitte der 1960er Jahre ein überwiegend »schwarzes« Armutsbild (vgl. hierzu die Medienanalyse bei Gilens 2003).

II.

Dass das von Frank beschriebene rechts-populistische Bündnis aus Neoliberalen, Neokonservativen und der religiösen Rechten schließlich selbst in die Krise gekommen ist, braucht uns hier nicht weiter zu interessieren. Wir nehmen den lang anhaltenden Erfolg des US-amerikanischen Neokonservatismus nur als Einstiegsbeispiel, um uns in einem ersten Versuch den Aufgabenstellungen einer materialistischen Ideologietheorie anzunähern.

Offenbar haben wir es hier mit einer eigentümlichen ideologischen Verkehrung zu tun. Das wirkliche »Oben« setzt nicht nur *von oben* seine neoliberalen Reformen durch, sondern kann auch als protestierende Bewegung *von unten* auftreten, teilweise sogar gegen die Auswirkungen der eigenen Politik. Dadurch, dass das »Oben«, die Welt des großen Geldes und Kapitals, glaubwürdig in Gestalt eines volkstümlichen »Unten« auftritt, gelingt es ihm, seine Klassenherrschaft als ›Hegemonie‹ über die Gesellschaft auszuüben. Hegemonie ist einer der Zentralbegriffe der Theorie Antonio Gramscis und besagt, dass die herrschende Klasse nicht nur herrscht, sondern auch ›führt‹, einen weitreichenden Konsens in der Bevölkerung erzeugt. Mit ihr verbinden sich zahlreiche Politiker, Juristen, Kulturschaffende, religiöse Moralisten und andere Intellektuelle (im weiten Sinne), die die herrschende Ideologie in eine fürs Volk überzeugende Sprache übersetzen. Während über die Grundlagen, Funktionsweisen und Auswirkungen der Klassenherrschaft selbst systematisch geschwiegen wird, wird der Volkszorn gegen die ›Herrschaft‹ der Bürokratie, der linksliberalen Medienvertreter, der Gewerkschaftsführungen, der abgehobenen Intellektuellen gerichtet.

Die Komponenten des herrschenden Blocks können sich ebenso ändern wie die zu bekämpfenden Gegner. In den »goldenen Jahren« des Fordismus, also ca. vom Zweiten Weltkrieg bis zum Ende der 1970er Jahre, gehörten z. B. die Gewerkschaftsführungen zu einem beträchtlichen Teil zum herrschenden Machtblock; in bestimmten politischen Konstellationen kann sich die Polemik führender Politiker auch gegen bestimmte Fraktionen der herrschenden Klasse richten, z. B. gegen Hedge-Fonds und ›Coupon-Abschneider‹ des spekulativen Finanzkapitals; die deutschen Faschisten richteten ihren Antisemitismus in dreifacher Frontstellung gegen »jüdische« Arbeiterbewegung und Armut (die ›Bolschewisten‹ und armen ›Ostjuden‹), gegen die subversiv-entwurzelten ›jüdischen‹ Intellektuellen (Liberalismus) und gegen das ›jüdische Finanzkapital‹.

Die Aufgabe einer Ideologietheorie bestünde hier darin, analytische Instrumentarien zum Verständnis solcher ideologischer Verkehrungen und Konstruktionen zu entwickeln. Der Begriff hat sich erst in den 1970er Jahren v. a. im Anschluss an Louis Althusser eingebürgert und sollte eine mehrfache Abgrenzung markieren: zum einen von der im Marxismus weit verbreiteten

Reduktion von Ideologien auf bloße Erscheinungen des Ökonomischen – eine Tendenz, die auch als »Ökonomismus« oder »Klassenreduktionismus« bezeichnet wird; zum anderen von Traditionen einer »Ideologiekritik«, die die Ideologie einseitig als falsches, verkehrtes Bewusstsein auffasst, um es vom Standpunkt eines »richtigen« zu kritisieren. Und schließlich von bürgerlichen »Legitimitätstheorien«, die im Gefolge von Max Weber bis hin zu Niklas Luhmann die Frage ideologischer Bindungsfähigkeit »sozialtechnologisch«, ausgehend von der Herrschaft und ihrer Selbstrechtfertigung stellen. So kann z. B. nach Luhmann, der an Webers Überlegungen zur »rationalen« Herrschaft anknüpft[2], der Komplexität moderner Gesellschaften nur durch »Generalisierung des Anerkennens von Entscheidungen« Rechnung getragen werden. Nicht motivierte Überzeugungen seien erforderlich, sondern ein »motivfreies [...] Akzeptieren« (1969, 32). Das passive Abnicken der von ›befugten‹ Experten gefällten Entscheidungen wird einverständig als Sachzwang dargestellt, die Möglichkeit einer Demokratisierung, einer Partizipation von unten kommt nicht ins Blickfeld. Zu Recht kritisiert Jürgen Habermas, Luhmann appelliere konservativ an die Eliten, ihre Entscheidung fürs Gemeinwesen »autonom«, ohne demokratische Einmischung zu treffen, und seine Legitimationstheorie laufe letztlich auf die neue Ideologie einer technokratischen Herrschaftslegitimation hinaus (Habermas/Luhmann 1971, 239ff, 269).

Der Bedarf nach Ideologietheorie ergab sich daraus, dass keine dieser Traditionen in der Lage war, die Stabilität der modernen bürgerlichen Gesellschaft und ihres Staates zu erklären, geschweige denn (sofern sie das überhaupt wollten), eine hegemoniefähige Strategie demokratisch-sozialistischer Transformationen zu entwickeln. Dem versuchen unterschiedliche ideologietheoretische Ansätze gerecht zu werden, indem sie nach den gesellschaftlichen Konstitutionsbedingungen sowie den unbewussten Funktions- und Wirkungsweisen des Ideologischen fragen. Dabei richten sie den Blick auf dessen »Materialität«, d.h. seine Existenz als Ensemble von Apparaten, Intellektuellen, Ritualen und Praxisformen.

2 Max Webers herrschaftssoziologischer Ausgangspunkt ist die Frage, mit welchen materiellen oder ideellen Mitteln der Verwaltungsstab an die Herrschaft gebunden werden kann, und wie die Unterworfenen davon überzeugt werden können, dass diese Herrschaft »legitim« ist (*WuG*, 122). Von hier aus unterscheidet er die drei Typen »legitimer Herrschaft«, die »traditionale« (Berufung auf die Heiligkeit der herrschenden Tradition), die »charismatische« (Berufung auf die Heiligkeit oder Heldenkraft einer auserwählten Person), und die »rationale« Herrschaft, die sich auf die Legalität der gültigen Gesetze beruft.

III.

Was besagen diese ersten Bestimmungsversuche für unser Eingangsbeispiel? Dass man den Erfolg der US-Rechten nicht hinreichend als »Ausdruck« der Ökonomie erklären kann, liegt auf der Hand. Es gibt zwar unbestreitbare ökonomische Gründe und Hintergründe für den Erfolg von Neoliberalismus und Neokonservatismus (z. B. die Krise von Fordismus und Keynesianismus in den 1970er Jahren), die auch bei einer ideologietheoretischen Analyse berücksichtigt werden müssen. Aber diese erklären noch nicht, warum Arbeiter und untere Mittelschichten einer Politik zustimmen, die durch Deregulierung, Privatisierung und Schwächung der Gewerkschaften ihre eigene gesellschaftliche Stellung unterminiert. Das ideologietheoretische Problem besteht gerade darin, zu begreifen, wie die Hinwendung zu bestimmten ideologischen Werten mit einem Verlust von kollektiver Handlungsfähigkeit und sozialer Absicherung einhergehen kann. Zentrales Thema der Ideologietheorie ist die freiwillige Einordnung in entfremdete Herrschaftsformen, die aktive Zustimmung zu einschränkenden Handlungsbedingungen.

Die ideologie*kritische* Bestimmung der Ideologie als falsches oder verkehrtes Bewusstsein scheint hier zunächst weiterzuführen. Irgendetwas muss doch ›fehlgeleitet‹ sein, wenn Menschen ihre Stimme für moralische und familiäre Werte abgeben und sich dafür Sozialkürzungen, Verarmung und schließlich sogar die weitere Zersetzung eben dieser Werte einhandeln. Allerdings besagt die Feststellung eines ›falschen‹ Bewusstseins noch nichts über sein Zustandekommen. Eine *Theorie* des Ideologischen beginnt, wo dessen gesellschaftliche Genesis, Funktionsnotwendigkeit, Wirkungsweise und Wirksamkeit in den Blick kommen. Auch die widersprüchliche Zusammensetzung von Ideologien wird durch die totalisierende Zuschreibung ihrer »Falschheit« eher verdeckt als erklärt. Der Begriff verführt leicht zu Entlarverei und zum dogmatischen Verkünden eines (vermeintlich) »richtigen« Standpunkts, ohne Berücksichtigung der auch in Ideologien und im Alltagsbewusstsein vorhandenen ›realistischen‹ Elemente. Er legt Haltungen nahe, die der Herausbildung von ›organischen Intellektuellen‹ (Gramsci) sozialer Bewegungen entgegenstehen. So sind z. B. auch konservative ›Familienwerte‹ trotz der offensichtlichen Heuchelei vieler ihrer Verkünder nicht einfach »falsch«, sondern repräsentieren, wie verzerrt auch immer, Sehnsüchte nach Zusammenhalt, Nähe und Zuverlässigkeit in einer zerrissenen Welt, nicht zuletzt bei vielen Verarmten und Destabilisierten, deren Lebenszusammenhänge zerbrochen oder prekär sind. »Family values« sind zu einem beträchtlichen Teil »aspirational values«, Sehnsuchts-Werte. In einem ähnlichen Sinn hat der junge Marx die Religion nicht einfach abgetan, sondern als »Seufzer der bedrängten Kreatur« verstanden (1/378). Stuart Hall zufolge ist die wichtigste Frage, die man an eine bindungs- und mobilisierungskräftige Ideologie stellen muss »nicht, was *falsch* an ihr ist, sondern was wahr an ihr ist«, nicht im Sinne von allgemeingültig oder wissenschaftlich wahr, sondern von »einleuchtend« (1989, 189).

Der Erfolg der religiösen Rechten wird zuweilen damit erklärt, dass die Zerstörung öffentlicher und gemeinsamer Räume im Neoliberalismus (Kommunikationszentren, Clubs, Bibliotheken) und die damit einhergehende Vereinzelung die Leute in Kirchen und Religionsgemeinschaften treibt, die oft als einzige Treffpunkte (neben dem Supermarkt) übrigbleiben. Damit übernehme die religiöse Illusion die Vorherrschaft und verhindere eine rationale Interessenwahrnehmung. Diese Erklärung ist bis zu einem bestimmten Grad plausibel. Aber es bleibt die Frage, warum die Kirchgänger solche Treffpunkte nicht nutzen, um sich über ihre ökonomischen, kommunalen und kulturellen Interessen zu verständigen. Dass Religion an sich dem nicht notwendig entgegenstehen muss, zeigen z. B. die Erfahrungen der lateinamerikanischen Basisgemeinden, in denen eine neue Art der Bibellektüre mit kritischer Gesellschaftsanalyse und der Formulierung von emanzipatorischen Alternativen verbunden wurde. Das Beispiel ist geeignet, um einen wichtigen Unterschied zwischen Ideologiekritik und Ideologietheorie zu verdeutlichen: Statt uns mit der Vorweg-Annahme zufriedenzugeben, dass Religion »verkehrtes Weltbewusstsein«, »Opium des Volks« (1/378) ist, benötigen wir offenbar eine konkrete Analyse der Kräfteverhältnisse *im* religiösen Feld als Teil der hegemonialen Kräfteverhältnisse in der Zivilgesellschaft. Auch darum geht es, wenn von relativer Eigengesetzlichkeit und eigener »Materialität« des Ideologischen die Rede ist.

IV.

Die ideologietheoretischen Einwände, die gegen ideologiekritische Entlarvungen »falschen Bewusstseins« vorgebracht worden sind, lassen sich in drei Punkten zusammenfassen: zum einen übersehen sie die materiellen Existenzformen des Ideologischen, seine Apparate, Intellektuellen und Praxisformen, die bestimmte ideologische Effekte auf Handlungs- und Denkweisen erzeugen; zum anderen tendiert ihre Orientierung aufs »Bewusstsein« dazu, die Bedeutung der unbewussten Funktionsweisen von ideologischen Formen und Praxen zu verfehlen; und drittens verdrängt das Bemühen, die Ideologie zu »widerlegen«, die Hauptaufgabe, ihre Wirkungsweise zu verstehen und ihrer »Macht über die Herzen« nachzuspüren, um ihr auf dieser Grundlage ihre Attraktionspunkte entwenden zu können.

Freilich unterstellen diese Kritiken zur deutlicheren Abgrenzung ihres eigenen Ansatzes häufig einen Begriff von »Ideologiekritik«, der eher die Schwachpunkte als die potenziellen Stärken anspricht. *Kritik* im ernsten, analytischen Sinn, wie sie von Marx entwickelt worden ist, bedeutet ja nicht Abfertigung von außen, sondern Begreifen des Gegenstands von seiner Konstitution her. In diesem Sinn wendet sich die *Kritik des hegelschen Staatsrechts* 1843 gegen eine »dogmatische Kritik, die mit ihrem Gegenstand *kämpft*«, statt die »innere Genesis« und »Notwendigkeit« des Gegenstandes aufzuzeigen (KHS, 1/296). Diesen Typus von *Kritik*, der sich in Abgrenzung zu Derridas Konzept der »Dekonstruktion« als ›rekonstruktiv‹ bezeichnen lässt, wird Marx dann mit methodischer Präzision vor allem in seinem Hauptwerk, der *Kritik der Politischen Ökonomie,* praktizieren.

Die vorgenommenen Grenzziehungen zwischen *Kritik* und *Theorie* der Ideologie sind also nicht so eindeutig, wie es zunächst aussah. Zum einen beanspruchen auch viele der als »ideologiekritisch« bezeichneten Ansätze, die gesellschaftlichen Konstitutions- und Wirksamkeitsbedingungen von Ideologien zu erfassen, z. B. mithilfe des marxschen Begriffs des Waren-, Geld- und Kapitalfetischs sowie der durch ihn konstituierten »objektiven Gedankenformen« (K I, 23/90); zum anderen enthalten auch viele »ideologietheoretischen« Ansätze eine Komponente der Kritik, bei der sich freilich das Paradigma vom Wahr-falsch-Gegensatz zur Analyse der Wirkungsweise und zum Gegensatz von Herrschaftsreproduktion vs. Emanzipation verschoben hat. Mehr noch: Ideologietheorien ohne eine ideologiekritische Perspektive laufen Gefahr, sich funktionalistisch in einverständige Legitimationstheorien zurückzuverwandeln.

Die Abgrenzung zu »ideologiekritischen« Ansätzen sollte daher nicht verabsolutiert werden. Auch ist es nicht sinnvoll, zwischen Fragen der Herrschaft und Fragen der Wahrheit eine strikte Trennung zu errichten. Da Theorieentwicklungen sich häufig in Pendelbewegungen vollziehen, haben sich Ideologiekritik und Ideologietheorie weitgehend getrennt und gegeneinander entwickelt. Dies hing v. a. damit zusammen, dass die Althusser-Schule unter Berufung auf einen theoretischen »Antihumanismus« zentrale Begriffe der Ideologiekritik wie z. B. Entfremdung, Fetischismus, Verdinglichung grundsätzlich verworfen hat. Da ich die damit zusammenhängende Dichotomisierung von Ideologietheorie und Ideologiekritik für unfruchtbar halte, werde ich versuchen, die auseinandergetretenen Richtungen wieder miteinander in einen Dialog zu bringen. Ziel einer solchen Vermittlung ist die Erneuerung einer Ideologiekritik, die mit einer Theorie des Ideologischen als »begrifflichem Hinterland« operieren kann (Haug 1993, 21).

Zum Aufbau des Buches

Auch wenn die Althusser-Schule sich darin gefiel, mit dem Pathos des absolut Neuen aufzutreten, ist Ideologietheorie nicht so sehr als Neuerfindung, sondern eher als Umartikulation und Hervorhebung von Fragestellungen zu begreifen, die bereits in früheren Ideologiekonzepten in anderer Begrifflichkeit bearbeitet worden sind. Nach einer kurzen Auswertung der vor-marxschen Begriffsgeschichte, insbesondere bei Destutt de Tracy, der den Neologismus ›Ideologie‹ als Bezeichnung für eine exakte *Wissenschaft* der Ideen eingeführt hat, werde ich mich im 2. Kapitel auf unterschiedliche Verwendungsweisen bei Marx und Engels konzentrieren, die jeweils den Ausgangspunkt für auseinanderdriftende ideologietheoretische Schulen darstellten. Wichtig ist hier v.a. der Nachweis, dass Marx und Engels sich keineswegs auf eine Kritik »falschen Bewusstseins« beschränkten, sondern in verschiedenen Anläufen nach den wirklichen »Verkehrungen« in den gesellschaftlichen Verhältnissen suchten. Sie machten sie zunächst in der Teilung zwischen Hand- und Kopfarbeit fest, dann im Fetischcharakter der Ware und schließlich in einer abgehobenen Funktionsweise des Staates als der »ersten ideologischen Macht« (Engels). Auch wenn ihre Sprache streckenweise noch aus der Bewusstseinsphilosophie herrührt, mit der sie im Handgemenge sind, arbeiten sie durchgängig als Ideologie*theoretiker*, denen es darum geht, das entfremdete Funktionieren von Ideologien aus der »Selbstzerrissenheit« ihrer weltlichen Grundlage zu erklären.

Im 3. Kapitel wird nachgezeichnet, wie der kritische Ideologiebegriff von Marx und Engels sowohl bei Lenin als auch im »Marxismus-Leninismus« durch eine »neutrale« Interpretation zurückgedrängt wurde, die die Ideologie als klassenbedingte Weltanschauung fasste. Ich werde zu zeigen versuchen, dass die damit verbundene Aufspaltung in ›Materielles‹ und widergespiegeltes ›Ideelles‹ sowohl analytisch einen Rückschritt gegenüber der marxschen Praxisphilosophie bedeutete als auch politisch eng mit der Degeneration des Marxismus zu einer stalinistischen Staatsideologie verwoben war, von der sich die Ideologieforschung im sowjetischen Einflussbereich trotz bemerkenswerter Leistungen einzelner Wissenschaftler nicht befreien konnte. Das Kapitel endet mit der Diskussion eines Aktualisierungsversuchs der ML-Ideologienlehre durch Erich Hahn.

Georg Lukács hat die im Staatsmarxismus verdrängte kritische Ideologiekonzeption in einer Theorie »verdinglichten Bewusstseins« aufgenommen, mit der er die marxschen Analysen zum Warenfetischismus mit Max Webers Begriff »formaler Rationalisierung« zusammenschloss. Wie im 4. Kapitel deutlich wird, hat er dabei jedoch die »Verdinglichung« auf eine Weise totalisiert, dass Apparate und Intellektuelle nicht mehr erforderlich zu sein scheinen und die Kämpfe und Widersprüche in der Ideologie nicht mehr wahrgenommen werden können. Im »westlichen Marxismus« werden v.a. Adorno und Horkheimer diesen Ansatz übernehmen, dann aber 1954 nach ihrer Rückkehr aus dem US-Exil den Ideologiebegriff für veraltet erklären. Insgesamt hat die Kritische Theorie äußerst ertragreiche Diagnosen zur ideologischen Vergesellschaftung im Fordismus hervorgebracht, deren Radikalität in der zweiten und dritten Generation um Habermas und Honneth weitgehend zurückgenommen wurde.

Ähnlich wie bei Marx und Engels lassen sich auch bei Gramsci unterschiedliche Verwendungsweisen des Ideologiebegriffs feststellen. In der Sekundärliteratur wird v. a. ein ›positives‹ Ideologiekonzept rezipiert, das aber anders als beim ML nicht aufs Ideelle festgelegt ist, sondern sich auf die Hegemonialapparate in der Zivilgesellschaft bezieht. Letzteres markiert tatsächlich einen wichtigen Unterschied, aber die Herausstellung eines ›positiven‹ Ideologiebegriffs erfasst nur einen Teilausschnitt. Ich werde im 5. Kapitel den Stab in die andere Richtung biegen und zeigen, dass Gramsci parallel dazu an einem kritischen Ideologieverständnis festhält, das er in seiner Kritik des ›Alltagsverstands‹, der ›passiven Revolution‹ und der ›Subalternität‹ konkretisiert. Die Spezifik seines Ansatzes liegt in einer hegemonietheoretisch fundierten Ideologiekritik, die wirksam ins »Gefüge der Superstrukturen« eingreift.

Althussers Abwertung der Arbeiten Gramscis als »unsystematische« und »intuitive« Notizen verdeckt, dass sein Konzept »ideologischer Staatsapparate« (ISA) entscheidend von Gramscis Analysen der Zivilgesellschaft und der »Hegemonialapparate« zehrt. Anders als Gramsci tendiert Althusser jedoch dazu, die Vergesellschaftung von oben zu verabsolutieren und funktionalistisch zu schließen. Neu sind v. a. die Theorieelemente des ideologischen Subjekts, seiner freiwilligen Unterwerfung (assujettissement) und seines »Imaginären«, die Althusser aus der Psychoanalyse Jacques Lacans übernommen hat. Ich werde im 6. Kapitel die These entwickeln, dass er sich damit eine Anthropologie eingehandelt hat, die die Entfremdung wieder ins Wesen des Menschen verlegt und ihn als »animal idéologique« einer ewigen »Ideologie im Allgemeinen« unterstellt. Der Widerspruch zwischen dem Anspruch einer historisch-materialistischen Theorie ideologischer Unterwerfung und deren Auslagerung in eine unhistorische Psychoanalyse ist einer der theoretischen Gründe für den Zerfall der Althusser-Schule.

Bourdieu hat in den 1990er Jahren den Begriff der Ideologie aufgegeben und durch den der »symbolischen Gewalt« ersetzt, ohne dass ersichtlich wäre, welcher Erkenntnisfortschritt mit der neuen Terminologie verbunden sein soll. Dennoch widme ich seinem Ansatz ein eigenes Kapitel, weil insbesondere seine Begriffe des »Feldes« und des »Habitus« ideologietheoretisch von Bedeutung sind: der Feldbegriff, den Bourdieu im Anschluss an die *Deutsche Ideologie* aus der Trennung von Hand- und Kopfarbeit entwickelt hat, ist zuweilen besser als der Apparatbegriff geeignet, dezentral strukturierte ideologische Bereiche zu erfassen; der Habitus-Begriff ist hilfreich, um die Verbindungen zwischen ideologischen Anrufungen und verfestigten Strukturen alltäglichen Handelns, Wahrnehmens und Denkens zu verstehen. Bei beiden Begriffen zeigen sich zudem überraschende Übereinstimmungen mit Bertolt Brecht, der seinen Feldbegriff ähnlich wie Bourdieu unter dem Einfluss des Psychologen Kurt Lewin entwickelt und den Begriff der *Haltung* (lat. habitus) als praxistheoretische Grundkategorie ausgearbeitet hat. Zu untersuchen ist abschließend, ob sich in Bourdieus Habitus-Begriff ein ähnlicher Sozialdeterminismus reproduziert, wie er ihn an Althusser kritisiert hat.

Das 8. Kapitel behandelt eine widersprüchliche Entwicklung, die auf der einen Seite die ideologietheoretischen Ansätze von Gramsci und Althusser weiter differenziert (z.B. Pêcheux und Hall), andererseits einen intellektuellen Hegemoniewechsel von der Althusser-Schule zur Postmoderne hervorbringt, in dessen Verlauf der Begriff der Ideologie sukzessive von denen des ›Wissens‹, des ›Diskurses‹ und der ›Macht‹ abgelöst wird. Am Beispiel Foucaults, Lyotards und Baudrillards wird deutlich, dass die postmoderne Wende nicht nur einen Rückschritt gegenüber dem Differenzierungsniveau der Ideologietheorie gebracht hat, sondern auch selbst zu einem Bestandteil neoliberaler Ideologie geworden ist. Andererseits werde ich an Foucaults Begriff des »Dispositivs« und seinem Interesse für Machttechnologien zeigen, wie einige der in diesem Übergang entwickelten Konzepte ideologietheoretisch re-interpretiert werden können.

Im 9. Kapitel geht es schließlich um das von W.F. Haug gegründete *Projekt Ideologietheorie* (PIT), in dem ich selbst von 1977 bis 1985 mitgearbeitet und in dessen Rahmen ich meine ersten Arbeiten veröffentlicht habe.[3] Es ist offensichtlich, dass der dort entwickelte Ansatz auch die Konzeption des vorliegenden Buches beeinflusst hat. Tatsächlich sehe ich das nachhaltige Verdienst des PIT-Ansatzes darin, die auseinandergetretenen Traditionsstränge der Ideologiekritik und der Ideologietheorie auf neuer Grundlage wieder zusammengeführt zu haben: Ausgehend vom kritischen Ideologiebegriff bei Marx und Engels entwickelt das PIT eine Konzeption des ›Ideologischen‹ als entfremdeter Vergesellschaftung »von oben«. Aber diese wird nicht unmittelbar an »falschen« Bewusstseinsformen abgelesen, sondern – im Anschluss an Gramsci und Althusser – primär an den wirklichen Funktionsweisen der Hegemonialapparate, ideologischen Mächte und Praxisformen festgemacht.

Da der PIT-Ansatz in der deutschen Rezeption zuweilen mit Althussers Ideologietheorie zusammengeworfen wird (z.B. Hahn 2007, 87; Seppmann 2007, 164), sei auf zwei methodische Entscheidungen verwiesen, die es ihm ermöglichen, Althussers Funktionalismus zu vermeiden und zu überwinden: Zum einen beansprucht sein Konzept des Ideologischen nicht, das gesamte gesellschaftliche Handeln der Subjekte abzudecken, sondern bezeichnet die spezifische Dimension einer Vergesellschaftung »von oben«, die von anderen Vergesellschaftsdimensionen (wie der des »Kulturellen«, der »horizontalen Selbstvergesellschaftung« oder des »Proto-Ideologischen«) analytisch unterschieden wird. Die Subjekte werden also nicht darauf reduziert, ›Effekte‹ ideologischer Anrufungen zu sein, ihr Alltagsbewusstsein wird mit Gramsci als widersprüchlich zusammengesetzt begriffen. Zum anderen müssen Ideologien, um massenwirksam sein zu können, in ihre ›vertikale‹ Struktur auch ›horizontale‹, aufs Gemeinwesen bezogene Impulse einbauen, die von den Subjekten als die ›ihrigen‹ wiedererkannt

3 Z.B. PIT 1979, Kap. 6 (zusammen mit Herbert Bosch), PIT 2007/1980, Kap. 1 sowie meine erste Monographie über die *Kirchen im NS-Staat* (Rehmann 1986).

werden. Insofern das Ideologische gegensätzliche Positionen kompromisshaft verdichtet, kann es auch von entgegengesetzten Standpunkten »antagonistisch reklamiert« werden. In solcher »Kompromissbildung« (Freud) hat die häufig beobachtete Mehrdeutigkeit von Ideologien ihre Grundlage. Entsprechend wird sich eine ideologietheoretisch fundierte Ideologiekritik v.a. dafür interessieren, wie die im Ideologischen repräsentierten Gemeinwesenfunktionen wieder herausgelöst und für die Entwicklung gesellschaftlicher Handlungsfähigkeit zurückgewonnen werden können.

Die letzten drei Kapitel sind der Aufgabe gewidmet, die bisher erarbeiteten ideologietheoretischen Instrumentarien am weltweit hegemonialen Neoliberalismus zu erproben. Marx' Fetischismuskritik und seine Überlegung zur bürgerlichen »Religion des Alltagslebens« gaben wichtige Hinweise, um zu verstehen, wie F.A. v. Hayek die anonyme Marktordnung zu einer prinzipiell unerkennbaren und unbeeinflussbaren religionsähnlichen Instanz erhebt, der die Subjekte sich bedingungslos unterzuordnen haben. Eine »symptomale Lektüre« (Althusser) seines Buches *Die Illusion sozialer Gerechtigkeit* zeigt Brüche im Text, die zugleich Einbruchstellen für einen latenten zweiten Textes darstellen: Was Hayek als »Dilemma« zwischen der erforderlichen Leistungsmotivation des Einzelnen und dem schicksalhaften ›Spiel‹-Charakter des Markts beschreibt, ist Symptom eines inneren Widerspruchs neoliberaler Ideologie, die die Subjekte einerseits im Namen der »Befreiung« von Tradition und Bürokratie mobilisiert und sie andererseits umso strikter der schicksalshaften Ordnung des Marktes unterordnet. Die zentralen Begriffe des Neoliberalismus sind permanent von ihrem Gegenteil durchkreuzt: ihre Staatskritik mündet in einen undemokratischen Despotismus, ihre ›Freiheit‹ erweist sich als Tugend der Unterwerfung unter vorgegebene Regeln.

Beim »Streifzug« durchs ideologische Dispositiv des Neoliberalismus (Kap. 11) wurde mir klar, wie sehr die im »sozialdemokratischen Zeitalter« der 1970er und 1980er Jahre entwickelten ideologietheoretischen Ansätze durch ihren Kontext des fordistischen Wohlfahrtsstaats geprägt waren. Sowohl Althussers Zentrierung des Ideologischen auf den »Staatsapparat« als auch die Orientierung des PIT an den ›klassischen‹ ideologischen Mächten (Staat, Recht, Religion usw.) reichen nicht aus, um die Bedeutung privater Thinktanks und transnationaler Netzwerke für die Hegemonie des Neoliberalismus zu erfassen. Wie W.F. Haug gezeigt hat, muss die Attraktivität des Neoliberalismus im Zusammenhang mit den hochtechnologischen Umwälzungen der Produktionsweise begriffen werden, aus denen er einen Großteil seiner Zustimmungspotenziale bezieht. Zu berücksichtigen sind auf der einen Seite die lähmenden Wirkungen von Massenarbeitslosigkeit und Prekarisierung bis in die »Mitte« der Gesellschaft hinein, auf der anderen Seite die immer wieder neu zutage tretende Fähigkeit der Neoliberalen, »Mitte-Oben«-Bündnisse herzustellen, die auch auf ausreichend große Gruppen der popularen Klassen ausstrahlen. Ein »passiver Konsens« kann vermutlich solange aufrechterhalten werden, als eine trag- und mehrheitsfähige linke Alternative noch nicht in Sicht ist. Aufgabe einer wirksam eingreifenden Ideologiekritik ist es, die nach wie vor attraktiven Befreiungsversprechen des Neoliberalismus aufzugreifen, mit sozialer Gerechtigkeit zu verbinden und gegen ihn zu wenden.

Das letzte Kapitel, das in modifizierter Form bereits veröffentlicht wurde (Rehmann 2007a), formuliert eine Kritik an den »Gouvernementalitäts-Studien«, die im Anschluss an Foucault beanspruchen, die neoliberalen Mobilisierungen eigenverantwortlicher Initiative angemessener analysieren zu können, als dies in einem »ideologiekritischen« Paradigma möglich wäre. Ausgangspunkt ist die in der Tat vielversprechende Ankündigung Foucaults, mit dem Begriff der ›Gouvernementalität‹ die Verzahnung von Herrschaftstechniken und Selbsttechniken zu untersuchen. Ich werde zu zeigen versuchen, dass gerade dieses Versprechen nicht eingelöst wird. Da weder Foucault selbst noch die »Gouvernementalitäts-Studien« die angedeutete Unterscheidung von Herrschaft und Macht, Fremd- und Selbstvergesellschaftung ernstnehmen, wird die neoliberale Aktivierungsrhetorik der Managementliteratur nur einfühlsam nacherzählt und theoretisch verdoppelt. Eine ideologietheoretische Re-Interpretation müsste die neoliberalen Selbsttätigkeits-Anrufungen im Zusammenhang mit den wirklichen Umbrüchen in der hochtechnologischen Produktionsweise wie auch mit den sozialen Spaltungen der Klassengesellschaft untersuchen: auch die Subjektionsstrategien selbst sind gespalten, und was im Kontext gut bezahlter und abgesicherter IT-Facharbeitsplätze als Subjekt-Effekt kreativer Eigenaktivität wirken mag, findet seine dunkle Kehrseite im »Schicksals-Effekt« (Bourdieu) der Prekarisierten und Marginalisierten.

*

Die oft als »poststrukturalistisch« bezeichnete Einsicht, dass Begriffe kein unveränderliches semantisches ›Wesen‹ haben, sondern in verschiedenen Kontexten unterschiedliche Bedeutungen annehmen, gilt auch für den Ideologiebegriff. Auch wenn die Gewichtungen und Präferenzen des Autors deutlich werden sollten, kann und soll es nicht darum gehen, eine einzige Definition von Ideologie für ›gültig‹ zu erklären. Die vorliegende Einführung in die Ideologietheorie, die aus einem Artikel im *Historisch-Kritischen Wörterbuch des Marxismus* (HKWM) hervorgegangen ist (Rehmann 2004c), soll auch für diejenigen nützlich sein, die andere Schwerpunktsetzungen und Bewertungen vornehmen. In diesem Sinne habe ich mich bemüht, den Theorievergleich so anzulegen, dass die verschiedenen Ansätze sowohl in ihrer Eigenlogik nachvollziehbar sind als auch theoriesprachlich ineinander übersetzt werden können. Auch auf dem umstrittenen Feld der Ideologietheorie geht es im Sinne der bekannten Zapatista-Parole darum, eine »Welt« zugänglich machen, »in der viele Welten Platz haben«.

1. Eine verwickelte Vorgeschichte: Die »idéologistes« und Napoleon

Es gehört zu den grundlegenden Befunden der Ideologie- und Diskursforschung, dass Wortbedeutungen nicht ein für alle mal fixiert, sondern starken Änderungen unterworfen sind. Zuweilen können sie sich sogar in ihr Gegenteil verkehren. Dies trifft für die Ideologie selbst zu. Wird sie heute im allgemeinen Sprachgebrauch häufig als Gegenbegriff zu wissenschaftlich exakter Wirklichkeitsauffassung verwendet, wurde sie ursprünglich als Bezeichnung für eine *Wissenschaft* eingeführt. Sie wurde als Ideen-Wissenschaft (Ideologie) verstanden und stand damit der heutigen Bedeutung von Ideologie-Theorie näher als den von dieser zu untersuchenden Ideologien. Aber ähnlich wie bei anderen Begriffen mit der Endung *-logie* (z. B. Biologie, Ökologie) trat auch bei der Ideo-logie eine eigenartige Verschiebung ein, durch die sie nicht mehr das systematische Wissen über einen Gegenstand, sondern diesen selbst bezeichnete, nicht mehr die Analyse der Ideen, sondern die Ideengebäude.

1.1 »Ideologie« als naturwissenschaftlich exakte Ideenwissenschaft

Der Terminus »Ideologie« wurde 1796 von Destutt de Tracy als eine sprachliche Neuschöpfung in Analogie zur Onto-logie (Seins-Lehre) eingeführt. Er sollte eine analytische Wissenschaft bezeichnen, die nach dem Vorbild der exakten Naturwissenschaften (v. a. der Physiologie) auf die Zerlegung der Ideen in elementare Bestandteile und – abgeleitet vom griechischen Wortsinn von *eidos* als visuelles Bild – auf die Erforschung der ihnen zugrunde liegenden Wahrnehmungen abzielte (*Mémoire sur la faculté de penser,* 1798, 324). Dem liegt in Anlehnung an Locke, Condillac und Cabanis die sensualistische Überzeugung zugrunde, dass die Empfindungen die einzige Quelle unserer Ideen sind.[4] Gestützt auf das Bewegungsprinzip von D'Holbach und auf Spinozas Konzept der Handlungsfähigkeit (*potentia agendi*) sollte versucht werden, den Dualismus von Materialismus und Idealismus zu überwinden. Während Marx und Engels sich der Ideologieproblematik zunächst von der Seite des Idealismus annähern werden (vor allem in der *Deutschen Ideologie*), ist es bemerkenswert, dass die Ideologie in ihrem französischen Ursprung nicht unerheblich von Quellen des (mechanischen) Materialismus inspiriert war. Von Spinoza übernahm Destutt de

4 Dementsprechend lautet Destutt de Tracys Kritik an Kant, die Sensibilität nur passiv, als unbewegten Rohstoff des Gedankens denken zu können. Da er nicht sehe, dass das Fühlen bereits ein Handeln ist, erfinde er die Maschine des Verstands (vgl. Crampe-Casnabet 1994, 81).

Tracy die Ablehnung der Willensfreiheit, so dass die physiologischen und gesellschaftlichen Determinanten von Ideen, Gefühlen und Handlungen ins Zentrum rückten (vgl. Kennedy 1994, 29, 31; Goetz 1994, 58f, 61f). Im Gegensatz zur Metaphysik, deren Stelle sie beansprucht, soll die Ideologie naturwissenschaftlich exakt und praktisch nutzbar sein (*Mémoire*, 318).

Der neuen »Super-Wissenschaft« sind alle anderen Wissenschaften untergeordnet, deren Einheit sie herzustellen beansprucht (Kennedy 1994, 18, 25).[5] Diese »Begründung aller Erkenntnisse, dieser in einem kontinuierlichen Diskurs manifestierte Ursprung ist die Ideologie«, bemerkt Michel Foucault (1971, 122). Sie bildet die Grundlage der Grammatik, der Logik, der Erziehung, der Moral und schließlich der größten Kunst, »die Gesellschaft so zu regeln, dass der Mensch von seinesgleichen möglichst viel Unterstützung und möglichst wenig Behinderung erfährt« (*Mémoire*, 287).[6] Rationale Ableitung von Bedeutungen und Handlungszielen soll die sozialen Gegensätze der bürgerlichen Gesellschaft ausgleichen und vor allem über das Erziehungssystem dazu beitragen, ihre Klassenkämpfe in einer aufgeklärten repräsentativen Demokratie zu überwinden (Goetz 1994, 71).

1.2 *Eine post-jakobinische Staatsideologie*

Spätestens hier wird deutlich, dass die »Ideologie«, die als unparteiische und universalistische Grundlagenwissenschaft auftritt, auch als Ideologie im heutigen Sinn funktionieren soll, nämlich in der Funktion, die sozialen Gegensätze »rational« zu überwinden, ohne ihre gesellschaftlichen Grundlagen anzutasten: über eine Einwirkung auf Empfindungen und Ansichten, und »von oben«, v. a. durch ein zentralisiertes staatliches Erziehungswesen.[7] Diese französische, auf einen Zentralstaat orientierte Traditionslinie macht es nachvollziehbar, warum Althusser später die Schule als den dominierenden »ideologischen Staatsapparat« behandeln wird.

Es lohnt sich, einen Blick auf den politischen Kontext zu werfen. Die »Ideologie« entsteht in der nach-jakobinischen Phase der Französischen Revolution im Diskussionszusammenhang einer Gruppe französischer Gelehrter, der sog. »idéologistes«, die maßgeblich an der Gründung des *Institut national*, der *École Normale Supérieure*, der *École Centrale* und des

5 Auch Condillac hatte an der Grundlegung einer solchen Superwissenschaft gearbeitet, nannte sie aber nicht »Ideologie«, sondern »Psychologie«. Destutt de Tracy lehnte diesen Begriff wegen seiner Verbindung zum unklaren Konzept der Seele ab (vgl. Crampe-Casnabet 1994, 75).

6 »[...] de régler la société de façon que l'homme y trouve le plus de secours et le moins de gêne possible de la part de ses semblables« (*Mémoire*, 287).

7 Eagleton zufolge könnte man daher »das Paradox wagen und behaupten, dass Ideologie als durch und durch ideologische Kritik von Ideologie entstanden ist« (2000, 78).

Institut de France beteiligt waren. Destutt de Tracy war ein vermögender Grundbesitzer, der auf die Seite der Republikaner überwechselte. Aber von den Jakobinern wird er für 11 Monate eingesperrt, seine ersten Entwürfe zur Ideologie schreibt er in einer Gefängniszelle, aus der er nach dem Sturz der Jakobiner bei der Machtübernahme des Direktoriums befreit wird. Sein Ziel ist die Überwindung der »irrationalen« jakobinischen Schreckensherrschaft und die Sicherung einer »rationalen« bürgerlich-republikanischen Ordnung. In diesem Sinne führt er den Ideologiebegriff in die Debatten des *Institut national* ein, das 1795 nach dem »Thermidor« als staatlicher Zusammenschluss der führenden republikanischen Intellektuellen zur Reorganisation des Erziehungswesens ins Leben gerufen wurde. Die Ideologie ist post-revolutionär. Sie soll die Errungenschaften der Aufklärung und des Republikanismus in dem Moment staatlich institutionalisieren, als der Jakobinismus politisch geschlagen ist – ein Vorgang, den man mit Gramsci als eine »passive Revolution« analysieren könnte.[8] Deneys zufolge ist sie als »ruhiges und gelehrtes Äquivalent« der aus der Revolution hervorgegangenen Institution konzipiert, deren Errungenschaften sie erhalten und deren plebejische Forderungen sie »evakuieren« soll (Deneys 1994, 109).[9] Zur Zeit des Direktoriums wächst ihr der Status einer Staatsphilosophie zu, und auch nach der Herrschaft von Napoleon I. erlebt sie eine neue Karriere im liberalen Lager (ebd., 117f).

1.3 *Der negative Ideologiebegriff Napoleons*

Allerdings setzt während der Herrschaft von Napoleon I. ein Bedeutungswandel ein, der für die Begriffsgeschichte der Ideologie von großer Bedeutung ist. Die von dem Kreis um Destutt de Tracy eingeleitete »passive Revolution« des Wissenschafts- und Erziehungswesens konnte nur instabil und vorläufig sein. Nachdem der General Bonaparte die »idéologistes« zunächst unterstützt hatte, klagte er als Kaiser Napoleon die »phraseurs idéologues« an, durch rationalistische und naturrechtliche Abstraktionen die staatliche Autorität zu untergraben, das Volk der Religion und der heilsamen Illusionen zu berauben, die es zu seinem Glück benötigt, und es mit einer Souveränität zu umschmeicheln, die es gar nicht ausüben kann (vgl. Kennedy 1978,

8 Gramsci hat z. B. die Herausbildung der kontinentaleuropäischen Nationalstaaten als eine »passive Revolution« gegen die jakobinische Revolution in Frankreich analysiert (vgl. *Gef* 1, H 1, §150, 188; *Gef* 6, H. 10.II, §61, 1362).

9 »L'institution ›idéologiste‹ est tacitement conçue par Tracy comme l'équivalent tranquille et docte de l'institution révolutionnaire: elle en suppose les acquis fondamentaux et en évacue les revendications plébéiennes.« (Deneys 1994, 109) Auszuscheiden ist z. B. das utopische Phantasma der direkten Demokratie, das durch das Prinzip der Repräsentation ersetzt wird. Auch der Privatbesitz gehört zur Natur, und die Vernunft muss sich ihm anpassen (vgl. Goetz 1994, 66f, 71).

189). Am Ende wird der Begriff zur »Waffe in der Hand eines Kaisers [...], der verzweifelt darum [kämpft], seine Gegner zum Schweigen zu bringen und ein zusammenbrechendes Regime aufrechtzuerhalten« (Thompson 1990, 31). Alles Unglück unseres schönen Frankreichs muss man der Ideologie anlasten, heißt es 1812 nach der Niederlage gegen Russland: »dieser finsteren Metaphysik, die auf künstliche Weise nach den Grundlagen sucht, auf denen sie dann die Gesetze der Menschen errichten kann, anstatt diese Gesetze den Erkenntnissen des menschlichen Herzens und den Lektionen der Geschichte anzupassen« (zit.n. *Corpus 26/27,* 145).

Unter den Schlägen dieser vehementen Attacken verschiebt sich der Ideologiebegriff allmählich »von einer Bezeichnung für einen skeptischen wissenschaftlichen Rationalismus zu einer Bezeichnung für ein Feld abstrakter, zusammenhangsloser Ideen«, bemerkt Eagleton (2000, 85). Ein Nachhall dieser semantischen Verschiebung findet sich 1840/41 in der Doktorarbeit des 23-jährigen Marx, wenn er Epikur zuschreibt: »Nicht der Ideologie und der leeren Hypothesen hat unser Leben not, sondern des, dass wir ohne Verwirrung leben.« (40/300; MEGA I.1/53)

Kann man daraus schlussfolgern, wie Eagleton es tut (2000, 85, 93f), dass Marx und Engels die von Napoleon geprägte negative Bedeutung übernahmen und damit seine »lebhafte, pragmatische Verachtung für ›Ideologie‹, im Sinne eines fanatischen Idealismus [teilten]«? Dies scheint mir eine allzu lineare Erklärung zu sein, die die spezifisch neue Qualität unsichtbar macht. Zwar knüpfen sie an eine vorgefundene, von Napoleon geprägte Semantik an, aber ihr Standpunkt ist nicht der einer autokratischen Macht, die den Einspruch gegen sie als »Ideologie« abfertigt, sondern im Gegenteil: mit dem von ihnen entwickelten kritischen Ideologiebegriff rücken »Macht und Herrschaft [...] mitsamt ihren wechselnden Strategien im Verhältnis zu den Ideen ins Bild. Was bisher selber unsichtbarer Blick war, muss sich im Blickfeld zeigen«, und deshalb hat erst diese »dritte Taufe« durch Marx den Ideologiebegriff »unauslöschlich ins Register von Grundbegriffen der Moderne eingeschrieben« (Haug 1993, 9).

Gegen die These einer linearen Verbindung spricht noch eine andere Beobachtung. Auch vom Ideologiebegriff der »idéologistes« lässt sich nämlich eine Verbindungslinie zu Marx und Engels ziehen: wie jenen geht es auch diesen um eine kritische Analyse der Ideen, ihrer Entstehungsbedingungen und Wirkungsweise, wobei sie allerdings nicht von der Physiologie, sondern vom »Ensemble der gesellschaftlichen Verhältnisse« ausgehen, wie es in der 6. Feuerbachthese heißt. Erst von diesem gesellschaftlichen »Ensemble« aus kann das »Wesen« des Menschen in seiner jeweiligen »konkreten Wirklichkeit« erschlossen werden (ThF, 3/6). Nicht an Tracy, sondern an Marx hat sich daher »die gesamte spätere Ideologiediskussion abgearbeitet«, bemerkt Hauck (1992, 8).

2. Ideologiekritik und Ideologietheorie bei Marx und Engels

Wer bei Marx und Engels einen expliziten und eindeutigen Ideologiebegriff sucht, wird enttäuscht. Sie entwickeln ihn nicht als systematisch ausgearbeiteten Grundbegriff, sondern gebrauchen ihn ad hoc und häufig im Handgemenge mit den Kontrahenten, mit denen sie polemisieren. Dies bedeutet keineswegs, dass er ohne theoretischen Wert ist, im Gegenteil.

Dass sie ihn in verschiedenen Zusammenhängen unterschiedlich verwenden, hat dazu geführt, dass sich aus ihren Texten im Wesentlichen drei Hauptrichtungen ableiten konnten: eine v.a. von Georg Lukács und der Frankfurter Schule vertretene *kritische* Konzeption, die die Ideologie als »verkehrtes« oder »verdinglichtes« Bewusstsein interpretiert; eine v.a. von Lenin formulierte und im »Marxismus-Leninismus« weitergeführte »neutrale« Konzeption, die die Ideologie als Weltanschauung mit je spezifischem Klassencharakter fasst und in diesem Zusammenhang auch von einer »marxistischen Ideologie« spricht; und eine von Gramsci über Althusser bis zum »Projekt Ideologietheorie« (PIT) reichende Konzeption, die das Ideologische als Ensemble von Apparaten und Praxisformen versteht, die das Selbst- und Weltverhältnis der Individuen organisieren. Die drei Interpretationen sind nicht immer klar getrennt, sondern können sich auch überschneiden und kombinieren.

2.1 Vom »verkehrten Bewusstsein« zur »idealistischen Superstruktur« der Klassengesellschaft

Die Kritik der Ideologie als notwendig verkehrtem Bewusstsein kann sich auf zahlreiche Formulierungen stützen, in denen Marx und Engels (etwa im Blick auf Religion) von »verkehrtem Weltbewusstsein«, »selbständigem Reich in den Wolken«, »verdrehter Auffassung«, »auf den Kopf stellen« u.Ä. sprechen(z.B. 1/378; 3/6, 18, 26, 405, 539). Die Ideologie werde vom Denker mit einem »falschen Bewusstsein« vollzogen, dem die eigentlichen Triebkräfte entgehen, »sonst wäre es eben kein ideologischer Prozess«, meint Engels (39/97). Die Ideologen halten »ihre Ideologie sowohl für die erzeugende Kraft wie für den Zweck aller gesellschaftlichen Verhältnisse [...], während sie nur ihr Ausdruck und Symptom ist« (DI, 3/405).

2.1.1 Die »Camera obscura« und ihre Kritiker

Eine solche Verkehrung ist gleichnishaft ins Bild einer »Camera obscura« gebracht: »Wenn in der ganzen Ideologie die Menschen und ihre Verhältnisse wie in einer Camera obscura auf den Kopf gestellt erscheinen, so geht dies Phänomen ebenso sehr aus ihrem historischen Lebensprozess hervor, wie die Umdrehung der Gegenstände auf der Netzhaut aus ihrem unmittelbar physischen.« (DI, 3/26) Um den ideologischen Verkehrungen der Bewusstseinsphilosophie zu begegnen, wollen Marx und Engels nicht von dem ausgehen, »was die Menschen sich einbilden«, sondern »vom wirklichen tätigen Menschen« und »aus ihrem wirklichen Lebensprozess auch die Entwicklung der ideologischen Reflexe und Echos dieses Lebensprozesses« darstellen. [...] Nicht das Bewusstsein bestimmt das Leben, sondern das Leben bestimmt das Bewusstsein.« (26f)

Diese Bestimmungen sind von verschiedenen ideologietheoretischen Schulen vehement kritisiert worden. Das »Projekt Ideologietheorie« bemerkt, »an der Stelle des geforderten Entstehungsnachweises stehen hier mechanistische Metaphern (gemeint sind die soeben zitierten Ausdrücke »Reflexe« und »Echos«; JR), mit denen die Entstehung von Ideologien wie Religion oder Moral nicht zu beschreiben ist« (PIT 1979, 8). Stuart Hall zufolge sind Ausdrücke wie falsches Bewusstsein oder ideologische Verzerrung »hilflos«, da sie sowohl die Massen als auch die Kapitalisten »wie erklärte Deppen aussehen [lassen]« (1984, 105), während »wir«, die kritischen Intellektuellen, uns einbilden können, ohne Illusionen zu leben (1989, 186). Hall verbindet die Zurückweisung der Vorstellung eines »verkehrten« Bewusstseins mit der erkenntnistheoretischen Kritik an einer »empiristischen« Auffassung, der zufolge die »reale Welt« sich eigentlich unmittelbar in unser Bewusstsein einprägen würde (»Reflex«), wenn nicht ideologische Verkehrungen dazwischentreten würden (ebd., 185). Raymond Williams hält es für eine »objektivistische Phantasie«, zu glauben, die Bedingungen des wirklichen Lebens könnten »unabhängig von Sprache und historischen Berichten« gekannt werden. Es gab nicht *zuerst* das materielle gesellschaftliche Leben, und *später* dann das Bewusstsein, sondern das Bewusstsein und seine Hervorbringungen sind immer, wenn auch in unterschiedlichen Formen, »Teil des materiellen gesellschaftlichen Prozesses selbst« (1977, 60). Eagleton meint, Marx und Engels auf einen naiven Sinnesempirismus festlegen zu können, der nicht begreift, dass es keinen wirklichen Lebensprozess ohne Interpretation gibt (2000, 91): »Was das Tier ›Mensch‹ ausmacht ist, dass es sich in einer Welt der Bedeutungen bewegt. Diese Bedeutungen sind konstitutiv für seine Tätigkeiten und nicht sekundär.« (88) In der Camera-obscura-Metapher leugneten Marx und Engels den aktiven, dynamischen Charakter des menschlichen Bewusstseins, indem sie es auf einen Apparat reduzierten, der »passiv Objekte der Außenwelt festhält« (92).

2.1.2 Ein naiver Sinnesempirismus?

Spätestens hier ließe sich freilich fragen, ob die Kritik Marxens Denken wirklich trifft. Kurz bevor er sich 1845 zusammen mit Engels an die Abfassung der *Deutschen Ideologie* macht, veröffentlicht er die *Thesen über*

Feuerbach, in deren erster These er kritisiert, der bisherige Materialismus habe die »Sinnlichkeit nur unter der Form des *Objekts oder der Anschauung* gefasst [...]; nicht aber als *sinnlich menschliche Tätigkeit, Praxis*, nicht subjektiv« (3/5). Demgegenüber hebt er als Errungenschaft des Idealismus hervor, er habe »die *tätige* Seite« entwickelt, freilich nur »abstrakt«, da er die »wirkliche, sinnliche Tätigkeit als solche nicht kennt« (ebd.). Sollte Marx tatsächlich im gleichen Jahr, in dem er proklamiert, den »alten Materialismus« durch einen »neuen«, von subjektiver Praxis ausgehenden Materialismus zu überwinden, auf die verabschiedete Position zurückfallen, indem er eine »passive« (und zugleich »verkehrte«) Widerspiegelung der Außenwelt durchs Bewusstsein behauptet? Und muss man ihn tatsächlich darüber belehren, dass der »wirkliche Lebensprozess«, von dem er auszugehen beansprucht, nicht ohne »Bewusstsein« und Bedeutungshandeln zu haben ist?

Beobachten wir die Schlüsselstelle, mit der die *Deutsche Ideologie* dem philosophischen Bewusstseinsdiskurs fünf »Momente« der sozialen Tätigkeit entgegenhält, die »vom Anbeginn der Geschichte an [...] zugleich existiert haben und sich noch heute in der Geschichte geltend machen« (3/29): die Menschen müssen *erstens* die Mittel zur Befriedigung grundlegender Bedürfnisse erzeugen; dabei erzeugen sie *zweitens* auch neue Bedürfnisse; *drittens* erzeugen sie auch Nachkommen; *viertens* ist ihr Zusammenhang nicht nur »natürlich«, sondern bereits gesellschaftlich – Marx und Engels prägen hier einen umfassenden Produktionsbegriff, nämlich den der »Produktion des Lebens, des eignen in der Arbeit wie des fremden in der Zeugung« (29); und *fünftens* geschehe dies alles mit »Bewusstsein«, das aber keineswegs als »reines« Bewusstsein aufzufassen sei:

> »Der ›Geist‹ hat von vorneherein den Fluch an sich, mit der Materie ›behaftet‹ zu sein, die hier in der Form [...] der Sprache auftritt. [...] Die Sprache *ist* das praktische, auch für andre Menschen existierende, also auch für mich selbst erst existierende wirkliche Bewusstsein. [...] Das Bewusstsein ist also von vornherein schon ein gesellschaftliches Produkt« (30f).

Von einer »objektivistischen Phantasie« menschlichen Lebens ohne Sprache und Bedeutungen kann hier also keine Rede sein. Es geht auch nicht um den Nachweis ihres »sekundären« Status. Sondern die Passage richtet sich gegen die idealistische Vorstellung eines »reinen« Bewusstseins und erinnert daran, dass das Bewusstsein seine »Sozialform« in der Sprache hat. Auf erstaunlich hellsichtige Weise nehmen Marx und Engels hier moderne sprachwissenschaftliche Ansätze vorweg, die den materiellen sowie gesellschaftlichen Charakter von Bedeutungen mit dem Begriff des »Diskurses« oder der »diskursiven Praxis« zu fassen versuchen.[10]

Wenn Marx und Engels die Bewusstseinsphilosophie kritisieren, geschieht

10 Vgl. hierzu Thomas Weber (1995, 97ff) u. Thomas Laugstien (1995, 733ff).

dies also keineswegs mit dem Argument, das Bewusstsein gehöre nicht zur Lebenspraxis. Im Gegenteil, sie argumentieren, dass es nur als ihr integraler Teil und damit als gesellschaftliches zu begreifen ist. Nichts anderes ist gemeint, wenn es kurz vor der Camera-obscura-Passage heißt, die »Produktion von Ideen, Vorstellungen, des Bewusstseins« sei zunächst »unmittelbar verflochten in die materielle Tätigkeit und den materiellen Verkehr der Menschen, Sprache des wirklichen Lebens« (26). Der Sache nach geht es nicht um eine Hintanstellung des Bewusstseins hinter das »Leben«, sondern um eine Kritik der Bewusstseinsphilosophie, weil sie das Bewusstsein, um es als primäre Kraft darstellen zu können, aus dem praktischen Lebenszusammenhang herausreißt.

Gerade da, wo die Abgrenzung vom »ideologiekritischen« Marx ihre schwersten Geschütze auffährt, bei seiner angeblich zugrunde liegenden »naiv«-empiristischen Erkenntnistheorie, stützt sie sich auf einzelne polemische Umkehrungen des vorgefundenen Bewusstseinsdiskurs (z.B. »das Leben bestimmt das Bewusstsein«), verfehlt jedoch die anti-objektivistischen, praxisphilosophischen Stärken der Argumentation. Aber wie steht es mit dem »falschen«, »verkehrten« Bewusstsein, als das Marx die Ideologie bezeichnet? Ebenso wie »Reflex« und »Echo« legen solche Redeweisen nahe, es handele sich um ein luftiges Gebilde ohne eigene Materialität und Wirkungsweise. Es liegt auf der Hand, dass solche Vorab-Zuschreibungen einer vorurteilsfreien analytischen Rekonstruktion des Gegenstands im Wege stehen.

Dennoch ist es auch hier erforderlich, einen genaueren Blick auf die marxsche Argumentation zu werfen, um das vorgefundene Sprachmaterial und den spezifisch marxschen Eingriff in dieses voneinander zu unterscheiden. Bevor ich auf die Camera-obscura-Metapher zurückkomme, möchte ich mir die Religionsbestimmungen vornehmen, die der junge Marx 1843/44 in der *Einleitung* zur *Kritik der hegelschen Rechtsphilosophie* entworfen hat. Sie geben das Muster ab, in dem er ein Jahr später in der *Deutschen Ideologie* die Ideologie bestimmen wird.

2.1.3 Exkurs zur Religionskritik des jungen Marx

Dass die Religion ein »verkehrtes Weltbewusstsein« ist (1/378), ist keineswegs ein neuer Gedanke. Marx hat ihn von Ludwig Feuerbachs Projektionstheorie übernommen, nach der das vielfach begrenzte Individuum das potenziell unbegrenzte Wesen der menschlichen Gattung in die Religion projiziert, wo es sich ihm als allmächtiger Gott, unendliche Gnade, grenzenlose Liebe darstellt. In Marxens zusammenfassender Formulierung ist die Religion »das Selbstbewusstsein und das Selbstgefühl des Menschen, der sich selbst entweder noch nicht erworben oder schon wieder verloren hat«, sie ist »die *phantastische Verwirklichung* des menschlichen Wesens, weil das *menschliche Wesen* keine wahre Wirklichkeit besitzt« (ebd.). Gemeinsam ist Feuerbach und Marx die Perspektive, die in die Religion ausgelagerten Wünsche und Sehnsüchte wieder aus ihrer projizierten Form zurückzuholen und irdisch zu verwirklichen. Von Feuerbach unterscheidet Marx hier v. a., dass er die Entfremdung nicht mehr nur in allgemeinmenschlichen Kategorien artikuliert, sondern in der »verkehrten Welt« (ebd.) und damit in der Herrschaftsordnung der Klassengesellschaft verortet:

> »Das religiöse Elend ist in einem der *Ausdruck* des wirklichen Elends und in einem die *Protestation* gegen das wirkliche Elend. Die Religion ist der Seufzer der bedrängten Kreatur, das Gemüt einer herzlosen Welt, wie sie der Geist geistloser Zustände ist.« (Ebd.)

Die Formulierung vom »Seufzer der bedrängten Kreatur« lässt sich über Feuerbach und den Mystiker Sebastian Frank bis zu Paulus zurückverfolgen, der im Römerbrief den »Glauben« an den Gekreuzigten inmitten erdrückender Hoffnungslosigkeit ansiedelte: das Geschaffene wurde der Nichtigkeit unterworfen, so dass es »seufzt und sich schmerzlich ängstigt bis jetzt, und auch wir selbst seufzen in uns selbst und warten auf [...] die Erlösung unseres Leibes« (Röm 8, 20, 22f).[11] Die Aufnahme dieser Traditionslinie macht deutlich, wie weit der junge Marx (wie auch schon Feuerbach) von einer bloßen Kritik »falschen Bewusstseins« entfernt ist. Das Interesse gilt vielmehr den in religiöser Form enthaltenen Sehnsuchts- und Protestimpulsen.

Bekanntlich folgt auf das Zitat unmittelbar die berühmte Bestimmung der Religion als »*Opium* des Volks« (1/378), was manche zu der Interpretation veranlasst hat, für Marx sei die Religion »einerseits« Seufzer, »andererseits« Opium. Dafür gibt es im Text jedoch keinen Hinweis. Plausibler scheint mir die Annahme, dass Marx beides in einer widersprüchlichen Einheit zusammendenkt: gerade weil die Religion (nur) »*Seufzer* der bedrängten Kreatur« und nicht eine aus wissenschaftlicher Analyse der Klassengesellschaft hervorgehende Strategie ist, wirkt sie als Volks-»Opium« und lähmt die Widerstandsfähigkeit der Proletarier. Die schroffe Entgegensetzung von »wissenschaftlich« fundierter Politik und »utopisch«-illusionärer Protestation ist eine Konstante in Marx' Polemik gegen christliche Sozialisten – eine Einseitigkeit, die erst durch Ernst Blochs Verbindung von analytischem »Kältestrom« und »Wärmestrom« korrigiert wurde (*Prinzip Hoffnung 1*, GA 5, 240f).[12] Von hier aus betrachtet legt das Opium-

11 Gott als »unaussprechlicher Seufzer, im Grunde der Seelen gelegen«, heißt es in Feuerbachs *Wesen des Christentums* (W 5, 145).

12 Dem analytischen »Kältestrom« verdanke der Marxismus seine Qualität als »Bedingungs-« und »Oppositionswissenschaft«, als »Wärmelehre« sei er »Theorie-Praxis eines Nachhause-Gelangens«, gegründet auf der Antizipationsfähigkeit der Menschen, sich das begehrte Ziel wunschhaft »auszumalen« sowie auf der Hoffnung als der »menschlichsten aller Gemütsbewegungen« (*Prinzip Hoffnung*, GA 5, 240f, 83).

Zitat – entgegen der apodiktischen Formulierung von Marx – eine andere Schlussfolgerung nahe: auch religiös inspirierte Bewegungen können die illusorische und zugleich lähmende Eigenschaft religiösen »Opiums« überwinden, nämlich wenn es ihnen gelingt, den »Seufzer der bedrängten Kreatur« mit fundierter Kapitalismuskritik und bewusster Strategiebildung zu verbinden. Es liegt auf der Hand, dass die Dogmatisierung von ideologiekritischen Bestimmungen der Religion als »verkehrtes Weltbewusstsein« das Bündnis mit religiösen Befreiungsbewegungen erschwert hat.

Entscheidend in unserem Zusammenhang ist aber, dass der junge Marx die Fragestellung der Religionskritik entschieden hinter sich lässt (ohne ihre Ergebnisse in Frage zu stellen). Die Kritik der Religion sei in Deutschland »im wesentlichen beendigt«, heißt es schon im ersten Satz der *Einleitung* (1/378). Viele Interpreten haben übersehen, dass der Text sich in erster Linie an die junghegelianischen Religionskritiker wendet. Ihnen ruft Marx gleichsam zu, es sei höchste Zeit, von der »Kritik des Himmels« überzuwechseln zur »Kritik der Erde«, von der »Kritik der imaginären Blumen« zur Kritik der »Kette«, die sich unter ihnen verbirgt, von der Kritik des »Heiligenscheins« zur Kritik des »Jammertals«, von der Kritik der Theologie zur Kritik der Politik (378f). »*Nachdem die Heiligengestalt* der menschlichen Selbstentfremdung entlarvt ist«, hat die Philosophie die Aufgabe, »die Selbstentfremdung *in ihren unheiligen Gestalten* zu entlarven« (379).

Der Appell artikuliert sich in der Sprache des junghegelianischen Adressaten. Neues und Altes sind ineinandergeschoben. Eine sorgfältige Textanalyse muss den Widerspruch berücksichtigen, dass Marx einerseits aus der herkömmlichen Religionskritik heraustritt, während er andererseits weiterhin ihre Sprache spricht. Zurückgewiesen wird v.a. der in der Religionskritik enthaltene Reduktionismus. In den *Feuerbachthesen* wendet Marx sich gegen die feuerbachsche Methode, »das religiöse Wesen in das menschliche Wesen« sowie »die religiöse Welt in ihre weltliche Grundlage aufzulösen«, und fordert stattdessen, die Verdopplung der Welt in eine religiöse und eine weltliche »aus der Selbstzerrissenheit und [dem] Sichselbstwidersprechen dieser weltlichen Grundlage zu erklären« (3/6). In einer methodischen Anmerkung im *Kapital* heißt es schließlich, materialistisch und wissenschaftlich sei nicht die Reduktion der Religion auf einen »irdischen Kern«, sondern einzig ihre Entwicklung »aus den jedesmaligen wirklichen Lebensverhältnissen« (K I, 23/393 A).

Einerseits die Terminologie der feuerbachschen Religionskritik, andererseits ein religionstheoretischer Terrainwechsel aufs Gebiet einer Analyse der Widersprüche der Gesellschaft, ihrer »Selbstzerrissenheit« – könnte es sein, dass die Bestimmungen zur Ideologie in der *Deutschen Ideologie* in einem ähnlichen Widerspruch befangen sind? Die Parallele liegt nahe, da Marx seine Ideologiekritik aus der Religionskritik entwickelt und dabei die Kategorien der »Verkehrung« von der Religion auf die Ideologie überträgt.

Wäre es möglich, dass auch hier durch die herkömmliche ideologiekritische Terminologie des »falschen Bewusstseins« verborgen bleibt, dass Marx und Engels ein neues, für eine materialistische Ideologietheorie relevantes Terrain betreten?

2.1.4 Die Camera obscura als Metapher für eine »idealistische Superstruktur«

Der Kontext der Camera obscura zeigt, dass Althussers Behauptung, Marx habe die Ideologie als »reinen Traum, leer und nichtig« (ISA 132; SLR 294f), als »leeren Reflex« und bloße »Bewusstseinsform« (forme-conscience) verstanden (*EphP* 1, 496f), den »historischen Lebensprozess« ausklammert, auf den es hier ankommt: die »Verkehrung« der Ideologie, ihr Auf-dem-Kopf-Stehen wird im Zusammenhang mit der gesellschaftlichen Teilung von materieller und geistiger Arbeit behandelt. Denn erst kraft dieser »*kann* sich das Bewusstsein wirklich einbilden, etwas Andres als das Bewusstsein der bestehenden Praxis zu sein, *wirklich* etwas vorzustellen, ohne etwas Wirkliches vorzustellen«, erst jetzt kommt es »zur Bildung der ›reinen‹ Theorie, Theologie, Philosophie, Moral«(3/31), die, abgetrennt von den Verhältnissen, von spezifischen Intellektuellengruppen »als Beruf, d.h. als *Geschäft*« betrieben werden (363; vgl. 405, 539f). So sei der Geschichtsidealismus der Historiker v. a. in Deutschland zu rekonstruieren »aus dem Zusammenhang mit der Illusion der Ideologen überhaupt, [...] die sich ganz einfach erklärt aus ihrer praktischen Lebensstellung, ihrem Geschäft und der Teilung der Arbeit« (49f). Was die Verkehrung des Bewusstseins ermöglicht und hervorbringt, ist die wirkliche Ablösung, Verselbständigung und Überordnung intellektueller Tätigkeiten im Verhältnis zur gesellschaftlichen Produktion.[13]

Wo im Zusammenhang mit der Religionskritik noch allgemein von der »Selbstzerrissenheit« der Gesellschaft die Rede war, rückt jetzt eine konkrete und zugleich einschneidende Spaltung ins Blickfeld. Nicht ein »verkehrtes Bewusstsein« kennzeichnet nun die Herausbildung der Religion aus der Magie und der Naturmystik der vorstaatlichen Gesellschaften, sondern die Entstehung einer spezialisierten Priesterschaft, die von körperlicher Arbeit freigestellt ist. »Erste Form der Ideologen, *Pfaffen*«, schreibt Marx an den Rand der von Engels verfassten Passage: »Die Teilung der Arbeit wird erst wirklich Teilung von dem Augenblicke an, wo eine Teilung der materiellen und geistigen Arbeit eintritt.« (3/31)

Man muss sich klarmachen, dass Marx und Engels hier nicht eine »horizontale« Ausfächerung von Tätigkeitsarten im Blick haben, sondern eine scharfe »vertikale« Gesellschaftsspaltung. »Mit der Teilung der Arbeit [ist] die Möglichkeit, ja die Wirklichkeit gegeben, [...] dass die geistige und

13 Vgl. hierzu auch Hauck 1992, 9f.

materielle Tätigkeit, dass der Genuss und die Arbeit, Produktion und Konsumtion, verschiedenen Individuen zufallen.« (3/32) Für die *Deutsche Ideologie* fällt die Trennung von materieller und geistiger Arbeit sowohl mit dem Privateigentum zusammen – beides seien »identische Ausdrücke«, einmal in Bezug auf die Tätigkeit, einmal in Bezug auf das Produkt der Tätigkeit –, als auch mit der Entstehung gegensätzlicher Klassen und schließlich mit der Herausbildung des Staates als »illusorischer Gemeinschaftlichkeit« (33). Damit haben Marx und Engels, statt in einer naiven »Ideologiekritik« befangen zu sein, einen ideologietheoretischen Terrainwechsel vollzogen, bei dem das Ideologische als materielle gesellschaftliche Anordnung gefasst wird.

Von hier aus gesehen wird deutlich, dass die Camera obscura nicht so sehr als Metapher für »falsches Bewusstsein«, sondern für eine »idealistische Superstruktur« der Klassengesellschaft (36) zu verstehen ist, die der Kopfarbeit der Ideologen eine privilegierte Sphäre zuweist. Es ist symptomatisch für den Übergang vom Bewusstseinsdiskurs zu einer historisch-materialistischen Ideologietheorie, dass die *Deutsche Ideologie* eine Bezeichnung für einen Philosophietyp (»idealistisch«) mit der Bezeichnung für einen materiellen »Überbau« (»Superstruktur«) verkoppelt – später wird Marx in den *Theorien über den Mehrwert* von der »Superstuktur ideologischer Stände« sprechen (TM, 26.1/259). In diesem Sinne hat W. F. Haug vorgeschlagen, der Blick sollte nicht auf das innere Bild der Camera obscura gefesselt bleiben, sondern von der Seite kommend die »Anlage« und damit das gesellschaftlich Unbewusste des Bewusstseinsdiskurses untersuchen (1984, 26): »Die Verselbständigung des Bewusstseins ist durch das Dispositiv gesellschaftlicher Herrschaft eingeräumt.« (24) Diese Interpretation wird implizit auch von Bourdieu gestützt, der seinen Begriff des »Feldes« aus den in der *Deutschen Ideologie* analysierten Arbeitsteilungen zwischen Hand- und Kopfarbeit bzw. Stadt und Land herleitet (s. u. 7.1).

Die ideologietheoretische Abgrenzung von der »Ideologiekritik«, die v. a. an den Bestimmungen der *Deutschen Ideologie* vollzogen wird, ist also doch nicht so klar zu ziehen wie es zunächst aussah. Sie »erwischt« Marx und Engels im Handgemenge, wo sie mit dem vorgefundenen Sprachmaterial ihrer Kontrahenten arbeiten und es polemisch umdrehen. Sie weist auf, dass eine Terminologie, die die Ideologien als »falsch« und »verkehrt« kennzeichnet, noch nichts über ihre Entstehung und Wirkungsweise aussagt und eine solche Analyse sogar erschweren kann. Sie ist berechtigt, insofern sie die Unmöglichkeit verdeutlicht, aus Metaphern wie »Reflex« und »Echo« unmittelbar eine historisch-materialistische Ideologietheorie zu konstruieren. Aber sie übersieht, dass Marx und Engels anfangen, die Ideologie gesellschaftsanalytisch und damit im Vollsinn ideologietheoretisch aus den Widersprüchen der gesellschaftlichen Arbeitsteilung zu rekonstruieren.

2.1.5 »Herrschende Gedanken« und »konzeptive Ideologen«

Beobachten wir, wie die *Deutsche Ideologie* die Teilung von geistiger und körperlicher Arbeit auch auf die herrschende Klasse selbst anwendet. Die Argumentation beginnt mit einer summarischen Feststellung zum Verhältnis von Klassenherrschaft und »herrschenden Gedanken«:

> »Die Gedanken der herrschenden Klasse sind in jeder Epoche die herrschenden Gedanken, d.h. die Klasse, welche die herrschende *materielle* Macht der Gesellschaft ist, ist zugleich ihre herrschende *geistige* Macht.« (DI, 3/46)

Dies übersehe die »interne Fraktionierung des ideologischen Universums der herrschenden Klassen«, lautet der Einwand Stuart Halls (1989, 182). Tatsächlich kann er am Beispiel des Thatcherismus zeigen, wie sich eine neue ideologische Formation zunächst innerhalb des herrschenden Machtblocks durchsetzt, eine neue Kombination ideologischer Elemente vornimmt, damit erfolgreich ins Territorium der beherrschten Klassen eindringt und es in Stücke zerlegt usw. (183). Von einer solcherart differenzierten Studie hegemonialer Kämpfe ist der zitierte Passus der *Deutschen Ideologie* in der Tat weit entfernt. Die statische Sichtweise der Passage hat auch unmittelbar für die politische Praxis linker Bewegungen problematische, u. U. sogar verhängnisvolle Folgen: Wenn ohnehin für alle Zeit feststeht, dass die ökonomisch Herrschenden definitionsgemäß auch das geistige Leben beherrschen, brauchen die oppositionellen Sozialisten sich gar nicht erst bemühen, in den Kampf um die Hegemonie in der Gesellschaft einzutreten.

Trotz dieser grundlegenden Schwäche enthält die *Deutsche Ideologie* auch hier Anregungen, die für das Verständnis hegemonialer Prozesse von Bedeutung sind. So verweist sie z. B. auf den Widerspruch, dass jede neue Klasse genötigt ist, »ihr Interesse als das gemeinschaftliche Interesse aller Mitglieder der Gesellschaft darzustellen, d.h. ideell ausgedrückt: ihren Gedanken die Form der Allgemeinheit zu geben, sie als die einzig vernünftigen, allgemein gültigen darzustellen« (3/47). Diese Übersetzung eines Klasseninteresses in die »Form der Allgemeinheit« könnte man mit Gramsci als zentralen Bestandteil einer Hegemoniegewinnung bezeichnen, die eine Klasse benötigt, um eine herrschende zu werden und zu bleiben. Die Problemstellung einer Ideologietheorie beginnt, wo man danach fragt, *wie* es einer Klasse über die mit ihr verbundenen ideologischen Apparate, Thinktanks und Intellektuellen gelingt, ihr Partikularinteresse als »einzig vernünftig« und »allgemein gültig« darzustellen.

Auch hier finden wir in der *Deutschen Ideologie* eine interessante Teilantwort, nämlich den Hinweis, dass die Teilung von geistiger und materieller Arbeit sich auch innerhalb der herrschenden Klasse selbst reproduziert: deren »konzeptive Ideologen« treten als Intellektuelle auf, »welche die Ausbildung der Illusion dieser Klasse über sich selbst zu ihrem Hauptnahrungszweige machen«, während die »aktiven Mitglieder« dieser Klasse kaum Zeit haben, »sich Illusionen und Gedanken über sich selbst zu machen« (3/46f). Erwogen wird hier sogar die Möglichkeit einer potenziellen »Spaltung«, die sich auch zu einer »gewissen Entgegensetzung und Feindschaft beider Teile entwickeln« kann.

Dies wird freilich sogleich wieder durch die Behauptung eingeschränkt, dass eine solche Spaltung »bei jeder Kollision, wo die Klasse selbst gefährdet ist, von selbst wegfällt«, wodurch dann auch »der Schein verschwindet, als wenn die herrschenden Gedanken nicht die Gedanken der Herrschenden wären« (47). Empirisch lassen sich sicherlich genügend Beispiele für einen solchen Schulterschluss in gefährlichen Konstellationen finden, als theoretischer Satz ist die Aussage überallgemein. Warum könnte es den oppositionellen Bewegungen nicht gelingen, die Risse im herrschenden Machtblock zu vergrößern und die verschiedenen Fraktionen erfolgreich gegeneinander auszuspielen? Mit der Vorstellung eines nur »scheinbaren« Auseinandertretens ist die vorübergehende Öffnung zur Analyse von Widersprüchen im Ideologischen wieder zurückgenommen und die anfangs behauptete Übereinstimmung von materieller und ideologischer Herrschaft wieder hergestellt. Eine materialistische Ideologieforschung muss dagegen das Prozesshafte, Bewegliche, u. U. auch Gefährdete dieses Verhältnisses untersuchen, nicht zuletzt um potenzielle Eingriffsmöglichkeiten für oppositionelle Kräfte freizulegen. Was die *Deutsche Ideologie* gegen die spekulative Bewusstseinsphilosophie einwendet, gilt demnach auch hier: wo die Spekulation aufhört, muss »wirkliches Wissen« an ihre Stelle treten (27).

2.2 Die Fetisch-Analysen in der Kritik der politischen Ökonomie

Einen anderen Weg, »Verkehrungen« des Bewusstseins und zugleich der bürgerlichen Gesellschaft aufzudecken, schlägt Marx mit dem Begriff des »Fetischismus« ein. Auf den Term war er 1842 in seinen Studien zur Religionsgeschichte bei Charles de Brosses (1760) gestoßen (MEGA IV.1, 320ff). Schon in den frühen Verwendungen kann man beobachten, wie er den Fetischismus, der in der damaligen Religionswissenschaft eine »primitive« Stufe der religiösen Entwicklung bezeichnen sollte, gegen die »Fetischdiener« des modernen Privateigentums wendet: als die Spanier in Mittelamerika landeten, hielten die Ureinwohner in Kuba das Gold für ihren »Fetisch«, heißt es 1842 im Bericht zu den rheinischen *Debatten über das Holzdiebstahlsgesetz*: »Sie feierten ihm ein Fest und sangen um ihn und warfen es dann ins Meer.« (1/147) Im Zusammenhang mit dem Holzdiebstahlsgesetz, bei dem es um die Verwandlung von Gemeinbesitz an Wald und Wild in Privateigentum ging, wendet Marx den Fetischbegriff polemisch auf das Holz und die Hasen der

Rheinländer an.[14] Nachdem der Term zunächst zur Charakterisierung einer »religiösen« Verehrung bürgerlichen Reichtums verwendet wird, taucht er im Anhang zur Erstauflage des ersten Bands des *Kapital* (1867) erstmals als Eigentümlichkeit der Ware selbst auf (MEGA II.5/637ff). Diese neue Verwendungsweise wird dann in der 2. Auflage von 1872 zu einem eigenen Unterkapitel, »Der Fetischcharakter der Ware und sein Geheimnis« (23/85–98).

Die Anwendung eines Religions-Begriffs auf die bürgerliche Warengesellschaft ist selbst schon ein ideologietheoretisch bemerkenswerter Vorgang. Bevor wir uns dem »Geheimnis« des Warenfetischs selbst zuwenden, sollten wir daher einen Blick auf die Verbindungslinie zwischen Marxens früher Religionskritik und seiner späten Fetischismuskritik werfen.

2.2.1 Von der Religions- zur Fetischismuskritik

Wir erinnern uns, dass schon der junge Marx 1843/44 in der *Einleitung zur Kritik der Hegelschen Rechtsphilosophie* seine junghegelianischen Kollegen auffordert, ihre Fixierung auf Religionskritik aufzugeben und »die Selbstentfremdung *in ihren unheiligen Gestalten* zu entlarven« (1/379). Damit verwandle sich »die Kritik des Himmels in die Kritik der Erde, die *Kritik der Religion* in die *Kritik des Rechts*, die *Kritik der Theologie* in die *Kritik der Politik*« (378f). Die marxsche Spezifik in der Behandlung des Religiösen liegt nicht in seiner inhaltlichen Bestimmung als »verkehrtem Weltbewusstsein« oder »Opium des Volkes«, sondern in dem Blickwechsel, der die religionsförmigen Verkehrungen im Recht, in der Politik und in den ökonomischen Entfremdungen der bürgerlichen Gesellschaft aufdeckt.

Tatsächlich macht Marx sich unmittelbar daran, das in der *Einleitung* Angekündigte umzusetzen, und dies geradezu explosionsartig in den genannten Bereichen gleichzeitig. Es genügt hier, einige große Linien nachzuzeichnen. Wenn er in der *Kritik der Hegelschen Rechtsphilosophie* den hegelschen Etatismus, der vom Staat ausgeht und den Menschen »zum versubjektivierten Staat« macht, kritisiert, tut er dies mittels der feuerbachschen Religionskritik: »Wie die Religion nicht den Menschen, sondern wie der Mensch die Religion schafft, so schafft nicht die Verfassung das Volk, sondern das Volk die Verfassung« (1/231).[15] Verdeutlicht die Religionsanalogie hier noch die »verkehrte«

14 Hätten die »Wilden von Kuba der Sitzung der rheinischen Landstände beigewohnt, würden sie nicht das *Holz* für den *Fetisch* der *Rheinländer* gehalten haben? Aber eine folgende Sitzung hätte sie belehrt, dass man mit dem Fetischismus den Tierdienst verbindet, und die Wilden von Kuba hätten die *Hasen* ins Meer geworfen, um die *Menschen* zu retten.« (1/147)

15 Rosa Luxemburg hat deutlich erkannt, dass schon der junge Marx, »während die anderen Junghegelianer sich fast ausschließlich in dem Gebiete der theologischen Spekulationen verschanzten, also in der *abstraktesten* Form der Theologie, [...] von Anfang an instinktiv an die nächste, unmittelbarste ideologische Form des materiellen gesellschaftlichen Lebens, an das Recht« herangegangen war (GW I/2, 139).

Ableitung Hegels, geht es im Folgenden um die »religiöse« Wirkungsweise der Verfassungsideologie selbst: »Die *politische Verfassung* war bisher die *religiöse Sphäre*, die Religion des Volkslebens, der Himmel seiner Allgemeinheit gegenüber dem *irdischen Dasein* seiner Wirklichkeit.« (233) Dies ist offenbar mehr als eine didaktische Analogie, sondern verweist auf eine ideologische Grundstruktur, die der Religion, dem Recht und der Politik gemeinsam ist.

Die Kritik der modernen Politik wird exemplarisch in der 1844 veröffentlichten *Judenfrage* unternommen. Ausgangspunkt ist die Trennung von Staat und Kirche(n) in den USA, die Marx als »Dislokation der Religion aus dem Staate in die bürgerliche Gesellschaft« analysiert (1/357). Die Religion wird vom öffentlichen Recht ins Privatrecht »verbannt« und in den Bereich bürgerlicher Privatinteressen »hinabgestoßen« (352, 356f). Aber diese politische Emanzipation führte keineswegs zur Aufhebung der Religion, wie Bruno Bauer erwartete (und die er meinte, von den Juden in Deutschland fordern zu können), sondern zur bürgerlichen Religionsfreiheit. Vor allem funktioniere das Politische nun selbst religionsförmig: der bürgerliche Mensch befreite sich nur »religiös« von der Religion, nämlich »auf einem Umweg«, durch das »Medium« des Staats, der – wie Christus – nun zum Mittler zwischen dem Menschen und seiner Freiheit wird (353). Die bürgerliche Revolution bündelte die zuvor zerstreuten politischen Kompetenzen in einer politischen Instanz, die nun die Angelegenheiten des Gemeinwesens »in idealer Unabhängigkeit« verwaltet (368). Die religiöse Verkehrung ist nun gleichsam in die Politik gerutscht und lässt den Menschen »ein doppeltes, ein himmlisches und ein irdisches Leben« führen: sie spaltet ihn auf in den egoistischen Privatmenschen der bürgerlichen Gesellschaft einerseits und in die moralische Person des »abstrakten« Staatsbürgers andererseits (355, 368ff). In der gleichen Weise, in der die feuerbachsche Religionskritik zur Kritik der bürgerlichen Politikform mutiert, erweitert sich auch die Befreiungsperspektive: über eine bloß »politische« Emanzipation hinaus geht es um eine »menschliche Emanzipation«, in der der »individuelle Mensch« seine gesellschaftliche Kraft »nicht mehr in der Gestalt der politischen Kraft von sich trennt«, sondern den »abstrakten Staatsbürger in sich zurücknimmt« (370).

Nahezu gleichzeitig erklären die *Ökonomisch-Philosophischen Manuskripte* 1844 die Entfremdung des Arbeiters in den Kategorien der feuerbachschen Religionskritik: wenn dem Produzenten das Arbeitsprodukt als ein »fremdes Wesen« gegenübertritt und diese fremde Macht umso stärker wird, desto mehr er sich abarbeitet, sei dies genauso wie in der Religion: »Je mehr der Mensch in Gott setzt, je weniger behält er in sich selbst.« (40/512) Wenn der Arbeiter sich zudem von seiner Arbeit entfremdet, verliert er seine Selbsttätigkeit ebenso wie in der Religion, wo sie ihm als »fremde, göttliche oder teuflische Tätigkeit« gegenübertritt (514). Der Religion im engeren Sinne kommt in der Entfremdungskonzeption des jungen Marx nur noch eine untergeordnete Bedeutung zu: Die religiöse Entfremdung betreffe nur das menschliche Innere, aber die ökonomische Entfremdung sei die »des *wirklichen Lebens*«, so dass die positive Aufhebung des Privateigentums auch die »Rückkehr des Menschen aus Religion, Familie, Staat etc. in sein *menschliches*, d.h. *gesellschaftliches* Dasein« bedeute (537). So wertvoll der Terrainwechsel von der Religionskritik zur umfassenden Entfremdungskritik, so illusorisch die Annahme, mit der Beseitigung des Privateigentums verschwänden die Ideologien von selbst. Eine eigene und eigengesetzliche Materialität wird dem Ideologischen hier noch nicht zugestanden.

Einige der Religionspassagen aus den *Manuskripten* von 1844 kehren in ähnlicher Formulierung im Fetischkapitel des *Kapital* wieder, z. B. wenn Marx die verdinglichte Herrschaft der produzierten Waren über die Produzenten mit der Analogie der religiösen »Nebelregion« erklärt: »Hier scheinen die Produkte des menschlichen Kopfes mit eignem Leben begabte, untereinander und mit den Menschen in Verhältnis stehende selbständige Gestalten. So in der Warenwelt die Produkte der menschlichen Hand.« (23/86) Aber mit dem Fetischbegriff, mit dem Marx die von Feuerbach übernommene Religionskritik im Zentrum der bürgerlichen Ökonomie »ankommen« lässt, hat er nun eine Analogie gefunden, mit deren Hilfe er den Aufweis der »Verkehrung« schärfen und konkretisieren kann.

Wie W. F. Haug in seinen *Vorlesungen zur Einführung ins »Kapital«* gezeigt hat, stammt *Fetisch* aus dem portugiesischen *feitiço*, das sich wiederum vom lateinischen *facere* herleitet. Im etymologischen Wortsinn bedeutet *Fetisch* etwas menschlich Gemachtes, Hergestelltes, das Macht über die Hersteller gewinnt – die »Macht der Machwerke über die Machenden« (Haug 2005, 161). Als »Fetische« bezeichneten portugiesische Missionare die Ding-Götter »primitiver« Gesellschaften. In der Wortverwendung selbst spürt man die sowohl »christliche« als auch modern-eurozentrische »Überlegenheit« gegenüber »primitiven« Kulten, die in ihrer Unaufgeklärtheit das von ihnen selbst Geschnitzte anbeten. Vor dem Hintergrund des europäischen Kolonialismus erweist sich Marxens Begriffsübertragung als Meisterstück der Subversion: »Was ist der afrikanische Fetischismus gegenüber dem europäischen, bei dem die gesamte Regelung der gesellschaftlichen Produktion, die über Wohl und Wehe der Menschen entscheidet, der Eigendynamik der Mach-Werke überlassen wird!« (162) Den überheblich auf die von ihnen kolonisierten Völker hinabblickenden europäischen Eliten und ihren Ideologen wird der verdinglichte Kult im Zentrum ihres ökonomischen Lebens vor Augen gehalten.

Damit erhält die marxsche Fetischismuskritik einen ideologietheoretisch bedeutsamen Doppelcharakter. Soweit sie als polemische und subversive Wendung gegen die tonangebenden bürgerlichen und eurozentrischen Ideologien auftritt, ist sie »Ideologiekritik« im besten Sinne, die dem Gegner die Phrasen im Munde umdreht, bis sie »kenntlich« werden; soweit sie sich an die Aufdeckung einer verdinglichten Verkehrung im Ökonomischen selbst macht, geht sie darüber hinaus, jedenfalls dann, wenn man sich daran gewöhnt hat, den Begriff primär als Kritik »verkehrten Bewusstseins« zu verstehen.

Walter Benjamin hat diese Verschiebung der Religionskritik zur Ökonomiekritik genau registriert und daraus den Schluss gezogen, die marxschen Religionsanalogien beim Wort zu nehmen. In seinem Fragment *Kapitalismus als Religion* von 1921 besteht er darauf, den Kapitalismus nicht nur, wie Max Weber in der *Protestantischen Ethik*, als »religiös bedingt«, sondern als eine »essenziell religiöse Erscheinung« zu interpretieren, nämlich als eine »Kultreligion« ohne »spezielle« Dogmatik und Theologie, als einen permanenten, sich gnaden- und trostlos vollziehenden Kult, der nicht entsühnt, sondern universell »verschuldet« (GS VII,2, 100).[16] Dass Benjamin die kapitalistische Religion als »Kult« bestimmt, ist dahingehend zu verstehen, dass sie nicht ideell auf der Ebene einer »Orthodoxie« sondern materiell als »Orthopraxie«, als Ensemble normierender Rituale und Praktiken wirkt.

Wie kann man sich die religionsförmige Macht der Mach-Werke und die damit zusammenhängenden Mystifikationen der bürgerlichen Gesellschaft vorstellen?

2.2.2 Von der Ideologiekritik zur Kritik »objektiver Gedankenformen«

Mit dem »Fetischcharakter der Ware« bezeichnet Marx den Tatbestand, dass in der privat-arbeitsteiligen Warenproduktion der gesellschaftliche Zusammenhang der Produzenten nicht bewusst geplant werden kann, sondern sich erst beim Verkauf der Ware und damit im Nachhinein als fremde, »dingliche« Macht hinter ihrem Rücken durchsetzt. Erst dann nämlich »setzen sie ihre verschiednen Arbeiten einander als menschliche Arbeit gleich« (K I, 23/88) und erfahren hierbei, ob die Zeit, die sie zur Produktion ihrer Waren benötigten, mit dem Durchschnitt der gesellschaftlich notwendigen Arbeitszeit übereinstimmt oder sie z. B. mangels veralteter Arbeitsmittel überschreitet – eine Information, die über Erfolg und Scheitern, vielleicht sogar über Leben und Tod entscheidet.

Marx bringt die nachträgliche Brutalität in der Formulierung zum Ausdruck, dass die gesellschaftlich notwendige Arbeitszeit sich »als regelndes Naturgesetz gewaltsam durchsetzt, wie etwa das Gesetz der Schwere, wenn einem das Haus über dem Kopf zusammenpurzelt« (89). Die Irrationalität dieser Planlosigkeit wird deutlich, wenn man sich klarmacht, dass kein Architekt so blöde oder so unverantwortlich wäre, beim Hausbau auf prä-

16 Benjamin zufolge findet sich der Typus des kapitalistischen religiösen Denkens »großartig in der Philosophie Nietzsches ausgesprochen«: Der »Durchgang des Planeten Mensch durch das Haus der Verzweiflung in der absoluten Einsamkeit seiner Bahn ist das Ethos, das Nietzsche bestimmt.« (GS VII/2, 101).

zise Vorausberechnungen der Statik zu verzichten. Die fetischartige Verdinglichung liegt Marx zufolge darin, dass in der bürgerlichen Gesellschaft die Produzenten ihre gesamtgesellschaftlichen Handlungs- und Planungsfähigkeiten an die Waren-Dinge abgetreten und ihnen die Regulation des Gesamtzusammenhangs überlassen haben. »Ihre eigne gesellschaftliche Bewegung besitzt für sie die Form einer Bewegung von Sachen, unter deren Kontrolle sie stehen, statt sie zu kontrollieren.« (Ebd.)

Es fällt auf, dass Marx die »Verkehrung« des Waren-Fetischismus bisher nicht auf der Ebene des Bewusstseins festgemacht hat. Dass die Produzenten erst beim Warenverkauf über den Wert ihrer Arbeit unterrichtet werden und in diesem Sinne von einer »Bewegung von Sachen« kontrolliert sind, ist keineswegs auf ihre Einbildung zurückzuführen. Wer auf seinen Waren sitzenbleibt oder sie zu billig abstoßen muss, weiß genau, dass er es hier mit einer brutalen, wenn auch schwer greifbaren Realität zu tun hat – ein »sinnlich-übersinnliches Ding«, »voll metaphysischer Spitzfindigkeit und theologischer Mucken« nennt Marx daher die Ware (85). Im Widerspruch zu einer aufs »Bewusstsein« fixierten Ideologiekritik scheint er sogar darauf zu bestehen, es gäbe hier überhaupt nichts »Verkehrtes« im Bewusstsein: den Subjekten, die in dieser Tauschform handeln, erscheinen nämlich »die gesellschaftlichen Beziehungen ihrer Privatarbeiten *als das, was sie sind* (Herv. JR), das heißt nicht mehr als unmittelbar gesellschaftliche Verhältnisse der Personen in ihren Arbeiten selbst, sondern vielmehr als sachliche Verhältnisse der Personen und gesellschaftliche Verhältnisse der Sachen« (87). Aber wie verhält sich die behauptete Wahrnehmung *»als das, was sie sind«* mit der Bestimmung, es handele sich beim Warenfetisch um »gegenständlichen Schein« (88, 97), »phantasmagorische Form« (86), »mystischen Nebenschleier« (94)?

Auf diesen Widerspruch antwortet Marx mit dem Hinweis, es handelte sich hier um »gesellschaftlich gültige, also objektive Gedankenformen« (23/90), die sich spontan als »gang und gäbe Denkformen« reproduzierten (564). Wie schon bei der Wortbildung der »idealistischen Superstruktur« (3/36) verkoppelt er einen Term fürs Denken (Gedankenform) mit einem Term fürs Wirkliche (»objektiv«). Als »objektive Gedankenform« ist der Waren-Fetisch also sowohl eine Form des sozialen Lebens in der bürgerlichen Gesellschaft als auch eine ihr entsprechende Form des bewussten Handelns, und beide sind untrennbar. Von einer naiven Ideologiekritik, die meint, die »Verkehrungen« mithilfe wissenschaftlicher Aufklärung loszuwerden, ist Marx hier weit entfernt: die wissenschaftliche Entdeckung, dass die Waren-Werte in Wirklichkeit nicht »Dinge«, sondern verdinglichte Ausdrücke menschlicher Arbeit sind, »verscheucht keineswegs den gegenständlichen Schein der gesellschaftlichen Charaktere der Arbeit« (23/88). Wir werden sehen, dass das Argument im Zusammenhang mit der Lohnform und der »trinitarischen Formel« wiederkehren wird (s. u. 2.2.3).

Man versteht nun besser, warum Marx dem Bewusstsein sowohl Realitätsangemessenheit als auch »Verkehrtheit« attestieren kann. »Es ist, obwohl verkehrt, pragmatisch richtig, weil den an die sozialökonomische Realität angepassten (›normalen‹) Handlungsweisen entsprechend.« (Haug 2005, 165) Die marxsche Kritik wendet sich gegen diese »Normalität« der sozialökonomischen Realität selbst, die sie mithilfe des Fetisch-Begriffs »verfremdet«: die »Verkehrtheit« sitzt in der grundlegenden Struktur ungeplant-privater Warenproduktion und -zirkulation selbst; »verkehrt« ist ihre selbstverständlich erscheinende Funktionsweise, die statt durch bewusste Vorausplanung »hinterrücks« durch die Austauschbewegung der Dinge gesteuert wird. Das ihr angepasste Denken ist insofern verkehrt, als es die Verdinglichung der Praxisformen als »natürlichen« und »selbstverständlichen« Tatbestand hinnimmt, als der sie sich unmittelbar darstellt. Als »falsch« erweist es sich, wenn man seine Naturalisierung mit der von Marx praktizierten dialektischen Analysemethode konfrontiert, »die jede gewordne Form im Flusse der Bewegung, also auch nach ihrer vergänglichen Seite auffasst, sich durch nichts imponieren lässt, ihrem Wesen nach kritisch und revolutionär ist« (23/28).

Wenn man diese Analysemethode weiterhin als »Ideologiekritik« bezeichnen will, wie es z. B. Gerhard Hauck (1992, 12, 14, 19) oder Sebastian Herkommer (2004, 83) vorgeschlagen haben, stößt man methodisch auf ein Abgrenzungsproblem: sie hat ihren Gegenstand auf eine Weise verschoben, dass sie nun weitgehend mit der *Kritik der Politischen Ökonomie* überhaupt zusammenfällt, die sowohl die Wirkungszusammenhänge der sozio-ökonomischen Realität als auch die ihnen entsprechenden Denkformen rekonstruiert.

2.2.3 Die Lohnform und das »wahre Eden« der Menschenrechte

Die im Ökonomischen einsitzende »Verkehrung« findet an der Ware ihren Ausgangspunkt, ist aber nicht auf sie beschränkt. Wenn die *Kritik der Politischen Ökonomie* zum Geld, dann zur Ware Arbeitskraft, Lohn, Kapital und Rente aufsteigt, wandert der Fetischbegriff mit. Das *Geld* hat bereits die Festigkeit einer »Naturform« angenommen, die die »gesellschaftlichen Verhältnisse der Privatarbeiter sachlich verschleiert« (23/90) – hier ist der Fetischcharakter weitaus schwieriger zu entziffern als bei der Ware.

Der Lohn der Arbeiter erscheint auf der Oberfläche der Gesellschaft als »Preis der Arbeit«, während er in Wirklichkeit nur der Preis der Arbeitskraft ist (557f). Es sieht so aus, als würde der ganze Arbeitstag bezahlt, während in Wirklichkeit nur die zur Reproduktion der Arbeitskraft »notwendige Arbeit« bezahlt wird, nicht aber die Mehrarbeit, die dem Surplus der Kapitalisten zugrunde liegt. In diesem Zusammenhang führt Marx den Begriff »imaginär« ein, den er zugleich von Illusion und Bewusstseinsverkehrung abhebt (wir werden dem ›Imaginären‹ in Althussers Ideologietheorie wieder begegnen, hier allerdings vermittelt über die lacansche Psychoanalyse). Obwohl der Ausdruck »Wert der Arbeit« ein »imaginärer Ausdruck« sei, entspringe er aus den Produktionsverhältnissen und sei eine Kategorie für »Erscheinungsformen wesentlicher Verhältnisse« (559). »Erscheinung« ist hier nicht als bloßer »Schein« zu verstehen, sondern als real-imaginäre, sowohl »objektive« wie auch »subjektive« Gedankenform:

> »Auf dieser Erscheinungsform [...] beruhn alle Rechtsvorstellungen des Arbeiters wie des Kapitalisten, alle Mystifikationen der kapitalistischen Produktionsweise, alle ihre Freiheitsillusionen, alle apologetischen Flausen der Vulgärökonomie.« (562)

Das Gewicht solcher »Mystifikationen«, ihre Verankerung in den realen ökonomischen Verhältnissen und im Alltagsbewusstsein, ist daran ablesbar, dass die Kämpfe der Arbeiterbewegung, auch dort, wo sie maßgeblich vom Marxismus geprägt sind, zu einem Großteil um die Lohnhöhe ausgefochten werden, sich also weitgehend innerhalb der »Lohnform« bewegen. Sie zu überwinden würde eine grundlegende Veränderung der Produktionsverhältnisse und der Arbeitsorganisation voraussetzen. Radikale Forderungen, sie grundlegend infrage zu stellen, scheitern in der Regel nicht erst am direkten Widerstand der Kapitalseite und des bürgerlichen Staates, sondern laufen schon vorher ins Leere, da die Lohnform grundsätzlich auch von den Freiheits- und Rechtsvorstellungen der Arbeiterklasse abgestützt wird. Auch die Lohnform ist, um mit Gramsci zu sprechen, ein gewichtiger Hegemoniefaktor.

Marx hat in einer berühmten Passage sowohl das Imaginäre als auch den Realitätsgehalt solcher Rechtsvorstellungen zum Ausdruck gebracht: Die Zirkulationssphäre ist »in der Tat ein wahres Eden der angebornen Menschenrechte. Was allein hier herrscht, ist Freiheit, Gleichheit, Eigentum und Bentham.« (23/189) Auch wenn der Bezug auf den biblischen »Garten Eden« ironisch klingen mag, sollte man sich nicht dazu verführen lassen, die Passage nur als satirische Entlarvung realitäts-losen Scheins zu verstehen. Denn Marx ist sich völlig klar darüber, dass das Problem der Stabilität bürgerlicher Herrschaft nicht zuletzt darin besteht, dass auf der »geräuschvollen« und »allen Augen zugänglichen« Zirkulationssphäre die Vertragspartner tatsächlich als »freie, rechtlich ebenbürtige Personen « auftreten, die jeweils nur ihrem Eigennutz folgen (190). Er lässt keinen Zweifel daran, dass die Bewegungsfreiheit des »doppelt freien« Lohnarbeiters, den der Geldbesitzer auf dem Markt vorfindet, keineswegs bloße Schimäre ist, sondern einen wirklichen Unterschied zum Leibeigenen markiert (»Stadtluft macht frei«). Was diese Freiheit konkret bedeutet, wenn der Produzent in der sog. »ursprünglichen Akkumulation« vom Land vertrieben, von seinen bäuerlichen Produktions- und Lebensmitteln »freigesetzt« und dann über eine grausame »Blutgesetzgebung« gegen Vagabunden in Arbeitshäuser gezwungen wird, ist allerdings eine andere Frage.[17] Die Eigentumslosen wurden lange Zeit nicht als rechtsfähig angesehen und als Objekt staatlicher Gewaltanwendung behandelt. Die Zirkulationssphäre als reale Grundlage der »Menschenrechte« herauszuarbeiten und zugleich ihren Illusionscharakter zu zeigen, macht den Scharfsinn (sowie die außerordentliche literarische Qualität) des Abschnitts aus. Wie »real« sind Freiheit und Gleichheit der Zirkulationssphäre, wenn die eine Seite auf den Arbeitskraft-Verkauf angewiesen ist, um überleben zu können, und die andere die Arbeitskraft kauft, um Gewinn zu erzielen? Beim Übergang von der für alle sichtbaren Zirkulationssphäre zur »verborgenen Stätte der Produktion« verwandelt sich die »Physiognomie« der Vertragspartner: »Der ehemalige Geldbesitzer schreitet voran als Kapitalist, der Arbeitskraftbesitzer folgt ihm nach als sein Arbeiter, der eine bedeutungsvoll schmunzelnd und geschäftseifrig, der andre scheu, widerstrebsam, wie jemand, der seine eigne Haut zu Markt getragen und nun nichts andres zu erwarten hat als die – Gerberei.« (191)

2.2.4 Kapitalfetisch, »trinitarische Formel« und »Religion des Alltagslebens«

Gegen eine spontan sich immer wieder einstellende verdinglichende Wahrnehmung gesellschaftlicher Beziehungen insistiert Marx darauf, dass auch das Kapital kein »Ding« ist, z. B. keine investierte Geldsumme, sondern »ein bestimmtes, gesellschaftliches, einer bestimmten historischen Gesellschaftsformation angehöriges Produktionsverhältnis, das sich an einem Ding darstellt« (25/822). So entsteht es auch nicht einfach mit der vermehrten Waren- oder Geldzirkulation, sondern »nur, wo der Besitzer von Produktions- und Lebensmitteln den freien Arbeiter als Verkäufer seiner Arbeitskraft auf dem Markt vorfindet« (23/184). Im zinstragenden Kapital sieht Marx den »automatischen Fetisch« in Reinform, die »Verkehrung und Versachlichung der Produktionsverhältnisse in der höchsten Potenz«: als »sich selbst verwerten-

17 Vgl. Marxens Kapitel über »Die sogenannte ursprüngliche Akkumulation« im 1. Band des *Kapital* (23/741-791). Karl Polanyi hat die Vertreibung der Landbevölkerung durch Einfriedungen (enclosures) des bisherigen gemeinsamen Weidegrunds (commons) als »Revolution der Reichen gegen die Armen« bezeichnet: »Die soziale Struktur wurde zerbrochen, verwüstete Dörfer und die Ruinen menschlicher Behausungen bezeugten die Grausamkeit, mit der die Revolution wütete« (1977, 55). »Die Leute vom Land waren entmenschte Slumbewohner geworden, die Familie war in Auflösung begriffen, und große Bodenflächen verschwanden rapide unter den Schlacken und Abfallhalden, ausgespien von den ›Teufelsmühlen‹, den Fabriken.« (60) Da die gewaltförmigen Enteignungen nicht nur am »Ursprung« der kapitalistischen Produktionsverhältnisse liegen, sondern diese kontinuierlich begleiten, vorrangig in der »Dritten Welt«, aber auch immer wieder in Bereichen des »Zentrums«, hat David Harvey den marxschen Begriff der »ursprünglichen Akkumulation« durch den der »Akkumulation durch Enteignung« ersetzt (2003, 137ff).

der Wert«, »Geld heckendes Geld« ist das gesellschaftliche Verhältnis zum »Verhältnis eines Dinges, des Geldes, zu sich selbst« geworden. »Es wird ganz so Eigenschaft des Geldes, [...] Zins abzuwerfen, wie die eines Birnbaums, Birnen zu tragen« (25/405) – ein gefundenes Fressen für die Vulgärökonomie, weil »die Quelle des Profits nicht mehr erkenntlich« ist (406).

In dritten Band des *Kapital* fasst Marx die verschiedenen Stufen der Verdinglichung und Mystifikation der kapitalistischen Produktionsweise zur »trinitarischen Formel« zusammen, der zufolge das Kapital den Zins hervorbringt, der Boden die Rente und die Arbeit den Arbeitslohn. Es ist eine »verzauberte, verkehrte und auf den Kopf gestellte Welt, wo Monsieur le Capital und Madame la Terre als soziale Charaktere und zugleich unmittelbar als bloße Dinge ihren Spuk treiben« (25/838). In diesem Zusammenhang würdigt Marx das »große Verdienst« der klassischen Ökonomie, diese »Religion des Alltagslebens« aufgelöst zu haben, »indem sie den Zins auf einen Teil des Profits und die Rente auf den Überschuss über den Durchschnittsprofit reduziert, so dass beide im Mehrwert zusammenfallen«, der wiederum auf die gesellschaftliche Arbeit zurückgeht (ebd.). Es zeigt sich, dass man, wie schon bei den traditionellen Religionen, auch bei dieser bürgerlichen »Religion des Alltagslebens« mit dem Aufweis falschen Bewusstseins nicht viel weiter kommt: Auch wenn sie wissenschaftlich »widerlegt« ist, ist ihre alltägliche Wirksamkeit ungebrochen, da »die wirklichen Produktionsagenten in diesen entfremdeten und irrationalen Formen von Kapital-Zins, Boden-Rente, Arbeit-Arbeitslohn sich völlig zu Hause fühlen, denn es sind eben die Gestaltungen des Scheins, in welchem sie sich bewegen und womit sie täglich zu tun haben« (ebd.).

Wenn wir uns von hier aus die Stufenfolge der Verdinglichungen und Mystifikationen vergegenwärtigen, sehen wir, dass Marx mit seinen Fetischismus-Analysen unterschiedliche Phänomene in ihrem Zusammenhang zu erfassen versucht: zum einen das Funktionieren einer versachlichten modern-bürgerlichen Herrschaftsform, bei der der kapitalistische Markt als eine höhere Macht fungiert, dem Produzenten, Konsumenten und auch die Kapitalisten selbst ausgeliefert sind, so dass das Verhältnis von Angebot und Nachfrage »gleich dem antiken Schicksal über der Erde schwebt und mit unsichtbarer Hand Glück und Unglück an die Menschen verteilt, Reiche stiftet und Reiche zertrümmert, Völker entstehen und verschwinden macht« (DI, 3/35); zum zweiten die selbst-mystifizierende Naturalisierung dieser versachlichten Herrschaft zu einer Art »Sachzwang«, der die zugrunde liegenden gesellschaftlichen Verhältnisse zum Verschwinden bringt: Bewegung der Sachen als »Naturform« des gesellschaftlichen Lebens (23/89f); und schließlich die Herstellung eines spontanen Einverständnisses, so dass die Produktionsagenten sich in der »Religion des Alltagslebens [...] völlig zu Hause fühlen« (25/838).

2.2.5 Der »stumme Zwang« ökonomischer Herrschaft als Ideologie?

Marx kennzeichnet die Herrschaftsweise des Kapitals als »stummen Zwang der ökonomischen Verhältnisse«, der im Normalfall ohne Anwendung von »außerökonomischer, unmittelbarer Gewalt« auskommt, und dies nicht zuletzt deswegen, weil die Arbeiterklasse die Anforderungen der kapitalistischen Produktionsweise als »selbstverständliche Naturgesetze« anerkennt (23/756). Offenbar stellt dieser »stumme Zwang« bereits die Weichen für die ideologische Unterstellung unter die bürgerliche Herrschaft, bevor die Ideologen anfangen, wortreich über ihn zu reden oder ihn angestrengt zu verschweigen, ihn zu rechtfertigen oder abzuleugnen. Ist damit die Ideologie nun sozusagen »vom Überbau in die Basis transferiert worden«, wie Eagleton meint (2000, 102f)? Dann würde sie von nun an mit dem »stummen Zwang der ökonomischen Verhältnisse« zusammenfallen, was offensichtlich auf eine reduktionistische Konstruktion hinauslaufen würde.

Andererseits liegt es auf der Hand, dass alle drei Momente des von Marx herausgearbeiteten Zusammenhangs, sowohl die »Versachlichung« moderner Herrschaft als auch ihre Naturalisierung sowie die Erzeugung eines »Zu-Hause-Fühlens« in ihren entfremdeten Formen für ein Verständnis der freiwilligen Unterstellung unter die bürgerliche Gesellschaft von zentraler Bedeutung sind. Wie können sie dann von einer Ideologietheorie, die sich die Analyse einer solchen aktiven Selbst-Unterstellung unter entfremdete Verhältnisse zu ihrer Hauptaufgabe gemacht hat, ausgeschlossen werden? Sind sie ideologietheoretisch relevant, ohne selbst ideologisch zu sein?

Philologisch ist zu berücksichtigen, dass Marx im Zusammenhang seiner Fetischismus-Analysen den Begriff der Ideologie nicht direkt verwendet. Freilich hilft auch dies nicht viel weiter, denn zum einen stoßen wir inmitten der marxschen Fetischismuskritiken immer wieder auf Verkehrungs-Metaphern, die auf den Ideologiebegriff der *Deutschen Ideologie* zurückweisen, zum andern bleiben sie durchgängig mit der Religion als der historisch ersten Form der Ideologie assoziiert.

Wie die marxschen Fetischismusanalysen für die Analyse bürgerlicher Ideologien genutzt werden können, ist daher umstritten. Unbeachtet von Kautsky, Plechanow und Lenin, spielen sie weder in der Tradition des »Marxismus-Leninismus« noch bei Gramsci eine wichtige Rolle. Bei Althusser gelten sie als Relikt des »vormarxistischen«, weil »humanistischen« Entfremdungskonzepts des jungen Marx und werden als »fiktive Theorie« abgetan (*EphP* 1, 497; vgl. FM, 180, Anm. 7). Aber eine Ideologietheorie, die sich im Übereifer ihrer Abgrenzung von »Ideologiekritik« hermetisch gegen die Analyse der »objektiven Gedankenformen« im Ökonomischen abschottet, hat Schwierigkeiten, die Auftreffstrukturen ideologischer Praxen, Rituale und Diskurse im Alltagsleben der »Produktionsagenten« zu erforschen.

Dagegen macht Georg Lukács in *Geschichte und Klassenbewusstsein* den

Warenfetisch zur »Universalkategorie des gesamten gesellschaftlichen Seins« in der bürgerlichen Gesellschaft (*GuK* 97). Für Karl Korsch ist der Fetischismus die »ökonomische Grundideologie der bürgerlichen Gesellschaft« (1923/1966, 123) und für den frühen Habermas die »unterste Sprosse der Ideologienleiter« (1963, 205). Richard Sorg sieht das marxsche Kapitel zum Fetischcharakter der Ware als »inhaltliche Enthüllung der Grundstruktur des bürgerlichen Bewusstseins in all seinen mannigfaltigen Gestaltungen« (1976, 45). In Kennzeichnungen wie »Universalkategorie« und »Grundstruktur« des Bewusstseins zeichnet sich die Tendenz ab, den in den ökonomischen Praxisformen aufgefundene Fetisch mit der Macht auszustatten, den Bereich des Ideologischen insgesamt zu durchdringen. Indem die ökonomischen Praxisformen »verkehrtes« und »verdinglichtes Bewusstsein« sozusagen ausschwitzen, ist alles oder das Wesentliche bereits gelaufen – eine ökonomistische Weichenstellung, bei der sich eine Erforschung der »idealistischen Superstruktur«, ihrer Apparate, Formen, Intellektuellen und Praxen erübrigen würde.

Betrachten wir zwei Ansätze, die zwischen den beschriebenen Polen zu vermitteln versuchen. Sebastian Herkommer schlägt vor, die marxsche Kritik der objektiven Gedankenformen selbst als »Ideologiekritik« zu lesen, selbst wenn der Begriff der Ideologie dort nicht vorkomme (2004, 83). In Ideologiekritik und Ideologietheorie sei nach wie vor von der marxschen Analyse der bürgerlichen Mystifikationen auszugehen, die sich freilich selbst nur auf die »ökonomische Totalität« der bürgerlichen Gesellschaft bezögen und damit nur die »erste Stufe« einer umfassenden Ideologiekritik darstellten (83, 150).[18] »Ideologische Staatsapparate« wie z. B. die Kirche müssten in ihrer eigenen »Materialität«, »realen Existenzweise« und hinsichtlich ihrer ideologischen Wirkungen untersucht werden (108, 153). Aber die Beziehung zwischen ihrer Wirkungsweise und den fetischhaft »verkehrten« ökonomischen Gedankenformen denkt Herkommer vornehmlich in den Kategorien der »Potenzierung«, »Erweiterung«, »Verstärkung« etc. (151ff). Für die Untersuchung der Eigengesetzlichkeit des Ideologischen bleibt somit nicht viel Raum.

Nach Auffassung des *Projekts Ideologietheorie* (PIT) kommen die »objektiven Gedankenformen« der Integrationsleistung bürgerlicher Ideologien entgegen, bilden aber selber noch keine Ideologie, da sie nicht »von oben«, d.h. über ideologische Apparate des Staates (im weiten Sinne) geregelt sind (1979, 186). Erst wenn die objektiven Gedankenformen »in die Wirkungsstruktur der ideologischen Mächte hineingedacht und nach deren Regeln

18 In seiner *Einführung Ideologie* hatte Herkommer dagegen noch gemeint, die durch den Fetischismus erzeugten realen Fiktionsweisen des bürgerlichen Alltagslebens würden erst durch die systematische Ausarbeitung und »Übersetzung« durch spezialisierte Intellektuelle zu Ideologien (1985, 23f, 44, 130).

angeordnet werden, ist ihre Verarbeitung im strengen Sinn ideologisch zu nennen« (187). Es liegt auf der Hand, dass eine Bestimmung des Ideologischen als Gesamtheit *institutionell* verwalteter Normen, Werte und Ideale die Effekte des Waren-, Lohn- und Kapitalfetischs aus dem Ideologiebegriff ausschließen muss. Aber was ist dann mit dem »*Do it yourself* der Ideologie« im Alltag, von dem W. F. Haug an anderer Stelle sagen wird, es sei der »entscheidende Resonanzboden der konstituierten Ideologien« und ihrer »institutionellen Diskurse«? (1993, 172, 227). So falsch es wäre, das bürgerliche Alltagsleben auf Effekte des Fetischismus zu reduzieren, so bedeutsam ist es für eine Ideologietheorie, analytische Instrumente zu entwickeln, um das »Auftreffen« ideologischer Diskurse auf Mystifikationen des *common sense*, ihre Kombinationen und Verzahnungen zu entziffern.

Als Vermittlungsvorschlag bietet sich an, die marxschen Fetischanalysen als Verbindungsglied zwischen dem »stummen Zwang der ökonomischen Verhältnisse«, den alltäglichen Verarbeitungsweisen dieses Zwangs und seiner »diskursiven« Bearbeitung durch die verschiedenen Ideologen der ideologischen Mächte anzusehen. Entscheidend ist nicht, wie genau die terminologische Abgrenzung vollzogen wird, sondern die Entwicklung einer Untersuchungsmethode, die die verschiedenen Seiten des Wirkungszusammenhangs nicht reduktionistisch aufeinander bezieht. Auf welche Weise sich die verschiedenen, miteinander konkurrierenden ideologischen Instanzen auf die ökonomischen Verhältnisse beziehen, kann nicht vorab festgelegt werden, sondern ist empirisch zu erforschen. Sie können sie »verstärken«, verschleiern, imaginäre Gegenräume zu ihnen schaffen, Kompensationsformen für sie bereitstellen, die Kritik vom System auf einzelne Fraktionen abwälzen und vieles mehr.

2.2.6 Ideologie und Wissenschaft – das Beispiel der »Vulgärökonomie«

Marx selbst hat die Ideologisierung »objektiver Gedankenformen« am Beispiel der »Vulgärökonomen« behandelt, die nichts tun als »die Vorstellungen der in den bürgerlichen Produktionsverhältnissen befangenen Agenten [...] zu verdolmetschen, zu systematisieren und zu apologetisieren« (K III, 25/825), eine »gewisse Ordnung« unter sie zu bringen (838f). Ihre Funktion als Ideologen besteht darin, die »objektiven Gedankenformen« unmittelbar in eine doktrinäre Sprache zu »übersetzen«, und zwar »vom Standpunkt des herrschenden Teils aus, der Kapitalisten, daher nicht naiv und objektiv, sondern apologetisch« (TM, 26.3/445) – je danach, was dem Kapital »nützlich oder schädlich, bequem oder unbequem« ist (23/21). Solche interessenbedingte Reproduktion des »Oberflächenscheins« sieht er im Gegensatz zum »Drang der politischen Ökonomen, wie Physiokraten, A. Smith, Ricardo, den innren Zusammenhang zu begreifen« (26.3/445).

Man kann hier beobachten, wie Marx der ideologischen Verstärkung spontaner Denkformen die ideologiekritische Perspektive einer aufs Begreifen des »inneren Zusammenhangs« gerichteten Wissenschaft entgegenhält. Ihr stellt er die Aufgabe, die Naturalisierungs-Effekte des in den ökonomischen Praxisformen verankerten Fetischcharakters in Frage zu stellen, was freilich, wie wir gesehen haben, noch keineswegs bedeutet, ihre alltagspraktische Wirksamkeit zu brechen. Man könnte diesen ideologiekritischen Anspruch an die Wissenschaft mit Derrida als »Dekonstruktion« verfestigter Bedeutungen bezeichnen.[19] Betrachtet man Marxens Verfahren wissenschaftlicher Kritik im *Kapital*, wird deutlich, dass es ihm, über Derridas Dekonstruktionskonzept hinaus und weitaus präziser als dieses, um die genetische Rekonstruktion des Untersuchungsgegenstands mitsamt der ihn begleitenden »objektiven Gedankenformen« geht. Es gibt kaum eine Haltung, die er mit größerer Verachtung behandelt, als die eines instrumentalistischen Umgangs mit der Wissenschaft »von außen«. Eine Anpassung an das »Sonderinteresse bestehender herrschender Klassen oder Klassenfraktionen« bezeichnet er in seiner Kritik am bürgerlichen Apologeten Thomas Malthus als »wissenschaftliche Gemeinheit« und »Sünde gegen die Wissenschaft« (26.2/113): »Einen Menschen aber, der die Wissenschaft einem nicht aus ihr selbst (wie irrtümlich sie immer sein mag), sondern von außen, ihr fremden, äußerlichen Interessen entlehnten Standpunkt zu akkomodieren sucht, nenne ich ›gemein‹.« (112)

Manche Beobachter sehen die ideologische Bedeutung der von Marx kritisierten »Vulgärökonomie« durch den Erfolg des Neoliberalismus bestätigt. So meint z. B. Joachim Bischoff, für den der Kern der neoliberalen Gesellschaftskonzeption in der »oberflächlichen Vorstellung von der Drei-Produktionsfaktorentheorie bei der gesellschaftlichen Wertschöpfung« besteht (1993a, 136), erst jetzt sei die Vulgärökonomie hegemonial geworden: Im Unterschied zu den traditionellen Religionen sei der Neoliberalismus »eine spezifische Religion des Alltagslebens des entwickelten Kapitalismus«, durch die die »Mythologie der Oberfläche der bürgerlichen Gesellschaft [...] wieder zur zentralen Basis der ideologischen Sphäre« wird (2003b, 28f; vgl. ebd., 16, 33). Auch Herkommer meint, erst im Neoliberalismus konnte sich die vulgärökonomische Denkweise »allgemein durchsetzen« und zur »hegemonialen Ideologie« werden (2004, 94; vgl. ebd., 154).

2.2.7 »Warenästhetik« als ideologisches Glücksversprechen

Im Zusammenhang mit den Verwertungsproblemen in der kapitalistischen Warenproduktion hat sich ein ideologieförmiger Funktionszusammenhang mit außerordentlicher Tiefenwirkung entfaltet, den W. F. Haug mit dem Begriff der »Warenästhetik« theoretisiert hat (v. a. 1971 u. 1980). Bei ihrer

19 Vgl. Derrida 1990; zur Herkunft des Begriffs aus Heideggers »Destruktion«, siehe Manfred Frank (1983, 281).

Kritik geht es nicht um die Aufdeckung finsterer Absichten oder betrügerischer Auswüchse der Werbung, mit denen sich die meisten Werbekritiker beschäftigen. Zum einen geht der Begriff der Warenästhetik über den der Werbung hinaus – sie betrifft bereits die Oberflächengestaltung der Ware (sowie ihren Geschmack und Geruch) und entfaltet sich erst dann über die Verpackung und die »Auslage« zur Ausgestaltung von Markenzeichen und zur Werbung. Zum anderen ist sie kein Sonderfall, sondern gehört als funktionsnotwendige antizipierende Strategie seitens der Warenverkäufer zur Normalität der kapitalistischen Warenproduktion.

Ihre Funktionsnotwendigkeit erklärt sich aus einem praktischen Realisationsproblem beim Warentausch, das Marx als unlösbares Paradox dargestellt hat: »Die Waren müssen sich [...] als Werte realisieren, bevor sie sich als Gebrauchswerte realisieren können. Andererseits müssen sie sich als Gebrauchswerte bewähren, bevor sie sich als Werte realisieren können.« (K I, 23/100) Aber wie können sie sich als Gebrauchswerte bewähren, bevor sie überhaupt gekauft werden? In dieser Formulierung fehlt offensichtlich ein Element, das helfen könnte, die Paradoxie aufzulösen: was den Tausch oder Kauf auslöst, ist nicht, wie Marx anzunehmen scheint, der *reale* Gebrauchswert der Ware, der sich ja erst nach dem Kauf erproben ließe, sondern nur der ›Gebrauchswert‹, wie ihn sich der potenzielle Käufer von der Ware *verspricht*, d.h. ihr durchs Äußere der Ware, durch ihr Aussehen erzeugtes »ästhetisches Gebrauchswertversprechen« (Haug 1971, 16f; 1980, 45). Um den Kaufakt herbeizuführen, muss das »objektive Gebrauchswertversprechen« zudem auch wirklich ein »subjektives« auslösen (1980, 51).

Aufgrund dieser Schlüsselstellung beim Warentausch und –verkauf wird die zunehmende Verselbständigung der Ästhetik und ihre gesonderte Ausgestaltung (»ästhetische Abstraktion«) zu einem ökonomischen Zwangsgesetz für die konkurrierenden Warenproduzenten. Die Konkurrenz zwingt auf Seiten der Konzerne zu einer permanenten ästhetischen Distinktion, die, soweit sie erfolgreich ist, von den Konsumenten in ihrer Bedürfnisstruktur verinnerlicht und reproduziert wird. Gerade wenn beim Übergang zur fordistischen Massenproduktion der Markt mit einheitlichen und daher nur schwer zu unterscheidenden Massenprodukten überschwemmt wird, bedarf es von Seiten der Markenzeichen besonderer Anstrengungen, um die Marktgeltung der Marke durchzusetzen und die Markentreue der Käufer zu gewährleisten. Dabei kann die Unterscheidung von den konkurrierenden Marken sowohl durch ständige Image-Innovationen als auch durch einen gezielten Imagekonservatismus erfolgen. Bei zahlreichen Warengruppen werden die neuen ästhetischen Gestaltungen in jugendlichen Subkulturen getestet. Die dort entwickelten Manifestationen kulturellen Protests gegen »traditionelle« Normen werden eingesammelt, in neue, »jugendliche« Werbestrategien eingegliedert, zur »Mode« transformiert (1980, 155ff). Wie Naomi Klein am Beispiel der »Coolness-Jäger« in den Jugendkulturen der

1990er Jahre berichtet, boten Eigenschaften wie ›cool‹, ›alternativ‹, ›jung‹, ›hip‹ die »perfekte Identität für produktorientierte Unternehmen, die sich in imageorientierte Marken verwandeln wollten« (2000, 86).

Die Warenästhetik ist zum einen eine ökonomische Funktionsnotwendigkeit kapitalistischer Warenproduktion überhaupt und wird zum anderen, insbesondere beim Übergang zum Markenartikel ab der zweiten Hälfte des 19. Jahrhunderts, zu einer mächtigen Sozialisationsinstanz, die die von Marx als »Fetischismus« kritisierte Herrschaft der Waren»dinge« über die Warenproduzenten verallgemeinert und ins Innere der Subjekte einschreibt. Eine Ware, die nicht »ankommt«, wird zum Ladenhüter, und das »Ankommen« hängt vor allem davon ab, ob ihre Ästhetik sich in die Bedürfnisstruktur der Adressaten »einklinken« kann. Hierzu stellen die Konzerne Spezialisten ein, die den potenziellen Kunden, v. a. den jungen, die Sehnsüchte ablauschen und in Bilder formen – wir erinnern uns, dass die Etymologie des von Destutt de Tracy eingeführten Neologismus ›Ideologie‹ auf das griechische *eidos*, das Bild, verweist (s. o. 1.1). Die potenziellen Käufer werden mit den Wunschbildern, die ihnen vorher abspioniert wurden, regelrecht umdient. Die Älteren müssen einer fetischisierten Jugendlichkeit hinterherlaufen, wenn sie nicht als veraltet und langweilig gelten wollen. Die warenästhetischen Strategien zur sozialen Distinktion durch »Verjüngung« greifen ins Innere der Subjekte ein, verstärken bestimmte Bereiche ihrer Bedürfnisstruktur, die im Verkaufsinteresse liegen, und bewirken eine »permanente Transmodellierung« ihrer Sinnlichkeit (Haug 1980, 52).[20] So führte z. B. die Propagierung von Mitteln gegen Körpergeruch zu einer Verschiebung der Ekelschwelle, die Versetzung bestimmter Lebensmittel mit künstlichen Aromen veränderte das Geschmacksempfinden (52f, 83f).

Ein Vorgriff auf Althusser mag helfen, die ideologietheoretische Bedeutung der Warenästhetik zu verdeutlichen. Wenn sich die Ideologie dadurch auszeichnet, dass sie Individuen in »Subjekte« verwandelt, die sich im ideologischen Vor-Bild wiedererkennen und sich ihm daher freiwillig unterstellen (s. u. 6.4), leistet die Warenästhetik einen wichtigen Beitrag zur ideologischen Unterstellung (Subjektion). Dass Althusser dies nicht berücksichtigte, hängt mit seiner Festlegung auf »ideologische *Staats*apparate« zusammen. Damit verfehlt er, dass die Warenästhetik im fordistischen und post-fordistischen Kapitalismus »zur mächtigsten Instanz ›sekundärer Sozialisation‹ wurde (Haug 1980, 113).

Ihre besondere Wirksamkeit besteht im Versprechen von Glück und Befriedigung durch Besitz und Konsum von Waren. Dieses Versprechen kann sich sowohl mit ideologischen Werten, z. B. der »Tradition«, der ästhe-

20 »Die Folge ist, bei Strafe der sexuellen Vergreisung und also Vereinsamung, ein universell sich ausbreitender Zwang zur ›Kosmetik‹ der Menschen und der Ausstattungsdinge ihres Interieurs.« (Haug 1971, 118)

tischen Distinktion (des »guten Geschmacks«), des Religiösen und Moralischen, als auch mit Attributen des Irreligiösen oder Obszönen ausstatten. Was allein interessiert, ist ihre Attraktivität, den Erwerb und Konsum der jeweiligen Waren zu fördern. Insofern verhält sich die Warenästhetik parasitär zu jeder spezifischen Ideologie, ebenso aber auch zu anti-ideologischen Impulsen, die sie häufig ihres ideologiekritischen Stachels beraubt und korrumpiert. Die offene, in der Regel erkennbare Unterordnung unter den Wert des Konsum-Glücks wird von ideologischen Apparaten wie z. B. Kirche und Schule, soweit sie dieses Muster nicht selbst für ihre Zwecke zu adoptieren versuchen, als subversive Zersetzung der eigenen Werte wahrgenommen. Das Bild wird wiederum dadurch kompliziert, dass das Marketing von der Sphäre der Ökonomie erfolgreich in die unterschiedlichsten ideologischen Sphären eingedrungen ist: in der Politik wird die Konkurrenz in erster Linie über die warenästhetische Produktion eines Politiker-*Image* ausgetragen, die Marken und ihre Logos haben sich längst in Schule, Universität und Forschung einen festen Platz erobert.[21] Habermas meinte schon 1962 in seiner Habilitationsschrift zum »Strukturwandel der Öffentlichkeit« beobachten zu können, dass die Werbung die »gesamte Integrationskultur der Massenmedien [durchdringt]« und die bürgerliche Öffentlichkeit »im Maße ihrer Gestaltung durch public relations wieder feudale Züge an[nimmt]« (1962, 208f, 214). Eagleton zufolge schwankt der Kapitalismus permanent zwischen einer ausgreifenden Marktlogik, die die »höheren« ideologischen Werte zersetzt – und dies, können wir hinzufügen, nicht zuletzt mithilfe der mit ihr verbundenen Warenästhetik –, und einem Systembedarf nach kompensatorischen Ideologien, die gegen den mit dem Markt verbundenen »Sittenverfall« mobilisiert werden (1996, 132f).

Dass und wie die Warenästhetik selbst als ideologieförmige Macht fungiert, lässt sich exemplarisch mithilfe von Roland Barthes' Konzept des »Mythos« veranschaulichen. Darunter versteht er ein »sekundäres semiologisches System«, das auf ein »primäres« Zeichensystem aufgepfropft ist (Barthes 1982, 92f). Eines seiner Beispiele ist das Titelbild einer Nummer von *Paris-Match*, auf dem ein junger Schwarzer in französischer Uniform mit militärischem Gruß auf die Trikolore blickt: auf der primären semiologischen Ebene gibt es einen (bildhaften) Signifikanten und ein Signifikat, die beide zusammen ein Zeichen bilden, nämlich einen schwarzen Soldaten, der den französischen militärischen Gruß erweist. Aber dieses Zeichen ist

21 Naomi Klein zufolge haben in den USA die Marken seit den 90er Jahren in nur einem Jahrzehnt geschafft, »die Barriere zwischen Bildung und Werbung fast völlig niederzureißen«, z. B. über das Sponsoring von Informationstechnologie für den Unterricht, das Marketing von Sportartikeln, die Belieferung der Cafeterias durch Fastfood-Ketten (v. a. Taco Bell und Pizza Hut), die Eroberung der naturwissenschaftlichen und medizinischen Forschung (Klein 2000, 104ff).

zugleich der Signifikant eines darüberliegenden »mythischen« Systems und generiert zusammen mit dem entsprechenden Signifikat (der Kopplung von Afrikaner, Franzosentum und loyalem Soldatentum) ein mythisches Zeichen: »dass Frankreich ein großes Imperium ist, dass alle seine Söhne, ohne Unterschied der Hautfarbe, treu unter seiner Fahne dienen« etc. (95).

Wie W. F. Haug gezeigt hat, ist ein solches Oszillieren zwischen primärem und sekundär-›mythischem‹ Zeichensystem, das sich in den verschiedensten Ideologien auffinden lässt, auch grundlegend für die Art und Weise, mit der die Werbung der Markenwaren Bedürfnisbefriedigung ›bedeutet‹: sie montiert das Bild des Warenkörpers zusammen mit bildlichen Zeichen für Glück und Befriedigung; durch diese Montage bezeichnet dieses Bild nicht mehr nur einen Gebrauchswert (dies wäre die erste semiologische Ebene), sondern wird zu etwas »Höherdeutendem«, zum Element eines mythischen »Superzeichens für das, was erstrebenswert im umfassend sozialen Sinn ist« (Haug 1980, 182f). Das Individuum wird auf eine Weise angesprochen – oder »angerufen« (interpellé), wie Althusser sagen würde –, dass es sich darum bemüht, »die realen Imaginationen zu repräsentieren, die Vorbilder nachzubilden« (183). Es bewegt sich damit nach dem Grundmuster ideologischer Identität: »ich bin das Bild jenes Vorbilds« (184). Die Identitätsbildung in den »imaginären Räumen der Warenästhetik« wird somit zum zentralen Determinanten einer Ideologie des Alltags, die sich mit der »trinitarischen Formel« Privatisierung, Konsumismus und Subalternität kennzeichnen lässt (Haug 1993, 112).

2.3 Eine »neutrale« Ideologiekonzeption bei Marx?

Die Interpretation des Ideologischen als eines neutralen Mediums von Klasseninteressen stützt sich vor allem auf eine Passage im Vorwort zur *Kritik der politischen Ökonomie* von 1859, wo Marx die »materielle [...] Umwälzung in den ökonomischen Produktionsbedingungen« von den »juristischen, politischen, religiösen, künstlerischen oder philosophischen, kurz, ideologischen Formen« unterscheidet, »worin sich die Menschen dieses Konflikts bewusst werden und ihn ausfechten« (Vorw 59, 13/9). Wie der unmittelbare Kontext zeigt, meint Marx hier den »Konflikt zwischen gesellschaftlichen Produktivkräften und Produktionsverhältnissen« (ebd.).

Im Anschluss an den jungen Lenin (LW 1, 142) wurde diese Passage im Marxismus-Leninismus dahingehend interpretiert, dass sich die gesellschaftlichen Verhältnisse in »materielle« und »ideologische Verhältnisse« unterteilen ließen (z. B. Bauer u. a. 1974, 19). Die Entgegensetzung »materiell« vs. »ideologisch« legt fest, dass es sich bei den »ideologischen Formen« um »Ideelles« handelt. Als weitere Belegstelle wurde Engels' Bemerkung herangezogen, alles, was die Menschen in Bewegung setzte, müsse »durch ihren Kopf hindurch« (LF, 21/298). Was liegt bei solcher Montage näher, als die

»ideologischen Formen« als Formen des Bewusstseins anzusehen, in denen die Klassenkonflikte der Gesellschaft ihren Ausdruck finden? Die Ideologie stellt sich dar als Ideengebäude, in dem sich ein (»objektives«) feudales, bürgerliches oder proletarisches Klasseninteresse manifestiert, sobald es durch den Kopf hindurchgeht. Indem das Ideologische unterschiedlichen Klasseninteressen Ausdruck verleihen kann, ist es selbst »neutral«.

Philologisch betrachtet ist diese Interpretation jedoch fragwürdig. Zunächst hat Marx in der zitierten Passage nicht von Klassenkonflikten oder -interessen gesprochen, sondern von einem bestimmten Konflikt, nämlich dem zwischen Produktivkräften und Produktionsverhältnissen, die ihnen zu Fesseln geworden sind. Gefragt ist hier also nicht, wie »objektive« Klasseninteressen sich in »ideologischen Formen« reflektieren, sondern in welchen ideologischen Formen der Widerspruch zwischen Produktivkräften und Produktionsverhältnissen bewusst wird und ausgefochten wird. Um zu verstehen, was gemeint ist, bietet sich an, den 1852 veröffentlichten *Achtzehnten Brumaire des Louis Bonaparte* heranzuziehen, in dem Marx auf das Paradox hinweist, dass gerade diejenigen, die in Epochen revolutionärer Krise die gesellschaftlichen Verhältnisse und sich selbst umwälzen, »ängstlich die Geister der Vergangenheit zu ihrem Dienste herauf[beschwören]«, ihnen Namen und Schlachtparolen entlehnen, »um in dieser altehrwürdigen Verkleidung und mit dieser erborgten Sprache die neue Weltgeschichtsszene aufzuführen«: »So maskierte sich Luther als Apostel Paulus, die Revolution von 1789–1814 drapierte sich abwechselnd als römische Republik und als römisches Kaisertum« (18.B, 8/115). Aber was die französischen Revolutionäre »im römischen Kostüme« vollbrachten, war Marx zufolge etwas ganz anderes, ihnen nicht Bewusstes, nämlich »die Entfesselung und Herstellung der modernen *bürgerlichen* Gesellschaft« (116)). Man versteht also, warum Marx im Vorwort zur *Kritik der politischen Ökonomie* darauf drängt, die wirklichen, »naturwissenschaftlich treu zu konstatierenden« Umwälzungen in den ökonomischen Produktionsbedingungen von den »ideologischen Formen« der Bewusstwerdung und Ausfechtung zu unterscheiden – auch wenn man heute die Naivität in Frage stellen würde, mit der in solcher Gegenüberstellung die Naturwissenschaft per se als Garant des Nicht-Ideologischen erscheint.

Zum anderen ist in der Passage keineswegs festgelegt, dass es sich bei den als »ideologisch« begriffenen »juristischen, politischen, religiösen, künstlerischen oder philosophischen [...] Formen« um Ideelles handeln muss. Dass sie *auch* Bewusstseinsformen sind, bedeutet ja nicht, dass sie *nur* dies sind. Wir sahen bereits in der *Deutschen Ideologie*, dass Marx sich in seinen Analysen »verkehrten Bewusstseins« auf die solcher »Verkehrung« zugrunde liegende gesellschaftliche Anordnung konzentrierte. Ausdrücklich vermerkt die Passage, dass der Widerspruch zwischen Produktivkräften und Produktionsverhältnissen in den ideologischen Formen nicht nur »bewusst«, sondern auch praktisch »ausgefochten« wird (13/9). Dies legt nahe, den »Formen« der jeweiligen Ideologien eine stärkere Materialität und Eigenlogik zuzuerkennen, als es die Vorstellung eines ideellen Ausdrucks von Klasseninteressen erlaubt. In diesem Sinne entwickelt der späte Engels den Begriff der »Wechselwirkung« und hebt hervor, dass es sich um ideologische (v.a. politische und juristische) »Formen des Klassenkampfs« handelt, die »auch ihre Einwirkung auf den Verlauf der geschichtlichen Kämpfe aus[üben] und [...] in vielen Fällen vorwiegend deren *Form* [bestimmen]« (37/463). Und Gramsci wird bereits in seiner Übersetzung der Passage ins Italienische eine Interpretation der »ideologischen Formen« als bloßer Bewusstseinsformen auszuschließen versuchen, indem er sie als »ideologisches Terrain« interpretiert (s.u. 5.1)

Diese Hinweise lassen sich im Sinne eines ›starken‹ Formbegriffs verallgemeinern, den man bereits in der *Kritik der politischen Ökonomie* auffinden kann: wenn Marx in den ersten Abschnitten des *Kapital* die gesellschaftlich-historische Spezifik der Ware an der Waren*form* als der »ökonomischen Zellenform« der bürgerlichen Gesellschaft festmacht (K I, 23/12, 62, 85, 118) und mithilfe einer Formanalyse entschlüsselt, zeigt er sie als eine verfestigte, geronnene Praxisform, nämlich die des Tausches, wie sie unter den Verhältnissen privat-arbeitsteiliger Warenproduktion festgelegt ist.[22] Wie wir gesehen haben (s.o. 2.2.2), behandelt Marx die »objektiven Gedankenformen« nicht nur als Bewusstseinsformen, sondern auch und untrennbar davon als Formen des sozialen Lebens in der bürgerlichen Gesellschaft. In diesem Sinne hat Lucien Sève den Begriff der »historischen Individualitätsformen« eingeführt und als gesellschaftliche »Tätigkeitsformen« bestimmt, in denen die konkreten Individuen sich bewegen müssen (1977, 261ff; 2004, 287). Entsprechend sind auch die ideologischen Formen als institutionell festgelegte »Individualitätsformen« ideologischer Mächte und Apparate zu verstehen, die die Rituale, Redeformen (Diskurse) und Denkformen der entsprechenden Ideologien regulieren.

Und schließlich ist in der »neutralen« Interpretation verloren gegangen, dass Marx und Engels den Ideologiebegriff trotz aller Schwankungen im Einzelnen durchgängig kritisch verwendeten. Auch wenn sie die Herausbildung einer »idealistischen Superstruktur« (3/36) auf der Grundlage der Teilung von körperlicher und geistiger Arbeit als eine transitorische Notwendigkeit in Klassengesellschaften ansehen, geht es ihnen darum, diese privilegierte Absonderung in der Perspektive einer klassen- und herrschaftslosen Gesellschaft wieder zurückzunehmen – ebenso wie die »objektiven Gedankenformen« des Waren-, Lohn- und Kapitalfetischs. Zu Recht stellt daher Herkommer fest, der »weite« (d.h. neutrale) Ideologiebegriff könne sich nicht auf das marxsche Hauptwerk stützen, da es hier um die Ideologiekritik objektiven Scheins und notwendig falschen Bewusstseins geht (2004, 82f).

22 Vgl. hierzu Haug 2005, 147-158.

2.4 Engels' Konzeption der »ideologischen Mächte«

Werfen wir zunächst einen Blick zurück auf die eigentümliche Bewegung der marxschen Religions- und Ideologiekritik. Von der Kritik »verkehrten Bewusstseins« ist sie herabgestiegen zur Kritik der gesellschaftlichen Arbeitsteilung zwischen Hand- und Kopfarbeit. Dies erfolgte vornehmlich in der *Deutschen Ideologie*, einer Schrift, die erst postum 1932 vollständig veröffentlicht wurde, nicht zuletzt deshalb, weil sie laut Marx hauptsächlich für den Zweck einer philosophischen »Selbstverständigung« mit Engels geschrieben wurde, so dass man das Manuskript getrost der »nagenden Kritik der Mäuse« überlassen konnte (Vorw 59, 13/10). Parallel dazu verlagerte sich die Religionskritik des jungen Marx zu einer Kritik des Rechts und der Politik und transformierte sich schließlich in eine Kritik der grundlegenden ökonomischen Praxisformen mitsamt ihrer »objektiven Gedankenformen«. Als Fetischismuskritik ist sie im Inneren der kapitalistischen Warenproduktion »angekommen«, und v. a. hier fand sie ihre systematische Ausarbeitung. Wir haben die heuristische Fruchtbarkeit dieses Terrainwechsels für die *Kritik der politischen Ökonomie* gesehen, aber zugleich konnte der Eindruck entstehen, als hätte sich das Ideologische restlos in den Verdinglichungen der Warenproduktion und dem »stummen Zwang« der ökonomischen Verhältnisse aufgelöst. Wo aber blieben die Ideologien, die von den »verkehrten« ökonomischen Praxisformen relativ unabhängig sind und die die *Deutsche Ideologie* gerade wegen ihrer Absonderung vom materiellen Lebensprozess kritisiert hatte?

Einige Hinweise finden sich beim späten Engels, der die theoretischen Entwürfe der *Deutschen Ideologie* wieder aufgreift und mit neuerer Forschung (v.a. von Morgan) abgleicht. Anknüpfend an die früheren Ausführungen zum Zusammenhang zwischen der Trennung von geistiger und körperlicher Arbeit, der Herausbildung der Klassen und des Staates als »illusorischer Gemeinschaftlichkeit« (3/33) kommt es nun zur Fundierung des Ideologiebegriffs in einer kritischen Theorie des Staats. »Im Staate stellt sich uns die erste ideologische Macht über den Menschen dar«, und damit werde der Kampf der unterdrückten gegen die herrschende Klasse »notwendig ein politischer«, heißt es 1888 in Engels' *Ludwig Feuerbach und der Ausgang der klassischen deutschen Philosophie* (21/302). Die ideologische *Macht* des Staates bedingt also eine ideologische *Form* des Politischen, die – entgegen der Interpretationen eines »neutralen« Ideologiebegriffs – auch hier keineswegs nur Bewusstseinsform ist, sondern die Form, die die Kämpfe tatsächlich annehmen müssen. Von hier aus konzipiert Engels das Recht als zweite ideologische Macht, durch die »die ökonomischen Tatsachen die Form juristischer Motive annehmen müssen, um in Gesetzesform sanktioniert zu werden« (ebd.). Es folgen die »höheren, d.h. noch mehr von der ökonomischen Grundlage sich entfernenden Ideologien« der Philosophie und der Religion (ebd.). Offenbar soll mit dieser Abfolge systematisiert werden, was in der *Deutschen Ideologie* angedeutet war, nämlich die Wirksamkeit einer »Reihe von Mächten«, die die Individuen »bestimmen, subordinieren und daher in der Vorstellung als ›heilige‹ Mächte erscheinen« (3/228).

Im *Ursprung der Familie, des Privateigentums und des Staates* behandelt Engels den Staat als eine »aus der Gesellschaft hervorgegangne, aber sich über sie stellende, sich ihr mehr und mehr entfremdende Macht« (21/165). Seine Herausbildung und Verselbständigung wird notwendig, weil die Gesellschaft die sie zerfleischenden Klassenkämpfe ohne eine übergeordnete Macht nicht mehr regulieren kann. »Er ist das Eingeständnis, dass diese Gesellschaft sich in einem unlösbaren Widerspruch mit sich selbst verwickelt, sich in unversöhnliche Gegensätze gespalten hat, die zu bannen sie ohnmächtig ist.« (Ebd.) Seine Beamten sind »Organe der Gesellschaft *über* der Gesellschaft«, »in Respekt gesetzt« durch Ausnahmegesetze, »kraft derer sie eine besondere Heiligkeit und Unverletzlichkeit genießen«, seine Autoritäten stehen nicht mehr wie die vorstaatlichen Gentilvorsteher »mitten in der Gesellschaft«, sondern sind genötigt, »etwas vorstellen zu wollen außer und über ihr« (166).

Liest man die Ausführungen der *Deutschen Ideologie* vom späteren Konzept der ideologischen Mächte her, lässt sich eine Linie rekonstruieren, die das Ideologische, seine Apparate, seine »ideologischen Formen«, »ideologischen Stände«, »konzeptiven Ideologen« im Zusammenhang mit dem Staat im weiten Sinne Gramscis, d.h. als Einheit von Zwangsapparat und Hegemonie fasst. Diesen Weg hat v.a. das *Projekt Ideologietheorie* eingeschlagen, das im Begriff der ideologischen Mächte die Überlegungen von Marx und Engels zum Ideologieproblem »resümiert« sieht: »ihre Analysen sind zentriert um den Zusammenhang von Staat und Ideologie, ihre Ideologiekritik ist [...] auf das Absterben des Staates hin orientiert« (PIT 1979, 19).

3. Der Ideologiebegriff bei Lenin und im »Marxismus-Leninismus«

3.1 Die Zurückdrängung des kritischen Ideologiebegriffs

Bemerkenswerter Weise kommt es sowohl im »offiziellen Marxismus« der II. Internationale als auch im Leninismus der III. Internationale zu einer Neutralisierung des Ideologiebegriffs, die die Ideologiekritik von Marx und Engels, sowohl in der Fassung des »verkehrten Bewusstseins«, der Fetischismusanalysen als auch in ihrer Verbindung mit grundlegender Staatskritik, erfolgreich verdrängt. Dies hängt u. a. mit einer zunehmenden Staatsorientierung im Marxismus zusammen, die sich sowohl reformistisch als sozialdemokratische Orientierung auf den Wahlsieg und das anschließende »Hineinwachsen« in den Sozialismus (Bernstein) als auch leninistisch als revolutionäre Eroberung der Staatsgewalt und »Sozialismus in einem Land« artikulieren konnte. Dass die stalinistische Kombination von autoritärem Etatismus und Rhetorik des »richtigen«, d.h. von der KP-Spitze verkündeten Klassenstandpunkts mit der marxschen Kritik am Staat und seinen »befugten« Ideologen unvereinbar war, ist leicht nachvollziehbar. Aber dass die Verschiebung nicht auf den Stalinismus beschränkt werden kann, zeigt sich z. B. daran, dass die Perspektive eines »Absterbens des Staates« (z. B. 20/261f) schon 1891 im »marxistischen« *Erfurter Programm* nicht mehr erwähnt wurde.

Der Paradigmenwechsel wurde dadurch befördert, dass die erst 1926 im Auszug und erst 1932 vollständig veröffentlichte *Deutsche Ideologie* den ersten Generationen von Marxisten nicht bekannt sein konnte. Antonio Labriola konnte noch, nah an Marx, von marxistischer Theorie sagen, sie habe »den Blickwinkel jeder Ideologie ein für allemal überwunden« (1974/1896, 164), und bei Franz Mehring ist z. B. kritisch von der »hegelschen Ideologie« die Rede (*Karl Marx,* GS 3, 29). Aber bei der Gründungsversammlung der II. Internationale 1889 sprach der junge russische Delegierte Georgi Plechanow von »unseren revolutionären Ideologen« (zit.n. Jena 1989, 67). Auch bei Kautsky kommt es zu einer Neutralisierung des Ideologiebegriffs, indem »geistig« und »ideologisch« zunehmend austauschbar verwendet werden (vgl. 1906, 128f). Eine ähnliche Tendenz zeigt sich bei Eduard Bernstein, der der ideologischen Macht die ökonomische Macht gegenüberstellt (1899, 38).

3.2 Lenin: Bürgerliche oder sozialistische Ideologie

Der junge Lenin zieht aus der oben (in 2.3.) diskutierten Unterscheidung von ökonomischen Produktionsbedingungen und »ideologischen Formen« in Marxens Vorwort zur *Kritik der politischen Ökonomie* den Schluss, »dass die gesellschaftlichen Verhältnisse in materielle und ideologische zerfallen«, wobei die letzteren »lediglich einen Überbau über die ersteren« bilden (LW 1, 142). Dass hier das Gegensatzpaar ökonomisch-ideologisch ersetzt wird durch das zwischen ›materiell‹ und ›ideologisch‹, erweist sich als eine folgenreiche Weichenstellung, die die Ideologiedebatten im »Marxismus-Leninismus« bis zum Zusammenbruch dieser Formation (und z. T. darüber hinaus) beherrschen wird. Dass Lenin die ideellen Ausdrucksformen von Klasseninteressen als »Ideologie« bezeichnet, macht zudem den Weg frei zur Bestimmung des Marxismus als »Ideologie der werktätigen Klasse« (407).

Damit stellt sich das Problem, wie man den Marxismus von anderen »Ideologien«, wie z.B. dem Katholizismus, abgrenzt. Lenin tut dies über den Begriff der »wissenschaftlichen Ideologie«, deren Spezifik darin bestehen soll, dass ihr »die objektive Wahrheit, die absolute Natur entspricht« (LW 14, 131). Dem liegt eine grundlegende Dichotomie zwischen subjektiv und objektiv zugrunde, die hinter die Praxisphilosophie der marxschen *Thesen über Feuerbach* zurückfällt und eher dem dort kritisierten »anschauenden Materialismus« entspricht, der den »Gegenstand, die Wirklichkeit, Sinnlichkeit nur in der Form des Objekts oder der Anschauung« fassen kann (3/5). Gramsci wird die Vorstellung einer »den Menschen übersteigenden Objektivität [...], die auch außerhalb des Menschen erkannt werden könnte«, als säkularen Religionsersatz kritisieren.[23]

Lenins philosophischer Objektivismus steht in einem eigentümlichen Widerspruch zu seiner Orientierung auf eingreifende Praxis in der Politik. Die Gründe lassen sich von seiner Auseinandersetzung mit dem subjektivistischen Agnostizismus her begreifen. In Reaktion z. B. auf Bogdanow, der die Wahrheit als »organisierende Form der menschlichen Erfahrung« mit anderen »ideologischen Formen« gleichstellt, will Lenin den Relativismus damit widerlegen, dass er die wissenschaftliche Wahrheit als »objektive« von der historisch bedingten Seite der Erkenntnis scharf abtrennt. Damit hat er allerdings die Anordnung des Kontrahenten übernommen und lediglich das Vorzeichen verändert (vgl. PIT 1979, 23).

In *Was tun?* (1902) übernimmt Lenin von Kautsky die Vorstellung, die Arbeiterklasse könne spontan nur eine trade-unionistische »Keimform« des Klassenbewusstseins entwickeln, die der bürgerlichen Ideologie untergeordnet ist, da diese »viel älter ist als die sozialistische, weil sie vielseitiger entwickelt ist, weil sie über *unvergleichlich* mehr Mittel der Verbreitung ver-

23 Vgl. *Gef* 6, H. 11, §17, 1408, 1411f; ebd., §37, 1446, 1448.

fügt« (LW 5, 397; vgl. 385). Das politische Klassenbewusstsein könne den Arbeitern »nur *von außen* gebracht werden«, aus der Sphäre der »Wechselbeziehungen zwischen *sämtlichen* Klassen« bzw. der Beziehungen »*aller* Klassen und Schichten zum Staat und zur Regierung« (436). Das Argument enthält eine anti-ökonomistische Einsicht, die Gramsci dahingehend ausarbeiten wird, dass der Übergang einer Klasse von der korporatistischen zur hegemonialen Phase eine »Katharsis« von Gruppenegoismen erfordert (*Gef* 6, H. 10.II, § 6, 1259). Doch während Gramsci daraus folgert, die »spontanen Philosophien« des »bizarr« zusammengesetzten Alltagsverstandes kritisch auszuarbeiten (H. 11, § 12, 1375f, 1382ff), legt Lenins »Hineintragen von außen« ein edukationistisches Verhältnis zwischen Arbeiterklasse und einer aparten Schicht von Organisatoren und Ideologen (der späteren »Nomenklatura«) nahe. Wenn Rosa Luxemburg nach der Zerschlagung der verfassunggebenden Versammlung in Russland 1917 den »Ultrazentralismus« von Lenin und Trotzki kritisiert und darauf hinweist, dass jede Zerstörung demokratischer Freiheiten notwendig das politische Leben »erdrückt«, die Öffentlichkeit »erlahmt« und das tätige Element auf die Bürokratie beschränkt (GW 4, 361ff), lassen sich diese Tendenzen bereits an seinem Projekt einer »von außen« vermittelten Klassenideologie aufzeigen.

»Kann nun von einer selbständigen, von den Arbeitermassen im Verlauf ihrer Bewegung selbst ausgearbeiteten Ideologie keine Rede sein, so kann die Frage *nur* so stehen: bürgerliche oder sozialistische Ideologie«, schlussfolgert Lenin: »Ein Mittelding gibt es hier nicht.« (LW 5, 395f) Die Entgegensetzung zwischen »bürgerlich« und »sozialistisch« ist schief, da der erste Term sich auf eine Position in der Sozialstruktur bezieht, während der zweite ein politisches Projekt bezeichnet. Die Zweiteilung ist mit der Aufforderung verbunden, »hinter allen möglichen moralischen, religiösen, politischen und sozialen Phrasen, Erklärungen und Versprechungen die *Interessen* dieser oder jener Klasse zu suchen« (LW 19, 8). Das Postulat ist reduktionistisch, indem es im Unterschied zu Marx und Engels den ideologischen Formen keine Eigengesetzlichkeit zuerkennt. Für ihre spezifische Wirksamkeit bei der Konsensgewinnung der bürgerlichen Gesellschaft scheint Lenin sich nicht zu interessieren. Dem entspricht eine Tendenz, die Wirkungsweisen von Ideologien auf Manipulation zu reduzieren (z.B. im Zusammenhang mit der »Pressefreiheit« der Reichen, LW 25, 389f). Der Ideologe erscheint als bloßer Betrüger. Die Religion wird vor-feuerbachianisch im Paradigma der traditionellen Priestertrugskonzeptionen der Aufklärung als gezielte Volksverdummung interpretiert. »Der Marxismus betrachtet alle heutigen Religionen und Kirchen, *alle* religiösen Organisationen *stets* als Organe der bürgerlichen Reaktion, die die Ausbeutung verteidigen und die Arbeiterklasse verdummen und vernebeln wollen« (LW 10, 407f). Entsprechend wird der Atheismus zur verbindlichen Parteilinie erklärt: »Ein Marxist muss Materialist sein, d.h. ein Feind der Religion« (LW 15, 410).

3.3 *Lenins operativer Ideologiebegriff*

Allerdings gibt es neben den expliziten Bestimmungen zur Ideologie eine implizite, »operative« Ideologiekonzeption, die sich deutlich von ihnen unterscheidet: in den Aufschwungphasen der revolutionären Bewegungen 1905 und 1917 verliert das Konzept eines Hereintragens der sozialistischen Klassenideologie »von außen« seine Bedeutung. Dies manifestiert sich paradoxerweise darin, dass der Begriff der Ideologie hinter den der Hegemonie (gegemonija) zurücktritt. Mit letzterem orientiert Lenin auf das Weitertreiben der Demokratiebewegung (LW 8, 66), auf die »Reinigung« der verbündeten Schichten von undemokratischen und nationalistischen Beimischungen (LW 17, 63ff) und schließlich auf die demokratischen Funktionen der Gewerkschaften (LW 32, 1ff).

Auch hier ist es wichtig, die Widersprüche der Entwicklung wahrzunehmen: Trotz der »ultrazentralistischen« Tendenzen der Bolschewiki ging es im anfänglichen Programm der Oktoberrevolution auch darum, die ideologischen Mächte des alten Staates zum Einsturz zu bringen und die Organe der vereinigten Produzenten von unten nach oben aufzubauen. In diesem Zusammenhang betont Lenin die »Disziplin bewusster und vereint arbeitender Menschen, die über sich keine Gewalt kennen und keine Macht außer der Macht ihrer eigenen Vereinigung« (LW 29, 412). Insoweit er in den Bewegungsphasen der Revolution auf die Selbsttätigkeit der Massen orientiert, setzt er auf die Verallgemeinerung der Erfahrungen beim Aufbau einer neuen Gesellschaft und bricht praktisch (nicht theoretisch!) mit aller Ideologie im Sinne einer entfremdeten Vergesellschaftung von oben.

Diese ideologiekritische Perspektive, die die Impulse von Marx wieder aufzunehmen scheint, scheitert jedoch sowohl am niedrigen gesellschaftlichen Entwicklungsniveau und der dadurch bedingten geringen Handlungsfähigkeit der Arbeiterklasse als auch an den ungünstigen internationalen Kräfteverhältnissen. Illusionslos bemerkt Lenin 1921 auf dem 3. Kongress der Kommunistischen Internationale: »Entweder sofort oder zumindest sehr rasch wird die Revolution in den übrigen Ländern kommen, in den kapitalistisch entwickelteren Ländern, oder aber wir müssen zugrunde gehen« (LW 32, 503). Und in seinen letzten Aufzeichnungen hält er verzweifelt fest, die Forderung nach Einheit des Apparats werde »von demselben Apparat« gestellt, den wir »vom Zarismus übernommen und nur ganz leicht mit Sowjetöl gesalbt haben« (LW 36, 591). Unter den extrem ungünstigen internationalen und innenpolitischen Bedingungen wird die Befähigung der Massen zur Selbstregierung verhindert. Es kommt zu einer »*Re-Ideologisierung* der sowjetischen Gesellschaft« (PIT 1979, 25).

3.4 *Ideologie in der »marxistisch-leninistischen« Staatsphilosophie*

Es wäre unhistorisch und ideologietheoretisch naiv, den »Marxismus-Leninismus« als einfache Kombination marxscher und leninscher ›Ideen‹ zu verstehen. Wie Georges Labica gezeigt hat (1984, 22ff, 76ff), ist er selbst das Produkt einer Kanonisierung unter Stalin, die parallel zur Verschmelzung von Partei und Staat eine offizielle Staatsphilosophie hervorbringt: erste Ansätze zur Konstitution eines »Leninismus« lassen sich bereits vor dem Tod des de facto bereits ausgeschalteten Lenin (Januar 1921) nachweisen, aber sie sind entsprechend der Frontstellungen im Kampf um die Nachfolge noch heftig umstritten. Im April 1924 versucht Stalin in seiner Vorlesungsreihe »Grundlagen des Leninismus« an der Swerdlow-Universität den Begriff festzulegen, wobei ihm jedoch noch 1925 vom Politbüromitglied und Komintern-Vorsitzenden Sinowjew widersprochen wird. Der Streit drehte sich u. a. darum, ob die Definition des Leninismus die spezifisch russische Bedingung eines Überwiegens der Bauernschaft enthalten sollte, wie Sinowjew forderte, oder ohne Einschränkung »den Marxismus der Epoche des Imperialismus und der proletarischen Revolution« bezeichnete und damit »obligatorisch für alle Länder« wurde (Stalin 1947, 10f, 137f).

Der Kanonisierungsprozess erfolgt in mehreren Schüben: seit 1925 wird der Apparat von Stalin kontrolliert, seit seiner (politisch gegen Bucharins Agrarpolitik gerichteten) Intervention gegen »bürgerliche Vorurteile in der Theorie« im Dezember 1929 arbeitet eine neue Riege von Ideologen, die »Bolschewisierer der marxistischen Philosophie«, an deren Verschmelzung mit dem Staat (vgl. Labica 1984, 37, 41ff, 51). Auf dem XVIII. Parteitag 1939 werden die »schädlichen, falschen Ansichten vom Absterben des Staates im Sozialismus« verurteilt (23). Als 1936–38 die längst besiegten und ausgeschalteten Kontrahenten in Schauprozessen zum Tode verurteilt und hingerichtet werden, ist der »Marxismus-Leninismus [...] nichts anderes als die Staatsräson« (57). In ihrem Zentrum stehen die von Stalin verkündeten Leitsätze des »dialektischen Materialismus«[24], die dann sowohl auf die Naturwissenschaften als auch auf die Geschichte angewandt werden, so dass der »historische Materialismus« zur »Anwendung« des DIAMAT (Stalin 1938, 131, 133ff) degeneriert. »Der dialektische Materialismus wird auf eine Natur-Ontologie reduziert und als Erste Philosophie konstruiert«, durch seine Anwendung auf die Gesellschaft erhält er die Funktion, »stalinistische Politik durch ein absolutes Wissen [...] abzusichern« (Löser 1995, 698).

Die Verdrängung des staatskritischen Ideologiebegriffs von Marx und Engels durch einen »neutralen«, axiomatisch vom jeweiligen Klassenstandpunkt definierten, ist eine der Vorbedingungen für den Stalinismus.

24 Die Leitsätze sind: Einheit der Natur, universelle Bewegung im Sinne von Werden und Vergehen, Bewegung in aufsteigender Linie, Kampf der Gegensätze (Stalin 1938, 133ff).

Schon Stalins Frühschrift *Anarchismus oder Sozialismus* (1906) beginnt mit der Bemerkung, in dem Klassenkampf, der die Drehachse des modernen gesellschaftlichen Lebens darstelle, »lässt jede Klasse sich von ihrer eigenen Ideologie leiten. Die Bourgeoisie hat ihre eigene Ideologie – das ist der sogenannte Liberalismus. Eine eigene Ideologie hat auch das Proletariat – das ist bekanntlich der Sozialismus.« (W 1, 257) Aus der bei Lenin vorgeprägten Kombination von klassenreduktionistischen und edukationalistischen Elementen (und im Widerspruch zu Lenins operativem Ideologiebegriff) wird die marxistisch-leninistische Staatsphilosophie die Legitimation ableiten, die »proletarische« Ideologie durch das Politbüro der »Partei der Arbeiterklasse« zu definieren und jeden Widerspruch als »Abweichung« zu verfolgen.

3.5 ›Ideologische Verhältnisse‹ in der DDR-Philosophie

Dies gilt im Grundsatz auch für die post-stalinistische Periode des staatsmonopolitischen Sozialismus, auch wenn der staatsterroristische Gewaltrahmen zurücktrat. So meint z. B. Uwe-Jens Heuer in Rückblick auf die 1970er und 1980er Jahre der DDR, für die Orthodoxie »galt nur die Aufgabe, die Ideologie in die Massen hineinzutragen«. Man war der Überzeugung, »die Partei verfüge gewissermaßen automatisch über das richtige Klassenbewusstsein, demgegenüber das individuelle Bewusstsein selbst der revolutionärsten Arbeiter notwendig zurückblieb« (Heuer 2007, 210). Allerdings ist gerade in der Spätphase der DDR eine zunehmende Selbständigkeit verschiedener Geistes- und Gesellschaftswissenschaften von der Offizialphilosophie zu beobachten, die es v. a. der Literaturwissenschaft ermöglichte, gewisse Freiräume für eine kritische Ideologieforschung zu nutzen.[25]

Soweit die offizielle Lehre reichte, galt im Prinzip folgendes Schema: während die Ideologie im praktisch-propagandistischen Gebrauch vorwiegend als Propaganda gegen die »psychologische Kriegsführung« des Imperialismus verstanden wurde, blieb sie in der Theorie der »materialistischen« Beantwortung der »Grundfrage der Philosophie« untergeordnet. Die ideologietheoretischen Überlegungen mussten sich also im Rahmen des Axioms bewegen, dass das »gesellschaftliche Sein« das »gesellschaftliche Bewusstsein« bestimmt. Einer ökonomischen Basis, der allein der Materie-Status zusteht, setzte man eine Ideologie gegenüber, die bewusstseinsphilosophisch festgelegt ist als »System der gesellschaftlichen [...] Anschauungen, die bestimmte Klasseninteressen zum Ausdruck bringen« (Buhr/Klaus 1974, 504). Die Untersuchungsmethode kann im Anschluss an Lenins Formulierung, der zufolge die Verhältnisse in materielle und ideologische »zerfallen« (LW 1, 142f), als »zerfällende Methode« bezeichnet werden: bei der Beobach-

25 Vgl. u. a. Barck/Burmeister (1977) und Schröder (1974) sowie die Werke von Autoren wie Mittenzwei, Naumann, Schlenstedt, Weimann.

tung ideologischer Phänomene wird v. a. darauf geachtet, was dem Bereich des materiellen Seins und was dem Bereich des gesellschaftlichen Bewusstseins zuzuordnen ist und wie sich sie Sphären zueinander verhalten.

Am Beispiel des von einem Autorenkollektiv um A. Bauer u. a. verfassten Buches *Basis und Überbau in der Gesellschaft*, das 1974 parallel in der DDR und im Parteiverlag der DKP in Frankfurt/M veröffentlicht wurde, kann man beobachten, in welche Widersprüche diese Zerfällungsmethode führt. Ausgangspunkt ist eine »Einteilung«, durch die die gesellschaftlichen Verhältnisse in »materielle Verhältnisse« und »ideologische Verhältnisse« zerfällt werden (1974, 19). Dass letztere durch erstere determiniert werden, ergibt sich folgerichtig aus der »Anwendung der Grundfrage der Philosophie auf die Gesellschaft«, der zufolge die »Sphäre« des Bewusstseins vom gesellschaftlichen Sein determiniert ist (26).

In Spannung zu dieser Gegenüberstellung Sein-Bewusstsein steht andererseits, dass die »ideologischen Verhältnisse« sowohl Bewusstseinsformen als auch »gesellschaftliche Einrichtungen« umfassen sollen, in denen sich die Menschen »ihrer [...] Interessen bewusst werden und [...] ihrem Handeln Gestalt geben« (23). Die Definition lehnt sich implizit an die marxsche Passage im Vorwort zur *Kritik der politischen Ökonomie* zu den »ideologischen Formen« an, und es sieht sogar so aus, als hätten die Autoren verstanden, dass es sich hierbei nicht nur um ideelle, sondern auch um real-gesellschaftliche Formen handelt. Freilich können sie die Materialität der »gesellschaftlichen Einrichtungen« nicht ideologietheoretisch weiterdenken, da sie die Ideologieproblematik durch die »Grundfrage der Philosophie« einer mechanistischen Widerspiegelungstheorie untergeordnet und auf ein Bewusstseinsphänomen reduziert haben. Da die Dichotomien Sein-Bewusstsein und Basis-Überbau nicht aufeinander passen, muss der Sprachgebrauch verschoben werden: die »materiellen« Verhältnisse werden mit den Produktionsverhältnissen identifiziert (16), wodurch »materiell« zum Synonym für »ökonomisch« wird.

Im Ergebnis führt die zerfällend-einteilende Methode einer Entgegensetzung von »materiellen« und »ideologischen Verhältnissen« dazu, die »Basis« ihrer konstitutiven Momente bewusster Tätigkeit zu berauben und das Ideologische mal mit Bewusstsein allgemein, mal mit Überbau schlechthin zu identifizieren. Beides ist überallgemein und verfehlt die spezifisch ideologietheoretische Fragestellung, *welche* Formen und Praxen in Überbau und Bewusstsein zur freiwilligen Zustimmung zu Herrschaftsverhältnissen beitragen und auf welche Weise. Auch wo man erkannt hat, dass sich »bestimmte Erscheinungen nicht in rein Materielles und rein Ideelles abgrenzen lassen« (Rogge 1977, 1373), oder dass die Vorstellung der Ideologie »als Widerspiegelungsprodukt des Materiellen« den komplizierten Vermittlungen nicht gerecht wird (Dold 1979, 746), verblieben die Debatten der DDR-Philosophie weitgehend im Rahmen der vorgeschriebenen Dichotomie von Materiellem und Ideellem und waren deshalb dazu verurteilt, sich in Spitzfindigkeiten zu verzetteln.

Das »zerfällende Denken« verfehlt die Konstitution der ideologischen Formen und mystifiziert ihre Determiniertheit, statt sie funktional-historisch aus ihrer lebenspraktischen Notwendigkeit zu erklären (PIT 1979, 87, 91). Trotz fortwährender Beschwörung des »ideologischen Klassenkampfs« konnte daher keine Theorie desselben entwickelt werden (83). Die marxistisch-leninistische Ideologie »verlor den Kontakt zur Wissenschaft und zum Massenbewusstsein und wurde dadurch paradoxerweise unfähig zu dem Zweck, der ihr zugeschrieben wurde, zum ideologischen Klassenkampf«, bemerkt Uwe-Jens Heuer (2007, 210).

3.6 Besichtigung eines ML-Aktualisierungsversuchs (Erich Hahn)

Werfen wir abschließend einen Blick auf einige jüngere Veröffentlichungen von Erich Hahn, der in den 1960er und 70er Jahren maßgeblich an der Ausarbeitung des marxistisch-leninistischen Ideologiebegriffs beteiligt war und diesen Ansatz auch nach dem Zusammenbruch des Staatssozialismus mit einigen Modifikationen aufrechtzuerhalten versucht.

Die Modifikation liegt v. a. darin, dass Hahn nun unterscheidet zwischen einem früheren Ideologiebegriff, den er in der Zeit »vom Ende des Zweiten Weltkriegs bis in die siebziger Jahre hinein« verortet, und einer späteren Ausprägung seit den 1970er Jahren (2007, 77). Ersterer behandelte die Ideologien schwerpunktmäßig als »ideelle Gegebenheiten« (78), bei Zweiterem verlagert sich die Aufmerksamkeit »von Ideologie als ideellem Gebilde von Vorstellungen und Doktrinen auf ihre Existenzweise und Dynamik in der gesellschaftlichen Praxis« (87). Genannt werden u. a. Althussers Interesse für die unbewussten Strukturen der Ideologie, Bourdieus Habitusbegriff sowie neuere Untersuchungen zur Wirksamkeit neoliberaler ›Thinktanks‹. Eine »Schlüsselrolle« in dieser Verlagerung spielte jedoch das *Projekt Ideologietheorie* mit seinem Begriff des »Ideologischen« (ebd.), d.h. einer materiellen Anordnung »ideologischer Mächte« im Ensemble der gesellschaftlichen Verhältnisse (zu dem Begriff, s. u. 9.2). Angesprochen ist demnach die ideologietheoretische Wende der 1970er Jahre, in der die Ideologieforschung sich von reduktionistischen Konzepten einer »Widerspiegelung« der Wirklichkeit oder eines »Ausdrucks« von Klasseninteressen abgestoßen hat.

Da Hahn konzediert, »die Tragweite [...] dieser Veränderungen seinerzeit nicht angemessen beurteilt zu haben« (88), darf man gespannt sein, wie er die ideologietheoretische Wende mit seinen früheren Positionen ins Verhältnis setzt – immerhin wurden z. B. die Forschungen des *Projekts Ideologietheorie* von Seiten der DDR-offiziellen *Deutschen Zeitschrift für Philosophie* als »bürgerliche Ideologie« gebrandmarkt, was z. B. auf Seiten der westdeutschen DKP und der Westberliner SEW zu Ausgrenzungen und Parteiausschlüssen führte. Aber eine (selbst-)kritische Auswertung der neueren Ideologietheorien findet leider nicht statt. Stattdessen geht es um den

Nachweis, dass die »klassische Begriffsbestimmung von ›Ideologie‹ [...] nach wie vor unverzichtbar [ist]« (96).

Bemerkenswert ist zunächst, dass Hahn aus seiner »klassischen Begriffsbestimmung« gerade den kritischen und staatskritischen Ansatz von Marx und Engels ausgeschlossen hat. Dass diese den Ideologiebegriff »hauptsächlich kritisch« verwendet haben, sei nicht zu bestreiten, stellt er fest, aber dies erkläre sich daraus, dass sie die bürgerliche Ideologie und hierbei wiederum in erster Linie den Idealismus vor Auge hatten: »sie nehmen den Ideologiebegriff aufs Korn, wo es um die gesellschaftliche Genese und die pragmatische Funktion des Idealismus geht« (84). Die Interpretation übersieht freilich, dass die Trennung von Hand- und Kopfarbeit und ihr Zusammenhang mit Klassen- und Staatsentstehung keineswegs nur den Idealismus betrifft, sondern die Stellung der Ideologen überhaupt im Herrschaftssystem erklären will. Auch wenn die *Deutsche Ideologie* schwerpunktmäßig mit Beispielen des junghegelianischen Idealismus arbeitet, schließt die gesellschaftliche Herleitung der »idealistischen Superstruktur« auch die ideologische Verzerrung des in der 1. Feuerbachthese kritisierten »bisherigen Materialismus« mit ein, bei dem die Wirklichkeit »nur unter der Form des *Objekts oder der Anschauung* gefasst wird« und nicht als Praxis (ThF, 3/5). In Hahns Diskussion marxistischer Ideologiebegriffe wird Engels' Kennzeichnung des Staates als erster »ideologischer Macht« konsequent verschwiegen, da die Auswertung eines solchen materiell-institutionellen Ideologiebegriffs die Zerfällung in »materielle« und »ideologische« Verhältnisse in Frage stellen würde.

Unter Berufung auf Marx' Passage aus dem Vorwort zur *Kritik der politischen Ökonomie* hat Hahn in einem Vortrag in der *Leibniz-Sozietät* die Ideologie als »praktisch-geistige Weltaneignung« definiert und diejenigen Bewusstseinsinhalte, Bilder und Werte als »ideologisch« bezeichnet, die »bestimmte gesellschaftliche Funktionen ausüben« (Hahn 2000). Anders als bei Bauer u.a. ist hier der institutionelle Aspekt der ideologischen Formen wieder verloren gegangen. Der Hinweis auf gesellschaftliche Funktionen stellt keine wirkliche Spezifizierung dar, da es eine praktisch-geistige Weltaneignung, von der man sagen könnte, sie sei gesellschaftlich funktionslos, nicht gibt. Damit fällt die Ideologie doch wieder mit Bewusstsein, Bildern und Werten schlechthin zusammen, und, nimmt man die Bestimmung als »*praktisch*-geistige Weltaneignung« hinzu, sogar mit der Gesamtheit menschlicher Praxen überhaupt. Eine solche Ausweitung entspricht derjenigen von Karl Mannheim, der den kritischen Ideologiebegriff von Lukács mithilfe eines »wertfreien totalen und allgemeinen Ideologiebegriffs« der Wissenssoziologie zu überwinden versuchte: dass nämlich »das menschliche Denken bei allen Parteien und in sämtlichen Epochen ideologisch« ist, und zwar wegen seiner »Seinsgebundenheit« und »Perspektivität« (Mannheim 1952, 70f, 255).

Gerhard Hauck hat eine solche Ausweitung des Ideologiebegriffs aufs Denken überhaupt als eine der Hauptstrategien bürgerlicher Marxismus-

Abwehr gekennzeichnet, da damit Marx' kritischem Ideologiebegriff der Stachel gezogen werden soll (1992, 20). W.F. Haug verweist auf Hahns Übereinstimmung mit dem Mainstream der US-amerikanischen Politikwissenschaft, bei der die Ideologien als »sets of beliefs, values etc. in praktisch-politischer Perspektive« behandelt werden (2002, 6).

Natürlich würde Hahn eine solche Zuordnung strikt von sich weisen. Den wesentlichen Unterschied zu Mannheim sieht er (mit Lukács) darin, dass es der »Ideologienlehre des historischen Materialismus« wesentlich um die Unterscheidung von falschem und richtigen Bewusstsein gehe: »Der gnoseologische Gesichtspunkt [...] muss an die erste Stelle rücken.« (2007, 82) Damit gerät die ideologietheoretische Frage nach der spezifischen Wirkungsmacht des Ideologischen, seiner »Macht über die Herzen«, wieder in den Hintergrund. Zur Klärung der Wahrheitsfrage verweist Hahn zum einen auf die »gnoseologische Unterscheidung von Materiellem und Ideellem«, die für jeden Ideologiebegriff grundlegend sein müsse (90), zum anderen auf den für jede Ideologie bestimmenden Klassenbezug.

Hier wird deutlich, dass die gesellschaftliche Funktion, mit der er die Ideologie zunächst zu bestimmen versuchte, letztlich in ihrer »Bindung an Interessen und deren Artikulation als Vehikel von Klassenpositionen« bestehen soll, wie es im Zusammenhang mit dem Neoliberalismus in einem Beitrag der *Jungen Welt* heißt (Hahn 2005). Dieser Lesart zufolge liegt die »Pointe« der marxschen Ideologietheorie in der »Entdeckung des Proletariats als der einzigen konsequent revolutionären Kraft des Kapitalismus seiner Zeit« (2007, 81). Dies ist freilich nicht der Zusammenhang, in dem der wirkliche Marx den Ideologiebegriff eingeführt hat. Auch gibt es keinerlei Hinweise darauf, dass Marx die »Wahrheitsfrage« unmittelbar mit einer Klassenzugehörigkeit oder -dienlichkeit beantwortet hätte, als ob eine solche die Anstrengung eines vorurteilsfreien wissenschaftlichen Forschens ersetzen könnte. Wir erinnern uns (s.o. 2.2.6), dass er jede Akkommodierung der Wissenschaft an einen »ihr fremden, äußerlichen Interessen entlehnten Standpunkt« als »gemein« bezeichnete (TM, 26.2/112).

In Hahns Bestimmungen sind alle Elemente der ML-»Ideologienlehre«, die die Entwicklung einer kritischen Ideologietheorie im Ansatz behindert haben, wieder versammelt: 1) die Festlegung des Ideologiebegriffs auf ein Ideelles, die ihm die gesellschaftliche Apparatur mitsamt Praxisformen entzieht; 2) seine Identifizierung mit Denken und Ethik schlechthin, die die analytische Aufgabe blockiert, in beiden zwischen Fremd- und solidarischer Selbstbestimmung zu unterscheiden; 3) seine Unterwerfung unter die zerfällende Dichotomie von Materiellem und Ideellem, die notwendig in eine mechanische Konzeption der »Widerspiegelung« mündet und damit die Perspektive verbaut, die Determinationen menschlicher Praxis *handlungstheoretisch* zu fundieren – wie eine solche Fundierung aussehen könnte, deutet z.B. Lucien Sèves Konzept der »historischen Individualitätsformen« an, das wir zur Interpretation der »ideologischen Formen« bei Marx hinzugezogen haben (s.o. 2.3).[26] Einen anderen Versuch, die Dichotomie zwischen Objektivismus und Subjektivismus zu überwinden, werden wir in Bourdieus Habitus-Begriff kennenlernen (s.u. 7.4). W.F. Haug schlägt vor, die Determination nicht als »apriorische«, sondern als »resultierende Determination« zu denken, die »aus anfänglicher Indeterminiertheit heraus« zu rekonstruieren ist: sie resultiert aus Serien von aufeinander reagierenden Handlungen in einem »prozessierenden Feld« (2006b, 106); schließlich 4) seine Auslieferung an eine philosophische »Wahrheitsfrage«, die über einen zugeschriebenen Klassencharakter entschieden wird. Was im Vergleich zum traditionellen ML fehlt, ist lediglich die politische Instanz, die einer solchen Zuschreibung Geltung verschaffen könnte.

Aber warum hat Hahn überhaupt auf die ideologietheoretische »Zäsur« in den siebziger Jahren verwiesen, wenn ohnehin alles beim Alten bleiben soll? In mehreren Formulierungen deutet sich an, dass er sich nicht der Einsicht verschließen kann, »dass Ideologie über Institutionen, Verhaltensweisen und Diskurse wirkt und sich reproduziert« (2007, 90). Sobald ihm aber die praktisch-politische Bedeutung der real-gesellschaftlichen Ideologieproduktion aufscheint, muss er zum Nachweis ansetzen, dass dies an seiner Ideologiedefinition als (widergespiegeltes und klassenbedingtes) Ideelles nichts ändert: In der Ideologietheorie gehe es »um die Erklärung der konkret unterschiedlichen Inhalte des Ideellen« (91). Demnach scheint es die Ideologie als ideelle Wesenheit schon zu geben, bevor sie sich auf den Marsch durch die Institutionen, Praxisformen und Diskurse zu den wirklichen Menschen begibt – eine essenzialistische Konstruktion, die aufgrund ihrer Vorgeordnetheit vor den konkreten Ideologieproduktionen wohl als ›idealistisch‹ zu bezeichnen ist.

Hahns Vermittlung mit den angeführten ideologietheoretischen Ansätzen läuft daher darauf hinaus, dass er die Erforschung der »Struktur und Entwicklung des ideologischen Lebens in der bürgerlichen Gesellschaft« als »notwendige Ergänzung« seines Ideologiebegriffs gelten lassen will, die diesen jedoch »nicht korrigieren oder ersetzen [kann]« (96). Die Ansätze, die die materielle Struktur des Ideologischen, seine Apparate, Thinktanks, Ideologen und Praxisformen analysieren, erhalten sozusagen eine Genehmigung zur empirischen Arbeit, die aber die Oberhoheit der Ersten Philosophie und ihrer Ideologiebestimmung nicht antasten darf.

26 Die Individualitätsformen legen als gesellschaftliche »Tätigkeitsformen« die raum-zeitlichen Matritzen fest, in denen die konkreten Individuen sich bewegen (1977, 261ff; 2004, 287). »Die gesellschaftliche Welt, d.h. das *objektiv Menschliche*, ist keineswegs ein einfaches Ensemble von Bedingungen, das darauf beschränkt ist, Verhaltensweisen von außen zu konditionieren; sie ist vielmehr das *wirkliche Zentrum* der spezifisch menschlichen Tätigkeiten, [...] mittels deren die Individuen [...] in komplex miteinander verkoppelten Dialektiken von eigensinnig-subjektiven Motivationen und gesellschaftlich-überindividuellen Logiken sich *hervorbringen*« (Sève 2004, 287).

4. Ideologie bei Georg Lukács und in der Frankfurter Schule

Die erfolgreiche Verdrängung der Ideologiekritik von Marx und Engels durch den offiziellen Parteimarxismus sowohl sozialdemokratischer als auch leninistischer Prägung wurde nach dem 1. Weltkrieg vor allem von Georg Lukács durchbrochen, der in der 1923 veröffentlichten Schrift *Geschichte und Klassenbewusstsein* (zit. *GuK*) an die marxschen Analysen zum Waren- und Kapitalfetisch anknüpfte und sie zu einer umfassenden Kritik der »Verdinglichung« ausbaute. Auch Lukács konnte zu dieser Zeit die *Deutsche Ideologie* noch nicht kennen. Die Besonderheit seiner Position besteht u.a. darin, dass er in beiden der für lange Zeit wichtigsten marxistischen Theorieströmungen, sowohl im »westlichen«, maßgeblich von der Frankfurter Schule geprägten Marxismus als auch in dem in den staatssozialistischen Ländern vorherrschenden »Marxismus-Leninismus« einflussreich wurde.

Als Vertreter der links-kommunistischen Strömung in der Komintern wurde er 1920 von Lenin angegriffen, der ihm vorwarf, einen »Marxismus der bloßen Worte« zu vertreten: »Es fehlt eine konkrete Analyse ganz bestimmter historischer Situationen« (LW 31, 153f). Aber seine Positionen schillerten immer wieder zwischen marxistisch-leninistischer Orthodoxie und Dissidenz und wurden auch so aufgenommen. Obwohl er z.B. von führenden Parteivertretern und –intellektuellen in der DDR unermüdlich kritisiert, angegriffen und verstoßen wurde[27], ist die dortige Entwicklung der Philosophie und Literaturtheorie ohne seinen Einfluss kaum zu denken. Auch im Verhältnis zum »neutralen« Ideologiekonzept konnten die Grenzen fließend sein: einige Vertreter einer »marxistisch-leninistischen« Ideologiekonzeption, die das Ideologische als Ausdruck von Klasseninteressen konzipierten, integrierten zugleich Lukács' Verdinglichungskonzept als Bestandteil ihrer Kritik »bürgerlicher Ideologie«.[28]

Im Folgenden soll in groben Zügen die Linie nachgezeichnet werden, die von Lukács' *Geschichte und Klassenbewusstsein* zur »kritischen Theorie« der Frankfurter Schule führt. Diese Linie ist freilich durchbrochen, indem Horkheimer und Adorno angesichts der Erfahrungen des Faschismus sowie der US-amerikanischen »Kulturindustrie« zu dem Schluss kommen, ihren zunächst von Lukács inspirierten Ideologiebegriff nicht mehr sinnvoll weiterverwenden zu können.

27 So wirft ihm z.B. Erich Hahn 1974 eine Überschätzung des Subjektiven vor, die ihn in Gegensatz zum Materialismus bringe (1974, 130). Seine Theorie des Klassenbewusstseins sei ein »idealistischer Ansatz«, da dort »programmatisch das Bewusstsein als Produkt seiner selbst deklariert« werde (133f).

28 Vgl. neuerdings z.B. Seppmann 2000, 158ff und, unter Berufung auf Seppmann, Erich Hahn 2005.

4.1 Georg Lukács: Ideologie als Verdinglichung

Obwohl auch Lukács sich zuweilen dem leninschen Sprachgebrauch eines neutralen Ideologiebegriffs anschließt (z. B. *GuK*, 71, 83), entwickelt er seine Ideologietheorie hauptsächlich von der kritischen Kategorie des »ideologischen Phänomens der Verdinglichung« her (106). Mit ihr versucht er, die Niederlage der sozialistischen Revolutionen im Westen nach dem Ersten Weltkrieg zu erklären: aufgrund der »Verdinglichung« erscheint der Kapitalismus großen Teilen der Arbeiterklasse als unveränderlich. Dementsprechend muss die Aufgabe revolutionärer Theorie im »Zerreißen der Ewigkeitshülle« bestehen (28).

Marx selbst hat den Term der Verdinglichung erst im dritten Band des *Kapital* im Zusammenhang mit der »trinitarischen Formel« verwendet (25/838, 887). Der Sache nach entwickelte er den Begriff jedoch bereits im Zusammenhang mit dem Fetischkapitel, in dem er das »Geheimnisvolle der Warenform« dadurch bestimmte, dass sie den Menschen »die gesellschaftlichen Charaktere ihrer eigenen Arbeit als gegenständliche Charaktere der Arbeitsprodukte selbst [...] zurückspiegelt. [...] Es ist nur das bestimmte gesellschaftliche Verhältnis der Menschen selbst, welches hier für sie die phantasmagorische Form eines Verhältnisses von Dingen annimmt.« (K I, 23/86) Dies ist der Ausgangspunkt für Lukács' Begriff der Verdinglichung, mit dem er den Vorgang kennzeichnet, dass »dem Menschen seine eigene Tätigkeit, seine eigene Arbeit als etwas Objektives, von ihm Unabhängiges, ihn durch menschenfremde Eigengesetzlichkeit Beherrschendes gegenübergestellt wird« – und dies »sowohl in objektiver wie in subjektiver Hinsicht« (*GuK*, 97f). Insofern entsprechen Lukács' Bestimmungen dem, was Marx als »objektive Gedankenformen« der bürgerlichen Warenproduktion analysiert hat (s. o. 2.2).

Freilich unterscheidet sich Lukács' Verdinglichungsbegriff von den marxschen Fetischismusanalysen dadurch, dass er von Beginn an als »Universalkategorie des gesamten gesellschaftlichen Seins« gefasst ist (97). Mit seiner Hilfe könnten »die Ideologienprobleme des Kapitalismus und seines Untergangs« entschlüsselt werden (95), und es gäbe »kein Problem«, das in letzter Analyse nicht auf den Warenfetisch hinweisen würde, weil dieser »sämtliche Lebensäußerungen der Gesellschaft durchdringt« (94, 96). Diese Totalität der Verdinglichung kommt v. a. dadurch zustande, dass Lukács die marxsche Analyse des Warenfetischs mit Max Webers Konzept der »formalen Rationalisierung« verbindet, die Staat und Gesellschaft zu einem »stählernen Gehäuse« der Hörigkeit zusammenschließen soll (GA I/15, 464f, 593; RS I, 203f).[29] Vom »Urphänomen der Verdinglichung« (*GuK*, 106) lei-

29 Als »formale Rationalisierung« hatte Weber die unpersönliche »Sachlichkeit« der Herrschaftsausübung in der modern-bürgerlichen Gesellschaft bezeichnet: ökonomisch mani-

tet Lukács die »immer verdinglichteren Stufen« (116) des gesellschaftlichen Bewusstseins ab, wobei er die Beziehungen dieser Stufen als »Analogie« und »Ausdruck« fasst (vgl. 44, 47, 80, 107, 109). Dabei nimmt er an, dass sich »die Verdinglichungsstruktur immer tiefer, schicksalhafter und konstitutiver in das Bewusstsein der Menschen hinein[senkt]« (105).

Anders als Weber re-interpretiert Lukács die »formale Rationalisierung«, die die bürgerliche Gesellschaft auszeichnet, ausgehend vom »Taylorismus«, d.h. der vom Arbeitswissenschaftler Frederic W. Taylor um die Jahrhundertwende entwickelten Rationalisierung der industriellen Produktion.[30] Einer stark ausgebildeten Zweckrationalität, also des perfektionierten Einsatzes von Mitteln für vorgegebene Zwecke, in den einzelnen Teilbereichen der Gesellschaft stehe die auf der Anarchie des Marktes beruhende Irrationalität des Gesamtprozesses entgegen (113). Daraus leitet Lukács den ideologischen Effekt einer umfassenden Passivierung der Einzelnen gegenüber dem Gesamtzusammenhang ab: Das Verhalten wird »kontemplativ«, d.h. es erschöpft sich »in der richtigen Berechnung der Chancen [des] Ablaufs (dessen ›Gesetze‹ er ›fertig‹ vorfindet), [...] ohne selbst den Versuch zu unternehmen, in den Ablauf selbst durch Anwendung anderer ›Gesetze‹ einzugreifen« (109). Bis hinauf zur »kritischen Philosophie« seit Kant ist das bürgerliche Denken durch die Dichotomie von »Voluntarismus« und »Fatalismus« geprägt. Handeln reduziert sich darauf, »den zwangsläufigen Ablauf einzelner Gesetze für [das eigene] (egoistische) Interesse zu verwerten« (149).

Dass Lukács zwischen den Verdinglichungen der kapitalistischen Warenproduktion und kontemplativen, zwischen Fatalismus und Privategoismus schwankenden Haltungen in der bürgerlichen Gesellschaft nach Verbindungen sucht, ist sicherlich sinnvoll. Das Problem liegt in der hermetischen Weise, mit der er diesen Zusammenhang als homogene und widerspruchsfreie Einheit denkt. »Hier scheint ein bestimmter Substanzialismus von Ideologie im Spiel zu sein, der eine Vielzahl ideologischer Mechanismen und Wirkungen auf eine homogene Ursache bezieht«, bemerkt Eagleton (2000, 104). Althusser hat eine solche homogenisierende Ableitung als Denken der »expressiven Totalität« kritisiert und ihm das Konzept eines heterogen zusammengesetzten »strukturierten Ganzen« entgegengesetzt (1968, 137). Lukács' »Diffusionsmodell einer immer verdinglichteren Verdinglichung« (PIT 1979, 53f) tilgt nicht nur die Ungleichzeitigkeiten der gesellschaftlichen

festiere sie sich als markterwerbsorientierte Geld- und Kapitalrechnung, herrschaftssoziologisch als bürokratische Verwaltung, ethisch als asketischer Protestantismus, der sich v. a. aus Kalvinismus und Sektenreligiosität zusammensetzt (vgl. hierzu Rehmann 1998, 80ff, 191f, 205).

30 Um die Widerstände der Arbeiter gegen die Erhöhung der Arbeitsintensität zu brechen, entwickelte der ehemalige Vorarbeiter und Arbeitswissenschaftler Frederic W. Taylor (1856–1915) ein »wissenschaftliches Management«, das den Produktionsarbeitern ihre traditionellen Arbeitskompetenzen entzog, sie auf ein Ingenieursbüro der Betriebsleitung verlagerte und dort in elementare Arbeitsvorgänge aufgliederte.

Entwicklung (z.B. die Koexistenz kapitalistischer und vorkapitalistischer Formen), sondern bringt auch die von Gramsci betonte Heterogenität und Widersprüchlichkeit des Alltagsbewusstseins zum Verschwinden (s. u. 5.3).

Trotz vielfacher Abgrenzungsversuche gegenüber einem ökonomistischen »Vulgärmarxismus« ist Lukács' Ableitung selbst ökonomistisch, insofern sie dem Ideologischen keine eigene Wirklichkeit zugesteht: es sieht so aus, als erfolge die Integration durch den Warenfetisch selbst, ohne dass es hierzu irgendwelcher ideologischer Mächte, spezifischer »konzeptiver Ideologen«, Rituale oder Formen bedürfte. Die Passivierungsthese ist in Bezug auf den grundlegenden gesellschaftlichen Gesamtzusammenhang nicht gehaltlos, aber sie bleibt allgemein-abstrakt und unterschätzt die Fähigkeiten der bürgerlichen Gesellschaft, immer wieder Aktivitätsschübe in privat-egoistischen Formen freizusetzen. Wir werden diese ideologische Mobilisierungsfähigkeit weiter unten am Beispiel des Neoliberalismus behandeln (s. u. Kap. 11 u. 12). Schon in den einfachen Formen des Verkaufens ereignet sich z. B. beim Überreden, Überlisten, Sich-in-den-Käufer-Einfühlen, Ihm-seine-Wünsche-Ablesen usw. weit mehr und anderes als passive Kontemplation. Das »*Do it yourself* der Ideologie« (Haug 1993, 227) stellt sich als ein vielgestaltiges und widersprüchliches Ensemble von Alltagspraxen dar, in denen die Subjekte um Kohärenz und um ›Normalität‹ ringen. Ein solches Ensemble nach dem Muster eines bloßen Ausdrucks des Warenfetischs zu denken, löscht die menschlichen Handlungsweisen in ihnen aus.

Aber wie kann Lukács, der dazu tendiert, die wirklichen gesellschaftlichen Praxen der Menschen unter dem Gewicht der Verdinglichung zu begraben, sich überhaupt grundlegende gesellschaftliche Veränderungen vorstellen? Die proletarische Revolution, der seine Theorie den Weg ebnen will, soll in Form eines radikalen Umschlags vom Objektstatus zur Erkenntnis gesellschaftlicher Totalität erfolgen: Das Proletariat ist in der bürgerlichen Gesellschaft zur Ware und damit zum »reinen und bloßen Objekt des gesellschaftlichen Geschehens« degradiert, aber die Selbsterkenntnis des Arbeiters als Ware sowie die Unmöglichkeit, sich Illusionen über seinen Subjektstatus zu machen, ermöglichen ihm, den Gesamtzusammenhang zu erkennen und damit die Verdinglichungsstruktur zu durchbrechen (*GuK*, 87, 91, 183ff, 189). Sobald der Proletarier sich über das dialektische Wesen seines Seins klar wird, enthüllt sich das starre dinghafte Sein als bloßer Schein (z.B. 198).

Kammler hat kritisiert, bei Lukács gebe es zwischen dem »zugerechnetem« und dem empirischen Klassenbewusstsein der Proletarier eine unüberbrückbare Kluft, einen »hiatus irrationalis« (1974, 178).[31] Der dialektische Umschlag vom proletarischen Objektstatus zum revolutionären Subjekt

31 Das »zugerechnete« Klassenbewusstsein ist dasjenige, das die Angehörigen einer Klasse haben würden, wenn sie ihre Klassenlage und -interessen vollständig erfassen *könnten* (vgl. *GuK*, 62ff, 326).

scheint sich ohne jeden Zusammenhang mit wirklichen Praxis-, Organisations- und Kampferfahrungen der Arbeiter zu vollziehen. Unter welchen Bedingungen er erfolgen soll, bleibt im Unklaren, als handelte es sich um ein rätselhaftes, gleichsam eschatologisch von außen hereinbrechendes Ereignis. Außerdem scheint sich dieser Umschlag zur Einsicht in den dialektischen Gesamtzusammenhang nur im Denken zu vollziehen, nämlich mithilfe des marxistischen Intellektuellen, der das verdinglicht-passivierte Volk über die Wahrheit der gesellschaftlichen Totalität aufklärt. Auch hier hatte Marx, wie wir gesehen haben, weitaus bescheidener darauf hingewiesen, dass die wissenschaftliche Aufdeckung der fetischisierten Verhältnisse noch keineswegs deren Wirksamkeit im Alltagsleben aufhebt – sie sind nicht »bloßer Schein«, sondern reale Funktionsweisen (s. o. 2.2.2).

Das *Projekt Ideologietheorie* hat beobachtet, dass in Lukács' Konzept des »zugerechneten« Klassenbewusstseins gerade die Instanz, die dieses Bewusstsein zuschreibt, nämlich der Intellektuelle, merkwürdig im Dunkeln bleibt: »Er leiht dem Denken des Proletariats nur seine Stimme. Nicht er drückt etwas aus: die Geschichte drückt sich durch ihn hindurch aus, so wie die Gottheit im Orakel aus dem Mund des Priesters spricht. [...] Indem der Intellektuelle bescheiden hinter den Gang der Geschichte zurücktritt, wird seine Stimme zum Organ einer unumstößlichen Wahrheit.« (PIT 1979, 57). Bei Lukács' Vorstellung des Proletariats als »identisches Subjekt-Objekt« des Geschichtsprozesses sei kaum zu bestreiten, dass hier »messianisch-mythologische Tendenzen durchschlagen«, bemerkt Gerhard Hauck (1984, 66). W. F. Haug meint, in einem solchen Totalitätskonzept sei schon das »Hinüberschwingen [...] in die bedingungslose Einheit und Totalität des sogenannten Stalinismus« angekündigt (1984, 45). Adorno zufolge beugte sich der lukácssche Objektivismus nicht ohne anfängliche Konflikte schließlich der »offiziellen kommunistischen Doktrin«, was, wie er polemisch und in Anspielung auf Lukács' Buch »Die Zerstörung der Vernunft« (1954) hinzufügte, den Beginn der Zerstörung der eigenen Vernunft einleitete (GS 11, 251f). Obwohl Adornos Vorwurf des KP-Konformismus auf *Geschichte und Klassenbewusstsein* noch nicht zutrifft, ist eine Einbruchstelle eingezeichnet: die Kluft zwischen zugerechnetem und empirischem Klassenbewusstsein wird Lukács zunehmend mithilfe der leninistischen Konzeption einer Avantgardepartei zu schließen versuchen, wobei er, wie Dannemann kritisch anmerkt, sich ein idealisiertes Bild der KP zurechtlegt, das mit den real existierenden Organisationen kaum etwas gemein hatte. Es handelte sich um den Versuch, die Probleme der Herausbildung eines proletarischen Klassenbewusstseins durch eine ›Vertiefung‹ der Organisationsfrage zu lösen, der damit jedoch zu viel zugemutet werde (Dannemann 2008).

Lukács hat in seinem Vorwort zur Neuauflage von *Geschichte und* Klassenbewusstsein von 1968 versucht, die Engführung seines Ideologiekonzepts selbstkritisch zu reflektieren: die ökonomische Basis, von der aus er die ideologischen Phänomene verständlich machen wollte, werde »doch eingeengt, indem ihre marxistische Fundamentalkategorie, die Arbeit als Vermittler des Stoffwechsels der Gesellschaft mit der Natur aus ihr herausfällt« (1968, 19). Damit versucht er, in sein praxisloses Verdinglichungsmodell ein zentrales Moment von Praxis wieder einzuführen, wenn auch beschränkt auf die ökonomische »Basis« und ohne das Ideologische selbst als Ensemble von Praxisformen zu untersuchen. Die Vorstellung, die ideologischen Formen unmittelbar aus der Ökonomie ableiten zu können, bleibt von der Selbstkritik unberührt.

4.2 Horkheimer/Adornos Kritik der »Kulturindustrie«

Die Ideologiekritik der »Frankfurter Schule« knüpft v. a. an den Lukács von *Geschichte und Klassenbewusstsein* an. Aber während bei Lukács das Proletariat aufgrund seiner äußersten Verdinglichung dazu befähigt wird, durch die Erkenntnis der gesellschaftlichen Totalität die Verdinglichungsstruktur zu durchbrechen, ist diese Perspektive für Max Horkheimer und Theodor W. Adorno unter den Bedingungen der Stalinisierung der Sowjetunion und der sich abzeichnenden Hegemonie des amerikanischen Fordismus verlorengegangen. Beibehalten ist ein auf dem Paradigma des Warenfetischs aufbauender Ideologiebegriff, der freilich später gerade in dieser Fassung für nicht mehr haltbar erklärt wird. Die in den ab 1948 veröffentlichten *Gefängnisheften* Gramscis vorgestellten Überlegungen zu Ideologie und Hegemonie im Fordismus wurden in der ersten Generation der Kritischen Theorie nicht rezipiert.

In der *Dialektik der Aufklärung* (1944) geht es vor allem um die Wirksamkeit einer »neuen« positivistisch-technokratischen Ideologie, die sich auf die von der »Technik erzwungene Allgegenwart des Stereotypen« stützt (DA, Adorno, GS 3, 158). Die »Wahrheit« sei für diese Ideologie kein Bezugspunkt mehr – eine These, die im diametralen Gegensatz zu Foucault steht, der gerade den Zusammenhang von Macht und Wahrheit zum zentralen Thema seiner Untersuchungen machen wird. »Sprache, die sich bloß auf Wahrheit beruft, erweckt einzig die Ungeduld, rasch zum Geschäftszweck zu gelangen« (170). Dies mache die neue Ideologie leerer, unverbindlicher, aber doch nicht durchsichtiger oder schwächer, denn gerade ihre Abneigung, sich auf irgendetwas nicht Verifizierbares festzulegen, »fungiert als Instrument der Beherrschung« (ebd.).

Wie analysiert man eine Ideologie, die sich »in der Wahrscheinlichkeitsrechnung [versteckt]« (167)? Für Horkheimer und Adorno liegt die Spezifik in der »Verdopplung« eines »lückenlos geschlossenen Daseins« (174). Die neue Ideologie macht »vom Kultus der Tatsache Gebrauch, indem sie sich darauf beschränkt, das schlechte Dasein durch möglichst genaue Darstellung ins Reich der Tatsachen zu erheben« (170f). Das Gemeinte erschließt sich vor dem Hintergrund der marxschen Fetischismusanalysen und ihrer

Interpretation durch Lukács: die fetischhaft verdinglichten Verhältnisse werden unkritisch reproduziert (»verdoppelt«) und positivistisch zu unveränderlichen »Tatsachen« erhoben. Insofern verallgemeinern Horkheimer und Adorno, was Marx der »Vulgärökonomie« vorgeworfen hatte, nämlich die »objektiven Gedankenformen« der bürgerlichen Gesellschaft in eine doktrinäre Sprache zu übersetzen und zu apologetisieren« (25/825), statt sie zu dekonstruieren. Hinzu kommt die Manipulation: »Die Ideologie wird gespalten in die Photographie des sturen Daseins und die nackte Lüge von seinem Sinn, die nicht ausgesprochen, sondern suggeriert und eingehämmert wird.« (DA, Adorno GS 3, 170)

Was Horkheimer und Adorno als neue Ideologie schildern, oszilliert also zwischen positivistischer Reproduktion des Gegebenen und Manipulation – »Geschäft« und »Lüge«. Zuweilen sieht es so aus, als ob sie den als positivistische Ideologie kritisierten Tatsachen-Fatalismus selbst in ihrer Ideologiekritik reproduzierten. So gehen sie z. B. davon aus, dass die kapitalistische Produktion die Arbeiter und Angestellten, Farmer und Kleinbürger als Konsumenten »mit Leib und Seele so eingeschlossen [hält], dass sie dem, was ihnen geboten wird, widerstandslos verfallen« (155). »Personality« bedeute unter diesen Bedingungen kaum mehr als »blendend weiße Zähne und Freiheit von Achselschweiß und Emotionen« (191). Mehr noch: da die Beherrschten die herrschende Moral ernster nehmen als die Herrschenden selbst, entwickeln sie zu dem, was man ihnen antut, eine »böse Liebe«, die der Klugheit der ideologischen Instanzen »noch voraus[eilt]«: »Unbeirrbar bestehen sie auf der Ideologie, durch die man sie versklavt.« (155) Der Umstand dass im Fordismus der USA die bürgerliche Hegemonie allumfassend, total erscheint, schlägt sich ohne weitere Erklärungen in der Theorie nieder, die zu ihrer radikalen Kritik ausgezogen ist.

Als Apparat der neuen Ideologie wird v. a. die »Kulturindustrie« identifiziert. Wie Adorno 1963 erläutert, sollte der Begriff die Deutung ausschalten, es handelte sich um eine »spontan aus den Massen selbst aufsteigende Kultur«: »die Massen [sind] nicht das Primäre, sondern Sekundäres, Einkalkuliertes; Anhängsel der Maschinerie. Der Kunde ist nicht, wie die Kulturindustrie glauben machen möchte, König, nicht ihr Subjekt, sondern ihr Objekt.«(GS 10.1, 337) Diesem Ansatz ist die Unterstellung eines »perfekten« Manipulationszusammenhangs vorgeworfen worden (z. B. Kausch 1988, 92), bei dem aktive Kulturtätigkeit und subversiv-widerständige Dekodierung ausgeschlossen sind (vgl. Hall 1981, 232; 1993, 516); die kapitalistische Gesellschaft werde als in sich widerspruchsfreier »Monolith dominanter Ideologie« aufgefasst (Eagleton 2000, 58).[32]

Ähnlich wie schon bei Lukács hängt auch hier die Tendenz zur Totalisierung mit dem Verfahren zusammen, Kategorien aus der tayloristischen Pro-

32 Vgl. die Zusammenfassung der Diskussion in Napierala/Reitz 2005, 462, 474.

duktion unmittelbar auf die Kulturindustrie zu übertragen: diese erscheint als eine bloße Fortsetzung des »Arbeitsvorgangs in Fabrik und Büro« in die Freizeit hinein, um die Sinne der Menschen mit den »Siegeln jenes Arbeitsgangs zu besetzen, den sie den Tag über unterhalten müssen« (DA, Adorno, GS 3, 152f, 158). Die Bestimmung könnte für die Untersuchung struktureller Analogien genutzt werden. In dieser Verallgemeinerung verfehlt sie jedoch sowohl die Widersprüche in den Hegemonialapparaten als auch die Tatsache, dass Ideologien gegenüber der vorherrschenden Logik der Ökonomie kompensatorische Gegenwelten errichten können.[33] Die *Dialektik der Aufklärung* will von solchen Widersprüchen nichts wissen und verkündet: »Alle Massenkultur unterm Monopol ist identisch« (141).

4.3 Preisgabe des Ideologiebegriffs?

Statt die Analyse der »Kulturindustrie« für die Weiterentwicklung einer Ideologietheorie zu nutzen, ziehen Horkheimer und Adorno 1954 nach ihrer Rückkehr aus dem US-Exil den Schluss, die Vergesellschaftung durchs Ideologische für irrelevant zu erklären. Dies ist insofern nachvollziehbar, als sie den Ideologiebegriff zuvor auf eine klassisch bürgerlich-liberale Ideologieform eingeschränkt hatten: kennzeichnend sei ein aus dem Warentausch entwickelter Gerechtigkeitsbegriff sowie ein in ihr widergespiegelter »objektiver Geist«, der sich von seiner gesellschaftlichen Grundlage abgelöst hat (IFS 1956, 168f, 176; GS 8, 464f, 474f). Von Ideologie lasse sich »sinnvoll nur soweit reden, wie ein Geistiges selbständig, substanziell und mit eigenem Anspruch aus dem gesellschaftlichen Prozess hervortritt« (ebd., 176/474). Ein weiteres Kennzeichen sei eine Undurchsichtigkeit, die es so nicht mehr gebe: »Zur Ideologie im eigentlichen Sinne bedarf es sich selbst undurchsichtiger, vermittelter und insofern auch gemilderter Machtverhältnisse. Heute ist die [...] Gesellschaft dazu zu durchsichtig geworden.« (170/467)

Dennoch wird der Term in der gleichen Schrift weiterverwendet. Nur besage die Ideologie kaum mehr, »als dass es so ist, wie es ist«, und auch ihre Unwahrheit schrumpfe auf das »dünne Axiom« zusammen, »es könne nicht anders sein als es ist« (179/477). Wir erinnern uns, dass Marx eine solche fatalistische Grundstruktur im Fetischkapitel als Naturalisierung der gesellschaftlichen Verhältnisse analysiert hat: Bewegung der Sachen als »Naturform« des gesellschaftlichen Lebens (23/89f). Als aktuelles Beispiel könnte man die Sachzwang-Logik des Neoliberalismus anführen, die von ihren Kritikern als Prinzip »TINA« (there is no alternative) bezeichnet

33 Die hier vernachlässigte kompensatorische Funktion wird u.a. in den *Minima Moralia* am Beispiel der »escape«-Filme behandelt: Die Agenten der Kulturindustrie wissen über die Ideologiehaftigkeit ihrer Produktionen bescheid und »suchen durch Mentalreservate von dem Unfug sich zu distanzieren, den sie anstiften« (Nr. 130; GS 4, 230).

wird. Dass das Weltsozialforum diesem fatalistischen Prinzip die zentrale Losung »Eine andere Welt ist möglich« entgegensetzte, zeigt, dass die Frage der Denk- und Machbarkeit realistischer Alternativen für die ideologischen Kämpfe von zentraler Bedeutung ist. Allerdings verliert in Horkheimers und Adornos Kennzeichnungen die Ideologie jede konsensstiftende, Freiwilligkeit erzeugende Potenz, die sie von der erdrückenden und bedrohlichen Übermacht struktureller Gewalt selbst unterscheiden könnte: sie ist »keine Hülle mehr, sondern nur noch das drohende Antlitz der Welt. Nicht nur kraft ihrer Verflechtung mit Propaganda, sondern der eigenen Gestalt nach geht sie in Terror über.« (IFS 1954, 179; GS 8, 477)

Entsprach dem traditionellen Ideologiebegriff das Konzept einer Ideologiekritik, die sich immanent darauf konzentrierte, »Geistiges mit seiner Verwirklichung« zu konfrontieren (169/466), sei dies mittlerweile obsolet geworden: »Wo die Ideologien durch den Ukas der approbierten Weltanschauung ersetzt wurden, ist in der Tat die Ideologiekritik zu ersetzen durch die Analyse des cui bono.« (Ebd.) Es leuchtet ein, dass eine Ideologiekritik, die rational-argumentativ die Ideologien mit ihrer eigenen Wahrheit konfrontiert, ins Leere läuft, wenn die ideologische Vereinheitlichung nicht primär über ›Argumente‹ erfolgt. Tilman Reitz sieht die relative Berechtigung der Argumentation von Horkheimer und Adorno darin, dass Ideologiekritik (in dem von Adorno und Horkheimer verwendeten Sinn) »nur in einem Zustand Chancen [hat], in dem die Gestaltung einer für alle Beteiligten vernünftigen Gesellschaft überhaupt zur Debatte steht«, nicht aber, wenn »auf der Gegenseite verfestigte kulturelle Praktiken [stehen]« (Reitz 2004, 705, 707).

Aber ist es wirklich zutreffend, dass die Machtverhältnisse im 20. Jahrhundert unmittelbarer und »durchsichtiger« geworden sind? Der Klassenkompromiss im Fordismus und die ideologische Wirksamkeit der faschistischen »Volksgemeinschaft« sprechen dagegen. Die *Dialektik der Aufklärung* hatte eine solche Durchsichtigkeit noch bestritten (DA, Adorno, GS 3, 170). Läuft der Vorschlag, den Ideologiebegriff durch die Annahme manipulativ ausgedachter, bloßer Herrschaftsmittel zu ersetzen, nicht auf eine traditionelle Priestertrugskonzeption hinaus? Es ist methodisch keineswegs zwingend, die Ideologie auf eine traditionelle Variante festzulegen, die an kleinkapitalistische Marktverhältnisse und die ›großen Erzählungen‹ idealistischer Philosophie gebunden ist und damit per definitionem kaum mehr zur Analyse von faschistischen Ideologien oder von Funktionsweisen US-amerikanischer Kulturindustrie taugt, um sie dann umso leichter für überholt erklären zu können. Hatte die *Dialektik der Aufklärung* nicht versucht, die Umrisse einer »neuen Ideologie« zu bestimmen, die nicht mehr als »Geistiges« mit einem idealistischen Bezug auf »Wahrheit« auftritt, sondern in der positivistischen Verdopplung eines »falschen« Daseins besteht?

Es sieht so aus, als schreckten Horkheimer und Adorno davor zurück, die Grenzen ihrer bisherigen Ideologiekritik in Richtung auf eine Ideologietheorie zu überschreiten, die ihren Gegenstand in der Anordnung der gesellschaftlichen Verhältnisse findet: Gerade an der Stelle, wo das aktuelle Untersuchungsmaterial danach drängt, die ideologische Integration nicht mehr primär über Ideengebäude, sondern mittels materieller Apparate, Anordnungen, arrangierter »Orthopraxen« zu untersuchen, werfen sie das Handtuch. »Die Folgerung könnte [...] ebenso sehr in veränderten Perspektiven von Ideologiekritik bestehen wie in ihrer Selbstaufgabe«, z. B. in der Perspektive, der ideologischen Uniformierung eine alternative Organisation intellektueller und kultureller Handlungsfelder entgegenzustellen, argumentiert Reitz (2004, 706f). Dann würde die Ideologiekritik einen Paradigmenwechsel von bloßer Ideenkritik zu einem Projekt eingreifender Politik vollziehen. Dass Adorno und Horkheimer stattdessen auf die traditionelle Annahme bloßer instrumenteller Manipulation zurückgreifen, bedeutet einen Rückfall hinter den Materialreichtum ihrer eigenen Untersuchungen zur »Kulturindustrie«, deren ideologietheoretische Auswertung immer noch aussteht.

4.4 Ideologie als »Räderwerk der unausweichlichen Praxis«

Allerdings ist die Verabschiedung des Ideologiebegriffs weder einheitlich noch durchgängig. Wie wir gesehen haben, verwenden Adorno und Horkheimer die Kategorie sogar im gleichen Beitrag weiter, in dem sie sie verabschiedet haben. In der *Negativen Dialektik* verteidigt Adorno die Ideologiekritik gegen die Wissenssoziologie, die aus dem Ideologiebegriff »ihre breite Bettelsuppe kocht« (GS 6, 197f). Sein *Jargon der Eigentlichkeit* (geschrieben 1962–64) trägt in Anlehnung an die gleichlautende Schrift von Marx und Engels den Untertitel *Zur deutschen Ideologie* und bezeichnet den kritisierten deutschen Zeitgeist nach 1945 auch als solche: die Ideologie der »Allmenschlichkeit«, deren »Phrase vom Menschen« den Inhalt dessen verunstaltet, was mit seinem Begriff gedacht wird (GS 6, 457f); die »Erhöhung« als »Fortsetzung alter unterdrückender Ideologie« (459); das bei Nietzsche noch antiideologisch gemeinte Wort »Echtheit«, das man nicht mehr ohne Ideologie in den Mund nehmen könne (460); selbst von »faschistischer Ideologie«, deren Existenz an anderer Stelle bezweifelt wurde, wird wieder gesprochen (501). Kritisiert wird auch die »gängige Rede vom Ideologieverlust, welche auf die Ideologie schlägt und die Wahrheit meint« (515). Die Spezifik der kritisierten Eigentlichkeits-Ideologie sieht Adorno darin, dass sie »in die Sprache gerutscht« ist, und dies »unter Absehung von allem besonderen Inhalt« (520, 525).

Auch wenn Adorno hinsichtlich der Verwendung des Ideologiebegriffs schwankt, ist auch in den späteren Schriften das durchgängige Bemühen zu erkennen, das damit Gemeinte immer schärfer von den Ideengebäuden abzusetzen und immer tiefer in der Gesellschaft und ihren Subjekten zu verankern: »Der Kitt, als der einmal die Ideologien wirkten, ist von diesen einerseits in die übermächtig daseienden Verhältnisse als solche, andererseits in die psychologische Verfassung der Menschen eingesickert«, heißt es in den *Soziologischen Schriften* (GS 8, 18). Auf Seiten der Verhältnisse »tönt« die Ideologie »gleichsam aus dem Räderwerk der unausweichlichen Praxis« (GS 10.1, 24), verwandelt sich »das Leben selbst« in die Ideologie der Verdinglichung, ist es »der materielle Produktionsprozess als solcher«, der sich nun als Ideologie erweise, während das Bewusstsein immer mehr zu einem bloßen »Durchgangsmoment in der Schaltung des Ganzen« werde – »Ideologie heißt heute: die Gesellschaft als Erscheinung« (25). Wie schon in der *Dialektik der Aufklärung* schließt sich auch in den *Prismen* der Verdinglichungszusammenhang zu einer homogenen Einheit ohne Widersprüche: in dem »Freiluftgefängnis, zu dem die Welt wird, [...] [starren] alle Phänomene wie Hoheitszeichen absoluter Herrschaft dessen was ist« (29). Beibehalten ist auch die Kombination von positivistischer Verdoppelung des Verkehrten und bewusster Manipulation: Im »eigentlichen Sinne von falschem Bewusstsein« gebe es »keine Ideologie mehr [...], sondern bloß noch die Reklame für die Welt durch deren Verdopplung, und die provokatorische Lüge, die nicht geglaubt werden will, sondern Schweigen gebietet« (ebd.).

Auf der Subjektseite sehen Horkheimer und Adorno die Anpassung an die Verhältnisse in den Menschen »derartig sedimentiert, dass die Möglichkeit, daraus [...] auch nur im Bewusstsein auszubrechen, schrumpft. Sie sind [...] bis in ihre innersten Verhaltensweisen hinein, mit dem identifiziert, was mit ihnen geschieht« (GS 8, 18). In der gegenwärtigen Situation seien »buchstäblich die Menschen selber, in ihrem So- und Nichtanderssein, die Ideologie« (ebd.). Wenn es im nächsten Satz heißt, der Zirkel schließe sich (ebd.), kennzeichnet dies auch eine Theorieanordnung, in der Widerstand oder Subversion gegenüber dem allmächtig Ideologischen nicht mehr wirklich gedacht werden kann. Der schwächste Punkt der Kritischen Theorie ist ihre »Unfähigkeit, die befreienden Tendenzen *innerhalb* der bestehenden Gesellschaft aufzuweisen«, resümiert Marcuse (1967, 265).

Eine der Ursachen für die fatalistische Wendung der Ideologiekritik liegt in ihrer Ausdehnung auf eine »instrumentelle Vernunft«, die Horkheimer und Adorno so anlegen, dass sie tendenziell mit menschlicher Selbsterhaltung schlechthin zusammenfällt.

4.5 Ideologie als »instrumentelle Vernunft« und »Identitätsdenken«

Während Lukács' den Begriff der Verdinglichung von Marx' Analyse des bürgerlichen Waren-, Geld- und Kapitalfetischs herleitete, bestimmt Horkheimer in seiner 1947 (zunächst auf Englisch) veröffentlichten *Kritik der instrumentellen Vernunft* die Verdinglichung als einen »Prozess, der bis auf die Anfänge der organisierten Gesellschaft und des Gebrauchs von Werkzeugen zurückverfolgt werden kann« (Horkheimer 1985, 47). Die »Krankheit der Vernunft«, also ihr »instrumenteller Charakter, »gründet in ihrem

Ursprung, dem Verlangen des Menschen, die Natur zu beherrschen« (164), wobei die Unterjochung der Natur notwendig in Unterjochung des Menschen zurückschlägt und umgekehrt (165). Als Endresultat dieser Herrschaftsgeschichte steht auf der einen Seite eine zum Material degradierte Natur als »bloße[r] Stoff, der zu beherrschen ist«, auf der anderen Seite ein entleertes Subjekt, das sich darin erschöpft, »alles im Himmel und auf Erden in ein Mittel seiner Erhaltung zu verwandeln« (97).

Das methodische Grundprinzip des »disponierenden Denkens«, wie die »instrumentelle Vernunft« in der *Dialektik der Aufklärung* genannt wird (DA, Adorno, GS 3, 30), ist das Gleichnamigmachen des Ungleichnamigen, das Wegschneiden des Inkommensurablen: »Was anders wäre, wird gleichgemacht.« (28) Obwohl es über weite Strecken so aussieht, als übte die instrumentelle Vernunft die Alleinherrschaft übers Denken aus, setzt Horkheimer andererseits doch aufs Denken, um sie zu überwinden. Die Perspektive sieht er in einer »Selbstkritik der Vernunft«, die die dem menschlichen Denken inhärente Herrschaftstendenz aufspürt und es in ein »Instrument der Versöhnung« verwandelt, das damit zugleich mehr als ein »Instrument« ist (1985, 165). Da die Natur selbst stumm ist, brauchen die Menschen das Vermögen der ›Mimesis‹ (gr. Nachahmung), d.h. die Fähigkeit, sich einfühlend-nachbildend mit der Natur zu identifizieren. Es geht darum, mithilfe der Philosophie die Sprache zu befähigen, »ihre echte mimetische Funktion zu erfüllen«: indem sie die Sehnsüchte der Unterdrückten und die Zwangslage der Natur reflektiert, »befreit [sie] den mimetischen Impuls«, überführt ihn in die Sphäre der Erfahrung und Erinnerung und bewirkt, dass »potentiell nihilistische Energien im Dienst von Versöhnung stehen« (167; vgl. 112ff).

Der Hinweis auf den potenziellen Nihilismus der Mimesis unterstreicht die große Bedeutung einer solche rationalen Übersetzung, da ohne sie die unterdrückten »mimetischen Triebe« sich destruktiv in der imitierenden Verhöhnung und rassistischen Diskriminierung des Anderen austoben können (114f). Freilich stellt die Perspektive, mimetische und rationale Anteile zu versöhnen, einen Vernunftbegriff in Aussicht, den die Kritische Theorie im Banne ihrer Konzeption »instrumenteller Vernunft« nicht theoretisch ausarbeiten kann und den der späte Adorno dann an die Kunst abtritt (vgl. Habermas 1981a, 511ff). Hauck zufolge ist die instrumentelle Vernunft ein »gar zu perfekt konstruierter Idealtypus [...], ein in sich geschlossenes und interdependentes Syndrom von Zweck-Mittel-Denken, Naturbeherrschung und wild gewordener Selbstbehauptung«, das die Widersprüchlichkeit konkurrierender Zwecksetzungen ausblendet (1992, 73).

Indem die instrumentelle Vernunft sich durch die Zerstörung bzw. Nivellierung des Anderen, Heterogenen auszeichnet, verschiebt sich auch der Ideologiebegriff. Er kennzeichnet nun auch ein »Identitätsdenken«, das dialektischer Erkenntnis entgegengesetzt ist: Die immanente Kritik sei dialektischer, denn sie nehme das Prinzip ernst, dass nicht die Ideologie an sich unwahr sei, »sondern ihre Prätention, mit der Wirklichkeit übereinzustimmen«, heißt es in den *Prismen* (GS 10.1, 27). Diese Frontstellung wird v.a. in der *Negativen Dialektik* systematisch ausgearbeitet: Zu kritisieren ist die »Hybris [...], dass Identität sei, dass die Sache an sich ihrem Begriff entspreche« (GS 6, 152). Ideologie gleiche keineswegs der »ausdrücklichen idealistischen Philosophie«, sondern stecke in der »impliziten Identität von Begriff und Sache« (50). Sie falle zusammen mit der »Erschleichung von Unmittelbarkeit durchs Vermittelte, die es mit der Autorität des absoluten, [...] evidenten Ansichseins bekleidet« (89). Identität sei ihre »Urform« und werde als »Adäquanz an die darin unterdrückte Sache genossen« (151).

Der Komplizität mit dem identifizierenden Denken verdanke die Ideologie auch ihre »Resistenzkraft gegen Aufklärung«. Deshalb sei Ideologiekritik nichts Peripheres, »sondern philosophisch zentral: Kritik des konstitutiven Bewusstseins selbst« (151). An dieser Formulierung sieht man, dass Adornos philosophische Aufwertung der Ideologiekritik zugleich mit einer nahezu grenzenlosen Ausweitung ihres Gegenstands einhergeht: denn die Kritik an »identifizierendem Denken« ist zugleich auch Kritik am »Denken überhaupt«, das auf Identifizierungen nicht verzichten kann (ebd.). In dieser Eigenschaft des Denkens sieht Adorno zugleich ein »Wahrheitsmoment von Ideologie«, nämlich »die Anweisung, dass kein Widerspruch, kein Antagonismus sein solle«, ein utopisches Moment also, das die Ideen zu »negativen Zeichen« gegen eine zerrissene Welt werden lässt (152f).

Von hier lassen sich Verbindungslinien zu Althussers Konzeption einer Ideologie im Allgemeinen ziehen, die – in Abgrenzung zu ihrem Verständnis als falschem Bewusstsein – das »imaginäre Verhältnis der Individuen zu ihren realen Existenzbedingungen [repräsentiert]« (ISA 133; SLR 296). Wo Horkheimer und Adorno die identitäre Ideologie in den Mechanismen des denkenden Bewusstseins festmachen, legt Althusser der Wirksamkeit ideologischer Anrufungen eine gelebte, imaginäre »Identität« zugrunde, die er aus Lacans psychoanalytischer Konzeption eines kleinkindlichen »Spiegelstadium« abgeleitet hat (s.u. 6.5). Freilich teilt die Kritische Theorie damit auch eine problematische Tendenz, die wir später am althusserschen Ansatz diskutieren werden, nämlich das Ideologische nicht mehr (wie Marx) primär in den entfremdeten gesellschaftlichen Verhältnissen aufzusuchen, sondern auf eine allgemeine und unhistorische Ebene des Denkens, Handelns und Fühlens zu verlagern, auf der es nicht mehr trennscharf analysiert werden kann.

4.6 *Habermas' positive Umwertung des Ideologischen*

In Anlehnung an Herbert Marcuse, dem zufolge »die Ideologie sich nunmehr im Produktionsprozess selbst verkörpert« (1967, 203; vgl. 31, 245), verlagert Jürgen Habermas die Ideologie in die Technik (1968, 48ff). Dabei gelangt auch er zu der Diagnose, die »spätkapitalistischen« Gesellschaften hätten ihre Möglichkeiten für Ideologiebildung eingebüßt und stattdessen ein funktionales Äquivalent entwickelt: »An die Stelle der positiv zu erfüllenden Aufgabe, einen bestimmten Interpretationsbedarf ideologisch zu decken, tritt die negative Forderung, Interpretationsleistungen auf dem Integrationsniveau von Ideologien gar nicht erst aufkommen zu lassen. [...] An die Stelle des falschen tritt heute das *fragmentierte* Bewusstsein, das der Aufklärung über den Mechanismus der Verdinglichung vorbeugt.«(1981b, 521f) Ähnlich wie bei Horkheimer und Adorno unterstellt Habermas einen engen Ideologiebegriff als totalisierende sowie »falsche« Ordnungsvorstellung, um ihn daraufhin fallenlassen zu können.

Aber das Verfahren, das Ideologische so zu bestimmen, dass es zur Fragmentierung im Gegensatz steht, ist nicht weniger willkürlich als Adornos und Horkheimers vorangegangene Festlegung auf klassische Großideologien des Bürgertums. Wie z.B. Bourdieus Studien zum permanenten Distinktionszwang im Bereich des Geschmacks nahe legen (vgl. Bourdieu 1982), wäre es ideologietheoretisch weiterführender, die dadurch hervorgerufenen Fragmentierungen als integralen (wenn auch nicht als einzigen) Bestandteil ideologischer Vergesellschaftung zu behandeln. Hervorgebracht durch das kapitalistische Konkurrenzprinzip, bilden sie den Resonanzboden für die ideologische Arbeit von Ideologen, die sie sowohl verdoppeln (z.B. in einer individualistischen Leistungsideologie) als auch zu kompensieren versuchen (z.B. durch die ideologische Konstruktion der »Schicksals«- und »Volksgemeinschaft« im Krieg).

Von Horkheimers und Adornos Kritik der »instrumentellen Vernunft« hebt sich Habermas' Ansatz v.a. dadurch ab, dass er – in Anlehnung an Max Webers Unterscheidung zwischen »Zweck-« und »Wertrationalität« – zwischen instrumenteller und kommunikativer Rationalität differenziert. Vereinfacht formuliert richtet sich erstere auf die zweckgerichtete Manipulation von Objekten zur menschlichen Selbsterhaltung oder Machtsteigerung, während die letztere auf die Verständigung zwischen gleichberechtigten Subjekten orientiert. Gehört die erste zum Bereich von Arbeit und Naturbeherrschung und somit zur »Systemwelt« von Herrschaft und Geld, vollzieht sich die zweite in verständigungsorientierten Bereichen der soziokulturellen »Lebenswelt« (wie z.B. Familie, bürgerliche Öffentlichkeit, Gemeinden) und idealiter in einem herrschaftsfreien Raum, in dem das bessere Argument zählt (vgl. Habermas 1981b, 207ff, 229ff).

Diese Unterscheidung soll es ermöglichen, eine »Ideologiekritik« zu überwinden, die frontal und totalisierend gegen »instrumentelle Vernunft« anrennt, ohne dieser ein alternatives modernes Rationalitätskonzept entgegensetzen zu können. Auf der Grundlage der »kommunikativen Rationalität« meint Habermas das zu Kritisierende trennschärfer benennen zu können, nämlich als »Kolonisierung der Lebenswelt« durch die Subsysteme zweckrationalen Handelns, v.a. Geld und Macht, bzw. als »Eindringen von Formen ökonomischer und administrativer Rationalität in Handlungsbereiche, die [...] auf Verständigung als Mechanismen der Handlungskoordinierung angewiesen bleiben« (1981b, 488, 551). Damit scheint die fatalistische Abschließung der Kritischen Theorie überwunden zu sein. In Aussicht gestellt wird eine differenzierende Kritik auf der Grundlage der »normativen Gehalte der bürgerlichen Kultur, der Kunst und des philosophischen Denkens« (583).

Habermas' Differenzierung trifft sich ein Stück weit mit einer kritischen Ideologietheorie, die der »Vernunft« nicht ein einheitliches Wesen unterstellt (›positiv‹ oder ›negativ‹), sondern sie als mehrdeutiges und antagonistisch strukturiertes Feld begreift. Vernunft »kann ausgreifen auf die Gestaltung einer solidarischen Gesellschaft, und sie kann den einzelnen bedeuten, doch ›vernünftig‹ zu sein, d.h. sich in die Herrschaftsordnung zu fügen« (Jehle 2004, 1531). Wer in die ideologischen Kämpfe um die Vernunft eingreifen will, ist gut beraten, die Kategorie nicht dem Gegner zu überlassen, sondern ihre emanzipatorischen Gehalte und Potenziale auszuarbeiten, um von dort aus ihre bürgerlichen Verengungen bzw. Verkehrungen in Irrationalität zu kritisieren. Ohne alternativen Begriff einer gesamtgesellschaftlichen Rationalität wäre es unmöglich, die Irrationalität eines Systems aufzudecken, das in seinen Krisen regelmäßig Unmengen gesellschaftlichen Reichtums vernichtet, inmitten von Massenarbeitslosigkeit die Arbeitszeiten verlängert und seine Produktivkräfte nur entwickeln kann, indem es, wie Marx im *Kapital* formulierte, »zugleich die Springquellen alles Reichtums untergräbt: die Erde und den Arbeiter« (23/530).

Die Frage ist freilich, ob Habermas' Entgegensetzung von kommunikativer und instrumenteller Vernunft und v.a. ihre Identifizierung mit den Bereichen »Lebenswelt« und »Systemwelt« sowie mit dem »Dualismus von Arbeit und Interaktion« (Habermas 1968, 80) die herrschenden Engführungen der Rationalität adäquat erfasst und eine grundlegende Kritik ermöglicht. Problematisch ist zunächst die Ausgrenzung der Arbeit aus der »kommunikativen Rationalität«: indem Habermas diesen Basisbereich gesellschaftlichen Lebens ausschließlich der »instrumentellen Vernunft« überantwortet, entzieht er ihm seine grundlegenden kooperativen (und damit auch kommunikativen) Dimensionen.[34] Warum sollen so zentrale Fragen wie z. B., was produziert werden soll (Schwerter oder Pflugscharen?), wie Arbeitsteilungen gerecht organisiert werden können, wie die Produktionsergebnisse verteilt werden sollen, wie hoch der Anteil der Investitionen, wie hoch der der Konsumption sein soll etc., von vorneherein der kommunikativen Kompetenz der Produzenten entzogen werden? (vgl. Hauck 1992, 80f). Und gibt es angesichts überlebensgefährdender ökologischer Zerstörungen eine dringlichere Aufgabe als die, sich darüber zu *verständigen*, wie das menschliche Naturverhältnis umweltverträglich umgebaut werden

34 Vgl. zur philologischen und theoretischen Kritik immer noch Tuschling 1978, 107ff, 119ff.

kann? Habermas' Theorie ist so angelegt, dass gerade die »systemischen« Kernbereiche gesellschaftlicher Produktion und Reproduktion von der Möglichkeit herrschaftsfreier Verständigung ausgeschlossen sind.

Komplementär dazu erscheint die »Lebenswelt« in einer Unschuld, die die in ihr enthaltenen hierarchischen Über- und Unterordnungen systematisch ausblendet. Am deutlichsten ist dies in der Familie, die Habermas als Prototyp »sozial« integrierter Handlungskontexte der »Systemwelt« der institutionalisierten Lohnarbeit entgegenstellt. Nancy Fraser zufolge verdeckt dieser Dualismus, dass auch der Haushalt »wie der bezahlte Arbeitsplatz eine Stätte der Arbeit ist, obgleich eine der unentgoltenen und oft nicht anerkannten Arbeit« (1994, 182). Auch stellten sich beide Bereiche als ein »Gemenge aus Konsensualität, Normativität und strategischer Einstellung« dar (180). Von feministischer Perspektive aus sei es nicht sinnvoll, die Kleinfamilie mit männlichem Oberhaupt und die »offizielle« Ökonomie auf gegensätzlichen Seiten der kategorialen Hauptachse anzuordnen: Beide »eignen sich unsere Arbeit an, sabotieren unsere Beteiligung an der Interpretation unserer Bedürfnisse und schützen normativ gesicherte Bedürfnisinterpretationen vor der politischen Anfechtbarkeit.« (212)[35]

Mit der Entgegensetzung von »instrumenteller« und »kommunikativer« Vernunft hat Habermas zwei ideologietheoretisch bedeutsame Weichenstellungen eingeleitet: zum einen kommt es in Anknüpfung an Max Webers Konzept der »Wertrationalität« zu einer neo-kantianischen Aufwertung der Moral und der Religion, die als Bestandteile der »Lebenswelt« gegen die von Geld und Macht beherrschte »Systemwelt« angerufen werden (Habermas 1981a, 379ff, 383f; 1981b, 494, 547); zum andern wird parallel dazu der Begriff der »Ideologiekritik« zu einer Negativkategorie, mit der er Horkheimer und Adorno zusammen mit Nietzsche und Heidegger einer anti-modernistischen und potenziell totalitären »Rebellion gegen alles Normative« (1985, 148) zurechnet, die die von Max Weber diagnostizierten »Errungenschaften des okzidentalen Rationalismus« in Frage stelle (121, 131, 145f, 152, 409 Anm. 8).[36]

Damit hat Habermas der kritischen Theorie schließlich den ideologiekritischen Stachel gezogen. Auch wenn er und andere Vertreter der zweiten und dritten Generation zu Recht auf einige Sackgassen von Adorno und Horkheimer hingewiesen und das analytische Instrumentarium der Frankfurter Schule in mancher Hinsicht differenziert haben, erfolgte dies um den Preis, ihr Kritikpotenzial zurückzunehmen und in einem normativen Diskurs aufzulösen.

35 In einem anderen Aufsatz kritisiert Fraser, dass Habermas' liberales Konzept einer für die Demokratie konstitutiven »bürgerlichen Öffentlichkeit« (1962) eine Idealisierung darstellt, die die klassenmäßigen, patriarchalen und rassistischen Ausschlussmechanismen ausklammert (2001, 113ff, 121ff, 148f).

36 Zur Kritik der habermasschen Nietzsche-Rezeption, vgl. Rehmann (2004, 70f).

5. Ideologie, Alltagsverstand und Hegemonie bei Gramsci

Die Überlegungen, die Gramsci während seiner Haft im faschistischen Gefängnis zu Ideologie, Alltagsbewusstsein und Hegemonie ausgearbeitet hat, sind sowohl als Gegenstück zum »Marxismus-Leninismus« als auch zur Kritischen Theorie verstanden worden. Von ersterem unterscheiden sie sich politisch durch eine anti-stalinistische Stoßrichtung, die auch zu Lenins tendenziellem Edukationismus und »Ultrazentralismus« (Luxemburg) im Widerspruch steht (trotz Überschneidungen in manchen Fragen der Bündnispolitik und Hegemonie). Theoretisch liegt der Unterschied v. a. in der durchgängigen Frontstellung zu Ökonomismus und Klassenreduktionismus, die es Gramsci ermöglicht, das Ideologische nicht mehr primär als Geistiges, sondern als materielles Ensemble von Hegemonieapparaten in der Zivilgesellschaft zu untersuchen.

Von der *Kritischen Theorie* hebt sich Gramscis Ansatz v. a. dadurch ab, dass er sich auf die inneren Widersprüche der Ideologien, der zivilgesellschaftlichen Institutionen und des Alltagsverstands konzentriert, die in Horkheimers und Adornos monolithischer Konzeption einer tayloristischen »Kulturindustrie« und in ihrer Diagnose eines totalen Entfremdungs- und Verdinglichungszusammenhangs bis zur Unkenntlichkeit eingeebnet worden sind. Der Unterschied ist auch von praktischer Bedeutung: jede eingreifende Politik von unten ist darauf angewiesen, die Widersprüche im ideologischen Gefüge und speziell im herrschenden Machtblock zu analysieren, um in sie intervenieren zu können. Wo immer linke Parteien, soziale Bewegungen und oppositionelle Kulturen versuchten, der bürgerlichen Hegemonie ein alternatives Projekt entgegenzusetzen, standen sie vor der Aufgabe, die fatalistischen Implikationen einer totalisierenden Ideologiekritik und die passivierenden Tendenzen von Determinismus und Widerspiegelungsdenken zu überwinden. Dies erklärt, warum gerade in den Aufschwungphasen linker Bewegungen die selbstkritischen Reflexionen Gramscis immer wieder zu einer wichtigen Inspirationsquelle wurden.

5.1 Eine Weichenstellung in der Übersetzung

Gramsci, der die 1932 veröffentlichte *Deutsche Ideologie* nicht kannte und sich für die Fetischanalysen des *Kapital* nicht sonderlich interessierte, stützt sich u. a. auf die auch von Lenin ausgewertete Passage des *Vorworts zur Kritik der Politischen Ökonomie* von 1859, das er selbst zu Beginn seiner Haft im faschistischen Gefängnis ins Italienische übersetzt hat (vgl. *Q*, 2358ff). Schon die Übersetzung verrät ein besonderes Interesse für die eigentümliche Realität des Ideologischen: ist im Deutschen die Rede von den »ideologischen Formen, worin sich die Menschen dieses Konflikts bewusst werden und ihn ausfechten« (13/9), übersetzt Gramsci das Wort »worin« mit »nel cui terreno« (*Q*, 2359), als wollte er dem gängigen Missverständnis bloßer Bewusstseins-Formen von vorneherein vorbeugen. Das »ideologische Terrain«, das von nun an die Behandlung der Ideologien kontinuierlich begleiten wird, zeigt an, dass diese »alles andere als Illusionen und Schein«, sondern eine »objektive und wirkende Realität« sind, es ist das Terrain der »Superstrukturen« (H. 4, §15, 475; vgl. H. 10.II., §41, 1325; H. 11, §64, 1478; H. 13, §18, 1571).

Damit hat er einen Zugang zu einer Ideologietheorie gefunden, die der dichotomischen Zerfällung von »Materiellem« und »Ideellem« sowie von »Basis« und »Überbau« im ML diametral entgegengesetzt ist. Gesellschaftliche Determinationen werden nicht nach dem Schema gedacht, dass sich eine »objektive« Realität in menschlichem Denken niederschlägt, sondern es geht darum, den Menschen selbst praxis-philosophisch und handlungstheoretisch zu begreifen als »Prozess seiner Handlungen« (H. 10.II, §54, 1346), als »eine Abfolge tätiger Verhältnisse«, die nicht mechanisch sind, sondern »tätig und bewusst« (1347f).

Unter Berufung auf Marx' »konkrete politische und historische Werke«[37] will Gramsci zeigen, dass »der Anspruch, jede Schwankung der Politik und der Ideologie als einen unmittelbaren Ausdruck der Struktur hinzustellen und darzulegen, [...] als primitiver Infantilismus bekämpft werden« muss (H. 7, §24, 878). An der Schrift zum *Achtzehnten Brumaire* sei z. B. zu sehen, »welche relative Bedeutung darin dem unmittelbaren ökonomischen Faktor beigemessen wird und welche Stellung dagegen das konkrete Studium der ›Ideologien‹ einnimmt« (H. 13, §18, 1571f).

Die Frontstellung gegen die Behandlung der Ideologie als unmittelbaren Ausdruck des Ökonomischen, als Illusion und bloße Erscheinung ist durchgängig. Die Bedeutung des Begriffs selbst oszilliert dagegen zwischen den unterschiedlichsten Bedeutungen, deren Bandbreite in der Literatur häufig übersehen wird. Da diese mehrheitlich dazu tendiert, die schwankende Verwendung des Begriffs im Sinne eines »positiven« oder »neutralen« Ideologiekonzepts auszulegen, werde ich mich im Folgenden darum bemühen, den weithin vernachlässigten ideologiekritischen Ansatz bei Gramsci herauszuarbeiten und seine Vermittlungen mit seiner Hegemonietheorie zu diskutieren.

37 Verwiesen wird auf den *Achtzehnten Brumaire* (8/111-207), die *Klassenkämpfe in Frankreich* (7/9-107), Revolution *und Konterrevolution in Deutschland* (8/3-108), *Die orientalische Frage* und »kleinere« Schriften (H. 7, §24, 878).

5.2 Gramscis kritischer Ideologiebegriff

Kritisch gebraucht Gramsci den Ideologiebegriff v. a. dann, wenn er ihn als Gegenbegriff zu seinem Begriff einer *Philosophie der Praxis*[38] verwendet, die sich von jedem »einseitigen und fanatischen ideologischen Element« zu befreien versucht (H. 11, §62, 1474; vgl. H. 16, §9, 1815). Freilich ist auch sie nicht davor gefeit, »zu einer Ideologie im schlechten Sinn zu werden, das heißt zu einem dogmatischen System absoluter und ewiger Wahrheiten«, v. a. wenn sie sich mit dem »Vulgärmaterialismus«, der »Metaphysik der ›Materie‹« verbindet (ebd., 1476). Der Hinweis bezieht sich auf Bucharins *Theorie des historischen Materialismus. Gemeinverständliches Lehrbuch der marxistischen Soziologie* (1922), auf ein international einflussreiches Grundlagenwerk also, das eine wichtige Rolle bei der Herausbildung eines materialistischen Objektivismus spielte. Aber im Gegensatz zu den abstrakten, utopischen, verknöcherten Ideologien beansprucht die Philosophie der Praxis, auch sich selbst historisch zu erklären, sie ist »maximaler ›Historismus‹, die totale Befreiung von jeglichem abstrakten ›Ideologismus‹, die wirkliche Eroberung der geschichtlichen Welt, der Beginn einer neuen Kultur« (H. 16, §9, 1815).

Als »ideologisch« kritisiert Gramsci auch die in der Komintern zunehmend praktizierte Tendenz, theoretische Debatten als »Gerichtsprozess« aufzufassen, »in dem es einen Angeklagten und einen Staatsanwalt gibt, der von Amts wegen beweisen muss, dass der Angeklagte schuldig ist und es verdient, aus dem Verkehr gezogen zu werden« (H. 10.II., §24, 1275). Dagegen fordert er eine wissenschaftliche Haltung, die den gegnerischen Standpunkt ernst nimmt und in die eigene Konstruktion einbaut, und dies bedeutet gerade, »sich aus dem Gefängnis der Ideologien (im schlechten Sinn von blindem ideologischen Fanatismus) befreit zu haben« (1276).

Dass diese Ideologiekritik sich gegen den Stalinismus der kommunistischen Weltbewegung richtet, wird deutlich, wenn man den politischen Kontext der Passage betrachtet: als Teil von Heft 10, das in der Zeit zwischen 1932 und 1935 verfasst wurde, bezieht sie sich auf die sog. »Linkswende« der kommunistischen Weltbewegung seit 1928: In Russland wurde die leninsche Bündnispolitik mit den Bauern (im Rahmen der ›Neuen Ökonomischen Politik‹) durch eine Zwangskollektivierung ersetzt, der Millionen Menschen zum Opfer fielen. In diesem Zusammenhang wurde auch Bucharin, der zuvor im Bündnis mit Stalin den Ausschluss der »Linksoppo-

38 Selbst wenn der Begriff auch die Funktion einer Tarnung gegenüber der Zensur im Gefängnis hatte, war er keineswegs nur ein »Tarnbegriff« für den Marxismus, wie in der Togliatti-Ausgabe behauptet, sondern ein programmatischer Erneuerungsbegriff im Anschluss an die Praxisorientierung der marxschen Feuerbachthesen, die sich u. a. gegen die objektivistischen Tendenzen der II. Internationale richten. Vgl. hierzu die Einleitung von W.F. Haug zum sechsten Band der *Gefängnishefte*.

sition« um Trotzki, Sinowjew und Kamenew betrieben hatte, ausgeschaltet. Auf internationaler Ebene erklärte der VI. Weltkongress 1928 die Sozialdemokratie zum »sozialfaschistischen« Hauptgegner und schloss im Namen einer unmittelbar anzuzielenden proletarischen Revolution eine antifaschistische Bündnispolitik mit sozialdemokratischen und bürgerlichen Parteien aus. In allen KPs wurden Parteisäuberungen gegen die »rechte« Opposition angeordnet, was in der italienischen KP-Führung zu heftigen Auseinandersetzungen führte. In dieser Zeit kommt es zwischen Gramscis Marxismus-Erneuerung und der herrschenden Linie der Komintern zum Gegensatz, der allerdings unter den Bedingungen von Gramscis Gefängnishaft nicht offen ausgetragen werden kann.[39]

In den Überlegungen zum Basis-Überbau-Verhältnis sieht sich Gramsci in einer doppelten Frontstellung, nämlich zum einen gegen den »Ökonomismus«, der die mechanischen Ursachen überschätzt, und einen »Ideologismus«, der sich auf die großen Einzelpersönlichkeiten fixiert und das »›voluntaristische‹ und individuelle Element« verabsolutiert (H. 13, §17, 1557; H. 19, §5, 1923). In beiden Fällen geht es um die Tendenz, die Aufgaben der Organisation und Erziehung in der Politik zu überspringen: Während der »realistische Politiker« weiß, wie schwierig es ist, einen Kollektivwillen zu organisieren, denkt der »Ideologe, der wie ein Kuckuck die Eier in ein gemachtes Nest gelegt hat und keine Nester bauen kann, [...] dass die Kollektivwillen eine naturalistische Tatsache sind, die aus Gründen, die den Dingen innewohnen usw., aufkeimen und sich entwickeln« (H. 15, §35, 1747).

Unter der Überschrift »›Ideologie‹-Begriff« geht Gramsci auf die von den »idéologistes« um Destutt de Tracy geprägte ursprüngliche Bedeutung zurück, bei der die Ideologie das analytische Verfahren bezeichnete, die Ideen auf »Empfindungen« zurückzuführen (H. 11, §63, 1477). In diesem Sinne bezeichnet er Sigmund Freud als den »letzten der Ideologen« (1478). Mit der sensualistischen Wortbedeutung erklärt er auch, warum der Ideologiebegriff implizit ein »abwertendes Urteil« in der Philosophie der Praxis enthält, die sich »historisch der Ideologie gerade entgegensetzt« und ihre »eindeutige Überwindung« darstellt, weil sie den Ursprung der Ideen nicht in den Empfindungen sucht, sondern historisch als eine Superstruktur analysiert (ebd.).

In einem anderen Sinne »ideologisch« ist Benedetto Croces teleologische Auffassung einer Geschichte-nach-Plan, die darauf hinausläuft, »der Antithese die Zähne zu ziehen« und die Dialektik auf einen »Prozess reformistischer Entwicklungen von ›Revolution-Restauration‹ zu reduzieren« (H. 10.II., §41.XVI, 1332). Gramsci verwendet die von Quinet übernommene

39 Togliatti schickt Gramscis Bruder Gennaro ins Gefängnis, um Gramscis Position zu den Parteiauseinandersetzungen zu erfahren. Aber Gennaro entschließt sich, die grundsätzlichen Meinungsverschiedenheiten mit der Parteiführung zu verschweigen, um Gramsci vor stalinistischer Verfolgung zu schützen (vgl. hierzu Fiori 1979, 229-236).

Kategorie der »Revolution-Restauration« als »Äquivalenzformel« für den Begriff der »passiven Revolution«, mit dem er z. B. die Entwicklung derjenigen europäischen Länder kennzeichnet, die sich nach 1815 als »Reaktion« auf die Französische Revolution und als ihre »nationale Überwindung« (reazione-superamento nazionale) herausgebildet haben (H. 1, §150, 188; H. 10.II, §61, 1362). Sie modernisierten den Staat »über eine Reihe von Reformen oder nationalen Kriegen [...], ohne die politische Revolution radikal-jakobinischen Typs zu durchlaufen« (H. 4, §57, 545). Konkret richtet Gramsci seinen Ideologievorwurf gegen Croces Buch *Geschichte Europas*, bei dem die Geschichtsschreibung nicht mit der Französischen Revolution, sondern mit der Restauration 1815 einsetzt – eine methodische Entscheidung, die er als Geschichtsbild der »passiven Revolution« kritisiert: Da es vom Moment des Kampfes absieht, in dem die gegensätzlichen Kräfte sich gruppieren, und ein neues politisch-ethisches System sich herausarbeitet, repräsentiert es nur den ›passiven‹ Aspekt der Revolution (*Gef* H. 10.I., §9, 1242).[40]

Damit verkoppelt Gramsci sein kritisches Ideologiekonzept mit dem der »passiven Revolution«, das er zu einem Grundbegriff seiner Hegemonietheorie ausarbeitet: als »passive Revolution« analysiert er nun grundsätzlich jede gesellschaftliche Modernisierung bei gleichzeitigem »Fehlen einer Volksinitiative«. Die Federführung liegt beim herrschenden Machtblock, der einen gewissen Teil der Forderungen von unten aufnimmt (H. 10.II, §41. XIV, 1330). Dies kennzeichnet zugleich eine Kräftekonstellation, in der die Hegemoniegewinnung der Subalternen blockiert ist. Wie in der Kritik an Croces entschärfter Dialektik deutlich wird, gelten für Gramsci diejenigen Interpretationen und Erklärungen als »ideologisch«, die solcher Passivierung der Volksbewegungen unkritisch Ausdruck verleihen, sie unsichtbar machen oder als natürlich erscheinen lassen.

5.3 *Kritik des Alltagsverstands als Ideologiekritik*

Die Bedeutung, die dem Alltagsverstand (*senso comune*) und seiner Kritik in Gramscis Gesamttheorie zukommt, ist kaum zu überschätzen (vgl. zum Gesamtkomplex Jehle 1994a/b). Für die Philosophie der Praxis müsse »der Ausgangspunkt immer der Alltagsverstand sein, der spontan die Philosophie der Volksmengen ist«, argumentiert Gramsci z. B. gegen Bucharin, dessen *Gemeinverständlichen Lehrbuch* er dafür kritisiert, dass es ausschließlich auf eine Kritik der systematischen Philosophien fixiert ist (H. 11, §13, 1395).

40 Ich habe zu zeigen versucht, dass auch Max Webers *Protestantische Ethik* (und mit ihr die auf sie ausgerichtete Religionssoziologie) ihren Ausgangspunkt in den jeweiligen nach-revolutionären, individualistischen und »passiven« Manifestationen des Protestantismus nimmt und in diesem Sinn ein ähnliches methodisches Verfahren einer »passiven Revolution« anwendet wie dasjenige, das Gramsci an Croce kritisiert (vgl. Rehmann 1998, 223ff, 269ff).

Die methodische Forderung hat weitreichendere Implikationen, als auf den ersten Blick sichtbar ist. Sobald man sie ausfaltet, erkennt man, dass sie einen mehrfachen Bruch mit dem zeitgenössischen »Marxismus-Leninismus« markieren. Abgelehnt wird zum einen dessen zentrales Verfahren, über die sog. »materialistische Beantwortung der Grundfrage der Philosophie« der idealistischen Philosophie einen »metaphysischen oder philosophischen Materialismus« entgegenzustellen, der der historisch-materialistischen Analyse vor- und übergeordnet ist (H. 7, §29, 883f; vgl. H. 11, §22, 1419f). Durch die Unterordnung unter einen »Diamat« als einer materialistisch umgewendeten »prima philosophia« wird marxistische Dialektik, die sich am konkreten historischen Material zu bewähren hat, zerstört. Abgelehnt wird zum zweiten das von Lenin formulierte edukationistische Modell einer proletarischen Ideologie, die »von außen« in die Arbeiterklasse hineingetragen wird (s. o. 3.2). Denn die methodische Forderung, vom Alltagsverstand auszugehen, bedeutet, die dort enthaltenen Erfahrungen und Einsichten als »spontane Philosophie« des Volks ernstzunehmen und an ihrer Weiterentwicklung zu arbeiten. Damit ändert sich auch das Bild des linken Intellektuellen: Gebraucht wird nicht der rhetorisch brillante Verkünder einer vorgefertigten »Wahrheit«, sondern der »organische Intellektuelle«, der intensiv zuhört, genau auf die Weisheit des Alltagsverstands sowie auf seine Widersprüche und Inkohärenzen achtet und von dort aus kohärente Zusammenhänge und Strategien erarbeitet.

Gerade darin, in seiner widersprüchlichen und inkohärenten Zusammensetzung, liegt für Gramsci das wichtigste Kennzeichen des Alltagsverstands. Er ist Kampfplatz der gegensätzlichsten Tendenzen. Einer der Widersprüche besteht z. B. zwischen einem praktischen und einem verbalen Bewusstsein: So hat der »aktive Mensch der Masse« auf der einen Seite ein Bewusstsein, »das in seinem Wirken impliziert ist, das ihn auch wirklich mit all seinen Mitarbeitern bei der praktischen Umgestaltung der Realität verbindet«, und ein anderes Bewusstsein, »das er von der Vergangenheit ererbt und ohne Kritik übernommen hat«. Dieses letztere kann die Ausrichtung des Willens und das moralische Verhalten bis zu einem Punkt beeinträchtigen, »wo die Widersprüchlichkeit des Bewusstseins keinerlei Handlung erlaubt, keinerlei Entscheidung, keinerlei Wahl, und einen Zustand moralischer und politischer Passivität hervorbringt« (H. 11, §12, 1384).

Als Alltagsbewusstsein ist die Weltauffassung in der Regel »zufällig und zusammenhangslos«, man gehört gleichzeitig zu einer »Vielzahl von Massenmenschen, die eigene Persönlichkeit ist auf bizarre Weise zusammengesetzt«:

> »es finden sich in ihr Elemente des Höhlenmenschen und Prinzipien der modernsten und fortgeschrittensten Wissenschaft, Vorurteile aller vergangenen, lokal bornierten geschichtlichen Phasen und Intuitionen einer künftigen Philosophie, wie sie einem weltweit vereinigten Menschengeschlecht zueigen sein wird.« (H. 11, §12, 1376)

Es ist, als hätten sich unterschiedliche historische Epochen wie Gesteinsschichten im Alltagsbewusstsein niedergeschlagen. Dort bilden sie das Rohmaterial für die Be- und Einarbeitung durch unterschiedliche Ideologien. Unabhängig von Gramsci, aber in einer kongenialen Intuition, hat Ernst Bloch 1932 in *Erbschaft dieser Zeit* solche zeitlichen Diskrepanzen als Widersprüche der »Ungleichzeitigkeit« bezeichnet und gezeigt, wie sie von den Nazis gegen die Arbeiterbewegung und die Demokratie der Weimarer Republik mobilisiert wurden: mittelalterliche Denkformen der Bauern und des Mittelstands, Gegensätze zwischen Stadt und Land, Jungen und Alten usw. (GA 4, 104ff). Auch die Arbeiterbewegung muss hier anknüpfen, meint Bloch. Ihre Aufgabe sei es, »die [...] zur Verwandlung fähigen Elemente auch des ungleichzeitigen Widerspruchs herauszulösen [...] und sie zur Funktion in anderem Zusammenhang umzumontieren« (123).

Gramsci kommt zu ähnlichen Diagnosen und Schlussfolgerungen, wenn auch an anderen historischen Materialien und in unterschiedlicher Theoriesprache. Die ideologische Besetzung des Alltagsverstands diskutiert er vor allem am Beispiel der Religion, die im italienischen Kontext v.a. im Zusammenhang mit der außerordentlichen Stellung der katholischen Kirche thematisiert wird. Die Religion liefere dem Alltagsverstand die »Hauptelemente«, und deshalb sei »die Beziehung zwischen Alltagsverstand und Religion viel enger als zwischen Alltagsverstand und philosophischen Systemen der Intellektuellen« (H. 11, §13, 1394). Allerdings müsse auch bei der Religion »kritisch unterschieden werden«, fährt er fort, denn jede Religion, gerade auch die um Geschlossenheit bemühte katholische Religion sei in Wirklichkeit »eine Vielzahl unterschiedlicher und oft widersprüchlicher Religionen: es gibt einen Katholizismus der Bauern, einen Katholizismus der Kleinbürger und Arbeiter aus der Stadt, einen Katholizismus der Frauen und einen Katholizismus der Intellektuellen, der ebenfalls buntgescheckt und unzusammenhängend ist.« (Ebd.) Hinzukommt, dass der Alltagsverstand nicht nur von den gegenwärtigen Katholizismen beeinflusst ist, sondern auch von früheren Varianten, wie z.B. den ketzerischen Volksbewegungen (ebd.).

Der Unterschied zu der im zeitgenössischen Marxismus gängigen Behandlung der Religion ist bemerkenswert. Statt sie einem ideologiekritischen Frontalangriff zu unterziehen, zeigt Gramsci das Verhältnis von Religion und Alltagsverstand als ein vielfältig strukturiertes Feld von Wechselbeziehungen, die konkret und differenziert zu untersuchen sind. Dadurch gelingt es ihm, die Ideologiekritik zu spezifizieren. So sei zum Beispiel der katholischen Kirche und der Philosophie der Praxis gemeinsam, dass sie das »Erfordernis des Kontakts zwischen Intellektuellen und Einfachen« bejahen. Aber erstere versuche dabei, die wissenschaftlichen Aktivitäten einzuschränken und die »Einfachen« in ihrer primitiven Philosophie des Alltagsverstands zu belassen«. Dagegen strebe die Philosophie der Praxis danach, die Einfachen »zu einer höheren Lebensauffassung zu führen« und einen »moralisch-intellektuellen Block« zu errichten, der einen »massenhaften intellektuellen Fortschritt und nicht nur einen von spärlichen Intellektuellengruppen politisch möglich macht« (H. 11, §12, 1383f).

Hierzu bedarf es einer Kritik am Alltagsverstand, die nicht von außen erfolgt, sondern ihren Stützpunkt in ihm selbst findet. Gramscis Kritikverständnis erinnert an das von Bloch vorgeschlagenen Verfahren des Herauslösens und Ummontierens von »zur Verwandlung fähiger Elemente«: Die eigene Weltauffassung kritisieren, heißt, »sie einheitlich und kohärent zu machen und bis zu dem Punkt anzuheben, zu dem das fortgeschrittenste Denken der Welt gelangt ist.« (H. 11, §12, 1376) Kritisch an der Kohärenz des Alltagsverstands arbeiten, ist etwas anderes, als zu versuchen, »richtiges« Klassenbewusstsein »von außen« in es hineinzutragen. Denn die Kunst besteht gerade darin, sich mit seinem »gesunden Kern« zu verbünden, seinem »Experimentiergeist« und seiner Realitätsbeobachtung, die sich nicht von »pseudowissenschaftlichen metaphysischen Grübeleien und Spitzfindigkeiten usw. ablenken« lässt (H. 10.II, §48, 1338).

Diesen »gesunden Kern« im Alltagsverstand bezeichnet Gramsci auch als *buon senso*, was im Deutschen in der Regel als »gesunder Menschenverstand« übersetzt wird (vgl. hierzu Jehle 2001). Aufmerksam notiert er z.B. eine Unterscheidung zwischen Alltagsverstand und gesundem Menschenverstand bei Manzoni im Zusammenhang mit der Pest: auf der einen Seite die verbreitete Volksmeinung, die Pest sei von »Brunnenvergiftern« verursacht, auf der anderen Seite ein *buon senso*, der diesem Vorurteil keinen Glauben schenkt, sich aber aus Angst vor dem ›senso comune‹ verstecken muss (H. 11, §56, 1471). Ein anderes Beispiel berichtet von Bauern, die sich momentan vom rhetorischen Glanz der Intellektuellen auf den Versammlungen haben beeindrucken lassen, dann aber »mit dem gesunden Menschenverstand, welcher nach der durch die hinreißenden Worte verursachten Erregung wieder die Oberhand gewonnen hat, deren Schwächen und Oberflächlichkeit [entdecken]« (H. 16, §21, 1839). Auch hier hat Ernst Bloch eine ähnliche Unterscheidung vorgenommen: nichts sei der marxistisch geübten Nüchternheit ferner als der common sense, »jenes gar nicht so Gesunde, gar nicht so Menschliche«, typisch Undialektische, das »voll kleinbürgerlicher Vorurteile sein mag«; aber nichts sei ihr näher »als jener vom common sense so verschiedene bon sens, [...] dies Gütezeichen, Füllezeichen wirklich gesunder Nüchternheit«, das keine Perspektive aus- und abschließt, außer derjenigen, »die zu Dingen führen könnte, an denen kein Segen ist« (*Prinzip Hoffnung*, GA 5, 1619).

Bei Gramsci ist der *buon senso* der Ausgangs- und Stützpunkt für die von der *Philosophie der Praxis* zu leistende kritische Ausarbeitung des Alltagsverstands:

> »Die Philosophie ist die Kritik sowie die Überwindung der Religion und des Alltagsverstands und fällt in diesem Sinne mit dem ›gesunden Menschenverstand‹ zusammen, der sich dem Alltagsverstand entgegensetzt.« (H. 11, §12, 1377)

Sichtbar wird eine Anordnung, die aus vier Elementen besteht: auf der einen Seite sehen wir in Gestalt der volkstümlichen katholischen Religion(en) die *Ideologie*. Sie hält den *Alltagsverstand* besetzt, indem sie auf vielfältige Weise seine Inkohärenzen ausbeutet und kooptiert; auf der anderen Seite bewegt sich die *philosophische Kritik*, die nur dann Aussichten auf Erfolg hat, wenn sie sich mit dem *buon senso* verbindet, in gewissem Sinn sogar selbst zum ›gesunden Menschenverstand‹ wird (mit ihm »zusammenfällt«), und von dort aus an der Kohärenz und Höherentwicklung des Alltagsverstands arbeitet.

Die Kritik des Alltagsverstands ist somit zugleich Ideologiekritik. Sie ist dies freilich nicht in dem Sinne, den kritisierten Gegenstand in toto zu verwerfen. Weder wird die Religion als Ganzes als »verkehrte« und illusionäre Weltanschauung behandelt, noch der Alltagsverstand als Ganzer als passiver Abdruck der »Kulturindustrie« angegriffen, wie dies in manchen Passagen der *Dialektik der Aufklärung* anklingt. Ideologiekritik ist sie vielmehr in einem differenziert eingreifenden Sinn, indem sie darauf gerichtet ist, das Übergewicht des Ideologischen im *senso comune* zurückzudrängen und die realistischen und experimentierfreudigen Seiten zu stärken.

Für Gramsci bedeutet dies allerdings nicht, der Ideologie die »objektive Wahrheit« einer Wissenschaft entgegenzusetzen: im Grunde ist auch die Vorstellung einer objektiven Wirklichkeit eine »partikulare Weltauffassung, eine Ideologie« (H. 11, §37, 1447). Auch Wissenschaft ist eine geschichtliche Kategorie. Wäre ihre »Wahrheit« definitiv, gäbe es sie nicht mehr, und eine objektive Realität ohne den Menschen wäre allenfalls eine chaotische Leere (1448; vgl. §17, 1412). Dennoch wird die Wissenschaft begrifflich von der Ideologie unterschieden: als »Methodologie« geht sie nicht in der Ideologie auf, denn sie ist in der Lage, durch einen Abstraktionsprozess »die objektive Kenntnis vom Hypothesensystem zu trennen«, so dass man sich die Wissenschaft einer gesellschaftlichen Gruppe aneignen und zugleich ihre Ideologie zurückweisen kann (§38, 1449). Was sie von der Ideologie, von der sie »umkleidet« ist (ebd.), unterscheidet und zugleich mit dem »gesunden Menschenverstand« verbindet, ist eine spezifisch experimentelle Haltung, »die theoretische [...] oder die praktisch-experimentelle Tätigkeit« (§34, 1440f), unermüdliche Berichtigung und Verfeinerung des Experiments (§37, 1447). Althussers Kritik, Gramsci verkenne den »epistemologischen Bruch« zwischen Ideologie und marxistischer Theorie und löse die Wissenschaft in die Ideologie auf (LLC I, 165f), ist daher nicht aufrechtzuerhalten (vgl. Spiegel 1997/1983, 61ff, 137ff).

5.4 Gramscis Konzept der »organischen Ideologie«

Gramsci verwendet den Ideologiebegriff positiv für den Vorgang, dass eine Philosophie die Intellektuellengrenzen überschreitet und sich in den großen Massen verbreitet (H.10.II, §41.I, 1301). Unter diesem Blickwinkel rücken Philosophie der Praxis und katholische Kirche trotz ihrer Gegensätze wieder zusammen, während die bürgerlich-liberalen »Immanenzphilosophien« (wie z. B. diejenige Croces) nicht in der Lage sind, eine »ideologische Einheit« zwischen Unten und Oben, Einfachen und Intellektuellen herzustellen (H. 11, §12, 1380). In diesem Zusammenhang bezeichnet Ideologie – wie auch zuweilen »Glaube«, »Religion«, »Politik« – die »Massenseite jeder philosophischen Auffassung« (H.10.II, §2, 1255), ihren »moralischen Willen« und ihre Verhaltensnorm (ebd., §31, 1281). Dass eine Philosophie zu einer kulturellen Bewegung« wird und eine »praktische Aktivität und einen Willen« hervorbringt, könnte man auch als »Ideologie« bezeichnen, wenn man diesem Term »genau die höhere Bedeutung einer Weltauffassung gibt, die sich implizit in der Kunst, im Recht, in der ökonomischen Aktivität, in allen individuellen und kollektiven Lebensäußerungen manifestiert« (H. 11, §12, 1379f). Wenn Philosophien zu »Ideologien« werden (Gramsci setzt hier den Begriff in Anführungszeichen), bedeutet dies, dass sie die »granitene fanatische Kompaktheit des ›Volksglaubens‹ annehmen, der die gleiche Energie wie die ›materiellen Kräfte‹ annimmt« (ebd., §62, 1474). Dies spielt auf eine Passage des jungen Marx in der *Einleitung zur Kritik der Hegelschen Rechtsphilosophie* von 1844 an, die Theorie werde »zur materiellen Gewalt, sobald sie die Massen ergreift« (1/385). Als Gegenkonzept zu den im Marxismus weitverbreiteten widerspiegelungstheoretischen »Ausdrucks-« und »Erscheinungs«-Metaphern kann gelesen werden, dass er die Ideologien als »praktische Konstruktionen« bezeichnet, die, wie Gramsci in Frontstellung zu Croces Interpretation spezifiziert, »alles andere als willkürlich [sind], sondern reale geschichtliche Fakten« darstellen (H. 10.II, §41, 1325).

Gramsci selbst verweist auf eine Mehrdeutigkeit des Ideologiebegriffs, der sowohl auf »willkürliche Hirngespinste bestimmter Individuen« als auch auf die »notwendige Superstruktur einer bestimmten Struktur« angewandt wird (H. 7, §19, 875). Zu unterscheiden sei folglich zwischen »historisch organischen Ideologien, die [...] notwendig sind für eine bestimmte Struktur, und willkürlichen, rationalistischen, ›gewollten‹ Ideologien«. Bringen diese »nur individuelle, polemische ›Bewegungen‹« hervor, »organisieren« jene die Menschenmassen, »bilden das Terrain, auf dem die Menschen sich bewegen, Bewusstsein von ihrer Stellung erwerben, kämpfen« (876).

Für die Rezeption der Ideologiekonzeption Gramscis wurde von Bedeutung, dass er gerade dort, wo er seinen positiven Begriff »notwendiger«, »organischer Ideologien« entwickelt, am deutlichsten dazu übergeht, das Ideologische als materielles Ensemble von Überbauinstanzen zu bestimmen.

Es sei zu unspezifisch, die Ideologie als »praktisches Handlungsinstrument« zu definieren, argumentiert er z. B. gegen Croce, die Philosophie der Praxis behandele sie als »ganzes Ensemble der Superstrukturen« (H. 10.II, §41.I, 1308). Das »ideologische Terrain«, das Gramsci bereits in seiner Übersetzung der Passage aus dem Vorwort von *Zur Kritik der Politischen Ökonomie* von 1859 verwendet hat, wird als »objektive und wirksame Realität« der Überbauten spezifiziert (§41.XII, 1325). Die marxsche Aussage, die Menschen würden sich der Konflikte auf dem »ideologischen Terrain der juristischen, politischen, religiösen, künstlerischen, philosophischen Formen« bewusst, müsse »mit dem ganzen Ensemble der philosophischen Lehre von der Bedeutung der Superstrukturen« ausgearbeitet werden (H. 11, §64, 1478). Dies bedeutet, die »ideologischen Formen« als reale, in den Superstrukturen der Klassengesellschaften verankerte Formen zu verstehen, statt sie (wie bei Lenin und im »Marxismus-Leninismus«) nur als geistige Formen zu interpretieren, in denen Klasseninteressen sich ausdrücken.

Es bietet sich an, sich ihre Wirkungsweise analog zu den im *Kapital* analysierten »objektiven Gedankenformen« der kapitalistischen Warengesellschaft (23/90) vorzustellen, freilich nicht, indem man ihre Wirkungsweise unmittelbar vom Ökonomischen aufs Ideologische überträgt, sondern indem man sie in jeweils konkreter Formanalyse untersucht: eingelassen in die jeweils unterschiedlichen Hegemonialapparate der Zivilgesellschaft wirken sie als »objektive«, materielle Formen, die bestimmte Denk- und Erkenntnisweisen hervorbringen. Hierauf verweist auch die zunächst rätselhafte Formulierung, das Bewusstwerden auf dem »Terrain der Ideologien« sei nicht bloß ein moralisches oder psychologisches Phänomen, sondern besitze einen »organischen erkenntnistheoretischen Charakter« (H. 13, §18, 1571).[41]

5.5 *›Ideologie‹ als Übergangskategorie zur Hegemonietheorie*

Dass der Ideologiebegriff mal kritisch, mal positiv, sowohl für Ideengebäude, Philosophien und Alltagsbewusstsein als auch für die Überbauten der Klassengesellschaft selbst verwendet wird, ist ein Hinweis dafür, dass es Gramsci nicht primär darum geht, eine systematische Ideologietheorie auszuarbeiten. Dies wird auch dadurch bestätigt, dass er gerade dort, wo er die Massenseite von Weltanschauungen bezeichnet, mal von ›Ideologie‹, mal von ›Glauben‹ (auch ›Volksglauben‹) oder ›Religion‹, mal vom ›moralischen Willen‹, ›Kultur‹ oder ›Politik‹ spricht und diese Bezeichnungen mit

41 Kontext ist Gramscis Kritik an Positionen, die die Ideologien als bloßen Schwindel (marché de dupes), ein »Spiel von Illusionismen und Tricks« behandeln, so dass die »›kritische‹ Aktivität« sich darauf reduziert, »Betrügereien aufzudecken, Skandale herbeizuführen, in den Angelegenheiten der repräsentativen Leute herumzukramen« (H. 13, §18, 1571).

dem von Ernest Renan übernommenen Begriff der »intellektuellen und moralischen Reform« spezifiziert.[42]

Daraus lässt sich schließen, dass die Ideologie bei Gramsci den Status einer Übergangskategorie zur Ausarbeitung einer Hegemonietheorie einnimmt, mit deren Hilfe er eine problematische Lücke im zeitgenössischen Marxismus (und auch bei Marx selbst) zu schließen versucht. Wenn er die Ideologie in den »Superstrukturen« verortet und von ihnen aus zu begreifen versucht, ist dies vor dem Hintergrund seines erweiterten Begriffs des »integralen Staats« zu verstehen, mit dem er die gewöhnlich getrennt erscheinenden Funktionen »società politica« und »società civile«, »Diktatur + Hegemonie« zusammenfasst: »Hegemonie, gepanzert mit Zwang« (H. 6, §88, 783; §155, 824). Wie Bob Jessop ausführt, hat das Konzept des integralen Staats eine generelle methodologische Bedeutung darin, dass »der Staat als ein Ensemble gesellschaftlicher Verhältnisse begriffen wird, das immer in ein breiteres Setting gesellschaftlicher Verhältnisse eingebettet ist« (2007, 58).

Während viele zeitgenössische Marxisten davon ausgingen, dass die Gewinnung von Bevölkerungsmehrheiten erst nach der proletarischen Eroberung der Staatsmacht erfolgen könne – meinte nicht auch die *Deutsche Ideologie*, dass die herrschenden Gedanken »in jeder Epoche« diejenigen der herrschenden Klasse seien? (3/46; s.o. 2.1.6) –, erklärt Gramsci bereits im ersten Gefängnisheft, in dem er den Hegemoniebegriff zum ersten Mal, noch in Anführungszeichen, verwendet: »Es kann und es muss eine ›politische Hegemonie‹ auch vor dem Regierungsantritt geben« (H. 1, §44, 102). Damit rückt er ins Zentrum seiner theoretischen Überlegungen, was in den an die russische Oktoberrevolution angelehnten Revolutionsversuchen nach dem 1. Weltkrieg auf verhängnisvolle Weise unterschätzt wurde.

Man muss sich vor Augen halten, dass die theoretischen Erneuerungen, um die Gramsci bei der Abfassung der *Gefängnishefte* ringt – der Ausdruck ist nicht übertrieben, da er im Wettlauf mit der Zeit gegen die schnell voranschreitende Verschlechterung seines Gesundheitszustands anschreibt –, vor allem von der selbstkritischen Reflexion über das traumatische Scheitern der Nachkriegs-Revolutionen in Westeuropa angetrieben sind: blutig niedergeschlagen in Deutschland (unter Beteiligung der sozialdemokratischen Regierung), Rosa Luxemburg und Karl Liebknecht im Januar 1919 ermordet; in Italien eroberten die Faschisten bereits 1922 in ihrem »Marsch auf Rom« die Macht, also nur zwei Jahre nach dem Höhepunkt der Rätebewegung in Turin, die mit ihren radikalen Forderungen das Kleinbürgertum verschreckt und seine Orientierung nach rechts verstärkt hat, ohne die Macht zu haben, ihre Forderungen durchzusetzen. Gramsci selbst wurde

42 Vgl. hierzu Rehmann 1991, 181f.

im November 1926 unter Verletzung seiner parlamentarischen Immunität verhaftet und zu zwanzig Jahren Gefängnis verurteilt.[43]

In seiner theoretischen Auswertung konzentriert sich Gramsci auf das Problem, dass die gescheiterten Revolutionen nach dem Vorbild der russischen Oktoberrevolution als »Bewegungskrieg«, d.h. als Frontalangriff auf die Machtzentren konzipiert waren und am Gräbensystem der westeuropäischen Zivilgesellschaften abprallten:

> »Im Osten war der Staat alles, die Zivilgesellschaft war in ihren Anfängen und gallertenhaft; im Westen bestand zwischen Staat und Zivilgesellschaft ein richtiges Verhältnis, und beim Wanken des Staates gewahrte man sogleich eine robuste Struktur der Zivilgesellschaft. Der Staat war nur ein vorgeschobener Schützengraben, hinter welchem sich eine robuste Kette von Festungen und Kasematten befand.« (H. 7, §16, 873f)

Trotz militärischer Niederlage, ökonomischer Krise und furchtbarem Nachkriegselend scheiterte der »Bewegungskrieg« im Westen, und dies nicht primär am »Verrat« reformistischer Führer, obwohl auch er eine Rolle spielte. Aber gelingen konnte er dieser Verrat nur dadurch, dass er sich auf einflussreiche gesellschaftliche Strömungen stützen konnte. Die tieferen Ursachen lagen in einer hegemonialen Konstellation begründet, die genügend Konsens für den Erhalt der bürgerlichen Ordnung erzeugten, um den Frontalangriff abzuwehren.

Gramscis Schlussfolgerung lautet, vom »Bewegungskrieg« zu einem »Stellungskrieg« überzugehen. Dabei ist die militärische Terminologie natürlich nicht wörtlich zu verstehen – Gramsci weist darauf hin, dass seine Analogien zwischen Ausdrücken des Militärs und der Politik »cum grano salis« zu lesen, d.h. nur als »Denkanstöße« zu betrachten sind (H. 1, §133, 176f). In der Politik bedeutet der Stellungskrieg das »Hegemoniekonzept«, das sich mit den »großen Volksorganisationen modernen Typs« herausbildete, »die gleichsam die ›Schützengräben‹ und die permanenten Befestigungen des Stellungskrieges« bilden (H. 8, §52, 975). Im parlamentarischen System zeichne sich die »normale« Ausübung der Hegemonie durch eine »Kombination von Zwang und Konsens aus, die sich die Waage halten, ohne dass der Zwang den Konsens zu sehr überwiegt, sondern im Gegenteil vom Konsens der Mehrheit, wie er in den sogenannten Organen der öffentlichen Meinung zum Ausdruck kommt, getragen erscheint«. Zwischen Konsens und Zwang stehe »Korruption-Betrug«, typisch für Konstellationen, »in denen die Ausübung der hegemonialen Funktion schwierig ist« (H. 1, §48, 120).

43 »Wir müssen für zwanzig Jahre verhindern, dass dieses Hirn funktioniert«, erklärte der Staatsanwalt Michele Isgrò in seiner Anklagerede. Die Haftstrafe wurde 1934 gemildert, 1935 durfte Gramsci eine Klinik aufsuchen, am 27. April 1937 starb er.

In diesem Grabensystem der Zivilgesellschaft, in ihren Institutionen und Vereinen, muss auch die sozialistische Arbeiterbewegung in »Stellung« gehen und versuchen, politische Zustimmung und kulturelle Hegemonie zu gewinnen. Entgegen einem weitverbreiteten Missverständnis hat Gramsci den Begriff der Zivilgesellschaft nicht als Gegenbegriff zum »Staat« entwickelt, sondern als Bestandteil eines weiten Staatsbegriffs, der repressive und konsensbildende Funktionen umfasst. Als Teil des »integralen Staats« bezeichnet sie den Bereich, in dem die Intellektuellen der verschiedenen Klassen und Klassenfraktionen um die aktive und passive Zustimmung der Bevölkerung konkurrieren. Um die Gefahr einer positivistischen Verdinglichung zu vermeiden, sollte man die Zivilgesellschaft auch nicht als säuberlich eingrenzbare empirische Sphäre auffassen, sondern als »diejenige Dimension aller sozialer Bereiche, worin um Hegemonie gerungen wird« – die Hegemonialapparate sind die Stützpunkte in diesem Ringen (vgl. hierzu W. F. Haug 2004, 12, 20).

Im Fortgang der *Gefängnishefte* bildet die Hegemonietheorie zunehmend den Rahmen, in den das Ideologiethema eingeordnet wird. Gramsci zufolge muss man die »Bedeutung der Ideologien« im Kontext des »Stellungskriegs« und der »zivilen Hegemonie« behandeln (H. 13, §7, 1545; vgl. H. 11, §12, 1391f). Damit mündet das Ideologiekonzept zugleich in eine Theorie der »organischen Intellektuellen« ein: Das »ideologische Panorama« einer Epoche kann nur dann verändert werden, wenn es gelingt, Intellektuelle »eines neuen Typs« hervorzubringen, solche, »die direkt aus der Masse hervorgehen und gleichwohl mit ihr in Kontakt bleiben, um zu ›Korsettstangen‹ derselben zu werden« (H. 11, §12, 1390). Den von den »historisch organischen Ideologien« geleisteten Zusammenhang zwischen Struktur und Superstrukturen bezeichnet er auch als »ideologischen Block«: wenn die herrschende Klasse ihre Funktion erfüllt habe, beginne der Block zu zerfallen, »auf die ›Spontaneität‹ folgt dann der ›Zwang‹, in immer weniger verhüllten und indirekten Formen bis hin zu regelrechten Polizeimaßnahmen und Staatsstreichen« (H. 1, §44, 102f). Extremfall solcher Auflösung ist die »Diktatur ohne Hegemonie« (H. 15, §59, 1779).

Dass Gramsci den »ideologischen Block« sukzessive durch die Kategorie des »geschichtlichen Block« ersetzen wird (H. 10.II, §41.I, 1309)[44], bestätigt die These vom Übergangscharakter des Ideologiebegriffs. Wenn Gramsci die Kategorie des »geschichtlichen Blocks« auf die Individuen und ihre inneren Kräfteverhältnisse anwendet (H. 10.II, §48, 1341f), kann dies wiederum als Beitrag zu einer ideologietheoretischen Subjekttheorie ausgewertet werden (vgl. Hall 1989, 204f).

44 Der Begriff kennzeichnet den »organischen Zusammenhalt« zwischen Intellektuellen und Volk, Führenden und Geführten (H. 11, §67, 1490). Zu den unterschiedlichen Verwendungsweisen bei Gramsci, vgl. Bollinger (2001, 440ff).

Frigga Haug hat in der Perspektive einer aktualisierten »Linie Luxemburg-Gramsci« versucht, Gramscis Konzept einer hegemoniefähigen linken Strategie zu vermitteln mit Rosa Luxemburgs Konzept einer »revolutionären Realpolitik« (GW 1/1, 373), die sich dadurch auszeichnet, die Widersprüche zwischen Reform und Revolution, außerparlamentarischer Aktion und Parlamentsbeteiligung, Fern- und Nahzielen zu artikulieren und dialektisch zu verbinden (2007, 57ff).[45] Gramsci selbst hatte allerdings Luxemburgs Schrift *Massenstreik, Partei und Gewerkschaften* als »Theorie des Bewegungskriegs« rezipiert und ihr vorgeworfen, sie überschätze das unmittelbar ökonomische Element der Krise und unterschätze die Rolle der politischen Organisation (H. 7, §10, 866). Diese Kritik zeige, dass er Luxemburgs tatsächliche Alltagspolitik nicht kannte, die Gramscis Auffassungen vom Politikmachen unter Bedingungen des »Stellungskriegs« weitgehend entspreche, wendet F. Haug ein (2007, 82). Die von ihm thematisierten Kämpfe um Hegemonie seien auch »der Kern revolutionärer Realpolitik bei Luxemburg«, freilich meist ohne explizite Theorisierung (84, 171ff). Man könne Luxemburg von Gramsci her lesen »als eine organische Intellektuelle der Arbeiterklasse, die eine Erneuerung der Politik betrieb und dabei die Lücken und Mängel bisheriger sozialistischer Politik aufdeckte, ohne an strategischen Stellen schon theoretisch kohärent weitergearbeitet zu haben.« (179f).[46] Beide in Wechselwirkung zu studieren habe einen »großen Synergieeffekt, der politische Hoffnung und damit Handlungsfähigkeit stärkt« (180).

5.6 Korporatismus-Kritik und Fordismus-Analyse

Mithilfe von Gramscis Hegemonietheorie kann auch als Ideologie kritisiert werden, was im offiziellen Selbstverständnis der bürgerlichen Gesellschaft weithin als »normale« und »gesunde« Interessenvertretung wahrgenommen wird: der »Korporatismus«, d.h. die Beschränkung auf unmittelbare ökonomische Forderungen, die von jeglicher Politik und damit auch von jeder umfassenden Befreiungsperspektive säuberlich getrennt sind. Hierzu referiert Gramsci die Auffassung Croces, der zufolge die Ideologie »jede partikuläre Auffassung« bezeichnet, die sich darauf beschränkt, »die Lösung unmittelbarer und umgrenzter Probleme zu unterstützen« (H. 10.I, §10, 1246).[47] Die Beschränkung auf solche »partikuläre«, unmittelbare Interes-

45 Die Formel »Linie Luxemburg Gramsci« findet sich zuerst bei Peter Weiss in einer Planskizze für die *Ästhetik des Widerstands* (Weiss 1981, 608).

46 So verkenne sie z. B. die »Kraft des kulturellen Milieus, in dem die Einzelnen, auch die Arbeiter, wie die Fische im Wasser schwimmen« (F. Haug 2007, 171); unbestimmt bleibe, was sie unter Staat und Regierungsgewalt versteht, ihr Mangel an Staatstheorie müsse mithilfe von Gramscis Konzept des »integralen Staates« überwunden werden (175, 178).

47 Hieran kritisiert Gramsci, dass Croce der ›partikularen‹ Ideologie eine ›allgemeine‹

senvertretung erlaubt es den Herrschenden, die verschiedenen Fraktionen der arbeitenden Bevölkerung gegeneinander auszuspielen, so dass die zur Hegemoniegewinnung erforderlichen breiten Klassenbündnisse nicht zustande kommen können.

Gramsci hat die korporatistischen Blockierungen eines solchen Bündnisses schon in seiner Schrift zur *Süditalienischen Frage (Quistione meridionale)* am Beispiel der norditalienischen Industriearbeiter diskutiert, die aufgrund einer partikularistischen Ausprägung von industrieproletarischem Klassenbewusstsein die vom südlichen Italien in die nördlichen Industrieregionen strömenden armen Bauern verachten und darin ihre Unfähigkeit zur Herstellung einer breiteren Klassenallianz zeigen (vgl. Gramsci, CPC 140, 158; Südfrage 9, 31). Verfehlt wird der Übergang vom ökonomistisch-korporatistischen Moment zum ethisch-politischen Moment, den Gramsci als notwendigen Reinigungsprozess (»Katharsis«) im Prozess der Hegemoniegewinnung einer subalternen Klasse bezeichnet: blockiert ist das Sich-Hinaufarbeiten von der ›Struktur‹ zur ›Superstruktur‹ (vgl. H. 10.II, §6, 1259). In diesem Sinne kann Buci-Glucksmann sagen, dass der Hegemoniebegriff bei Gramsci in seiner eigentlichen Bedeutung eine »antipassive Revolution« anzielt (1985, 480). In Bezug auf die soziale Emanzipation der subaltern Gehaltenen ist er ein anti-ideologischer Begriff.

Am italienischen Beispiel unterscheidet Gramsci zwei Perioden politischer Eingliederung in die herrschende politische Klasse: Während der »›molekulare‹ Transformismus« einzelne Personen aus der Opposition ins Lager der »Gemäßigten« integriert, gelingt es nach 1900, »ganze extreme Gruppen« zum Übertritt zu den staatstragenden »gemäßigten« Kräften zu bewegen (H. 8, §36, 966). Letzteres wird im »Fordismus« der am meisten entwickelten kapitalistischen Länder systematisiert, so dass es gelingt, einen »geschichtlichen Block« zwischen Industriekapital und höheren Schichten der Arbeiterklasse zu schaffen. Buci-Glucksmann und Therborn sprechen in diesem Zusammenhang von einem »Korporatismus-Reformismus«, der sich auf Arbeiterorganisationen stützt, und analysieren ihn im Anschluss an Gramsci als fordistische Variante einer passiven Revolution: der fordistisch-keynesianische Staat akzeptiere und organisiere die Repräsentation der beherrschten Klassen innerhalb des Staates, aber auf korporatistischer Ebene (1982, 121ff). In diesem Kontext werden sozialdemokratische Parteien mehr und mehr klientelistisch, korporatistisch und technokratisch (124). Die integrierte Arbeiterklasse »verteidigt [...] ihre Interessen im bestehenden politischen Rahmen, ohne ihre eigene ökonomische und Klas-

Philosophie entgegensetzt, ohne deren ideologische Herrschaftsfunktion zu erkennen: Auch die Philosophie der herrschenden Gruppe und ihrer Intellektuellen trete gegenüber den »großen Massen der regierten und geführten Bevölkerung« immer als Fanatismus und Aberglaube, also als »ideologisches Moment« auf (H. 10.I., §10, 1246).

senbasis durch einen Prozess hegemonialer Vereinigung der verschiedenen revolutionären Subjekte zu überschreiten« (1982, 131, 135).[48]

Gramsci analysiert den Fordismus als einen »neuen Gesellschaftstyp, in welchem die ›Basis‹ unmittelbarer die Überbauten dominiert« (d.h. unmittelbarer als in Europa): »Die Hegemonie entspringt in der Fabrik und braucht nicht so viele politische und ideologische Vermittler.« (H. 1, §61, 132) Es kommt zu einer »forcierten Ausarbeitung eines neuen Menschentyps« im Sinne der »psycho-physischen Anpassung an die neue industrielle Struktur« (133). In diesem Zusammenhang thematisiert er die Bedeutung der »puritanischen Ideologie« in den USA, die im Zuge der unternehmerischen und staatlichen Kampagnen gegen sexuelle Promiskuität und ausschweifende Trinkgewohnheiten mobilisiert wird. »Der neue Industrialismus will die Monogamie, will, dass der arbeitende Mensch seine Nervenkräfte nicht bei der krampfhaften und ungeordneten Suche nach sexueller Befriedigung verschwendet« (H. 4, §52, 531). Der Puritanismus bewerkstelligt die Anpassung an die neue Arbeit, indem er »dem innewohnenden brutalen Zwang die äußere Form der Überredung und des Konsens verleiht« (H. 1, §158, 193; vgl. H. 4, §52, 529).[49]

5.7 *Das Projekt einer hegemonietheoretisch gestützten Ideologiekritik*

Was bedeutet es ideologietheoretisch, dass Gramsci seinen Ideologiebegriff, v.a. in dessen »positiver« Verwendungsweise, sukzessive in den der Hegemonie überführt? Wie das *Projekt Ideologietheorie* kritisch anmerkte, interessiert er sich vornehmlich für die positiv organisierende Funktion von Ideologien, vernachlässigt dabei aber die Strukturen entfremdeter Vergesellschaftung, die Marx und Engels als Kern des Ideologischen ausmachten (PIT 1979, 80). Wie zur Bestätigung einer solchen Kritik liest Stuart Hall aus Gramsci eine »neutrale« Ideologiekonzeption als »mentalen Rahmen« für verschiedene Klassen heraus (1984, 99) – eine Interpretation, die Gramscis Spezifik gegenüber dem zeitgenössischen »Marxismus-Leninismus« wieder einebnet. Sie kann sich andererseits darauf stützen, dass Gramsci durchgängig darauf verzichtet, Ideologie analytisch von Kultur zu unterscheiden.

Aber wo ist in einer solchen Interpretation der kritische Ideologiebegriff

48 Wie ich an anderer Stelle zu zeigen versuchte (Rehmann 1998, 86-109), ist Max Weber einer der wichtigsten Vordenker eines fordistischen Blocks zwischen Bourgeoisie und »Arbeiteraristokratie«, in dessen Rahmen auch der »Klassenkampf« auf ökonomistisch-korporatistischer Ebene als »ein integrierender Bestandteil der heutigen Gesellschaftsordnung« aufgefasst wird (Weber, MWG I/4, 329).

49 Thomas Barfuss hat darauf hingewiesen, dass der fordistische Rückgriff auf den Puritanismus zugleich eine moderne Umfunktionierung darstellt (2002, 36). Zum Einsatz des Kalvinismus und Puritanismus in bürgerlichen Modernisierungskonzepten, vgl. Rehmann 2008.

geblieben, den Gramsci neben seiner positiven Verwendung weiter benutzt? Gerade wenn es darum geht, die Spezifik der Philosophie der Praxis zu bestimmen, ist die ideologiekritische Perspektive beibehalten: Sind die Ideologien darauf gerichtet, »widersprüchliche und gegensätzliche Interessen zu versöhnen«, ist die Philosophie der Praxis die »Theorie dieser Widersprüche selbst« und zugleich Ausdruck der »subalternen Klassen, die sich selbst zur Kunst des Regierens erziehen wollen« (H. 10.II, §41, 1325). Wie wir an der Kritik der passiven Revolution und des Korporatismus gesehen haben, ist dies auch die Perspektive, in der Gramsci den Hegemoniebegriff bildet und mit seiner Hilfe die hegemonialen Kräfteverhältnisse der Gesellschaft analysiert.

Es ist daher nicht sinnvoll und dem Gesamtprojekt Gramscis nicht angemessen, Gramscis kritischen Ideologiebegriff hinter einem »positiven« verschwinden zu lassen und seine Hegemonietheorie gegen ›Ideologiekritik‹ auszuspielen. Weiterführender scheint es mir, Ideologie und Hegemonie als komplementäre begriffliche Register anzusehen, die wechselseitig übersetzt werden können, ohne völlig ineinander aufzugehen. Wenn wir, wie in der Einleitung vorgeschlagen, die Ideologietheorie damit beauftragen, die freiwillige Unterordnung unter entfremdete Herrschaftsformen, die aktive Zustimmung zu einschränkenden Handlungsbedingungen zu erklären, überschneidet sich dies weitgehend mit Gramscis Bestimmung der Hegemonie als »Regierung mit dem Konsens der Regierten« (H. 1, §47, 117). Sowohl Ideologie wie Hegemonie zielen darauf ab, die konsensgetragene Stabilität von Herrschaft zu erforschen, und beide tun dies mit dem kritischen Ziel, eingreifende Gegenstrategien zu entwickeln. Der Unterschied besteht zum einen darin, dass der Ideologiebegriff den Aspekt der freiwilligen *Unterstellung* unter den »integralen Staat« der bürgerlichen Gesellschaft betont, während der Hegemoniebegriff die *konsensstiftende Leistung* hervorhebt. Hinzukommt, dass Gramsci statt des marxschen Entfremdungsbegriffs den Begriff der Subalternität benutzt, und es wäre zu diskutieren, worin die jeweiligen Stärken und Schwächen der unterschiedlichen Begriffsregister liegen.

Vom Gesichtspunkt der Emanzipation der in Subalternität Gehaltenen unterscheidet sich der Ideologiebegriff von dem der Hegemonie insofern, als das Gewicht der Ideologien einer Hegemoniegewinnung von unten entgegensteht und sie beeinträchtigt. Wie wir gesehen haben, ist dies auch die ideologiekritische Perspektive, in der Gramsci das Alltagsbewusstsein, die passive Revolution und den Korporatismus analysiert (s. o. 5.3 u. 5.6). »Ideologisch« sind diejenigen Funktionsweisen, die die Unteren in Subalternität festhalten und die Herausbildung ihrer Fähigkeit zur Hegemonie verhindern. Allgemein formuliert ist dies der Fall, wenn die oppositionelle Bewegung, meist ohne es zu wissen, unter der »fremden Hegemonie« (H. 6, §38, 738) des Gegners steht. Eine solche Konstellation »subaltern-passiver

Hegemonie« stellt die Möglichkeitsbedingung einer »passiven Revolution« dar, sowie umgekehrt jede Überwindung von Subalternität den Bruch mit fremder Hegemonie voraussetzt (vgl. W.F. Haug 2004, 14, 21). Was Gramsci am Beispiel der »Aktionspartei« unter Mazzini untersuchte, die sich nicht von der Hegemonie der »Moderaten« emanzipieren konnte, kann z.B. auf sozialdemokratische Parteien der europäischen Länder angewandt werden, die 1914 den Kriegskrediten ihrer Regierungen zustimmten.

Es wird deutlich, dass Gramscis Hegemonietheorie die Formulierung einer Ideologiekritik nicht nur nicht behindert, sondern es ermöglicht, sie aus ihrer Fixierung auf »falsches Bewusstsein« herauszulösen, von problematischen Totalisierungen zu befreien und als differenziert eingreifende Strategie zu re-formulieren. »Die Ideologiekritik betrifft in der Philosophie der Praxis das Gefüge der Superstrukturen« (H. 10.II, §41, 1325f; vgl. H. 13, §18, 1571). Sie versucht, in dieses Gefüge wirksam einzugreifen, um einen »Prozess der Unterscheidung und der Veränderung im relativen Gewicht« herbeizuführen: »was zweitrangig [...] war, wird als hauptsächlich aufgenommen, wird zum Kern eines neuen ideologischen und doktrinalen Komplexes. Der alte Kollektivwille zerfällt in seine widersprüchlichen Elemente« (H. 8, §195, 1051). Die *Cultural Studies* werden diesen Gedanken diskurstheoretisch als »Desartikulation« und »Reartikulation« ideologischer Formationen ausarbeiten (vgl. Hall 1989, 204). Wirksam wird die Ideologiekritik als »interruptiver Diskurs«, der den ideologischen Block des Gegners nicht von außen entlarvt, sondern in ihn interveniert, um ihn zu zersetzen, umzubauen und wirksame Elemente in die neue Anordnung einzubauen (Laclau 1981b; vgl. PIT 2007/1980, 57f/37).

Gegenüber idealistischen Philosophien fordert und praktiziert Gramsci ein »übersetzendes« Verfahren: Die Philosophie der Praxis bringe in ihrer Theorie der Superstrukturen in »realistische und historizistische Sprache [...], was die traditionelle Philosophie in spekulativer Form ausdrückte« (H. 11, §17, 1409). Statt die subjektivistische Auffassung vom Standpunkt eines vulgärmaterialistischen Alltagsverstands lächerlich zu machen, muss man zeigen, dass sie »ihr Sichbewahrheiten [...]einzig in der Konzeption der Superstrukturen finden kann, während sie in ihrer spekulativen Form nichts anderes als ein bloßer philosophischer Roman ist« (1410f): »Was die Idealisten ›Geist‹ nennen, ist nicht Ausgangspunkt, sondern Ankunftspunkt, das Ensemble der Superstrukturen im Werden, hin zur [...] universellen Vereinigung« (1412).

Es bleibt allerdings eine wichtige Leerstelle in Gramscis Verbindung von Ideologiekritik und Hegemonietheorie, nämlich die Ausklammerung der marxschen Fetischanalysen. Zwar scheint Gramsci in einer Passage auf verdinglichte Bewusstseinsstrukturen hinzuweisen, wenn er den Fatalismus der Subalternen als Unterordnung unter die »Macht der Dinge« kennzeichnet (H. 11, §12, 1386f), aber diese wird nicht mit den von Marx analysierten versachlichten Herrschaftsformen der bürgerlichen Gesellschaft in Verbindung gebracht. Dieses Desinteresse ist insofern paradox, als die mit dem Waren-, Lohn- und Kapitalfetisch zusammenhängenden »objektiven Gedankenformen« der kapitalistischen Warengesellschaft eine Dimension des Alltagsbewusstseins bestimmen, der gerade im Hinblick auf seine widersprüchliche Zusammensetzung eine wichtige Bedeutung zukommt. Um diese Einseitigkeit zu überwinden, wäre es sinnvoll, Gramscis Analyse mit Henri Lefebvres Ansatz einer *Kritik des Alltagslebens* zu vermitteln, der von den marxschen Entfremdungs- und Fetischismusanalysen ausgeht (vgl. Lefebvre 1987).

6. Ideologische Staatsapparate und Subjektion bei Althusser

6.1 *Das Verhältnis zu Gramsci: Inspirationen und Distanzierungen*

Während Althusser an Gramscis »historistischer« Theorie eine mangelnde Unterscheidung zwischen Ideologie und Wissenschaft kritisiert (DKL, 177ff, 185), beruht seine eigene Ideologietheorie in wesentlichen Aspekten auf Gramscis Analysen zur Zivilgesellschaft und zu den Hegemonialapparaten.[50] Wie von Althusser selbst angedeutet, ist die Unterscheidung zwischen dem »Repressiven Staatsapparat« (RSA) und den »ideologischen Staatsapparaten« (ISA) der gramscischen Differenzierung von »società politica« und »società civile«, Gewaltpanzer und Hegemonie nachgebildet (ISA, 152, Anm. 7; SLR, 281, Anm. 133).[51] Die ISA reproduzieren die Produktionsverhältnisse unter dem »Schutzschild« (bouclier) des RSA (ebd., 124/287); schon die Behandlung der ideologischen Apparate als »Staatsapparate« wäre ohne Gramscis Erweiterung des traditionellen marxistischen Staatsbegriffs zum »integralen Staat« nicht nachvollziehbar, denn Althussers ISA-Begriff schließt auch solche Apparate mit ein, die gemeinhin als »privat« angesehen werden; ihre von Althusser hervorgehobene »Pluralität« setzt Gramscis Pluralisierung der »Superstrukturen« (im Gegensatz zum singularischen »Überbau«) voraus. Auf Gramsci beruft sich Althusser, wenn er die Unterscheidung zwischen »öffentlichen« und »privaten« Institutionen für sekundär und ihr ideologisches »Funktionieren« für entscheidend erklärt (ebd., 120/293). Die Einsicht, dass in den ISA der Widerstand der Subalternen sich Gehör verschaffen kann, indem diese die dort existierenden Widersprüche nutzen oder sich Kampfpositionen erobern (122/284), nimmt wiederum implizit Elemente von Gramscis Überlegungen zum »Stellungskrieg« auf.

Andererseits gibt Althusser immer wieder zu verstehen, dass er Gramscis Arbeiten nur als »unsystematische« und »intuitive« Notizen betrachtet, die er nun durch eine systematische Theorie der Ideologie ersetzen werde.[52] Wir haben bereits gesehen, dass seine Kritik, Gramsci verkenne den »epistemolo-

50 Vgl. zum Begriff der Hegemonialapparate den HKWM-Artikel von Bollinger/Koivisto 2001.

51 Ich zitiere den einschlägigen Grundlagentext *Ideologie und Ideologische Staatsapparate* von 1970 im Folgenden sowohl nach der deutschen Ausgabe (zit. ISA) als auch nach der französischen Textsammlung *Sur la reproduction* (zit. SLR), die darüber hinaus noch andere ideologietheoretische Texte enthält. Bei Wiederholungen erfolgt der Verweis in einfachen Seitenangaben: ISA/SLR.

52 So meint er z. B. in Bezug auf die Konzepte des »integralen Staats« und der »Zivilgesellschaft«, leider habe Gramsci seine »Intuitionen nicht systematisiert, die im Zustand scharfsinniger, aber unvollständiger Anmerkungen geblieben sind« (ISA, 152, Anm. 7; SLR, 281, Anm. 133).

gischen Bruch« zwischen Ideologie und marxistischer Theorie und löse die Wissenschaft in die Ideologie auf (LLC I, 165f), philologisch nicht aufrechtzuerhalten ist (s.o. 5.3). Ähnlich unfundiert ist auch der Vorwurf, Gramsci hätte die Frage der materiellen Basis der Ideologien »mechanistisch« und »ökonomistisch« beantwortet (*Ephp* 1, 499). Insgesamt sind Althussers Bemerkungen zu Gramsci durch eine eigentümliche Kombination von Verbeugung und krampfhafter, z.T. willkürlicher Distanzierung gekennzeichnet. Gregory Elliot zufolge tendiert er überhaupt dazu, die unterschiedlichsten Autoren einer gemeinsamen »Problematik« (z.B. der des ›Historismus‹) zuzuordnen und daraus eine Typologie zu entwickeln, die einem »Zerrbild« (travesty) nahe kommt (1987, 42, 45): »Althusser's panorama of the contemporary scene bears a strong resemblance to the ›expressive totality‹ he reprehended in the leading representatives of Western European Marxism.« (45). Bob Jessop spricht von »wilden und unpräzisen Anschuldigungen« gegenüber Gramsci, die er damit erklärt, dass er diesen als wichtigen Vertreter eines »revolutionären Humanismus« ansah und ihn deshalb als Widersacher zu seiner eigenen Position des »theoretischen Antihumanismus« und »Antihistorizismus« behandeln musste (Jessop 2007, 44).

Zu ergänzen sind wohl auch die gewöhnlichen Mechanismen des bürgerlichen ›Ideenmarktes‹, die auch vor marxistischer Theorieproduktion nicht haltmachen und sich in Distinktionszwängen gegenüber allen vorausgehenden und gegenwärtigen Produktionen niederschlagen, um die eigene Arbeit als das absolut Neue erscheinen zu lassen. Wie immer man die verschiedenen Faktoren gewichtet, zu beobachten ist jedenfalls, dass es zwischen Althussers expliziten Kommentaren zu Gramsci und dessen wirklichem Einfluss auf Althussers Theoriebildung eine eigentümliche Diskrepanz gibt.

Sieht man von Althussers Distanzierungsrhetorik ab, wird man den hauptsächlichen ideologietheoretischen Unterschied in Folgendem finden: während Gramsci sich v.a. für das »Hinaufarbeiten« einer subalternen Klasse in die Stockwerke der Superstrukturen interessiert, liegt bei Althusser der Schwerpunkt auf der von den ISA bewerkstelligten ideologischen Unterstellung unter den bürgerlichen Staat. Begründet wird dies mit dem Primat des bürgerlichen Klassenkampfs im Verhältnis zu dem der Arbeiterbewegung und mit den damit zusammenhängenden asymmetrischen Kräfteverhältnissen (ISA, 167; SLR, 266). Die Hegemonie entfaltet sich trotz ihrer spontanen Ursprünge in Formen, die »in ideologischen Formen integriert und transformiert sind« (Althusser 1978, 73f). Neuartig gegenüber Gramsci sind besonders die Konzepte des Subjekts und der freiwilligen Unterwerfung (assujettissement), die Althusser unter dem Einfluss der Psychoanalyse Jacques Lacans entwickelt. Psychoanalytische Kategorien ermöglichen ihm, das Ideologische als ein unbewusstes, »gelebtes« Verhältnis zu verstehen und den dynamischen und aktiven Charakter ideologischer Unterwerfung zu veranschaulichen. Zugleich setzt die Integration der lacanschen Psychoanalyse die althussersche Ideologietheorie der Spannung zwischen dem historisch spezifischen ISA-Konzept und einer ungeschichtlich konzipierten »Ideologie im Allgemeinen« aus – ein Widerspruch, der sich in gespaltenen Rezeptionen niederschlug (vgl. Barrett 1991, 22, 109) und schließlich wesentlich zur Auflösung der Althusser-Schule beitrug.

6.2 Die Theorie der »ideologischen Staatsapparate« (ISA)

Methodischer Ausgangspunkt des 1970 erstmals veröffentlichen ISA-Aufsatzes ist die Frage nach der »Reproduktion der Produktionsbedingungen« – zum einen der Ware Arbeitskraft, zum andern der Produktionsverhältnisse. Althusser interessiert sich v.a. für den Punkt, an dem die beiden sich überschneiden: die Reproduktion der Arbeitskraft verläuft nicht nur über den Lohn, sondern auch über die »Qualifikation, die vorrangig außerhalb des Produktionsapparats im Schulsystem produziert wird und mit ideologischer Unterwerfung (assujettissement) einhergeht (ISA, 112; SLR, 274).

Daraus folgt für ihn, die Schule als dominierenden ISA aufzufassen, da sie sich wie kein anderer über so viele Jahre auf eine obligatorische Zuhörerschaft stützen kann (ebd., 125ff/289ff). Eine »empirische Liste« umfasst darüber hinaus den religiösen ISA (Kirchen, Sekten, verschiedenste religiöse Vereinigungen), den familiären, den juristischen (er gehöre sowohl zum System der ISA als auch zum RSA), den politischen (mitsamt den Parteien), den syndikalen-korporatistischen (gemeint sind alle Berufsverbände, die der Kapital- wie der Gewerkschaftsseite), den kulturellen (Literatur, Kunst, Sport) und den ISA der Information, d.h. Presse, Radio, Fernsehen usw. (119f/282). Obwohl auch ein RSA ideologische Wirkungen erzielen kann und die Repression auch in den ISA eine Rolle spielt, liegt die Spezifik darin, dass die ISA »vorwiegend« auf freiwillige Unterwerfung der Adressaten zielen. Die Vereinheitlichung erfolgt nicht wie beim RSA zentral und auf Grundlage direkter Anweisungen, sondern durch die »herrschende Ideologie«, die die »(manchmal) knarrende Harmonie« zwischen dem RSA und den ISA sowie zwischen den ISA selbst herstellt (124/287).

Althusser setzt bereits in früheren Schriften dem Determinismus das Konzept der »Überdeterminierung« und dem hegelianischen Modell der »expressiven Totalität« das Konzept eines heterogen zusammengesetzten »strukturierten Ganzen« entgegen (FM, 137). Gegen die Vorstellung einer linearen und homogenen Zeitlichkeit weist er darauf hin, dass jede Gesellschaftsebene eine eigene, relativ autonome Zeitlichkeit beinhaltet (DKL, 132ff, 274) – ein Gedanke, der sich sinnvoll mit Ernst Blochs Überlegungen zu den Widersprüchen der »Ungleichzeitigkeit« vermitteln ließe (s.o. 5.3).

Diese Ansätze finden sich auch in Althussers Ideologietheorie wieder. Die ISA differieren zum einen hinsichtlich der verschiedenen »regionalen«

Eigengesetzlichkeiten, zum andern (abgesehen von den in ihnen herrschenden Kräfteverhältnissen) hinsichtlich der Leistungsfähigkeit ihrer ideologischen Integration. Statt bloß ›Ausdruck‹ einer zugrunde liegenden Ökonomie zu sein, haben die Ideologien ihre eigene »Materialität«: die Individuen werden durch ein System bewegt, das vom jeweiligen Apparat über materielle Rituale bis in die Alltagspraxen der Subjekte hineinreicht und dort ideologische Effekte hervorbringt. Althusser erläutert diese ideologische Determination von außen nach innen mit einem »skandalösen«, d.h. die Wirklichkeit beim Namen nennenden Gedanken Blaise Pascals: »Knie nieder, bewege die Lippen zum Gebet und Du wirst glauben« (z.n. ISA, 138; SLR, 301).[53] Wenn Ideologie ursprünglich von Destutt de Tracy als Analyse von »Ideen« aufgefasst wurde, sind diese nun als integrale Elemente ideologischer Praxen und Rituale re-interpretiert. »Verschwunden ist: der Ausdruck Ideen. Geblieben sind: die Ausdrücke *Subjekt, Bewusstsein, Glaube, Handlungen.* Neu hinzugekommen sind: die Ausdrücke *Praxen, Rituale, ideologische Apparate.*« (139/302)

6.3 Einwände gegen Althussers »Funktionalismus«

Althussers »Standpunkt der Reproduktion« (108/270) ist von mehreren Theoretikern als ›Funktionalismus‹ kritisiert worden, d.h. als eine Sichtweise von oben, die die Analyse der Widersprüche und Kämpfe im Ideologischen zugunsten der Funktion der Herrschaftsstabilisierung vernachlässige.[54] Wie kann Widerstand entstehen, wenn die Menschen von den vorgeschrieben ideologischen Ritualen und Praxen (und, wie wir noch sehen werden, subjekt-konstituierenden »Anrufungen«) restlos ergriffen und geformt werden? Althusser reagiert auf derartige Einwände, indem er den Primat des »Klassenkampfs« betont und auf die Entstehung der Ideologie der beherrschten Klasse außerhalb der ISA verweist (ISA, 150f; SLR, 313f). In der »Anmerkung über die ideologischen Staatsapparate« (1976) führt er den Begriff der »proletarischen Ideologie« ein, die sich unterm Primat des bürgerlichen Klassenkampfs (und gegen ihn) herausbildet und die Individuen als Kämpfer-Subjekte anruft (164ff/263ff).

Dabei zeigt sich die Tendenz, unterschiedliche Widersprüche und Kämpfe reduktionistisch unter »Klassenkampf« zu subsumieren, was die Althusser-Schule daran gehindert hat, sich einer theoretischen Bearbeitung der Geschlechterverhältnisse zu öffnen; Bob Jessop zufolge bleibt der beschworene Primat des Klassenkampfs eine »bloße Geste«, weil es keinen ernsthaften Versuch gibt, Konzepte zur Untersuchung der »Formen des Klassenkampfs innerhalb und jenseits verschiedener Felder zu entwickeln«

53 Frei nach Pascals *Pensées*, Aph. 469 [90.], in: Œuvres, 1219.

54 Z.B. Hall 1984, 103; Lipietz 1992, 45; Hirst 1979, 68ff; Eagleton 2000, 172f.

(2007, 47). Es ist kaum möglich, ideologische Klassenkämpfe zu denken, wenn man zuvor das Ideologische auf ein von oben geformtes und apparathaft durchorganisiertes Phänomen reduziert hat. Ist es auch ein Fortschritt, dass Althusser die bei Gramsci vernachlässigte Dimension einer Vergesellschaftung von oben analysiert, wird andererseits dieser Aspekt verabsolutiert, so dass die Nahtstellen zwischen Ideologie und den widersprüchlich zusammengesetzten Formen des Alltagsbewusstseins aus dem Blickfeld geraten.

Dass Althusser die marxschen Fetischismusanalysen als »vormarxistisches« Relikt der Entfremdungstheorie und als »fiktive Theorie« betrachtet (*EphP* 1, 497; vgl. FM, 180, Anm. 7), haben wir schon gesehen (s. o. 2.2.5). Damit entgeht ihm die zentrale ideologietheoretische Fragestellung, wie sich die organisierten Ideologien mit den »objektiven Gedankenformen« der kapitalistischen Warengesellschaft (mitsamt den mit ihnen verbundenen Freiheits- und Gerechtigkeitsvorstellungen) verbinden, sie bearbeiten, systematisieren, und dies mit kontroversen Deutungen. Zwischen nichtideologischem Material und dessen ideologischer Organisation wird nicht unterschieden. Deshalb kann Althusser seinen Hinweis auf die Entstehung der Ideologien außerhalb der ISA theoretisch nicht fruchtbar machen. »Die ISA produzieren ihre Riten und Praxen gleichsam aus dem Stand, d.h. ohne erkennbaren Zusammenhang mit den Praxen und Denkformen derjenigen, die unterworfen werden sollen.« (PIT 1979, 115)

In Zusammenhang mit dem Funktionalismusproblem steht das Problem einer allzu eindeutigen Identifizierung des Ideologischen mit spezifischen Apparaten. Während Gramscis Begriffe der Hegemonie und der Zivilgesellschaft eine konsensorientierte Vergesellschaftungs*dimension* bezeichnen, die sich durch alle Instanzen des »integralen Staates« hindurch ziehen kann, nimmt Althussers ISA-Begriff eine Festlegung auf bestimmte »Staatsapparate« vor. Stuart Hall kritisiert eine damit einhergehende Vernachlässigung »privater« Institutionen, die etwa bei der ideologischen Vorbereitung des Neoliberalismus eine maßgebliche Rolle gespielt haben (1989, 190f). Man könnte der Kritik entgegenhalten, dass der den ISA zugrunde liegende Staatsbegriff der des »integralen Staats« ist, der natürlich auch die »privaten« Institutionen und Vereine umfasst. Dennoch ist Halls Kritik nicht gegenstandslos, denn faktisch bleibt Althusser aufs staatliche Schulsystem (und seine Verbindung zur Familie) fixiert[55] und zeigt kein Interesse, sich mit den für den Aufstieg des Neoliberalismus wichtigen »privaten« Apparaten wie z. B. den transnationalen Thinktanks vom Typ der Mont-Pèlerin-Gesellschaft zu beschäftigen. Es ist nicht zufällig, dass neuere Untersuchungen zum Neoliberalismus nur selten mit dem althusserschen

55 In der nachgelassenen autobiographischen Schrift *Die Zukunft hat Zeit* (Althusser 1993) rückt die (eigene) Familie mit ihren widersprüchlichen Anrufungen in den Vordergrund.

ISA-Begriff arbeiten, sondern ihm in der Regel die elastischeren Begriffe Gramscis vorziehen (z. B. Walpen 2004, Bieling 2007, Brandt 2007).

Nicos Poulantzas hatte schon in seiner 1970 veröffentlichten Studie zu *Faschismus und Diktatur* (dt. 1973) darauf hingewiesen, dass Althusser die Durchsetzung der »herrschenden Ideologie« durch die ISA als zu einheitlich konzipiere und dabei die Widersprüche zwischen RSA und ISA, zwischen den ISA sowie in jedem von ihnen vernachlässige (1973, 322). Dabei vernachlässige er z. B., dass die ISA immer wieder beliebte »Fluchtorte« und »Beutefelder« für nicht-hegemoniale Klassen und Klassenfraktionen darstellen, so dass sie entweder als letzte Bollwerke für niedergehende oder als erste Hochburgen für aufsteigende Klassen und Fraktionen fungieren können (330).

In seinem *Staatstheorie*-Buch versucht er zu zeigen, dass Althussers Unterscheidung zwischen RSA und ISA zu schematisch ist: Sie teile essenzialistisch Funktionen zu und verfehle damit, »dass sich bestimmte Apparate von einer Sphäre zur anderen verschieben [können], Funktionen an sich ziehen oder verändern« (1978, 31). Dies geschieht z. B., wenn das Militär zu einem zentralen ideologisch-organisatorischen Apparat wird und hauptsächlich als politische Partei der Bourgeoisie funktioniert. Angeregt von Michel Foucault kritisiert er, das Paar Repression und Ideologie sei einseitig auf die negativen Funktionen des Verbots und der Verschleierung fixiert. Zudem verfehle diese Zweiteilung die »spezifische Rolle des Staates in der Konstitution der Produktionsverhältnisse« und könne damit die Stützpunkte der herrschenden Macht in den beherrschten Klassen nicht hinreichend verstehen: Der Staat ist im Ökonomischen selbst wirksam und produziert das »materielle Substrat« des Konsenses, der die Subalternen an die Herrschaft bindet (28f); zudem stellt er den Herrschenden Wissenstechniken und Strategien zur Verfügung, die zwar in Ideologien eingebaut werden, aber zugleich über sie hinausgehen(30); schließlich arbeitet er an den »raum-zeitlichen Matrizen«, nach denen sich die gesellschaftliche Atomisierung und Fraktionierung vollzieht (57ff).

6.4 *»Ideologie im Allgemeinen« und Subjektkonstitution*

In Frontstellung gegen die Reduktion von Ideologie auf falsches Bewusstsein oder auf Manipulation betont Althusser ihre Bedeutung als gelebte und geglaubte: sie ist »von Grund auf *unbewusst*«, ihre Repräsentationen »sind meistens Bilder, bisweilen Begriffe, aber der Mehrzahl der Menschen drängen sie sich v. a. als *Strukturen* auf«, heißt es in *Für Marx* (FM, 183). Auch wo die Menschen sich ihrer bedienen, sind sie in ihr gefangen, »die Bourgeoisie muss selbst an ihren Mythos glauben, bevor sie die anderen überzeugt« (185).

Dieser Gedanke wird im ISA-Aufsatz subjekttheoretisch weiterentwickelt: Die »Ideologie im Allgemeinen« wird durch die Funktion definiert, konkrete

Individuen zu Subjekten zu »konstituieren«, wobei »Subjekt« entsprechend der französischen Doppelbedeutung des Terms (Subjekt/Untertan) das untergeordnete Individuum bedeutet, das sich als autonom-selbstbestimmtes (miss)versteht – unterworfen in der Form von Autonomie (ISA, 140, 148; SLR, 302f, 310f). Diese freiwillige Unterwerfung denkt Althusser im Bild der *Anrufung* (*interpellation,* wörtlich: Anrufung und Verhaftung) durch eine übergeordnete ideologische Instanz, die er SUBJEKT nennt: dieses ruft das kleine Subjekt an als eine eigene, mit Namen und gesellschaftlichem Status versehene Identität (Gott ruft in der biblischen Dornbuschgeschichte Moses mit dem Namen ›Moses‹), das kleine Subjekt bestätigt durch seine Antwort die angerufene Identität (Moses antwortet: ›Ja Herr, hier bin ich‹) und erkennt sich damit im anrufenden SUBJEKT wieder (146f/308f), so dass es die Garantie erhält, dass »alles in Ordnung ist und [...] gut gehen wird, solange die Subjekte nur wiedererkennen, was sie sind, und sich dementsprechend verhalten« (148/310). Die solchermaßen konstituierten Subjekte funktionieren nun in der Regel »ganz von alleine«, abgesehen von den »üblen Subjekten«, die der Obhut des RSA übergeben werden (148/310f).

Es sei an dieser Stelle angemerkt, dass die alttestamentliche Dornbuschgeschichte (Exodus 3), die Althusser als didaktisches Beispiel wählt, mehrdeutiger ist als in seinem formalem Modell sichtbar: schließlich ist die ›Anrufung‹ durch Jahwe auf die Befähigung des Moses gerichtet, die Führung in der Befreiung der Israeliten aus der Sklaverei in Ägypten zu übernehmen. Sie richtet sich *gegen* die herrschenden repressiven und ideologischen Instanzen der ägyptischen Großmacht und hat insofern eine antiideologische Stoßrichtung, wenn auch in der ideologischen Form einer Anrufung »von oben«, eines himmlischen »Oben« gegen die irdischen Obrigkeiten. Wie wir sehen werden, muss Althussers Modell »dialektisiert« werden, um solche Widersprüche denken zu können (s. u. 6.7).

Althusser erklärt nun, die Darstellung eines zeitlichen Nacheinanders der Subjektion, nämlich vom Individuum zum »Subjekt«, aus Gründen didaktischer Anschaulichkeit gewählt zu haben, da in Wirklichkeit die Ideologie die Individuen »immer schon« (toujours-déjà) als Subjekte angerufen hat (ISA, 144; SLR, 306f). Er demonstriert dies an den »ideologischen Ritualen«, mit deren Hilfe das Kind schon vor seiner Geburt von einer (familialen) Ordnung »erwartet« wird und durch die es zu dem »sexuellen Subjekt (Junge oder Mädchen) werden muss, das es von vorneherein ist« (144/307). Die Beobachtung kann als Hinweis dienen, dass die ideologische Subjektion nicht einheitlich verläuft, sondern als »zweigeschlechtlich«-gespaltener Prozess zu untersuchen ist (vgl. Frigga Haug 1983, 653ff).

Sie dient Althusser jedoch zugleich als Beleg für die theoretische Annahme, die Ideologie sei ohne Geschichte und »ewig, ebenso wie das *Unbewusste* ewig ist«, da beide innerlich zusammenhingen (ISA, 133; SLR, 295). Damit bezieht er sich auf Sigmund Freuds Beschreibung des Unbewussten als »widerspruchslos« und »zeitlos« (GW X, 286; SA III, 145f). Das über Lacans strukturalistische Interpretation der Psychoanalyse vermittelte Konzept einer »Ideologie im Allgemeinen« führt dazu, den Menschen – in Anlehnung an Aristoteles' *zoon politikon* (*Politica,* 1253a, 3f) – als »ideologisches Tier« (animal idéologique) zu behandeln (ISA, 140; SLR, 303; Übers. korr., JR).

Damit ist die Ideologie entgegen der marxschen Verortung in klassenantagonistischen Gesellschaften wieder ins Individuum verlagert und als ungeschichtlich-anthropologische Natureigenschaft gefasst. In dieser überallgemeinen Fassung »repräsentiert« die Ideologie »das imaginäre Verhältnis der Individuen zu ihren realen Existenzbedingungen« (133/296). Für sich genommen könnte die Formulierung für eine Verhältnisbestimmung zwischen den »imaginären« Formen des Alltagsverstands, seinen identifikatorischen Bildern und bildhaften Identifikationen und ihrer »Repräsentation« in ausgearbeiteten Ideologien fruchtbar gemacht werden. Freilich wäre dieses Verhältnis dann nicht nur als eins der »Repräsentation« zu bestimmen, sondern auch als aktive Bearbeitung, Umformung und antagonistische Auslegung der Inkohärenzen des Alltagsverstands, seiner Tendenzen zum »Identitätsdenken« (s. o. 4.5) und nicht zuletzt der in ihm verankerten »objektiven Gedankenformen«.

Althusser wird diesen Weg nicht einschlagen. Dass er sich nicht auf eine Untersuchung der wirklichen und zugleich mystifizierten Praxis- und Denkformen der bürgerlichen Gesellschaft orientiert, hängt zum einen mit einer spezifischen Interpretation der Philosophie Spinozas, zum anderen mit dem Einfluss der lacanschen Psychoanalyse zusammen.

6.5 Die Herleitung des »Imaginären« von Spinoza und Lacan

Spinoza hatte der menschlichen Einbildungskraft (imaginatio), die er als »erste Erkenntnisart« von der Vernunft (ratio) unterscheidet (*Ethik II*, prop. 40, schol. 2), die Gewissheit zugeschrieben, »die Dinge in der Natur handelten [...] wegen eines Zweckes«, ja, alles was geschieht, geschehe um der Menschen willen (*Ethik I,* Appendix). Er wandte sich damit gegen die Vorstellung der jüdisch-christlichen Religion, ein »Gott habe Alles des Menschen wegen gemacht« (ebd.). Es liege offenbar in der Natur unserer Einbildungskraft, dass wir uns die Welt spontan als zweckgerichtete (teleologisch), als auf-uns-zu-gerichtet (anthropomorph) zurechtlegen, und dies sogar in der Religion, die die Allmacht Gottes gegenüber dem Menschen proklamiert. Ein einfaches Beispiel für einen solchen teleologischen Anthropomorphismus ist z. B. die Vorstellung, die Tiere seien dazu da, von uns geschlachtet und gegessen zu werden.

Wenn Althusser zwischen dem jungen und dem reifen Marx einen »epistemologischen Bruch« behauptet und diesen als Gegensatz zwischen (humanistischer) Ideologie und (historisch-materialistischer) Wissenschaft interpretiert, beruft er sich auf Spinozas Unterscheidung zwischen imaginatio und ratio (DKL, 16). Überhaupt finde man bei Spinoza »die erste jemals gedachte Theorie der Ideologie«, heißt es in Althussers *Selbstkritik* (1975, 75). Denn indem er den teleologischen und anthropomorphen Charakter unserer praktischen Wahrnehmungen und Denkweisen offenbarte, also die spontane Sichtweise, dass alles um uns herum zweckgerichtet auf-uns-zu-gerichtet ist, definierte er die grundlegende Illusion und »imaginäre Realität« des ideologisch konstituierten Subjekts (ebd.). Damit begründete er Althusser zufolge einen »Materialismus des Imaginären«, mit dessen Hilfe gezeigt werden könne, dass die Ideologien nicht bloße Manifestationen des Irrtums oder der Ignoranz sind (ebd. 75f).[56] Unter dem Einfluss des späten Heideggers (v. a. seines Humanismus-Briefs) aktualisiert Althusser die spinozische Teleologie-Kritik auf die Illusion des neuzeitlichen, bürgerlichen Menschen, die ganze Welt drehe sich um sein eigenes ›Ich‹. Dick Boer zufolge ist es »diese konkrete Imagination, die Althusser in seiner Ideologietheorie vor Augen hat« (Boer 2004, 791).

Die spezifische Ausgestaltung für Althussers Konzept des Imaginären stammt jedoch zweifellos aus der Psychoanalyse Jacques Lacans und hier v. a. aus dessen Aufsatz zum »Spiegelstadium als Bildner der Ichfunktion« von 1949 (in: *Écrits*/É I bzw. *Schriften*/S I). Lacans ›Imaginäres‹ knüpft an Freuds Konzept des *Narzissmus* an. Von Bedeutung ist hier die Abgrenzung des Narzissmus von der Phase des Autoerotismus: bezeichnet dieser einen Zustand, in dem die Sexualtriebe sich unabhängig voneinander auf anarchische Weise befriedigen, wird im Narzissmus das ganze Ich zum Liebesobjekt genommen (Laplanche/Pontalis 1999, 318). Abgeleitet von der Geschichte des Nárkissos (lat. Narcissus), der sich so sehr in sein Spiegelbild im Wasser verliebte, dass er – nach einer der Überlieferungen – kopfüber fiel und ertrank, bezeichnet der Narzissmus die Liebe, die man dem *Bild* von sich selbst entgegenbringt. Die Phase des Narzissmus steht in Verbindung mit der vereinheitlichenden Funktion der Ich-Bildung.

Lacan konzentriert sich nun auf das »Bildhafte«, »Imagohafte« und erklärt es aus einem narzisstischen »Spiegelstadium«, in dem das kleine Kind ungefähr im Alter von 6–18 Monaten sich »jubilierend« im Spiegel als einheitliches Bild wiedererkennt, obwohl die kindliche Motorik noch weitgehend uneinheitlich abläuft. Das Grundprinzip des Imaginären besteht darin, dass das inkohärent und widersprüchlich zusammengesetzte Individuum seine Identität dadurch findet, dass es sich ein einheitliches Bild von sich selbst projiziert. Somit entsteht ein Ideal-Ich (»moi«), das von nun an als Matrix

56 Zu Althussers anti-hegelianischer Spinoza-Lektüre, vgl. Vesa Ottinen, der ihm u. a. vorwirft, Spinozas Konzept der »wahren Ideen« und ihres Ursprungs in Gott zu unterschlagen (1994, 34).

der Entwicklung des (kleinen) Ich (»je«) fungiert. Die Projektion enthält also zugleich eine grundlegende Entfremdung (destination aliénante; É I, 91). Das Kind sieht eine körperliche Einheit, die es selbst nicht fühlt, und ist von nun an in ein illusorisch homogenes Ideal-Ich (moi) und ein in sich fragmentiertes Ich (je) gespalten. Bereits das erste »Wiedererkennen« (reconnaissance) im Spiegel ist ein notwendiges »Verkennen« (méconnaissance), bestimmt von einer »wahnhaften Identität, deren starre Strukturen die ganze mentale Entwicklung des Subjektes bestimmen werden« (Lacan, S I, 67; É I, 94).

Der Umweg über Spinoza und Lacan erlaubt uns nun, Althussers zentrale These, die Ideologie repräsentiere »das imaginäre Verhältnis der Individuen zu ihren realen Existenzbedingungen« (ISA, 133; SLR, 296) in folgende Formulierung zu übersetzen: Die Ideologie repräsentiert das Identität konstituierende, bildhaft vereinheitlichende und damit notwendig verkennende Verhältnis der Individuen zu ihren realen Existenzbedingungen. Worin der Unterschied zwischen der ›repräsentierenden‹ Ideologie und dem ›repräsentierten‹ Imaginären besteht, wird nicht erklärt. An anderer Stelle scheint Althusser die Repräsentationsbeziehung durch eine der Identifizierung ersetzen zu wollen: »Ideologie = imaginäres Verhältnis zu realen Verhältnissen« (137/299). Vieles deutet darauf hin, dass er de facto die »Ideologie im Allgemeinen« und das Imaginäre in eins setzt, da die zugrunde liegende Spiegelstruktur dieselbe ist: so wie das unkoordinierte ›je‹ des Kleinkinds sich im Ideal-›moi‹ widerspiegelt und daraus seine imaginäre Kohärenz bezieht, transzendiert auch das erwachsene Subjekt in der ideologischen Sphäre seinen tatsächlichen »Zustand der Diffusität, des *décentrement* und findet ein tröstlich kohärentes Bild seiner selbst im ›Spiegel‹ des herrschenden ideologischen Diskurses« (Eagleton 2000, 167).

Indem Althusser seine »Ideologie im Allgemeinen« mit der narzisstischen und damit notwendig bildhaft-imaginären Ich-Bildung allgemein identifiziert, ohne die – nach psychoanalytischer Theorie – die Menschen psychotisch werden und nicht kohärent leben können, lässt er sie mit gesellschaftlicher Praxis und Handlungsfähigkeit schlechthin zusammenfallen. Das erklärt auch, warum er sagt, sie sei ebenso »ewig« wie das freudsche Unbewusste – einen Zusammenhang, den er, wie Dick Boer zu Recht bemerkt, nie näher erklärt hat (2004, 793).[57] Schon in *Für Marx* hatte er betont, dass die Ideologie auch in einer Gesellschaft ohne Klassen »unentbehrlich ist, um die Menschen zu bilden, sie zu verändern und in die Lage zu versetzen, den Anforderungen ihrer Existenzbedingungen zu genügen« (FM, 186f).[58]

57 Um diesen Zusammenhang zu erklären, hätte Althusser die »familiale Ideologie als die erste Repräsentation des imaginären Verhältnisses der Menschen zu ihren Existenzbedingungen zum Zentrum seiner Ideologietheorie machen müssen« (Boer 2004, 796).

58 Ist die Ideologie in der Klassengesellschaft das Element, »in welchem das Verhältnis

Gegen die omnihistorische (d.h. für alle Zeiten geltende) und allgegenwärtige ideologische Subjektform stemmt sich allein die *Wissenschaft*, aber nur um den Preis der Loslösung vom menschlichen Lebensprozess: Althusser konzipiert sie im Rahmen seines ›theoretischen Antihumanismus‹ als objektiven subjekt-unabhängigen Produktionsprozess und damit abgeschnitten vom Standpunkt der »gesellschaftlichen Menschheit« (vgl. ThF, 3/7). »Die Negation des Ideologischen durch die Wissenschaft bleibt abstrakt: ohne Standpunkt in der menschlichen Praxis selbst.« (PIT 1979, 127)

6.6 Lacans Ontologisierung von Entfremdung und Unterwerfung

Wie Christina Kaindl anmerkt, könnte man die von Lacan geschilderte jubilatorische Freude des Kleinkinds beim Anblick seines Spiegelbilds auch »ohne den ›psychoanalytischen Deutungsüberschuss‹ als Begeisterung über [...] den wachsenden ›Welt‹-ausgriff interpretieren«, der durch die Selbst-Erkenntnis im Spiegel ermöglicht wird (2007, 143f, Anm. 1). Dass Lacan (und in seinem Gefolge Althusser) aus dem Ereignis eine das Leben von nun an strukturierende Selbsttäuschung herausliest, hängt damit zusammen, dass er das Imaginäre als Teil eines grundlegenden Entfremdungszusammenhangs konzipiert hat. Freilich bezieht sich diese Entfremdung nicht, wie bei Marx, auf spezifische Herrschaftsstrukturen der Klassengesellschaft, sondern stellt ein allgemein menschliches Schicksal dar: Entfremdet wird das Menschenkind durch die »symbolische Ordnung«, die es von seinen primären Bedürfnissen losreißt.

Das »Symbolische« ist der zentrale Begriff, mit dessen Hilfe Lacan sich von Freuds ›Biologismus‹ abwendet und die Psychoanalyse mit der strukturalistischen Linguistik verknüpft. Postuliert wird eine ›Sprache‹, die in ihrer formalen Struktur sowohl für das Gesellschaftliche als auch für das Unbewusste bestimmend ist. Vereinfacht dargestellt besteht die beanspruchte Weiterentwicklung Freuds in Folgendem: In Freuds Konzeption des ›Urvatermords‹ verfestigt sich das Inzestverbot und mit ihm die kulturschaffende ödipale Versagung in einem »hereditären Schema« und wird über die Vererbung zum Besitzstand jedes Individuums, relativ unabhängig von dessen empirischer Individualgeschichte.[59] Auch Lacan geht von der universellen Gültigkeit des Urvatermords und des daraus hervorgehenden Ödipuskomplexes aus: die-

der Menschen zu ihren Existenzbedingungen sich zum Nutzen der herrschenden Klasse regelt«, sei sie in der klassenlosen Gesellschaft das »Element, in welchem das Verhältnis der Menschen zu ihren Existenzbedingungen sich zum Nutzen aller Menschen lebt.« (FM, 187)

59 Wo die individuellen Erlebnisse des Kindes sich dem »hereditären Schema« der Urphantasie nicht fügen, »kommt es zu einer Umarbeitung [...]. Gerade diese Fälle sind geeignet, um die selbständige Existenz des Schemas zu erweisen« (Freud, GW XII, 155; SW XVII, 119f).

ser durchdringe das »gesamte Gebiet der Erfahrung« und stecke die Grenzen unserer Subjektivität ab (S I, 118). Aber im Gegensatz zu Freud (und im Anschluss an Lévi-Strauss' ›strukturaler Anthropologie‹) schlägt Lacan die Brücke vom »Urvatermord« zum jeweils individuellen Unbewussten über das »Gesetz der Sprache«, mit dessen Hilfe die »Versagung«, d.h. die Zurückweisung und Unterdrückung primärer Bedürfnisse durchgesetzt wird. Über die symbolische Ordnung reproduziert sich die patriarchale Herrschaftsordnung, das »Gesetz des Vaters«. »*Im Namen des Vaters* müssen wir die Grundlage der Symbolfunktion erkennen, die seit Anbruch der historischen Zeit seine Person mit der Figur des Gesetzes identifiziert.« (119)

»Der Mensch spricht [...], aber er tut es, weil das Symbol ihn zum Menschen gemacht hat.« (S I, 117) Auch das Unbewusste ist wie eine »Sprache« strukturiert, seine Elemente sind eingeschriebene »Buchstaben«, so dass die lacansche Psychoanalyse den Anspruch erhebt, ohne Bezug auf biologische Triebe auszukommen (vgl. Leclaire 1976, 49ff). Für Lacan fällt die Menschwerdung mit der Sprache zusammen, und dies sowohl menschheitsgeschichtlich (phylogenetisch), indem mit der Herausbildung der Sprache die ›Natur‹ negiert und ›Kultur‹ gestiftet wird, als auch individuell (ontogenetisch). Damit mündet der Lacanismus, der angetreten ist, den »Biologismus« der freudschen Psychoanalyse zu überwinden, in einen »Sprachismus« (Haug 2006a, 90), der die Vielschichtigkeit sozialer Beziehungen auf ›Sprache‹ reduziert und im Gegenzug deren Bedeutungsumfang so sehr erweitert, dass sie alle gesellschaftlichen Bereiche zu konstituieren scheint. Auch bei Lacan ist die Eigentümlichkeit des »linguistic turn« zu beobachten, die Bedeutung gesellschaftlicher Arbeit, von Kooperationsverhältnissen und sinnlichen Erfahrungen zum Verschwinden zu bringen.[60]

Lacan zufolge erzeugt die Subjektkonstitution durch Eingliederung in die »symbolische Ordnung« eine grundlegende Entfremdung dadurch, dass das sprechen lernende Kleinkind seine vitalen Bedürfnisse nur verständlich machen kann, indem es sie in die Form der signifikanten Kette der Sprache bringt, deren Sinn nicht sein eigener ist, sondern von anderen (z.B. von früheren Generationen) geprägt wurde. Indem das Subjekt seine Bedürfnisse äußert, entäußert es sich zugleich, da es »keinen Anspruch gibt, der nicht irgendwie durch die Engführungen des Signifikanten hindurchmüsste« (Lacan, S II, 187). Diese ›Engführung‹ zerstört die Unmittelbarkeit der vor-sprachlichen (›pré-texte‹) Bedürfnisse. Das Symbol, das sich zwischen sie und ihre Befriedigung schiebt, stellt sich als »Mord der Sache« dar (Lacan, S I, 166).[61] Das Subjekt wollte es als ein transparentes Mittel

60 Vgl. zur Kritik am »linguistic turn« und seiner postmodernen Radikalisierung, McNally 2001.

61 Ausgangspunkt dieser Vorstellung ist eine Passage aus Freuds *Jenseits des Lustprinzips*, bei der das Kind die Abwesenheit der Mutter damit zu bewältigen versucht, dass es mit einer an

zur Durchsetzung seines Verlangens benutzen, aber aus ihm strahlen nicht mehr die vertrauten Züge seines vorsprachlichen Selbstbewusstseins zurück, sondern das »fremde Antlitz einer Ordnung des Anderen«, und diese »von der Symbolisierung des ›je‹ geschlagene Wunde wird imaginär geheilt [...] im Bilde des mit seinem Gegenüber identischen ›moi‹«, resümiert Manfred Frank (1983, 383f, 382).

Durch Symbolisierung transformiert sich auch das ›Bedürfnis‹ (besoin) in das prinzipiell unstillbare ›Begehren‹ (désir), das Lacan als das »Begehren des Andern« kennzeichnet (Lacan, S II, 190). Während das (verloren gegangene) ›Bedürfnis‹ sich am Objekt stillt und zu sich selbst zurückkehrt, äußert sich das ›Begehren‹ im unstillbaren Anspruch an den Anderen, anerkannt und geliebt zu werden: »Die Unmöglichkeit, Bedürfnis und Begehren zur Deckung zu bringen, schreibt der Triebstruktur eine unaufhebbare Negativität ein [...]. In diesem ›Seinsverfehlen‹ sieht Lacan die ›condition humaine‹ verankert.« (Pagel 2002, 78; vgl. 62, 66f)

In Lacans Begriffsschema gibt es neben dem ›Symbolischen« und dem (in ihm eingelassenen) ›Imaginären‹ noch eine weitere Dimension, die er das ›Reale‹ nennt. Der Begriff ist an Freuds Konzept der »psychischen Realität« angelehnt, das im Gegensatz zur äußeren Realität den in »Reminiszenzen« manifestierten unbewussten Wunsch bezeichnet (Laplanche/Pontalis 1999, 446). Hinzukommt unter dem Einfluss von Bataille der Aspekt des Ausgestoßenen, Verbotenen, Verdammten, eines schwarzen Schattens jenseits des Zugriffs der Vernunft (vgl. Roudinesco 1997, 217). Žižek spricht von einem Kern ursprünglicher »leidenschaftlicher Anbindungen«, die sich der Bewegung der Symbolisierung entziehen (2001, 377) – »a residue, a leftover, a stain of traumatic irrationality and senselessness« (1989, 43) –, und wirft Althusser vor, in seinem Anrufungsmodell den nicht-integrierten Überschuss traumatischer Sinnlosigkeit übersehen zu haben (ebd.). Eagleton zufolge ist das althussersche Subjekt wesentlich stabiler und kohärenter als das gespaltene und mangelhafte Subjekt Lacans: an die Stelle seines »zerzausten Unbewussten« rücke Althussers »zugeknöpftes Ich«, das die »potenziell aufrührerischen Forderungen« des ›Realen‹ zum Schweigen bringe (2000, 168f). Wie Eagleton aus Lacans Konzeption des Begehrens »aufrührerische Forderungen« herauslesen kann, bleibt allerdings rätselhaft: im Gegensatz zu jeder ›Forderung‹ zeichnet sich das Reale gerade dadurch aus, dass es nicht gesagt werden kann, es ist ein geheimnisvoller Rest, der sich der symbolischen Ordnung entzieht, eine Spur (vestige), die nicht verfügbar ist. Žižek weist darauf hin, dass es die volle ideologische Unterstellung keineswegs behindert, sondern erst ermöglicht (1989, 43).

einem Bindfaden befestigten Holzspule Versteck spielt, wobei es beim Verschwinden ›oooo‹ und beim Wiederauftauchen ›da‹ ruft (GW XIII, 12f). Lacan interpretiert dieses Beispiel als Einordnung in die Sprache, bei der das symbolische Handeln das Objekt »zerstört« (S I, 165).

Vergleicht man die Entfremdungstheorie Lacans, die in der Vorstellung eines notwendigen »Seinsverfehlens« (frz. ›manque à être‹) kulminiert, mit der freudschen Psychoanalyse, stößt man sowohl auf Kontinuitäten als auch auf bedeutsame Unterschiede. Die Kontinuität lässt sich am besten an der freudschen Triebtheorie festmachen, die auf einer grundlegenden Entgegensetzung von »versagender« Gesellschaft und bedürftigem, ungesellschaftlichem Individuum basiert. Wie Ute Holzkamp-Osterkamp in ihrer Kritik der Psychoanalyse gezeigt hat (1976, 196–258), fasst Freud Triebbefriedigung als Reduzierung innerorganismischer Spannungszustände auf. Vereinfacht ausgedrückt kann man sagen, Spannung wird mit Unlust, Entspannung mit Lust gleichgesetzt. Die Möglichkeit einer primären motivierten Umweltzuwendung in Gestalt »produktiver«, auf Erweiterung der Realitätskontrolle gerichteter Bedürfnisse ist damit ausgeschlossen. Jede Realitätszuwendung und -verarbeitung ist ein durch die »versagende« Außenwelt erzwungener Umweg. Die als »Lustprinzip« bezeichnete Tendenz zur Reduzierung der organismischen Energie führt Freud notwendig zu seiner Konzeption des Todestriebs (Energiereduzierung tendiert letztlich zum Tod). Der Reduktionismus des Triebmodells wird deutlich, sobald man Kinder beim Spielen beobachtet und auf die vielfältigen Manifestationen von Kompetenzlust und Experimentierfreude mit Gegenständen der umgebenden »Welt« achtet.

Im Vergleich zur freudschen Psychoanalyse hat sich bei Lacan jedoch das Kräfteverhältnis zwischen versagender Gesellschaft und bedürftigem Individuum weiter zu Ungunsten des letzteren verschoben. Bei Freud steht das Ich im Dienste des Es – er vergleicht es mit dem Reiter, der die überlegene Kraft des Pferdes zügeln soll, aber mit Kräften, die es vom Es geborgt hat (GW XIII, 253). Das Realitätsprinzip arbeitet im Dienste des Lustprinzips, und erst mit der Herausbildung des Über-Ichs entsteht eine dem Es antagonistisch entgegengesetzte Instanz im Individuum. Bei Lacan bezieht sich der ödipale Komplex nicht mehr wie bei Freud auf eine bestimmte ontogenetische Entwicklungsstufe, sondern »stellt eine Struktur dar, die von Anfang an das Sein des Subjekts bestimmt« (Pagel 2002, 100). Die »topischen« und »dynamischen« Modelle Freuds zeigen einen ständigen Kampf der Instanzen, dessen konkreter Ausgang offen ist und meist in einer »Kompromissbildung« endet (zur ideologietheoretischen Auswertung dieses Begriffs, s. u. 9.4). Demgegenüber hat die Psychoanalyse die Aufgabe, bei der Bearbeitung der neurotischen Symptome die zugrunde liegenden Konflikte zwischen den unbewussten Triebwünschen des Es und den Bestrafungen des Über-Ichs zu entziffern und gegenüber diesen verlustreichen Konfrontationen die bewussten Ich-Funktionen zu stärken: »Wo Es war, soll Ich werden« (GW 15, 86). Insofern kann den psychoanalytischen Kategorien durchaus eine befreiende Funktion bei der Selbstaufklärung über Ursachen und Funktionsweisen des Leidens und bei der Stärkung bewusster Handlungsfähigkeit zukommen.

Es ist kein Zufall, dass Lacan sich gerade dort von der freudschen Psychoanalyse abstößt, wo diese auf kritische Selbstaufklärung und bewusste Handlungsfähigkeit orientiert: das ›Ich‹, dem Freud grundsätzlich eine Fähigkeit zur (psychoanalytischen) Bewusstwerdung zuspricht, ist bei Lacan durch das aus dem Spiegelstadium hervorgegangene imaginäre und damit notwendig verkennende ›moi‹ ersetzt.[62] Der menschliche Gesellschaftsprozess erscheint als ein nahezu vollständiges Determiniertsein durchs Symbolische, das weder von den imaginären Ich-Funktionen noch von den flüchtigen Restgrößen eines ›Realen‹ einen effektiven Widerstand zu erwarten hat. Während bei Freud das Ich auch gegen seinen gebieterischen Herrn (das Über-Ich) rebellieren kann, markieren seine (relative) ›Freiheit‹ und ›Autonomie‹ bei Lacan nur den Punkt, an dem das »Gesetz« sich erfolgreich mit dem Begehren verschmolzen hat. Herauskommt eine theoretische Festschreibung und Ontologisierung von Unterwerfung, bei der nicht mehr nachgefragt werden kann, *welche* gesellschaftlichen und individuellen Erfahrungen dazu führen, die Einschränkungen gegebener Möglichkeitsräume freiwillig hinzunehmen (vgl. Kaindl 2007a, 146).

Es ist erstaunlich, dass derselbe Althusser, der das marxsche Entfremdungskonzept als spekulative humanistische Ideologie verwirft, Lacans hochgradig spekulative Ontologisierung menschlicher Entfremdung zur Grundlage seiner Ideologietheorie macht. Gerade die überallgemeine strukturalistische Bestimmung, dass der Übergang von der biologischen zur menschlichen Existenz sich unter einem »Gesetz der Ordnung« vollzieht, das formal mit der Ordnung der Sprache zusammenfällt, hält er für den »originellsten Teil des Werkes von Lacan« (Althusser 1976, 25). Dagegen haben Vertreterinnen eines »materialistischen Feminismus«, die an Lacan anzuknüpfen versuchen, vorgeschlagen, die patriarchale Herrschaft nicht mehr auf die symbolische Ordnung zu reduzieren, sondern konkret als Bestandteil widersprüchlicher gesellschaftlicher Anordnungen in der kapitalistischen Gesellschaft zu untersuchen.[63] Statt die individuelle Sozialisation im Sinne einer historisch-materialistischen Subjektwissenschaft als einen widersprüchlichen Prozess zu konzipieren, der zwischen Unterordnung und Emanzipation, Erweiterung und Behinderung von Handlungsfähigkeit hin und her oszilliert, finden wir bei Althusser das apokalyptische Bild eines opferreichen Kriegs, dessen Sprösslinge »vorwärtsgetrieben, bei-

62 Dagegen wird das ›je‹ als das »wahre« Subjekt (s'être) ins unbewusste Es verlagert – als eine »Spur von etwas, das wohl sein muss, wenn es aus dem Sein fallen soll«(S II, 176). Vgl. hierzu auch Frank 1983, 371ff, Pagel 2002, 37ff.

63 »Lacan's theory is idealist. [...] One of the aims of materialist feminism has been to theorize the phallus as a historically variable effect of contradictory social arrangements that are not reducible to the symbolic, signifying dimension of culture, [...]of a contradictory set of social relations under capitalism in which the production of desire is historically bound up with exploited labor.« (Hennessy 2000, 155)

seitegedrängt, zurückgestoßen [...] in Einsamkeit und gegen den Tod einen langen Gewaltmarsch auf sich zu nehmen haben, auf dem aus säugetierartigen Larven Menschenkinder, männliche oder weibliche Subjekte werden« (Althusser 1976, 21).[64] Diese anthropologische Grundannahme ist (in Kombination mit der persönlichen Krankheitsgeschichte Althussers, mit der sie zusammenhängt) der hauptsächliche Grund für das, was Eagleton als »politische Düsterkeit« der althusserschen Theorie bezeichnet (2000, 171).

6.7 Können die Subjekte der Anrufung auch widersprechen?

Althussers widersprüchliche Verbindung von historisch-materialistischer Ideologietheorie und lacanscher Psychoanalyse ist von entgegengesetzten Seiten kritisiert worden. Michèle Barrett wirft ihm eine »kolonialistische« Eingliederung Lacans in den Marxismus vor, die die Bedeutung des Unbewussten marginalisiere (1991, 104f). Rosalind Coward und John Ellis zufolge liegt die Materialität der Ideologie nicht in den ISA sondern in der ideologischen Praxis der Subjektproduktion selbst, die nicht vom Marxismus sondern nur von der Psychoanalyse analysiert werden könne (1977, 69). Slavoj Žižek identifiziert die Ideologie mit einer in der Ökonomie des Unbewussten verankerten »Phantasie«, die unsere gesellschaftliche Realität selbst strukturiert und sich der ideologischen Anrufung als ein spezifisches »Sinn-Vergnügen« (enjoyment-in-sense, ideological *jouis-sense*) entgegenstreckt (1994, 316, 321ff). Auf dieser Linie argumentiert auch Judith Butler, wenn sie Althussers Anrufungsmodell von einer vorausgehenden psychologischen »Gründungsunterwerfung« her fasst, die sie als »vorwegnehmendes Begehren« des Angerufenen, »vom Angesicht der Autorität gesehen zu werden«, interpretiert (2001, 105f).

Dagegen hat das *Projekt Ideologietheorie* (1979, 121ff) in Anlehnung an die Kritische Psychologie kritisiert, dass Althussers »Ideologie im Allgemeinen« den triebtheoretischen »Grundirrtum« der freudschen Psychoanalyse übernehme: im Rahmen ihrer prinzipiellen Entgegensetzung von versagender Gesellschaft und bedürftigem Individuum könne die Ausbildung selbstbestimmter Handlungsfähigkeit nicht gedacht werden. Anstatt die »verhimmelten Formen« des Ideologischen aus den »jedesmaligen wirklichen Lebensverhältnissen« zu entwickeln, was Marx als die »einzig materialistische und daher wissenschaftliche Methode« bezeichnet hat (K I, 23/393, Anm. 89), unterschiebe Althusser allem menschlichen Handeln und Denken eine »ungesellschaftliche Grundstruktur«, die die konkrete Analyse der jeweiligen Handlungsbedingungen durch ein reduktionistisches Ver-

64 Diesen Krieg gebe die Menschheit vor, nie geführt zu haben oder schon gewonnen zu haben, »einfach deshalb, weil sie [die Menschheit; JR] nichts anderes ist, als diesen Krieg überlebt zu haben« (Althusser 1976, 21).

fahren ersetzt: »In der Nacht des Subjekt-Effektes sind alle Praxen grau.« (PIT 1979, 126)

Es bietet sich an, die Stärken und Schwächen der althusserschen Ideologietheorie an seinem Anrufungsmodell zu diskutieren. Eagleton meint, es sei zu monistisch und verfehle die widersprüchliche Art, »in der Subjekte teilweise, ganz bzw. gar nicht durch Diskurse [...] ideologisch angesprochen werden können« (Eagleton 2000, 170). Von einem anderen Gesichtspunkt aus argumentiert Rick Wolff, Althusser hätte der Widersprüchlichkeit sowohl der ISA als auch ihrer Anrufungen besser gerecht werden können, wenn er seine eigene Einsicht, dass jede Gesellschaftsformation »kombinierte Produktionsweisen« enthält (ISA, 131; SLR, 293) konsequent weiterverfolgt hätte: die Widersprüche zwischen den »kombinierten Produktionsweisen« und den entsprechenden Klassenstrukturen würden in die ISA selbst übertragen werden, und ihre Überdeterminierungen würden entsprechend widersprüchliche Anrufungen der individuellen Subjekte hervorbringen (Wolff 2004, 765f).

Denkt man diesen Gedanken weiter, stößt man darauf, dass die Subjekte weit mehr tun als sich identifizierend unterordnen. Da sie mit konkurrierenden unterschiedlichen oder sogar gegensätzlichen Anrufungen konfrontiert sind, müssen sie sie ausbalancieren und gewichten, und das heißt auch ggf. die einen zurückweisen, um die anderen »beantworten« zu können. Wie Peter Dews gezeigt hat (1987, 78f), müssen ideologische Anrufungen von den Subjekten immer interpretiert werden: dass sie sie ›richtig‹ auslegen, ist nicht garantiert. Oder, um das Problem in der Sprache des späten Foucault zu artikulieren: Ideologien müssen sich, um wirksam zu sein, mit den ›Selbstführungen‹ der Subjekte verzahnen (s. u. 12.1).

Die Schwäche des althusserschen Anrufungsmodells liegt u. a. in einem impliziten Situationalismus, der durch eine psychoanalytisch fundierte Begründung des Immer-Schon-Unterworfenseins (Immer-schon-Subjekt-Seins) kompensiert wird. Die Anrufung selbst ähnelt einem behavioristischen Modell, das so tut als gäbe es auf einen bestimmten Schlüsselreiz nur eine mögliche Reaktion. Es bleibt unklar, warum sich die angerufenen Subjekte überhaupt angesprochen fühlen, warum sie nicht achselzuckend weitergehen, weil sie die Botschaft nichts angeht. Denkbar wäre auch, dass sie sich »umdrehen«, damit zeigend, dass sie durchaus verstanden haben, dass sie gemeint sind, aber dann eine negative, die »Wiedererkennung« verweigernde Antwort geben – frei nach dem zweideutig-subversiven Spruch: ›Ihr wollt nur unser Bestes, aber ihr bekommt es nicht‹.

Ich habe im Sommersemester 2007 in einem Seminar über Armutsbewegungen (am Union Theological Seminary in New York) zusammen mit den Studierenden versucht, Althussers Anrufungsmodell auf ein konkretes Schlüsselereignis anzuwenden, bei dem die Armen unterschiedlicher ›Rassen‹ ihre ›rassische‹ Identifizierung zurückwiesen und sich selbstbewusst als »Arme« definierten. Das Ereignis wird in Ashwin Desais Studie über die Armenbewegung im Post-Apartheid-Südafrika, *We are the Poors* (Desai 2002), folgendermaßen geschildert: Im Zuge der Durchsetzung des Neoliberalismus hatte ein vom ANC geführter Gemeinderat beschlossen, ein Armenviertel zu räumen, um das Land für Investoren freizumachen. Nachdem den Haushalten bereits in mehreren Anläufen Wasser und Strom gesperrt wurden, ging man dazu über, die Armen mithilfe privater Sicherheitskräfte aus ihren Hütten zu vertreiben. Doch diese wehrten sich erfolgreich mit Besetzungen und Blockaden gegen ihre Evakuierung, so dass die ANC-Vertreter sich vom Ort zurückzogen. Dass ein Großteil der Protestierenden indischer Herkunft war, ermöglichte es der Gegenseite, die soziale Auseinandersetzung rassistisch zu artikulieren. Eine Vertreterin des ANC war so aufgebracht, dass sie während des Rückzugs begann, die Menge als privilegierte Inder zu beschimpfen, die nur ihre eigenen Interessen verfolgten. Eine ältere Frau schrie zurück: »We are not Indians, we are the poors«, und sofort wurde die Antwort von der Menge als Slogan aufgegriffen und breitete sich auf die schwarzen Viertel aus: »We are not Africans, we are the poors« (44). Diese Antwort konnte in dieser Situation nicht mehr in die Teile-und-herrsche-Politik der herrschenden neoliberalen Politik integriert werden. »Identities were being rethought in the context of struggle and the bearers of these identities were no respecters of authority.« (Ebd.)

Es geht hier nicht darum, das Ereignis im Sinne eines totalen Identitätswechsels zu interpretieren. Die Subjekte bleiben weiterhin heterogen und widersprüchlich zusammengesetzt. Sie waren bereits vor diesem Ereignis nicht *nur* durch ›ethnische‹ Anrufungen bestimmt und werden auch danach nicht *nur* ›Arme‹ sein, sondern weiterhin auch ›Inder‹ oder ›Afrikaner‹, Männer oder Frauen, Jüngere oder Ältere. Was sich in einer solchen Antwort manifestiert, sind Umakzentuierungen des Kräfteverhältnisses im Alltagsverstand, und es gibt keinerlei Garantie, dass es so bleiben wird. Es kann auch nicht das Anliegen linker Politik sein, eine einzige neue Identität, z. B. als homogenes Klassensubjekt, zu propagieren, die an die Stelle der früheren Identitätsvielfalt treten würde. In der Perspektive der Zapatista-Losung »eine Welt, in der viele Welten Platz haben«, geht es um ein Kohärent-Arbeiten, das die multiple Zusammensetzung der Subjekte anerkennt und zur kritischen Erkenntnis ihrer Widersprüche befähigt.

Ich beschränke mich also im Folgenden auf den Moment der Anrufungs-Verweigerung. Eine Besonderheit der Konstellation besteht darin, dass es sich um eine Beschimpfung, also um eine Art »negative« Anrufung handelt, die zudem in eine versuchte aber dann gescheiterte Gewaltaktion eingebettet ist. Sie erfolgt sozusagen »zu spät«, nachdem vorangegangene positive Anrufungen schon gescheitert waren, der Gewaltrahmen offen in den Blick trat und aus »guten« bereits »schlechte« Subjekte geworden waren. Eine weitere Spezifik liegt darin, dass die anrufende Instanz, die ANC-Regierung, selbst im Rahmen der »Befreiung«, des Anti-Apartheid-Kampfes, der sozialen Emanzipation spricht.

Es sind aber v.a. drei Eigentümlichkeiten, die über Althussers Ideologietheorie hinausgehen: zum einen weist die Menge die Anrufung kollektiv zurück; sie verweigert es, sich im großen ANDEREN (Lacan) bzw. im großen SUBJEKT (Althusser) wiederzuerkennen und zerbricht damit das ideologische ›Spiegelverhältnis‹ zwischen diesem und den kleinen Subjekten; zweitens erfolgt die Wiedererkennung nicht »vertikal«, sondern »horizontal«: die Individuen wiedererkennen sich wechselseitig in Ihres-Gleichen, und es ist auch nicht einsichtig, warum dies notwendig ein »Verkennen« sein soll. Und schließlich setzen die Individuen der ideologischen Anrufung positiv eine widerständige Identität entgegen, die sich aus der gemeinsamen Erfahrung der ›Rassen‹-übergreifenden Armut speist.

Blickt man von hier auf Althussers Subjekttheorie zurück, fällt auf, dass diese keinerlei Hinweise auf *Erfahrungen* enthält, die sich dem Ideologischen entgegenstellen könnten. Die Rede von der Subjekt-»Konstitution« wird zur abstrakten Phrase, wenn man es versäumt, die Anrufungen im Verhältnis zu einem widersprüchlich zusammengesetzten Alltagsbewusstsein zu konzipieren, das ihnen sowohl entgegenkommen als auch widersprechen kann. Es liegt auf der Hand, dass auch die Einbeziehung des lacanschen ›Realen‹ als eines schlechthin ›Unsagbaren‹ und ›Unmöglichen‹ uns hier nicht weiterhift: »we are the poors« entzog sich eben nicht der Symbolisierung, war nicht nur »sagbar«, sondern wurde sogar laut gerufen und begründete konstruktiv eine rebellische Gegen-Identität, die in lacanschen Kategorien nicht gedacht werden kann. Hieran zeigt sich, dass Gramscis Unterscheidung von senso comune und buon senso theoretisch weitaus geeigneter ist, weil sie unterschiedliche und potenziell gegensätzliche Dimensionen zu denken erlaubt.

7. ›Feld‹, ›Habitus‹ und ›symbolische Gewalt‹ bei Bourdieu

Da sich v.a. in der Soziologie die Tendenz beobachten lässt, ideologische Phänomene eher mit den Kategorien Bourdieus als mit denen expliziter Ideologietheorien zu analysieren[65], möchte ich im Folgenden versuchen, seinen Ansatz mit den bislang diskutierten Ideologiebegriffen in Dialog zu bringen. Es geht nicht um eine Gesamtauswertung der bourdieuschen Soziologie, sondern um den Versuch, einige ihrer Zentralbegriffe auf ihre ideologietheoretische Relevanz hin abzuklopfen.

Das Vorhaben erscheint auf den ersten Blick paradox, denn Bourdieu hat den Ideologiebegriff, den er in seinen früheren Arbeiten häufig benutzt hatte, in den neunziger Jahren schließlich fallengelassen. Eine der Begründungen bezieht sich auf Althusser, dem er vorwirft, die Ideologie als eine Art religiösen Begriff verwendet zu haben, mit dessen Hilfe der marxistische Philosoph die empirische Arbeit der »sogenannten Sozialwissenschaften« als ›ideologisch‹ diskreditieren und sich »aristokratisch« vom Rest der Welt absondern konnte: »indeed, one of the reasons why I don't like the word ›ideology‹ is because of the aristocratic thinking of Althusser«, meint er in einem Interview mit Eagleton (Bourdieu/Eagleton 1994, 267).[66] Tatsächlich geht es in Bourdieus Aufgabe des Ideologiebegriffs nicht zuletzt um die Abgrenzung von einem theoretischen »Antihumanismus«, bei dem die Subjekte als bloße Effekte von Sozialstrukturen und ideologischen Apparaten erscheinen.[67]

Gerade diese Abgrenzung von Althussers Ideologietheorie überschneidet sich mit unserer eigenen Kritik im vorangegangenen Kapitel und spricht für den Versuch, Bourdieus Ansatz für die Weiterentwicklung einer herrschaftskritischen Ideologietheorie auszuwerten. Dies ist auch deshalb gerechtfertigt, weil seine empirischen Untersuchungen zu bestimmten sozialen ›Feldern‹ kaum anders als als ideologiekritische Bereichsstudien gelesen werden können: So kündigen z.B. die *Feinen Unterschiede* schon auf der ersten Seite an, eine sozioanalytische Kritik an der »charismatischen Ideologie« zu formulieren, die den Geschmack für legitime Kultur zu einer Naturgabe stilisiert (1982, 17); der *Homo academicus* legt die im universitären Feld verankerten Selbsttäuschungen von Intellektuellen bloß, die mehr mit der Akkumulation symbolischen ›Kapitals‹ beschäftigt sind als mit der gedanklichen Durchdringung der gesellschaftlichen Wirklichkeit

65 Z.B. Peter 2004, Herkommer 2004, Schultheis/Schulz (Hg.) 2005.

66 In diesem Zusammenhang kritisiert er auch den Marxismus als eine kartesianische Philosophie mit einem bewussten, gelehrten Agenten und den Bewusstlosen drum herum (Bourdieu/Eagleton 1994, 268).

67 Z.B. Bourdieu 1990, 39 Anm. 31; Bourdieu/Wacquant 1996/1992, 40, 132.

(1984); in seiner Heidegger-Kritik (1988) dekonstruiert Bourdieu die Strategien einer ideologischer »Formgebung«, mit denen Heidegger seinem politischen Diskurs den Status einer den sozialen Konflikten enthobenen philosophischen Autorität verschafft; das *Elend der Welt* behandelt u. a., wie die neoliberalen Anrufungen zur Eigeninitiative sich bei den Prekarisierten und Marginalisierten als »Schicksals-Effekt« auswirken (1997a, 91; s. u. 11.3). Dies berechtigt zu Herkommers Einschätzung, dass Bourdieu trotz seines Verzichts auf den Term Ideologie keineswegs mit der Problemstellung einer kritischen Ideologietheorie gebrochen hat (2004, 30).

Betrachten wir zunächst, wie Bourdieu seinen Begriff des »Feldes« aus den theoretischen Bausteinen einer Schrift entwickelt, die manche Ideologietheoretiker längst zum alten Eisen »bloßer« Bewusstseinskritik geworfen haben, nämlich aus der *Deutschen Ideologie* von 1845/46.

7.1 Die Entwicklung des Feld-Begriffs aus der Deutschen Ideologie

Theoretisch bedeutsam aber wenig beachtet ist eine Verbindung mit Bertolt Brecht, wie wir sie ähnlich auch weiter unten beim Habitusbegriff auffinden werden (s. u. 7.3): sowohl Bourdieu als auch Brecht sind von dem Psychologen Kurt Lewin inspiriert, der den Feldbegriff der galileischen Physik auf die Psychologie übertrug und auf diese Weise das dort vorherrschende aristotelische Substanzdenken überwinden wollte. »Eine neue Psychologie im Sinne Lewins kann Menschen weder aus ihrem Wesen noch ihrer Substanz (plus ihren Elementen) erklären, sondern muss eine Situation nach ihren unterschiedlichen Kräften hin untersuchen.« (Langemeyer 1998, 4). Brecht, der 1931 Lewins Aufsatz über »aristotelische und galileische Begriffsbildung« in der Psychologie und 1937 seine Schrift »Kriegslandschaft« gelesen hat, verwendet den Begriff, um die sozialen Kräfteverhältnisse zu analysieren, die den Perspektiven der Wahrnehmung zugrunde liegen (ebd., 6ff; vgl. Zander 2008, 10). Bourdieu beruft sich auf Lewin (und dessen Lehrer Cassirer), um den Anspruch des Feldbegriffs zu begründen, ein »relationales« Denken zu ermöglichen und damit »über den aristotelischen Substanzialismus hinauszukommen, von dem das ganze Denken über die soziale Welt geprägt ist« (Bourdieu/Wacquant 1992, 126).

Wie die Herausgeber von Bourdieus *Das religiöse* Feld berichten (2000, 162, Anm. 41), hat Bourdieu den Feldbegriff zwar schon 1966 in dem Aufsatz »Champ intellectuel et projet créateur« erwähnt, aber materialiter erst 1971 am Beispiel des »religiösen Feldes« und ausgehend von Max Webers Typologie religiöser »Berufe« entwickelt. Als er gegen Ende der 1960er Jahre an der Universität in Lille Vorlesungen zu Webers Religionssoziologie aus *Wirtschaft und Gesellschaft* hält und dabei ein Schaubild zu den verschiedenen religiösen »Berufen« (Priester, Propheten, Zauberer versus »Laien«) an die Tafel zeichnet, wird ihm plötzlich klar, dass sich die Beziehungen zwischen den religiösen

Spezialisten (sowie zwischen ihnen und den ›Laien‹) nicht »interaktionistisch« denken lassen, wie bei Weber, sondern dass es sich hier um »objektive Relationen« handelt, »die den Untergrund für das ›typische‹ Handeln der Beteiligten abgeben« (Bourdieu 2000, 118; vgl. das Schaubild ebd., 16).

Bei der Rekonstruktion dieser »objektiven Relationen« stützt er sich auf die Passagen der *Deutschen Ideologie*, in der die Ideologie aus den gesellschaftlichen Spaltungen der Klassen- und Staatsgenese hergeleitet wird. Erst mit der Teilung zwischen geistiger und körperlicher Arbeit »kann sich das Bewusstsein wirklich einbilden, etwas Andres als das Bewusstsein der bestehenden Praxis zu sein, wirklich etwas vorzustellen, ohne etwas Wirkliches vorzustellen«, und von diesem Augenblick an konnte das Bewusstsein sich von der Welt emanzipieren »und zur Bildung der ›reinen‹ Theorie, Theologie, Philosophie, Moral etc. übergehen«, hieß es dort (DI, 3/50). Unter Berufung auf diese Passage schlussfolgert Bourdieu, erst jetzt und v. a. mit der damit zusammenhängenden Herausbildung der Städte setzte sich die Religion gegen die Naturanbetung durch, indem sich ein zur Verwaltung von Heilsgütern spezialisiertes Korps herausbildet (2000, 50f): »Die Konstituierung eines religiösen Feldes ist das Ergebnis der Monopolisierung der Verwaltung von Heilsgütern durch ein *Korps von religiösen Spezialisten*«, die eine spezifische Kompetenz hinsichtlich der Produktion und Reproduktion von heiligem Wissen haben, was zugleich wiederum zur Enteignung der Laien führte (56f).

Der Befund entspricht dem, was in der Sprache der *Deutschen Ideologie* als ideologische »Verkehrung« bezeichnet wurde. Bourdieu wird diese Redeweise nicht übernehmen, aber umso bemerkenswerter ist, mit welcher Genauigkeit er die häufig übersehene materielle Existenzweise des Ideologischen bei Marx und Engels auswertet und weiterführt. Dass er seinen Feldbegriff aus den gesellschaftlichen Arbeitsteilungen rekonstruktiert, hat für die Ausprägung seiner Soziologie eine kaum zu überschätzende Bedeutung: Es markiert den Punkt, an dem er über den Ansatz Max Webers hinausgeht. Nachdem er dessen Religionssoziologie dazu benutzt hatte, um gegen einen ökonomistischen Reduktionismus die Eigengesetzlichkeit des Religiösen zu denken, versucht er mit der Ausarbeitung des Feldbegriffs nun, Weber »mit Marx einzuholen, die webersche Frage in marxschen Begriffen zu stellen« (Egger/Pfeuffer/Schultheis in Bourdieu 2000, 156).

Man kann daraus schlussfolgern, dass nicht nur die vom späten Engels geprägte »ideologischen Macht«, Gramscis »Zivilgesellschaft« oder Althussers »ideologischer Staatsapparat« als Grundbegriffe einer historisch-materialistischen Ideologietheorie angesehen werden können, sondern auch das »Feld« der bourdieuschen Soziologie. Eine seiner Besonderheiten liegt darin, dass er nicht so sehr aus den theoretischen Überlegungen zum Staat sondern zur gesellschaftlichen Stellung der Intellektuellen hervorging.

Im Folgenden soll Bourdieus Vorschlag geprüft werden, den Apparatbegriff durch den des Feldes abzulösen.

7.2 Soll man den »Apparat« durch das »Feld« ersetzen?

Auch Bourdieu gehört zu den Kritikern einer »funktionalistischen« Tendenz in Althussers Ideologietheorie (s. o. 6.3). Hierbei konzentriert sich seine Kritik auf den Apparat-Begriff der ISA-Theorie, den er als »trojanisches Pferd des Funktionalismus« ablehnt (Bourdieu/Wacquant 1996, 133). Diesem liege ein Verschwörungskonzept zugrunde, das einen dämonischen Willen hinter allem unterstelle (ebd.). Es ist fraglich, ob dieser Vorwurf Althusser wirklich trifft, wo dieser doch die Geschichte als »Prozess ohne Subjekt« konzipiert (Althusser 1973, 94) und damit nicht in Versuchung steht, von den »Intentionen« eines dämonischen Subjekts her zu argumentieren. Als eine »für bestimmte Zwecke programmierte Höllenmaschine« stelle der Apparat eher »einen Grenzfall dar, etwas, was man als einen pathologischen Zustand von Feldern ansehen kann« (Bourdieu/Wacquant 1996, 133). Als »pathologischen« Grenzfall sieht Bourdieu offenbar zum einen die unterstellte Teleologie (»für bestimmte Zwecke«), zum anderen eine Verfestigung von eher flüssigen, flexiblen Macht-Verhältnissen. Letzteres ist gemeint, wenn er dem Apparatbegriff einen »naiven Realismus« vorwirft, als gäbe es da eine sichtbare Apparatur (Schule, Gerichtsverwaltung), die die ebenfalls sichtbaren Individuen unterwerfe (136). Die Akteure und ihre Relationen seien aus dem Konzept ausgeschlossen, bzw. nur als Struktureffekte verstanden (ebd.).

An die Stelle des Apparats soll der Begriff des »Feldes« treten, den Bourdieu als eine Konfiguration »von objektiven Relationen zwischen Positionen« bestimmt, die wiederum »durch ihre aktuelle Situation (*situs*) in der Struktur der Distribution der verschiedenen Arten von Macht (oder Kapital)« definiert sind (127). Die Definition ist leichter zu verstehen, wenn wir sie in ihre Teile zerlegen. Wie wir am Beispiel des religiösen Feldes gesehen haben, markiert die Rede von den »objektiven Relationen« eine Abgrenzung zu Max Webers »Interaktionismus«, der das Gesellschaftliche ausgehend von subjektiven Interaktionen konstruiert. Strukturierend sind die »objektiven«, durch die gesellschaftlichen Arbeitsteilungen bedingten Beziehungen; der Hinweis auf verschiedene Arten von »Kapital« (als Synonym zu ›Macht‹) erschließt sich aus Bourdieus Konzepten des kulturellen, symbolischen und sozialen Kapitals, mit denen er die sozialen Distinktionen auf den Gebieten der Bildung, des Geschmacks, des sozialen Prestiges, der Mode usw. als je spezifische Weisen von ›Kapital‹-Akkumulation zu denken versucht. Diese bezeichnet den jeweiligen Einsatz, der in einem Feld auf dem Spiel steht und um den gekämpft wird. Gegenstand des Kampfes ist ebenso, ob und in welchem Ausmaß das in einem Feld akkumulierte ›Kapital‹ in das ›Kapital‹ eines anderen Feldes »konvertiert« werden kann. Dabei ist die Konvertierung ökonomischen ›Kapitals‹ in kulturelles in der Regel leichter – in dem Maße, in dem man sich ›Bildung‹ und ›Kultur‹ kaufen kann – als umgekehrt, was man z. B. an den vielen erwerbslosen oder prekär beschäftigten Promovierten zeigen lässt (ein Gegenbeispiel ist wiederum der vom Bildungsbürgertum verachtete reiche ›Parvenu‹).[68]

Nimmt man diese Bestimmungen zusammen, zeigt sich das »Feld« als Begriffswerkzeug, um die Macht- und Prestige-Verhältnisse in einem bestimmten Bereich zu beschreiben. Bezieht man die Überlegungen zu den Bedingungen der ›Kapital‹-Konvertierung hinzu, geraten die Kräfteverhältnisse zwischen verschiedenen gesellschaftlichen Bereichen mit ins Blickfeld. Hinsichtlich der Religion benutzte Bourdieu den Feldbegriff, um die Konkurrenz-Beziehungen zwischen den verschiedenen Intellektuellengruppen der Priester, Propheten, Zauberern sowie die Gegensätze zwischen ihnen und den Laien zu analysieren (2000, 74). Bei der Herausbildung eines autonomen literarischen Feldes war entscheidend, dass die Autoren sich aus der Vormundschaft von Aristokratie und Kirche herauslösten. Der Fürst als großer Mäzen, der sich permanent in die Produktion seiner Dichter einmischte, wurde durch den »Verleger« abgelöst. Es ist die Herausbildung eines literarischen »Marktes«, die den »autonomen Intellektuellen« mit entsprechender ästhetischer Gesinnungsethik und ein Publikum als virtuelle Kundschaft literarischer Produkte hervorbringt (Bourdieu 1974, 79ff).

Es würde sich lohnen, die Erträge von Bourdieus Feld-Analysen mit Gramscis Hegemonietheorie zu vermitteln. Es stellt sich freilich die Frage, ob die vom »Feld«-Begriff erfassten Macht- und Prestige-Relationen nicht wenigstens teilweise auch mithilfe des Apparatbegriffs analysiert werden können. Im Lateinischen bedeutet *apparatus* allgemein die »Zubereitung, Zurüstung, Schmuck, Pomp, militärische wie liturgische Ausstattung sowie Gerätschaft«, und noch im 18. Jh. bezog der deutsche Begriffsinhalt »die Gesamtheit von Personen und Einrichtungen zur Erfüllung bestimmter Aufgaben« mit ein (vgl. Bollinger/Koivisto 2001, 1259). Geht man von dieser Wortbedeutung aus, ist es nicht zwingend, die Akteure auf eine Weise aus dem Apparat-Begriff auszuschließen, dass er sich zur zweckvoll eingesetzten »Höllenmaschine« verselbständigt.

Auch könnte man gegen Bourdieus Kritik einwenden, dass der Aspekt der »Maschine« sowie ihrer Zweckhaftigkeit keineswegs nur eine begriffliche Konstruktion der althusserschen ISA-Theorie darstellt, sondern auch in der Wirklichkeit ideologischer Vergesellschaftung aufzufinden ist – z. B. als mächtige Administration, die wie im Fall des Schulsystems eng mit dem Staatsapparat verzahnt ist, oder in Gestalt der von Robert Michels und Max Weber analysierten modernen »Partei-Maschine«, die die Zustimmung der Massen mit »massendemagogischen Mitteln gewinnt« (vgl. Weber, MWG I/15, 539; GPS, 393).

68 Den Begriff des ökonomischen Kapitals verwendet Bourdieu nicht im marxschen Sinne eines spezifischen Produktionsverhältnisses zwischen Kapitalist und »doppelt freiem« Lohnarbeiter, sondern im traditionellen Sinn eines Besitztums, das in andere Bereiche als Macht und Prestige »konvertiert« werden kann. Vgl. hierzu u. a. Bourdieu 2005, 49ff; Schwingel 1993, 34ff; 1995, 85ff.

Weber ging so weit, nach dem 1. Weltkrieg eine »universelle Bürokratisierung« zu diagnostizieren, die ihren Siegeszug »über die ganze Welt« angetreten habe und nun darangehe, die Welt in ein »Gehäuse jener Hörigkeit« zu verwandeln, in die sich die Menschen wie die Fellachen im altägyptischen Staat »ohnmächtig zu fügen gezwungen sein werden« (MWG I/15, 461ff; GPS, 330ff). Auch wenn man diese Diagnose nicht teilt[69], ist die Durchsetzung mächtiger Bürokratien und ihrer »formalen« Herrschaftsrationalität in verschiedenen ideologischen Bereichen nicht zu bestreiten, und es ist fraglich, ob diese Entwicklung als ›pathologischer‹ Grenzfall richtig gefasst ist.

Andererseits ist nicht von der Hand zu weisen, dass mehrere der von Bourdieu angeführten hegemonierelevanten Relationen wie z. B. die Konkurrenzverhältnisse zwischen verschiedenen Intellektuellengruppen, der »Markt« als konstitutiver Faktor eines sich herausbildenden eigenständigen ideologischen Bereichs, die Herausbildung eines »Publikums« usw. mit einem statischen und tendenziell etatistischen Apparatbegriff nicht erfasst werden können. Tatsächlich hat sich Althusser für diese Aspekte kaum interessiert. Bourdieus Feldbegriff ist geeignet, nicht-zentralisierte Formen ideologischer Vergesellschaftung zu analysieren, wie sie sich exemplarisch z. B. bei der Literatur oder bei den von Marx und Weber analysierten protestantischen Sekten beobachten lassen.[70] Mit großem Interesse hat Gramsci z. B. die Herausbildung und internationale Verbreitung der ›Rotary Clubs‹ verfolgt, deren Hauptaufgabe in der Vermittlung eines »neuen kapitalistischen Geistes« bestand (H. 5, §2, 579). Am Beispiel der erfolgreichen neoliberalen Think-Tanks, die sich nach der Gründung der *Mont Pèlerin Society* 1947 in allen Kontinenten ausbreiteten, lässt sich sehen, dass ›Apparat‹ und ›Feld‹ keine sich ausschließenden Gegensätze darstellen, sondern sich wechselseitig ergänzen können: die hierarchisch organisierten Institute sind durch unterirdische Netzwerke miteinander verbunden, die sich mit der von Deleuze und Guattari geprägten Metapher des »Rhizoms« beschreiben lassen (vgl. Walpen 2004, 62 Anm. 52).

Sieht es bisher so aus, als könnten Bourdieus Kategorien ohne große Schwierigkeiten in eine ideologietheoretische Sprache übersetzt werden, kompliziert sich das Bild, wenn wir uns Bourdieus explizite Auseinandersetzung mit dem Ideologiebegriff betrachten. Hier zeigt sich jedoch, dass die Abgrenzungen zur Ideologietheorie z. T. an deren eigentlichem Gegenstand vorbeigehen. Um dies zu verdeutlichen, ist es zunächst nötig, die verschobenen Frontstellungen zu entwirren.

69 Zu Webers Bürokratietheorie, vgl. Rehmann 1998, 79ff, 84ff, 113ff.

70 Zur ideologischen Vergesellschaftung durch Sekten haben sowohl Marx in der *Judenfrage* (1/347-77) als auch Max Weber in seinem Aufsatz »Die protestantischen Sekten und der Geist des Kapitalismus« (RS I, 207-236) wichtige Hinweise gegeben (vgl. die Auswertung in Rehmann 1998, 28-40). Hinsichtlich der Literatur warnte z. B. Klaus Scherpe in seiner Kritik am *Projekt Ideologietheorie* vor einer Überbetonung der »Staatsförmigkeit« (1983, 104ff).

7.3 Ideologie, symbolische Gewalt, Habitus – ein begrifflicher Entwirrungsversuch

Wie Althusser wendet sich auch Bourdieu gegen eine Auffassung der Ideologie als falsches Bewusstsein, zieht daraus aber den Schluss, den Term durch den der »symbolischen Gewalt« (oder »Herrschaft«) zu ersetzen. Diese kennzeichnet er wiederum so, dass es schwer fällt, einen signifikanten Unterschied zu bislang diskutierten Ideologiebegriffen zu erkennen: wenn er z.B. darauf hinweist, mit ihrer Hilfe würden Ausbeutungs- und Herrschaftsverhältnisse »verklärt« (1998a, 170), geht die Bestimmung noch nicht über einen Ideologiebegriff als »falsches Bewusstsein« hinaus. Sein Hinweis, sie beruhe »auf der Verkennung und also Anerkennung der Prinzipien, in deren Namen sie ausgeübt wird« (171), scheint auf Lacans und Althussers Bestimmungen des Imaginären als Wiedererkennung und Verkennung (reconnaissance/méconnaissance) anzuspielen s. o. 6.6); wenn er präzisiert, sie verkläre in einer Art »symbolischen Alchemie« die Unterwerfungsbeziehungen zu »affektiven Beziehungen«, verwandle »Macht in Charisma oder in den Charme, der eine affektive Verzauberung bewirken kann« (173), umschreibt er nicht mehr und nicht weniger als den Gegenstand kritischer Ideologietheorie, nämlich die »freiwillige«, u.U. sogar begeisterte Unterstellung unter entfremdete Verhältnisse.[71] Die Definition der symbolischen Gewalt, dass sie sich mit dem »stillschweigenden Komplizentum« (complicité tacite) sowohl der Unterstellten und häufig auch der Ausübenden vollziehe, weil sie weitgehend unbewusst verlaufe (1996, 16), bestätigt den in unserer Einleitung beschriebenen ideologietheoretischen Paradigmenwechsel vom Bewusstsein auf die zumeist unbewussten Mechanismen ideologischer Vergesellschaftung.

Die bisherigen Bestimmungen konnten noch nicht erklären, warum es theoretisch weiterführender sein soll, ›Ideologie‹ durch ›symbolische Gewalt‹ zu ersetzen. John B. Thompson hat darauf hingewiesen, dass der neue Begriff theoretisch wenig ausgearbeitet ist (»unrefined at a theoretical level«), u.a. weil das ihm zugrunde liegende Konzept der »Anerkennung« mehrdeutig bleibe (1984, 53, 59). Wenn z.B. ein proletarischer Student sich bei der Aufnahme in eine Uni um gutes Englisch bemühe, könnten hinter einer solchen »Anerkennung« der Normsprache ganz unterschiedliche Strategien stehen, die von Anpassung an die Sozialordnung bis zu ihrer Infragestellung reichen (60f). Es bliebe unerklärt, welche Funktion eine solche Norm-Anerkennung im Rahmen der ideologischen Vereinheitlichung der Gesellschaft spielt.

71 Dies besagt auch seine Definition, es handele bei der symbolischen Gewalt um einen »Zwang«, »der ohne die Zustimmung nicht zustande kommt, die der Beherrschte dem Herrschenden (und also der Herrschaft) nicht verweigern kann« (2001, 218).

Ein weiteres Problem besteht darin, dass Bourdieu die verklärende und »magische« Leistung symbolischer Gewalt gleichermaßen für das ›do ut des‹ des noch egalitär eingebundenen vorstaatlichen Gabentausches beim Potlatsch und für die Herrschaftsverhältnisse in staatlich verfassten Klassengesellschaften veranschlagt (1994, 163ff, 170ff), ohne den Einschnitt der Staatsentstehung begrifflich zu berücksichtigen. Damit fällt er ideologietheoretisch hinter seine Herleitung des Feldbegriffs aus der Genese der Klassen und des Staats zurück. Die Diskrepanz zwischen konkreten Untersuchungen und theoretischer Verarbeitung lässt sich auch an anderen Beispielen beobachten: Während Bourdieu die institutionellen und diskursiven Erzeugungen ›symbolischer Gewalt‹ in seinen Bereichstudien – etwa zur pädagogischen Vergesellschaftung (Bourdieu/Passeron 1973), zum Universitätswesen (Bourdieu 1984) oder zum Fernsehen (1986) – materialreich und differenziert rekonstruiert, ist der Begriff dort, wo er ihn zu definieren versucht, analytisch nicht trennscharf.

Die Stärken des bourdieuschen Ansatzes sind nicht in solchen Definitionen zu finden, sondern auf einer anderen Ebene. Einen Hinweis gibt eine weitere Definition symbolischer Gewalt: sie sei jene Gewalt, die, gestützt auf einen »sozial begründeten und verinnerlichten Glauben, Unterwerfungen erpresst, die als solche gar nicht wahrgenommen werden« (1998a, 174). Wichtig ist in unserem Zusammenhang ein bestimmtes Verständnis des ›Glaubens‹, den Bourdieu abweichend von den gängigen spiritualisierenden Interpretationen als »Zustand des Leibs«, »körperliche Hexis« versteht (1987, 126, 129).[72] Auf diesen Glaubens-Begriff stoßen wir auch, wenn Bourdieu sich gegen den Ideologiebegriff wendet: Von Ideologien zu sprechen hieße das, »was in den Bereich des *Glaubens*, also zu den tiefen körperlichen Dispositionen gehört, in den Bereich von *Vorstellungen* einordnen« (2001, 227).

Es sind diese körperlichen Dispositionen, die Bourdieu auch als ›Habitus‹ bezeichnet.[73] Dieser sei das »Produkt der Einverleibung einer sozialen Struktur in Form einer quasi natürlichen [...] Disposition«, und von dort beziehe auch die »symbolische Gewalt« ihre Wirksamkeit (216): die durch sie erzeugte freiwillige Zustimmung erfolge nicht in der Logik erkennenden Bewusstseins, sondern »in dunklen Dispositionen des Habitus«, d.h. in Form von Wahrnehmungsschemata und Dispositionen, die den

72 Es wäre zu untersuchen, ob Bourdieu mit einem solchen Glaubensbegriff nicht den antiken Wortbedeutungen der ›Treue‹, ›Vertrauens‹, der ›Treueverhältnissen unter Bundespartnern‹ etc. näher steht als einem von vorneherein an die Religion angeschlossenen Glaubensbegriff (vgl. Rehmann 2001, 787). Auch im Glaubensverständnis des Paulus geht es nach der Interpretation von Albert Schweitzer um eine ›materialistische‹ Christusmystik, nämlich um die Befähigung, die »leibliche Auferstehung« des gekreuzigten Christus zu wiederholen (790).

73 Vgl. als Überblicksliteratur zum Habitus-Begriff z. B. Dölling 2001, Krais/Gebauer 2002, Krais 2004.

Körpern der Beherrschten eingeschrieben sind (218f). Um den vor-bewussten Charakter dieser Einverleibung hervorzuheben, übernimmt Bourdieu aus der Phänomenologie den Begriff der *doxa*, d.h. der »stummen« Erfahrung der Welt als einer selbstverständlichen (1987, 125f; vgl. 50f), so dass der Habitus zuweilen auch als »doxische Unterwerfung« bezeichnet wird (2001, 227). »Was der Leib gelernt hat, das besitzt man nicht wie ein wiederbetrachtbares Wissen, sondern das ist man.« (1987, 135)

Dem in die Soziologiesprache importierten Neologismus des *Habitus* entspricht im Deutschen die *Haltung*, die die körperliche Stellung, die Tätigkeit (das ›*Verhalten*‹), *den* ›Charakter‹, die seelischen Dispositionen miteinander verklammert. Ausgehend von den marxschen *Feuerbachthesen* hat v.a. Bertolt Brecht die Haltung als »Mikroeinheit der Praxis für das tätige Subjekt« behandelt, mit deren Hilfe die Dichotomien Inneres/Äußeres, subjektiv/objektiv, individuell/gesellschaftlich überwunden werden kann (Suvin 2001, 1134, 1137). Die Ähnlichkeiten mit Bourdieus Bestimmungen des Habitusbegriffs sind so auffällig, dass ein Einfluss durch Brecht naheliegt – zahlreiche seiner Stücke und Aufsätze lagen in den frühen 60er Jahren in französischer Übersetzung vor. Darko Suvin vermutet darüber hinaus, dass die Vermittlung über Roland Barthes erfolgt ist (1141).

Bourdieus Einsatz des Habitusbegriffs gegen den Ideologiebegriff ist freilich eigentümlich verschoben. Da er den Habitus als »tiefere« Realität sowohl dem (abgelehnten) Begriff der ›Ideologie‹ als auch dem (dafür vorgeschlagenen) der ›symbolischen Gewalt‹ zugrunde legt, eignet er sich auch nicht als Einwand gegen den Ideologiebegriff. Hierzu müsste er vielmehr diejenigen Kategorien vergleichend diskutieren, die auf gleicher Ebene liegen, d.h. er müsste zeigen, warum es theoretisch angemessener ist, den Begriff der Ideologie durch den der »symbolischen Gewalt« zu ersetzen. Denn dass der Wirkungsweise des Ideologischen etwas anderes ›zugrunde liegt‹, ist ja, wie wir gesehen haben, auch in der Ideologietheorie eine geläufige Problemstellung: z.B. in Gestalt der »objektiven Gedankenformen« der bürgerlichen Gesellschaft (Marx), eines widersprüchlich zusammengesetzten »Alltagsbewusstseins« (Gramsci), dem (von der Ideologie ›repräsentierten‹) imaginären »Verhältnis der Menschen zu ihren Existenzbedingungen« (Althusser) oder der »Gefühlsstrukturen« (Raymond Williams). Dies ist das Feld, auf dem die Stärken oder auch Schwächen des Habitusbegriffs untersucht werden müssten, und man könnte z.B. argumentieren, dass Bourdieus Insistieren auf der ›Inkorporierung‹ der Herrschaftsverhältnisse ein wichtiges Korrektiv zur traditionellen Überbetonung des Bewusstseinsaspekts darstellt.

Ohne dieser weitreichenden Frage weiter nachzugehen, können wir Bourdieus Einwände probeweise in ein ideologietheoretisches Paradigma übersetzen, nämlich als These, dass ideologische Anrufungen und Umarbeitungen nur auf der Grundlage eines ›Habitus‹ funktionieren können, durch den gesellschaftliche Strukturen sich bereits in einverleibte Handlungsmustern verwandelt haben. Die Stärke von Bourdieus Habituskonzept läge dann in der Untersuchung der Mechanismen, »durch die Ideologie im Alltagsleben Fuß fasst« (Eagleton 2000, 182), bzw. umgekehrt, wie sie durch verfestigte Verhaltensmuster im Alltag abgestützt wird.

Diese Stärke tritt umso deutlicher hervor, wenn man sie mit den beobachteten Schwächen von Althussers Anrufungs- und Subjektionsmodell konfrontiert.

7.4 Ein Beitrag zur Weiterentwicklung von Althussers Anrufungsmodell

Während Althussers Subjektions-Modell sich aufspaltet in ein Modell situationalistischer »Anrufungen« durch die verschiedenen konkreten ISA und eine sich überzeitlich verstehende psychoanalytische Theorie »ewiger« Unterwerfung, beansprucht Bourdieu die jeweils konkret-historischen Macht- und Hegemoniebeziehungen der Herrschaftsordnung mit den Haltungen und Praxisformen der Subjekte zu vermitteln, ohne hierbei in die Fallen eines Objektivismus oder Subjektivismus zu fallen. Hinsichtlich dieses Anspruchs steht sein Ansatz einer historisch-kritischen Ideologietheorie näher als derjenige Althussers, der die »Ideologie im Allgemeinen« an die Psychoanalyse delegiert hat.

In dieser Vermittlung fungiert der Habitus-Begriff als eine Art Kurzformel für die komplexen Vorgänge, über die die Positionen in den Klassen-, Geschlechter- und Generationsverhältnissen als überindividuelle Muster in die Subjekte ›eingeschrieben‹ werden und sich verfestigen. Dabei sollen diese Muster die »Prinzipien der Konstruktion und Bewertung der Sozialwelt« zum Einsatz bringen, »die am direktesten die Arbeitsteilung zwischen den sozialen Klassen, Altersgruppen und Geschlechter« wiedergeben, wobei für Bourdieu der Gegensatz zwischen der ›Elite‹ der Herrschenden und der ›Masse‹ der Beherrschten primär ist (1982, 727, 730f). So unterscheidet er im Bereich der ästhetischen Klassendistinktionen gegensätzliche Verhaltensmuster wie z.B. das plebejische »schallende Gelächter« gegenüber dem vornehm zurückgenommenen Lächeln oder Schmunzeln, das vulgäre »Maul« (gueule) gegenüber dem gespitzten Mund (bouche) etc. (308). Ein Beispiel für eingeschriebene Geschlechterverhältnisse sind die gegensätzlichen Körperhaltungen bei der Olivenernte in einem algerischen Dorf, die sich zu generellen Geschlechtsmerkmalen verallgemeinern: »aufrecht« der Mann, »gebückt« die Frau (Bourdieu 1987, 129ff).

Der Habitus ist nicht Subjekt-Effekt einer Anrufung, sondern stellt selbst eine relativ autonome Welt in der Welt dar. Indem er eine »wirkende Präsenz der gesamten Vergangenheit« bezeichnet, »die ihn erzeugt hat«, macht er die altuellen Praxen der Subjekte »*relativ unabhängig* von den äußeren Determiniertheiten der unmittelbaren Gegenwart« (1987, 105). In Anlehnung an Chomsky beschreibt Bourdieu ihn als nicht nur »strukturierte«, sondern auch »strukturierende Struktur«, die innerhalb eines festgelegten Paradigmas unzählige Verhaltensweisen generieren kann und somit auch aktiv auf das Feld zurückwirkt (Bourdieu/Wacquant 1996/1992, 39, 160f).

Die ideologische Subjektion, die Althusser aus einer Serie gelungener Anrufungen ableitet, wird hier durch die Wechselbeziehung von Feld und Habitus erklärt. Durch sie will Bourdieu nämlich erklären, was Nietzsche als Liebe zum Schicksal (*Amor Fati*) bezeichnet hatte: den Prozess, durch den man sich zu dem macht, durch das man gemacht wird (1987, 124). Indem z.B. der sozial konstituierte »Geschmack« bewirkt, dass man die Merkmale, die einem de facto zugeordnet wurden, auch »mag«, tendieren die Beherrschten dazu, »sich das zuzuschreiben, was ihnen qua Distribution ohnehin zugewiesen ist, das abzuwehren, was ihnen ohnehin verwehrt ist (›das ist nichts für uns‹)« (1982, 286, 735).

Wir können daher Bourdieus Habitus-Analysen als wichtiges Verbindungsglied zwischen Alltagsleben und ideologischer Vergesellschaftung re-interpretieren. Der Begriff kann v.a. dabei helfen, die Verfestigungen von Alltagsstrukturen zu erklären, auf deren Grundlage Phänomene ideologischer »Wiedererkennung« konkreter rekonstruiert werden können als in Lacans überallgemeiner Konzeption des Imaginären. Bourdieu zufolge ermöglicht der einverleibte Habitus den Individuen, die »Institutionen zu bewohnen, sie sich praktisch anzueignen und sie damit in Funktion, am Leben, in Kraft zu halten, sie ständig dem Zustand des toten Buchstabens [...] zu entreißen« (1987, 107). Hier scheinen wir also zu finden, was wir bei Althusser vermissten, ein dialektisches Wechselverhältnis von ideologischen Feldern und habitualisierten Alltagsdispositionen.

7.5 *Ein neuer Sozialdeterminismus?*

Freilich wird die Freude über einen solchen Fund durch Formulierungen getrübt, in denen Bourdieu das Wechselverhältnis zwischen Feld und Habitus von vorneherein auf den von Durkheim übernommenen Begriff der »Homologie« festlegt und damit stillstellt. Beide sind »Existenzweisen des Sozialen«, nur dass es sich beim Feld um eine »Ding gewordene Geschichte« und beim Habitus um eine »Leib gewordene Geschichte« handelt (1985, 69). »Die soziale Realität existiert sozusagen zweimal, in den Sachen und in den Köpfen, in den Feldern und in den Habitus, innerhalb und außerhalb der Akteure. Und wenn der Habitus ein Verhältnis zu einer sozialen Welt eingeht, deren Produkt er ist, dann bewegt er sich wie ein Fisch im Wasser und die Welt erscheint ihm selbstverständlich.« (Bourdieu/Wacquant 1996, 161) Die »doxische Erfahrung«, das selbstverständliche Sich-zu-Hause-Fühlen in entfremdeten Formen, ist als Effekt einer Strukturhomologie zwischen einem Feld und einem Habitus beschrieben, der auf dieses Feld abgestimmt ist (1987, 126; vgl. 50f). In solchen Bestimmungen wird der Eindruck erzeugt, als hätten die verschiedenen Instanzen, die Bourdieu zunächst säuberlich voneinander unterschieden hat, nichts anderes zu tun, als sich gegenseitig widerzuspiegeln und wechselseitig zu verstärken.

In diesem Sinn kritisiert z. B. Klaus Holzkamp im Anschluss an das Konzept »alltäglicher Lebensführung« (u. a. von Voß 1991, 180ff), dass Bourdieu »die übliche soziologische Grundposition einer *einsinnigen Determiniertheit des Individuums durch die Gesellschaftsstruktur* nirgends verlasse und so auch den ›Habitus‹ [...] als abhängige Größe von klassen- bzw. schichtspezifischen Struktureigentümlichkeiten der Gesellschaft betrachte« (Holzkamp 1995, 823). Dagegen sei das Konzept der ›Lebensführung‹ als »›*aktive Leistung*‹ des Individuums zu verstehen, dem damit bestimmte ›*Freiheitsgrade*‹ [...] zukommen«, eine »›*tagtägliche*‹ Aktivität der *Organisation, Integration, Konstruktion* des Alltags in der Weise, dass dadurch die [...] widersprüchlichen Anforderungen miteinander vereinbar gemacht, ›auf die Reihe gebracht‹ werden können« (838, 842).

Die Kritik scheint insofern überzogen, als Bourdieu sich gerade gegen die Reduzierung der Akteure auf Struktureffekte gewandt hat und mit dem Anspruch antritt, ihre Eigenaktivität zu begreifen. Dem Vorwurf eines »latenten Sozialdeterminismus« (Andresen 2001, 54) kann man z. B. die Kennzeichnung des Habitus als »strukturierende Struktur« entgegenhalten, die im Anschluss an Chomskys »generative Grammatik« gedacht wird. Bourdieu weist Chomskys Annahme einer angeborenen Universalgrammatik zurück und ersetzt sie durch das Konzept einer »historisch entstandenen, institutionell verankerten und damit sozial variablen generativen Matrix« (Bourdieu/Wacquant 1996, 39). So wie die handelnden Subjekte bei Chomsky über ein System generativer Strukturen verfügen, das unbegrenzt viele Äußerungen hervorbringen kann, handele es sich auch beim Habitus um einen »dynamischen Vorgang des Erzeugens durch die Subjekte selbst«, argumentieren z. B. Krais und Gebauer (2002, 32f). Tatsächlich spricht Bourdieu von der »Erfinderkunst« des Habitus, die es ihm ermöglicht, »unendlich viele und [...] relativ unvorhersehbare Praktiken von dennoch begrenzter Verschiedenartigkeit« zu erzeugen (1987, 104). Determiniert sind nicht die individuellen Praxen selbst, sondern ihre »Grenzen« bzw. die Praxisformen (vgl. Schwingel 2003, 69, 71).

Es bliebe zu klären, wie sich die Eigenaktivitäten der Subjekte mit dem Regelbegriff der chomskyschen Grammatiktheorie vertragen. Auch lohnte es sich zu diskutieren, wie sich Bourdieus Habitus-Begriff mit Lucien Sèves Konzept »historischer Individualitätsformen« vermitteln ließe, die den einzelnen Individuen als verfestigte Tätigkeitsformen vorgeordnet sind (s. o. 2.3 u. 3.6). Insgesamt kann man beobachten, dass Bourdieu in seiner Frontstellung gegen den ›Voluntarismus‹, den er in liberalen, postmodernen und z. T. auch emphatisch linken Handlungskonzepten sieht, den Akzent auf den konservativen Anpassungsmechanismus des Habitus setzt: er sei Grundlage einer selektiven Wahrnehmung von Indizien, »die eher zu seiner Bestätigung und Bekräftigung als zu seiner Verwandlung taugen«, er funktioniere als Matrix von Reaktionen, die an die (seiner Erzeugung homologen) objektiven Bedingungen »vorangepasst« sind (1987, 120). Auch schaffe er sich, um sich vor Krisen und kritischer Befragung zu schützen, »ein Milieu [...], an das er so weit wie möglich vorangepasst ist« (114). Obwohl Bourdieu sich emphatisch auf den schöpferischen Praxis-Begriff der marxschen *Feuerbachthesen* beruft, definiert er den »praktischen Sinn« lediglich als »Natur gewordene, in motorische Schemata und automatische Körperreaktionen verwandelte gesellschaftliche Notwendigkeit« – seine Aufgabe ist, dafür zu sorgen, dass die Praktiken »sinnvoll« erscheinen, d.h. »mit Alltagsverstand ausgestattet sind« (127).

Solche Formulierungen legen nahe, dass auch hier die Würfel der Unterwerfung längst gefallen sind, und dies gerade dann, wenn die Subjekte sich einbilden, ihren Praxen einen Alltags-Sinn, einen *common sense* zu verleihen. Es gibt weder Hinweise, wie vom Habitus Veränderungs- oder sogar Befreiungsimpulse ausgehen könnten, noch, worauf sie sich sonst stützen könnten. Insbesondere bleibt unklar, wie Bourdieu die Widersprüche in einem solchen common sense denkt und wie er darin einen erfahrungsoffenen und experimentierfreudigen ›gesunden Menschenverstand‹ (*buon senso*) identifizieren kann, mit dem eine *Philosophie der Praxis* sich verbünden könnte.

Das heißt freilich nicht, dass solche Widersprüche und Veränderungspotenziale im Rahmen von Bourdieus Soziologie nicht theorie-immanent gedacht werden können. Wertvolle Hinweise findet man z.B. in seinem Konzept umkämpfter sozialer ›Felder‹: da die Individuen in verschiedenen Feldern unterschiedliche Positionen einnehmen, sind sie auch widersprüchlichen Anforderungen ausgesetzt, die sie in ihrem Habitus kohärent arbeiten oder zumindest ausbalancieren müssen. Hinzukommt der von Bourdieu hervorgehobene Gedanke, dass im Habitus die ihn erzeugende Vergangenheit »präsent« gehalten wird, wodurch das Subjekt sich eine relative Autonomie gegenüber unmittelbareren Determinationen bewahren kann (1987, 105). Denn durch die »wirksame Präsenz« seiner Entstehungsbedingungen gerät der inkorporierte Habitus schnell in Gegensatz zu den sich weiterentwickelnden Handlungsfeldern. Nicht nur stehen also bestimmte Habitualisierungen im Widerstreit mit anderen, sondern auch mit neuen gesellschaftlichen Anforderungen. Die Lösung dieser vielfältigen Widersprüche erfordert immer wieder neues Experimentieren, Auswerten, Entwerfen kollektive Verständigung, mithin auch »Bewusstwerdung« und eingreifendes Denken, die in Holzkamps Konzept alltäglicher Lebensführung eine wichtige Rolle spielen.

8. Von der Althusser-Schule zu Poststrukturalismus und Postmoderne

Was als ideologietheoretische Erneuerung begann, mündet schließlich in eine Krise der Althusser-Schule, bei der theoretische, politische und persönliche Momente auf verhängnisvolle Weise ineinandergreifen. Althusser, der immer wieder von manischen Depressionen heimgesucht wurde, tötet im November 1980 seine Frau Hélène Rytmann, wird in die Psychiatrie eingeliefert (bis 1983) und verbringt die letzten Jahre seines Lebens (bis 1990) in Abgeschiedenheit. Dem war 1979 der Selbstmord Nico Poulantzas' vorausgegangen. Michel Pêcheux nimmt sich 1983 das Leben. Auf politischer Ebene hat die Tendenz zu Theorizismus und esoterischer Geheimsprache (v.a. unter dem Einfluss des Lacanismus) die Möglichkeiten einer organischen Verbindung zu sozialen Bewegungen stark beeinträchtigt. Auf theoretischer Ebene ist die Althusser-Schule schon in den 1970er Jahren einem Ansturm »postmoderner Relektüren Nietzsches und der deutschen ›Jungkonservativen‹ der 1920er Jahre« ausgesetzt, was in kürzester Zeit zu einem »Hegemonieumschlag« im intellektuellen Milieu führt: »Ein solcher Umschlag in den Rezeptionsbedingungen wirft die Frage nach den Anschlussmöglichkeiten, aber auch nach den immanenten Schwächen des althusserschen Projeks auf.« (F.O. Wolf 1994, 189f). Ich selbst bin in meiner Untersuchung zum »Links-Nietzscheanismus« zu dem Ergebnis gekommen, dass der Althusserianismus der postmodernen Übernahme seiner zentralen Kategorien kaum etwas entgegenzusetzen hatte. »Es ist, als wäre die Kritikfähigkeit der Althusser-Schule [...] durch einen ›theoretischen Antihumanismus‹ gelähmt, der sich selbst einer fragwürdigen Kombination von Marx, Nietzsche und Heidegger verdankt.« (Rehmann 2004a, 72)

Im Verlauf der Auflösung der Althusser-Schule wird auch der Ideologiebegriff sukzessive durch den des »Diskurses« und der »Macht« abgelöst. Einer Aufteilung Jorge Larrains zufolge (1994, 68ff, 85ff) zerfällt die althussersche Ideologietheorie in drei Hauptströmungen: zunächst entwickelt eine Linie um Michel Pêcheux eine materialistische Diskurstheorie im Rahmen eines kommunistischen Klassenprojekts; eine »mittlere« neo-gramscianische Linie um den frühen Ernesto Laclau und um Stuart Hall (»Hegemony Research Group«) integriert linguistische und semiotische Ansätze in eine Ideologietheorie, um auf diese Weise den Neoliberalismus, den Rechtspopulismus und die Volkskultur analysieren zu können; unter dem Einfluss von Michel Foucault konstituiert sich etwas später eine poststrukturalistische Linie um Laclau und Chantal Mouffe, die den Marxismus als »Essenzialismus« verwirft und die Begriffe der Ideologie, der Kultur und der Sprache durch den des Diskurses als Konstitutionsprinzip des Gesellschaftlichen schlechthin ersetzt.

8.1 Diskurstheoretische Modifikationen der Ideologietheorie durch Michel Pêcheux

Wie Keith Sawyer gezeigt hat (2003, 49, 53ff), beruht die weit verbreitete Vorstellung, die den weiten Diskursbegriff im Sinne gesellschaftlicher Sinnproduktion auf Foucault zurückführt, auf einem Missverständnis: er wird zunächst von einer Gruppe um Michel Pêcheux und Paul Henry im Rahmen der althusserschen Ideologietheorie entwickelt. Die Aufgabe wird darin gesehen, Linguistik und lacansche Psychoanalyse mit Althussers Anrufungsmodell zusammenzuführen, um die Produktion von Sinn-Evidenzen erklären zu können (Pêcheux 1975, 137). Über die Sprache erfolgt die Identifizierung mit einem »präkonstruierten« Sinn (effet de préconstruit) (88f, 243). Die »Diskursformation« legt im Rahmen einer herrschenden Ideologie fest, was entsprechend den Regeln einer Ansprache, einer Predigt, eines Programms usw. »gesagt werden kann und muss« (144f). Die Evidenz des Sinns entspringt der Illusion einer unmittelbaren Transparenz der Sprache, d.h. dem Anschein, dass ein Wort eine Bedeutung »besitzt«, direkt eine Sache bezeichnet (137f, 146). Hier gibt es deutliche Überschneidungen mit Adornos und Horkheimers Kritik des »identifizierenden Denkens« (s. o. 4.5), ohne dass die unterschiedlichen Theorietraditionen in Dialog treten würden. Indem die Individuen als Subjekte »ihrer« Diskurse angerufen werden, fällt die Konstitution des Subjekts und des Sinns in einem Prozess zusammen (137f, 145).

Um den von Althusser erwähnten »proletarischen Widerstand« (ISA, 164ff; *SRL,* 263ff) ideologietheoretisch stärker einzubeziehen, schlägt Pêcheux vor, den Standpunkt der Reproduktion durch das Begriffspaar »Reproduktion/Transformation« zu erweitern (Pêcheux 1984a, 61f). Versucht wird, aus der »Ewigkeit« der althusserschen »Ideologie im Allgemeinen« auszubrechen, ohne sie explizit in Frage zu stellen: rufe die bürgerliche Ideologie ein »autonomes« Subjekt an, so die proletarische den »Kämpfer« (Pêcheux/Fuchs 1975, 164, 207 Anm. 5). Dies stellt freilich eine allzu holzschnittartige Dichotomie dar, die ausblendet, dass gerade auch jakobinische, imperialistische und faschistische Ideologien ihre Subjekte als nationale (und insofern auch kollektive) »Kämpfer«-Subjekte anrufen.

Um die spezifischen Anrufungen durch die »proletarische Ideologie« bestimmen zu können, schlägt Pêcheux das Konzept der »Ent-Identifizierung« vor, d.h. einer Transformation der Subjekt-Form, bei der die von den ISA auferlegten Evidenzen umgekehrt werden: »Die ›ewige‹ Ideologie verschwindet nicht, sondern funktioniert gewissermaßen *umgekehrt,* d.h. *über und gegen sich selbst«* (»*à l'envers*, c'est-à-dire *sur et contre elle-même*«; 1975, 200f; vgl. 1984a, 64). Dies bedeutet nicht den Ausstieg aus der Subjektion, sondern eine permanente »Arbeit in und mit der Subjekt-Form«, so dass in der Subjekt-Form diese zugleich in Frage gestellt werden kann (1975, 248f).

Dieser anti-ideologische »Gegenschlag« (contrecoup) betrifft zum einen die Aneignung wissenschaftlicher Erkenntnisse (200f, 248), zum andern die politische Perspektive des »Nicht-Staats«, die es ermöglichen soll, in der proletarischen Revolution die Stellvertreterpolitik durch eine revolutionäre Massendemokratie zu überwinden (1984b, 65). Dies bedeutet zugleich eine »ideologische Entregionalisierung«, die die Politik aus dem Parlament herausführt, eine Politik der »durchbrochenen Linie«, die – ohne die Gewissheiten des ›Meisters‹ und das Wissen der Pädagogen – darin besteht, die Fragen unaufhörlich zu verschieben (66). Dabei beruft Pêcheux sich auf die operativen anti-ideologischen Momente der leninschen Praxis (s. o. 3.3) und auf die chinesische Kulturrevolution, in denen »durch die Ent-Identifizierung des juristischen Ich-Subjekts und die Entregionalisierung der ideologischen Funktionalität hindurch das vielfältige Geflecht der [...] beherrschten Ideologien plötzlich in Richtung auf den Nicht-Staat zu arbeiten beginnt« (ebd.).

Fortschritte und Grenzen von Pêcheux' Modifikationen lassen sich abmessen, wenn wir sie z. B. auf das bereits angeführte Anwendungsbeispiel *We are the Poors* beziehen (s. o. 6.6). Tatsächlich ist das Konzept der »Ent-Identifizierung« geeignet, die kollektive Verweigerung der Armen gegenüber den spaltenden rassistischen Anrufungen zum Ausdruck zu bringen. Die angerufenen Subjekte mögen sich beim ersten Anruf kurz umgedreht haben, aber dann drehen sie sich wieder weg: »Wenn sie uns als Inder oder Afrikaner anrufen, sind wir das nicht«. Die neue widerständige Gegen-Identität »We are not Indians/Africans, we are the poors« geht freilich über das Konzept der »Ent-Identifizierung« hinaus. Sie beinhaltet eine Verdichtung von gelebten Erfahrungen, die in diesem Begriff nicht mehr konzeptionalisiert werden kann.

Es ist daher zweifelhaft, ob Pêcheux' Modifikationen ausreichen, um Althussers »passive« Auffassung des Subjekts als Effekt ideologischer Anrufungen überwinden zu können. Norman Fairclough kritisiert, dass Pêcheux die Ent-Identifizierung von Diskursformationen nur im Zusammenhang mit revolutionärer Theorie und Praxis der kommunistischen Partei für möglich hält (1992, 32): »The capacity of subjects to [...] transform the bases of subjection themselves, is neglected. The theory of ›disidentification‹ as change externally generated by a particular political practice is an implausible alternative to building the possibility of transformation into one's view of discourse and the subject.« (34)

8.2 *Die post-marxistische Wende von Laclau und Mouffe*

Dem frühen Laclau ging es zunächst darum, das Material der ideologischen Kämpfe von ausgearbeiteten Klassenideologien zu unterscheiden: Die einzelnen Elemente haben keinen notwendigen Klassenbezug, sondern erhalten ihn erst durch ihre Eingliederung (Artikulation) in einen ideologischen Diskurs, dessen Einheit durch die spezifische Anrufung hergestellt wird (1981a, 87, 89). Zu unterscheiden ist zwischen Anrufungen als Klasse und popular-demokratischen Anrufungen, in denen die Subjekte als »Volk« gegen den herrschenden Machtblock aufgerufen werden (94f). »Der Klassenkampf auf ideologischem Gebiet besteht größtenteils aus Versuchen, die popular-demokratischen Anrufungen in die ideologischen Diskurse antagonistischer Klassen einzugliedern.« (1979, 669; 1981a, 95) So hing z. B. die Niederlage der Arbeiterparteien gegenüber dem Faschismus damit zusammen, dass sie sich weitgehend auf proletarische Klassendiskurse beschränkten, während die Nazis die Widersprüche zwischen dem herrschenden Machtblock und dem »Volk« populistisch besetzten und in einen rassistisch-antidemokratischen Diskurs einarbeiteten (1981a, 108ff, 116ff, 122).

Während Pêcheux versuchte, in seinem Konzept der »proletarischen Ideologie« die ideologiekritischen Dimensionen der althusserschen Ideologietheorie auszuschöpfen, stützt sich Laclau auf ein Anrufungsmodell, das bei herrschenden Ideologien wie bei den sich diesen entgegensetzenden Ideologien der Beherrschten »auf die gleiche Weise« funktioniert (191, Anm. 7). Indem die Ideologie zu einer Praxis der Produktion von Subjekten (practice producing subjects) überhaupt verallgemeinert wird (95), wird sie auch ihres kritischen Stachels beraubt und neutralisiert. Damit ist der Weg frei, sie durch den Diskursbegriff zu ersetzen.

Dies erfolgt in der poststrukturalistischen Wende, in der die marxistische Theorie im Namen eines prinzipiellen Indeterminismus des Sozialen verabschiedet wird (Laclau/Mouffe 1991, 34ff). Hatte Laclau früher die Notwendigkeit betont, die popular-demokratischen Ideologien mit dem Klassendiskurs der Arbeiterbewegung zu verknüpfen, um der Alternative zwischen linksradikalem Sektierertum und einem sozialdemokratischen Opportunismus zu entgehen (1981a, 121), gilt die Zentralität der Arbeiterklasse nun als »ontologisches« Vorurteil (Laclau/Mouffe 1991, 36).[74] Dass Gramsci und Althusser die Materialität des Ideologischen auf die gesellschaftlichen Superstrukturen beziehen, wird als eine essenzialistische Apriori-Entscheidung gedeutet (160). An die Stelle der Ideologie tritt der Diskurs, der als »strukturierte Totalität« von Verknüpfungstätigkeiten definiert wird, die wiederum sowohl linguistische als auch nicht-linguistische Elementen umfassen sollen (155, 159).

Auf diese Weise fällt das Diskursive mit dem Sozialen schlechthin zusammen. Mit dieser umfassenden Bestimmung ist tautologisch festgelegt, dass es kein Objekt gibt, das nicht ›diskursiv konstituiert‹ wird (158). »Die Kategorie des Diskurses ist bis zu dem Punkt aufgebläht worden, wo

74 Vgl. hierzu die Darstellung bei Marchart, der die Abwendung von jeglicher Klassenpolitik unkritisch als post-marxistische Befreiungstat zelebriert: ihm zufolge entfernen Laclau/Mouffe aus Gramscis Hegemoniebegriff den »letzten Klassenkern«, und erst mit dieser »entkernten Version« werde das ganze Potential des Hegemoniebegriffs freigesetzt – »durch den *discursive turn* wird das Terrain der Klassenanalyse endgültig verlassen« (2007, 113f). Worin hier die analytische Errungenschaft bestehen soll, bleibt freilich im Dunkeln.

sie [...] von der ganzen Welt Besitz ergreift.« (Eagleton 2000, 252). Sie hat in ihrer poststrukturalistischen Verwendung so viele Bedeutungen aus den verschiedenen Bereichen der Ideologie, der Kultur und der Sprache in sich aufgesogen, dass sie als analytischer Begriff unbrauchbar wird.[75]

8.3 Stuart Halls Brückenschlag zwischen neo-gramscianischer Hegemonietheorie und Diskursanalyse

Angeregt durch Laclaus Studien zum Rechtspopulismus hat Stuart Hall untersucht, wie es dem Thatcherismus gelungen ist, »die breite Zustimmung wichtiger Teile der beherrschten Klassen [zu gewinnen]« (1989, 180). Zu erklären ist »eine Ideologie [...], die v. a. im diskursiven Bereich tätig ist, dort erfolgreich in das Territorium der beherrschten Klassen eingedrungen ist, es in Stücke zerlegt und damit einen Bruch in deren traditionellen Diskursen (Labourismus, Reformismus, Keynesianismus und Sozialstaatlichkeit) herbeigeführt hat« (183).

Von dieser Problemstellung aus kritisiert Hall unterschiedliche Ideologiekonzepte: Die leninistische Gleichsetzung mit herrschendem Klassenbewusstsein verfehlt die »interne Fraktionierung des ideologischen Universums der herrschenden Klassen« sowie die spezifisch neuartige Verbindung von »eisernem Regime« und populistischer Mobilisierung von unten (181–83). So wie die Sprache »mehrfach akzentuiert« ist (vgl. Vološinov 1975, 71f), so ist auch das Ideologische »immer ein Feld von sich überschneidenden Akzenten«, so dass die Vorstellung fester Klassenideologien durch den Begriff des »ideologischen Kampffelds« und die Aufgabe der »ideologischen Transformation« zu ersetzen ist (Hall 1984, 115f). Die kritische Ideologiekonzeption als »falsches Bewusstsein« missversteht, dass die von Marx im *Kapital* analysierten ideologischen »Verkehrungen« nicht »falsch« sind, sondern rational im Rahmen wirklicher Realitätsebenen, die freilich einseitig verallgemeinert werden (110f). Die Zirkulationssphäre mit ihren von Marx aus dem Vertragsverhältnis des Tauschs abgeleiteten Werten »Freiheit, Gleichheit, Eigentum und Bentham« (K I, 23/189) ist eine Wirklichkeit, ohne die der Kapitalismus nicht funktionieren könnte; die Erfahrung des Marktes, der Lohntüte, des Groschens im Automaten usw. ist »für jeden *die* unmittelbarste, alltägliche und universelle Erfahrung des ökonomischen Systems« (Hall 1984, 110, 113). Insofern stellen reformistische wie auch revolutionäre Ansätze nicht »falsche«, sondern wirklichkeitsnahe Wege dar,

75 Der Diskursbegriff »hat die totalisierenden sowie die semiotischen Bedeutungen der ›Kultur‹ in Beschlag genommen, mit den gramscianischen und althusserianischen Begriffen der Hegemonie und Ideologie verbunden, mit den Konzepten der lacanschen Psychoanalyse verschmolzen, nebenbei noch den *linguistic turn* in der Literaturtheorie angezapft und schließlich Foucaults historische Orientierung an Macht- und Wissenbeziehungen aufgenommen.« (Sawyer 2003, 59)

»Interessen und Erfahrungen diskursiv zu strukturieren« (1989, 189). Die wichtigste Frage an organische Ideologien ist nicht, was falsch, sondern was »wahr« an ihnen ist, d.h. lebenspraktisch sinnvoll erscheint (ebd.).

Mit Althussers Subjekttheorie kann, wie Hall weiter zeigt, nicht analysiert werden, »wie bereits positionierte Subjekte aus ihren ›Verhaftungen‹ gelöst und durch ein neues Diskursbündel erfolgreich re-positioniert werden können«, da die übernommenen »überhistorischen, spekulativen Verallgemeinerungen des Lacanismus« durch ihre Fixierung auf den subjektkonstituierenden Eintritt in die Sprache die Aneignung der jeweils konkreten »Sprachen« vernachlässigen (196). Der Einwand lässt sich gut auf unser Anwendungsbeispiel *We are the poors* beziehen: ob sich die als privilegierte »Inder« angerufenen Armen in dieser Anrufung wiedererkennen oder ihr eine widerständige Identität als »Arme« entgegensetzen, kann nicht im Rahmen eines allgemeinen psychoanalytischen Modell beantwortet werden. Zu untersuchen ist vielmehr, aufgrund welcher Erfahrungen und unter welchen konkreten Hegemonie- und Diskursbedingungen die »positionierten« Subjekte sich selber re-positionieren und eine neue »Sprache« finden können.

Zur Analyse des Neoliberalismus sei Gramscis Hegemonie-Begriff am besten geeignet, weil er ohne den Abweg eines »falschen Bewusstseins« das zentrale Problem der Zustimmung der Massen angeht und die Ideologie mit der widersprüchlichen Zusammensetzung des Alltagsverstands vermittelt, schlussfolgert Hall (200f, 203f, 205). Dies bedeutet aber für ihn, auf eine »neutrale« Konzeption zurückzugehen: die Ideologie bezeichne den »mentalen Rahmen«, den »verschiedene Klassen und soziale Gruppen entwickeln, um der Funktionsweise der Gesellschaft einen Sinn zu geben, sie zu definieren, auszugestalten, verständlich zu machen« (1984, 99). Gegenüber der kritischen Bedeutung bei Marx und Engels möchte er den Begriff in einem »mehr deskriptiven« Sinn benutzen, »um auf *alle* organisierten Formen gesellschaftlichen Denkens zu verweisen« (ebd.). Damit sind freilich sowohl die ideologiekritischen Aspekte bei Gramsci als auch seine Fundierung in materiellen Hegemonieapparaten wieder aus dem Ideologiebegriff ausgeschlossen. Dem entspricht ein diffuses Verhältnis sowohl zur »Kultur« als auch zum »Diskurs« (vgl. zur Kritik Koivisto/Pietilä 1993, 241ff).

Dass die *Cultural Studies* ihren Aufstieg zur etablierten Disziplin v. a. in den USA nicht zuletzt ihrer post- strukturalistischen Abkehr vom Marxismus verdankten, ist häufig beobachtet worden. Colin Sparks zufolge (1996, 71f) entstand die Verbindung zwischen dem *Centre for Contemporary Cultural Studies* (CCCS) an der Universität Birmingham und dem Marxismus zwischen 1968 und 1972 und wurde spätestens zu Beginn der 1990er Jahre durch eine Wende zum »Post-Marxismus« abgelöst. Die Verbindung zwischen Marxismus und Cultural Studies sei »much more contingent and transitory than it once appeared even to its main actors« (97). Sparks' Interpretation zeigt allerdings die Schwäche, dass der Autor den Marxismus-Begriff umstandslos im Singular gebraucht und darauf verzichtet zu bestimmen, welche Definitionskriterien er anlegt. Kritische Kulturstudien waren Neuland und brauchten zu ihrer differenzierten Bearbeitung innovative Methoden, die den Rahmen eines dogmatisch vorgefertigten »singularen« Marxismus sprengen mussten.[76]

Von marxistischer Seite ist Stuart Hall häufig wegen seiner stark von Roland Barthes inspirierten semiologischen Wende kritisiert worden. Wir können diese Debatten hier nicht weiterverfolgen.[77] Aber im Unterschied zum Poststrukturalismus, dem er zuweilen zugerechnet wurde, hat er die Auflösung des Ideologischen in den Diskurs, wie sie von Foucault sowie von Laclau und Mouffe betrieben wurde, durchgängig abgelehnt: dies führe zu einem neuen Essenzialismus, der das »schwierige Problem der Beziehungen zwischen den horizontalen Mächten in der Zivilgesellschaft und den [...] vertikalen Mächten im Staat und in den politischen Verhältnissen [...] [umgeht]« (1989, 199; vgl. ebd., 196ff; 1984, 116; 1996, 135f). In Bezug auf die US-amerikanischen *Cultural Studies* beklagt Hall, dass die »overwhelming textualization [...] somehow constitutes power and politics as exclusively matters of language and textuality itself« (1996, 274). Im selbstkritischen Rückblick bemerkt er, die Frontstellung der *Cultural Studies* gegen den Klassenreduktionismus hätte schließlich dazu geführt, die Klassenfrage völlig zum Verschwinden zu bringen – sie in die Kulturstudien zu re-integrieren sei nun die wichtigste Aufgabe (400).

Bezieht man solche Positionen mit ein, wird man zögern, Hall einer postmarxistische Wende zum Poststrukturalismus zuzuordnen. Eher steht er für den schwierigen und zweifellos auch schwankenden und zuweilen inkonsistenten Versuch eines Brückenschlags zwischen einer neo-gramscianischen Hegemonietheorie und dem linguistic turn in den Kulturwissenschaften.

8.4 Michel Foucaults Weg von der Ideologie- zur Machttheorie

Die mit dem Zerfall der Althusser-Schule und der Krise des Marxismus einhergehenden »Überwindungen« der Ideologietheorie durch diskurs- und machttheoretische Ansätze berufen sich v.a. auf Foucault, der sich bereits 1969 in der *Archäologie des Wissens* von einem frühen Ideologiebegriff Althussers abgestoßen hat. Ich werde im Folgenden rekonstruieren, wie Foucault das Ideologieproblem zunächst ins »Wissen« und in den »Diskurs« verlagert, um es dann im Rückgriff auf Nietzsches »Fiktionalismus« in den Macht-Begriff zu überführen. Abschließend soll geprüft werden, wie sein Begriff des »Dispositivs« ideologietheoretisch genutzt werden könnte.

76 Vgl. zum Konzept eines »pluralen Marxismus«, Haug 1985.

77 Zu den Kontroversen zwischen Stuart Hall und Raymond Williams, vgl. z.B. Jones 2004, 105ff.

8.4.1 Die Auflösung des althusserschen Ideologiebegriffs ins »Wissen«

In der *Archäologie des Wissens* stößt Foucault auf das Ideologieproblem als er versucht, »positiv [zu] zeigen, wie sich eine Wissenschaft ins Element des Wissens einreiht und funktioniert«. Das ideologische Funktionieren der Wissenschaft sei dort angesiedelt, »wo sich die Wissenschaft aus dem Wissen herausschält« (se découpe sur le savoir), wo sie sich in ihm »lokalisiert«, ihren Platz in einer »diskursiven Regelmäßigkeit« findet, in einem Feld diskursiver Praktiken funktioniert, kurzum: wo sie selbst als »diskursive Praxis« existiert (1973, 263f). »Wissen« (savoir) bezeichnet bei Foucault – ähnlich wie das »Archiv« – nicht eine empirisch vorliegende Menge von Wissensbeständen, sondern eine tiefer liegende Determinationsebene, die als ein Set von »Regeln« bestimmt, »was gesagt werden [...] muss, damit es einen Diskurs geben kann«, und die damit erst konstituiert, »wovon ausgehend kohärente (oder nicht kohärente) Propositionen gebaut, [...] und Theorien entfaltet werden« (259f).

Die Überführung des Ideologiebegriffs in die Begriffe des »Wissens« und der »diskursiven Praxis« führt zu einer Überallgemeinheit, bei der jede kritische Spezifik verlorengegangen ist. Dies zeigt bereits die Gegenfrage, wo denn die Wissenschaft *nicht* als »diskursive Praxis« existieren und *nicht* im »Wissen« lokalisiert sein soll. Foucault hat das Ideologieproblem verabschiedet, bevor er es überhaupt aufgeworfen hat. Es aufzuwerfen, würde nämlich heißen, nach spezifischen Formen und Funktionsweisen sowohl im ›Wissen‹ als auch in der ›Wissenschaft‹ zu fragen, die die Tendenzen zu einer freiwilligen Einordnung in die jeweiligen Herrschaftsverhältnisse stärken, die Dispositionen zum Widerstand schwächen, verallgemeinerbare Lösungen verstellen. Eine solche analytische Fragestellung, die die Diskursformationen einer Gesellschaft in unterschiedliche Dimensionen auseinanderlegen würde, ist freilich in Foucaults »Archäologie« nicht möglich, weil sie sich mit dem Erzeugerstatus seines Regelbegriffs nicht vereinbaren ließe.

Wie Dominique Lecourt gezeigt hat (1972, 114f; 1975, 90f), reagiert Foucault hier auf Althussers *Für Marx* (PM/FM) und *Das Kapital lesen* (LLC/DKL), in denen dieser eine Entgegensetzung von Wissenschaft und Ideologie auf der Grundlage von Bachelards Begriff einer *coupure* oder *rupture* vorgenommen hatte.[78] Das Ideologische war hier noch nicht als materielle Instanz ideologischer Apparate und Praxen, sondern allgemein als notwendig »imaginäres«, »gelebtes« Verhältnis zur Welt gefasst worden – eine Fassung, die Althusser, wie wir gesehen haben, allerdings beibehalten und in seine Konzeption der

78 Im Rahmen seines »theoretischen Antihumanismus« wendet Althusser den Begriff des »epistemologischen Bruchs« auch auf Marx selbst an, den er in einen frühen humanistischen und damit »ideologischen« und in einen reifen, geschichtsmaterialistischen und damit »wissenschaftlichen« Marx ab ca. 1845 aufspaltet. Vgl. zur Kritik immer noch Lucien Sève (1977, 75–83).

»Ideologie im Allgemeinen« integrieren wird (s. o. 6.4). Wo Althusser die Ideologie einer Wissenschaft entgegensetzte, die die spontanen Anschauungen durch die »theoretische Praxis« in ein »Gedankenkonkretum« transformierte (*PM*, 186f; vgl. FM, 124ff)[79], schlägt Foucault vor, die Wissenschaft wie auch das Wissen als »diskursive Formationen« in Frage zu stellen (1973, 264). Wo Althusser mit dem Begriff der »symptomalen Lektüre« methodische Kriterien einer textimmanenten Ideologiekritik entwickelte – es ging ihm hierbei um eine Kritik »von innen«, die den Text auf seine Standpunktlogik und Perspektive abklopft (LLC, 16f, 29f; DKL I, 19f, 39f)[80] –, will Foucault die Diskursformationen in ihrer »Positivität« beschreiben (1973, 265).

Aber in dem von ihm propagierten »glücklichen Positivismus« (182) ist die analytische Aufgabe preisgegeben, die jeweiligen Formationen des »Wissens« sowie der »Wissenschaft« auf ihre ideologischen bzw. auch potenziell anti-ideologischen Dimensionen hin abzuklopfen. Foucault verfehlt, dass es sich auch bei den gesellschaftlichen Produktionen von Wissen und Erkenntnis um gegensätzlich strukturierte Felder handelt, auf denen (und um die) unterschiedliche gesellschaftliche Positionen miteinander ringen. Dagegen hatte Althusser den antagonistischen Charakter des Wissens und Wissenschaft in seiner *Selbstkritik* thematisiert und von einer komplexen Produktion von Erkenntnissen gesprochen, »où se combinent les conflits de classe des idéologies pratiques, les idéologies théoriques, les sciences existantes et la philosophie« (1974, 86f, 96f; vgl. 1975, 85, 92f).

Nachdem Foucault sich von einer frühen Fassung der »Ideologie im Allgemeinen« abgestoßen hat, wird er sich mit Althussers Ausarbeitung des ISA-Konzepts nicht mehr explizit auseinandersetzen. Weil er das Ideologische nicht als materielle Instanz denkt, verbleibt er Lecourt zufolge in einem »archäologischen Zirkel« (1972, 122; 1975, 96), der darin besteht, dass er auf der Suche nach einer Verbindung (embrayage) zwischen den Diskursformationen und ihrer materiellen institutionellen Grundlage (»régime de matérialité«) immer wieder nur auf die Regelhaftigkeit der Diskurse selbst stößt: Die foucaultsche *Archäologie* bleibe eine »theoretische Ideologie«, die den Zusammenhang von ideologischer Subjektproduktion, gesellschaftlicher Produktionsweise und sozialen Kämpfen nicht zu denken vermag (1972, 133; 1975, 105).

79 Althusser wird diese Entgegensetzung von Ideologie und Wissenschaft in seiner *Selbstkritik* als »theorizistische Abweichung« kritisieren (1974, 14f; 1975, 35).

80 Althusser führt den Begriff im Zusammenhang mit einem Lektüre-Typus ein, bei dem Marx die »notwendige Verbindung« zwischen dem Feld des Erkannten und des Nicht-Erkannten ausfindig macht, das Nicht-Gesehene (bévue) im Gesehenen (vue) und als Form des Sehens entziffert, das Nicht-Gewusste in den stärksten Evidenzen, das Schweigen im Diskurs (LLC, 18, 20, 26, 31; DKL I, 27, 29f, 36, 41f). »Symptomal« meint hierbei das Verfahren, die Bruchstellen eines Textes (z. B. eine Antwort ohne entsprechende Frage) als Symptome eines latenten zweiten Textes zu lesen.

8.4.2 Die Übernahme des nietzscheanischen »Fiktionalismus«

Zur gleichen Zeit, als Althusser sich daran macht, mit dem ISA-Aufsatz (geschrieben 1969/70, veröff. 1970) ein materialistisches Konzept des Ideologischen auszuarbeiten, nimmt Foucault seine Nietzsche-Lektüre wieder auf: 1969 gibt er in Vincennes einen Kurs »Nietzsche und die Genealogie«, aus dem dann 1971 der Aufsatz *Nietzsche, die Genealogie, die Historie* (z.n. Foucault 1987) hervorgehen wird, im Wintersemester 1970/71 folgt am Collège de France ein weiterer Kurs mit dem Titel »La volonté de savoir«, der sich mit Nietzsches Konzept eines »Willens zum Wissen« befasst, und im Dezember 1970 hält er am Collège de France seine Inauguralvorlesung »Die Ordnung des Diskurses«, in der er zum ersten Mal den Machtbegriff einführt.

Aber noch bevor Foucault im Anschluss an Nietzsche seinen Machtbegriff entwickelt, übernimmt er von ihm einen Fiktionalismus, der das Perspektivische gesellschaftlicher Praxen totalisierend zur Un-Wahrheit erklärt.[81] »Fiktionalismus« kann als eine »negative Ontologie der Erkenntnis« definiert werden, mit deren Hilfe das Fiktive auf dessen Widerlager, die Wirklichkeit, ausgedehnt wird: »Was immer sich konstruktiven und korrelierenden, ordnenden und interpretierenden Operationen des Denkens verdankt, soll demnach als Fiktion gelten.« (Haug 1999a, 449, 459) Wie sich exemplarisch an Nietzsche beobachten lässt, ist der Fiktionalismus aus einer grundsätzlich berechtigten aber nicht zuende gedachten Metaphysik-Kritik hervorgegangen. So weist z.B. Nietzsche gegen den Wahrheits-Idealismus der traditionellen Philosophie darauf hin, dass die Annahme einer »Erkenntnis an sich« die aktiven und interpretierenden Dimensionen des Wahrnehmens und Denkens unterschlägt, »durch die doch Sehen erst ein Etwas-Sehen wird«: »Es gibt *nur* ein perspektivisches Sehen« (*GM*, KSA 5/365). Aber Nietzsches Standpunkt ist der eines enttäuschten Wahrheits-Idealismus, der das Perspektivische und menschlich Relationale der Wahrheit als eine Art Beschmutzung einer heroisch-einzelnen gedachten Erkenntnis abbildet. Weil das Denken perspektivisch und in die menschliche »Gemeinschafts- und Herden-Natur« eingebettet ist, wird es für Nietzsche »flach, dünn, relativ-dumm, generell« (*FW*, KSA 3/591ff). Dadurch dass die Wahrheit in Wirklichkeit eine »Summe von menschlichen Relationen« darstellt, wird sie zu Illusion und Täuschung. Als eine von der Gesellschaft aufgestellte Verpflichtung, nach einer festen Konvention und in einem für alle verbindlichen Stil zu »lügen« (*WL*, KSA 1/880f), wird sie zum Vehikel eines allgemein menschlichen Täuschungs- und Fiktions-Willens: »Der Mensch hat [...] einen unbesiegbaren Hang, sich täuschen zu lassen«, und er ist dabei »wie bezaubert vom Glück« (888).

81 Vgl. hierzu ausführlich Rehmann 2004, 112–117.

Damit sind bei Nietzsche die Weichen gestellt, um die Wahrheiten als die »*unwiderlegbaren* Irrtümer des Menschen« (*FW*, KSA 3/518) zu entlarven, den Schein zur »wirklichen und einzigen Realität der Dinge« zu erklären (KSA 11/654; vgl. *JGB*, KSA 5/16f), den »Willen zum Schein« als tiefer und »metaphysischer« anzusehen als den zur »Wirklichkeit, zum Sein« (KSA 13/226), der Blindheit und der Lüge einen göttlichen Ursprung und heiligen Charakter zuzusprechen usw. (*FW*, KSA 3/577; *GM*, KSA 5/401f; *AC*, KSA 6/243). Die wahre Welt gilt ihm als eine »bloße Fiktion, aus lauter fingierten Dingen gebildet« (KSA 13/270; vgl. 13/193).

Foucault hat eine solche Allgegenwart der Fiktion schon frühzeitig übernommen und durchgängig beibehalten. So schlägt er 1963 vor, alle »widersprüchlichen Worte« der Gegenüberstellung von subjektiv und objektiv, innen und außen, der Realität und des Imaginären zu streichen und durch eine »langage de fiction« zu ersetzen (DE I, Nr. 17, 308f). Fiktion ist die »Ordnung der Erzählung« selbst (régime du récit), das Raster (trame), das dem Verhältnis zwischen dem Sprechenden und dem Gesprochenen zugrunde liegt, heißt es 1966 (Nr. 36, 534). Und insofern habe auch er nichts anderes geschrieben als historische »Fiktionen«, von denen er sehr genau wisse, dass sie nicht wahr sind (1980, DE II, Nr. 280, 859; ebd., Nr. 281, 863).

Auf diesem Wege wird das Ideologische aufgelöst in eine negative Erkenntnis-Ontologie des ›Alles ist Mache‹. Sie fällt nicht nur hinter den damaligen Stand der Ideologietheorie, sondern auch hinter den ideologiekritischen Topos vom »verkehrten Bewusstsein« bei Marx und Engels zurück, indem sie im Gegensatz zu diesem die zugrunde liegenden gesellschaftlichen Phänomene objektiver »Verkehrung« außer Acht lässt. Unter Ideologieverdacht wird umgekehrt die marxsche und freudsche Ideologiekritik selbst gestellt, weil sie aufgrund ihrer Wahrheitsansprüche und Befreiungsperspektiven essenzialistisch einem verborgenen Wesen hinterherjage (1971, 306, 320f, 394, 410ff).

Statt die Bedeutung des Standorts und der Perspektive gesellschaftstheoretisch zu begründen und für eine Analyse ideologischer Formationen zu nutzen, begnügt der Fiktionalismus sich mit der Festschreibung des Perspektivischen als eines Un-Wahren schlechthin. Auf die Ideologisierung des Wahrheit, die z. B. bei Plato darin besteht, nur das staatliche Ganze für wahr zu erklären, reagieren Nietzsche und Foucault nicht ideologiekritisch mit einer Analyse des organisierenden gesellschaftlichen Standpunkts, sondern totalisierend mit der Fiktionalisierung des Wahren überhaupt.

8.4.3 Die Einführung eines neo-nietzscheanischen Machtbegriffs

Der Übergang vom fiktionalistischen »Alles-ist-Mache« zum »Alles-ist-Macht« ist bereits darin angelegt, dass Foucault die nietzschesche Rückführung perspektivischer Erkenntnis auf Herrschaftsmacht, Aneignung,

Gewalt, Hass und Bosheit in die eigene Theorie übernimmt.[82] Fasziniert vom scheinradikalen Gestus übersieht er, dass Nietzsche hier eine aggressive Variante des bürgerlichen Privategoismus auf die menschliche Natur schlechthin projiziert hat. Er übergeht auch, dass Nietzsches herrschaftlicher Begriff der »Macht« das genaue Gegenteil von Spinozas kooperativ angelegter Handlungsmacht (potentia agendi) ist, deren Tätigkeitsvermögen er sich zugleich einzuverleiben versucht.[83] Damit verfehlt er auch die innere, zwischen Metaphysikkritik und Affirmation schwankende Widersprüchlichkeit der nietzscheschen Philosophie, ihre Spezifik als radikal »herrschaftsbejahende Ideologiekritik« (Haug 1993, 18).

Wichtig für Foucault ist v. a., dass der späte Nietzsche den »Willen zur Macht« mit dem »Willen zur Wahrheit« verkoppelt. »Auch du, Erkennender, bist nur ein Pfad und Fußstapfen« dieses Willens zur Macht, der wiederum »auf den Füßen deines Willens zur Wahrheit [wandelt]«, heißt es z. B. im *Zarathustra* (*Za*, KSA 4/148).[84] Diese Kopplung ist der Ausgangspunkt einer Begriffsverschiebung, mit der Foucault den Ideologiebegriff, den er zuvor ins »Wissen« aufgelöst hat, über einen zugrunde liegenden »Willen zum Wissen« in einen Begriff der »Macht« überführt, der die Gegensätze zwischen einer Herrschaftsmacht von oben und einer kollektiven Handlungsmacht von unten einebnet. Wie schon 1970 in der *Ordnung des Diskurses* sichtbar, ist der Machtbegriff nicht als Instrument zur Analyse gesellschaftlicher Handlungs(un)fähigkeiten eingeführt, sondern wird als diffuse Eigenschaft einem »Willen zur Wahrheit« (egal zu welcher) bzw. einem Diskurs-»Wuchern« (egal wohin) zugeschrieben. »Foucault hat seinem Konzept eines regelhaften ›Wissens‹ ein noch fundamentaleres Konzept der Macht gleichsam untergeschnallt, ohne dass der so gewonnene Macht/Wissens-Komplex (pouvoir-savoir) aus den gesellschaftlichen Relationen entwickelt worden wäre.« (Rehmann 2004a, 119). Zu beobachten ist vielmehr eine neo-nietzscheanische Metaphysik, bei der die Macht *hinter* den gesellschaftlichen Verhältnissen in Stellung gebracht wird, statt aus ihnen entwickelt zu werden.

Den unterschiedlichen Perioden der foucaultschen Machtkonzeption[85] ist gemeinsam, dass die strukturell verankerten Ohn/Macht-Verhältnisse aus der Analyse ausgeklammert bleiben. Wie ein Beispiel aus dem 1. Band

82 Vgl. hierzu z. B. Foucault, DE I, Nr. 46, 600; Nr. 101, 1111f; Foucault 1987, 87.

83 Zum Gegensatz zwischen Spinozas kooperativer *potentia agendi* und Nietzsches exterministischem Verständnis von Herrschaftsmacht sowie zur postmodernen Verkennung dieses Gegensatzes (am Beispiel von Deleuze), siehe Rehmann 2004, 52-60.

84 Zahlreiche Gliederungsentwürfe des geplanten Buches zum »Willen zur Macht« deuten darauf hin, dass Nietzsche den »Willen zur Wahrheit« als erstes Kapitel konzipiert hat (z. B. KSA 13/ 515f, 537, 543).

85 Vgl. als Überblick Lemke 1997.

von *Sexualität und Wahrheit*, der den nietzscheanischen Titel *Der Wille zum Wissen* trägt, exemplarisch zeigt, betrifft die methodische Tabuisierung nicht nur die in der kapitalistischen ›Ökonomie‹ verankerten Machtbeziehungen, sondern auch die der ›Geschlechterverhältnisse‹. Dieser Begriff ist in ethnologischen, sozialgeschichtlichen und feministischen Untersuchungen geläufig geworden, um »die Einspannung der Geschlechter in die gesellschaftlichen Gesamtverhältnisse kritisch zu untersuchen« (F. Haug 2001, 493). Dagegen legt Foucault in einer »Regel der stetigen Variationen« fest, dass die Frage, »wer im Bereich der Sexualität die Macht hat (die Männer, die Erwachsenen, die Eltern, die Ärzte) und wer ihrer beraubt ist (die Frauen, [...] die Kinder, die Kranken)«, für die Untersuchung keine Rolle spielt; stattdessen darf nur gefragt werden, welches »Schema der Modfikationen« die Kräfteverhältnisse »durch ihr Spiel selbst« (par leur jeu même) implizieren (1983, 120). Dadurch ist Foucaults vermeintlich »relationaler« Machtbegriff seiner Relationen beraubt. Denn die »Kräfteverhältnisse«, die »durch ihr Spiel selbst« die Macht konstituieren, dürfen mit den wirklichen Kräfteverhältnissen zwischen den Geschlechtern nichts zu tun haben. In diesem Paradigma kann weder die Vielfalt der sexuellen Machtbeziehungen noch ihre Verfestigung zu strukturell asymmetrischen Herrschaftsformen der Geschlechterverhältnisse untersucht werden.

Wie in Foucaults *Überwachen und Strafen* exemplarisch zu beobachten, ist die Rhetorik einer vielfältigen »Mikromacht« widersprüchlich mit einer »monistischen« Konzeption (Honneth 1985, 170) kombiniert, bei der die Disziplinarmacht die gesamte Gesellschaft bis ins Innerste der »modernen Seele« durchdringt, ohne auf Widerspruch und Gegenwehr zu stoßen. Poulantzas, der schon vor Foucault einen relationalen Machtbegriff entwickelte[86], hat darauf hingewiesen, dass die Macht bei Foucault nicht mehr als Relation zwischen gesellschaftlichen Praxen betrachtet wird, sondern nur sich selbst als Grundlage hat: sie wird zur reinen »Situation«, in der es immer schon Macht gibt. Dadurch werde die qualitative Frage, um welche Macht es sich handelt, und um was zu tun, aus der Analyse verbannt (Poulantzas 1978a, 163; 1978b, 137f). Weil es keine Grundlage für den Widerstand gibt, gibt es auch nichts mehr, was die Macht begrenzen könnte. So verwandelt sich der Relationsbegriff unter der Hand zu einer allmächtigen »Meister-Macht« (*maître-pouvoir*), die den Kämpfen immer schon zugrunde liegt, sowie zu einer »Fresszelle« (*essence phagocyte*), die alle Widerstände kontaminiert (Poulantzas 1978a, 165f; 1978b, 139).

Wenn Foucault an der Machtausübung die »physische Natur« der Körper-Formierung hervorhebt (1975, 37), thematisiert er den auch von Bourdieu hervorgehobenen Aspekt, dass gesellschaftliche Handlungsmuster sich nicht primär auf der kognitiv-reflexiven Ebene der Klassen- und

86 Vgl. hierzu Poulantzas 1968, 101ff; 1975, 97ff.

Geschlechtssubjekte sondern als »*einverleibte*« und damit permanente Dispositionen verankern (Bourdieu 1987, 129). Aber während Bourdieu damit die »Inkorporierung« gesellschaftlicher Strukturen zu analysieren versucht (s. o. 7.4), ist bei Foucault die umgekehrte Tendenz zu beobachten, in der Rhetorik eines somatischen Materialismus die gesellschaftlichen Determinanten auszublenden. Es ist auffällig, dass er in *Überwachen und Strafen* trotz seiner Ankündigung einer »politischen Ökonomie des Körpers« (1976, 36f, 72f) die Körperlichkeit von Bestrafung und Disziplinierung nahezu ausschließlich anhand von ideologischen Texten und Programmen und nicht anhand von wirklichen Bewegungsabläufen im Gefängnis, Ernährungsstatistiken, Arbeitsanforderungen, Sterberaten, Selbstmordzahlen oder Erfahrungsberichten der Gefangenen erörtert. Die physische Unmittelbarkeit des foucaultschen Körper-Diskurses verdeckt, dass es sich nur um ›Körper‹ handelt, soweit sie in Diskursen repräsentiert sind, so dass Joy James sagen kann, Foucault zeige, wie einfach es ist, den Körper zu verflüchtigen, während man seinen Diskurs auf ihn konzentriert (1996, 25). Eagleton spricht von einer »bezaubernden Art von Materialismus« (1996, 70), der sich in einem elaborierten »body talk« inszeniert und die Realität schuftender und unterernährter Körper vornehm ausspart: »For the new somatics, not any old body will do. If the libidinal body is in, the labouring body is out. There are mutilated bodies galore, but few malnourished ones.« (71)

8.4.4 »Dispositive« ideologischer Vergesellschaftung

Obwohl Foucault in der Sekundärliteratur weithin für seine diskurs- und machttheoretische »Überwindung« von Ideologiekritik und Ideologietheorie gepriesen wird[87], kann ich gerade in seiner Auflösung des Begriffs der Ideologie in den des »Wissens«, des »Diskurses« und der »Macht« keine weiterführende Leistung erkennen. Durch diese Verschiebung sind vielmehr wichtige ideologietheoretisch relevante Differenzierungen verlorengegangen. Gramscis Unterscheidungen von Gewalt und Konsens, società politica und società civile, bleiben ebenso unberücksichtigt wie Althussers modifizierende Unterscheidung zwischen RSA und ISA. Foucaults Versprechen, mit seiner »Mikrophysik« der Macht die Alltagspraktiken in ihrer Vielfalt analysieren zu können, wird nie wirklich eingelöst, zum einen, weil sein Machtbegriff nicht an den Entfremdungen und Fetischisierungen im Alltagsbewusstsein interessiert ist, zum anderen weil er kein Instrumentarium hat, um die Widersprüche der »Ungleichzeitigkeit« (Bloch) sowie die zwischen Stereotypen des »Habitus« (Bourdieu) und erfahrungsoffenen Haltungen des »buon senso« (Gramsci) zu untersuchen.

87 Vgl. exemplarisch Dreyfus/Rabinow (1983, 115) und Michèle Barrett (1991, 123f, 126, 131f, 134, 168).

Das heißt jedoch nicht, dass die Kategorien, die Foucault im Rahmen seiner Machttheorie entwickelt hat, für die Weiterentwicklung der Ideologietheorie uninteressant wären. Ich werde das vom späten Foucault entwickelte Konzept der »Gouvernementalität« weiter unten auswerten (s.u. 12.1 u. 12.2) und konzentriere mich hier v.a. auf die Studien zur Disziplinarmacht. Außerordentlich anregend ist hier z.B. sein Interesse an institutionell festgelegten raum-zeitlichen »Dispositiven«, in denen sich die Unterwerfung unter Macht-Technologien vollzieht: detaillierte Tagespläne, mit deren Hilfe den Subjekten Disziplinartechniken inkorporiert werden; Anordnungen des Raums, in denen (wie in Benthams Plänen zu einem ›Panopticon‹) die Beobachter alles sehen können, ohne selbst gesehen zu werden – der virtuell allgegenwärtige Blick bewirkt, dass die Subjekte die auferlegte Disziplinierung interiorisieren (1976, 260). In diesem Zusammenhang beobachtet er z.B. eine Vervielfältigung hierarchischer Raumordnungen, die sich in unterschiedlichen ideologischen und repressiven Apparaten (Gefängnissen, Kasernen, Schulen, Behörden) durchsetzen und ein Netzwerk von Dispositiven der »Normalisierung« bilden (z.B. 268, 385f, 395).

Hinzu kommt die Einsicht, dass mithilfe solcherart vernetzter Dispositive neue gesellschaftliche Bedeutungen generiert werden, wie z.B. die ›Delinquenz‹, die das komplementäre Gegenstück zur Moralisierung der Volksklassen im 19. Jahrhundert darstellt, indem sie dazu beiträgt, die ›anständigen‹ Arbeiter von ›Sozialbanditentum‹ und ›Lumpenproletariat‹ abzuspalten (327ff, 356f, 365ff). Im *Willen zum* Wissen versucht Foucault, auch die »Sexualität« als spezifisch neuzeitliches »Dispositiv« zu analysieren, in dem sich Macht, Lust und Wissen auf neuartige Weise miteinander verketten (1983, 128).

Eingebettet in eine überallgemeine Machttheorie ermangelt es den foucaultschen »Dispositiven« in der Regel an historischer und gesellschaftlicher Konkretion.[88] Diese könnte aber zurückgewonnen werden, wenn es gelänge, den Begriff mit einer Analyse ideologischer Superstrukturen zu verknüpfen. In diesem Sinn hat das *Projekt Ideologietheorie* vorgeschlagen, Foucaults Dispositiv-Begriff »vom Kopf aus die Füße zu stellen« und mit seiner Hilfe das Ideologische nicht primär als Ideengebäude, sondern als »äußere Anordnung« im Ensemble der gesellschaftlichen Verhältnisse zu untersuchen (PIT 1979, 180; s.u. 9.1).

Auch bietet es sich an, Foucaults Interesse an der Ausbreitung von Macht-›Technologien‹ aufzunehmen, die sich quer zu verschiedenen ideologischen und repressiven Apparaten und die sie umgebenden ›Feldern‹ (Bourdieu) durchsetzen. Freilich müsste man hierzu seinen neo-nietzscheanischen Macht-Essenzialismus überwinden und die ›Technologien‹

88 Zur historischen Kritik an Foucaults panoptischem Dispositiv vgl. die Studien von Jacques-Guy Petit 1990 u. 1991 und die zusammenfassende Kritik in Rehmann 2004a, 164ff.

gesellschaftlicher Herrschafts- und Machtausübung im Zusammenhang mit den Umwälzungen in der Produktionsweise untersuchen. So gewendet könnte Foucaults Fragestellung den Faden z. B. dort wiederaufnehmen, wo Gramsci die fordistische Hegemonie in der Fabrik entspringen sah und Beobachtungen anstellte, wie zur »psycho-physischen Anpassung an die neue industrielle Struktur« eine neuer »Menschentyp« geschaffen wurde (H. 1, §61, 132f). Auch die durchs Internet geschaffene ›Netzwerk‹-Struktur hat die Formen neoliberaler Hegemonie maßgeblich mitgeprägt, so wie auf der anderen Seite die Entwicklung von Videokameras, Elektronik und Computertechnologien dem »disziplinären Neoliberalismus« neuen Möglichkeiten der »panoptischen« Überwachung bereitgestellt hat (vgl. Gill 2003, 22ff).

Die Beispiele sollen hier nur andeuten, dass eine integrale Analyse von Macht-›Technologien‹ ein sinnvoller Ansatz sein könnte, um die Verbindungen zwischen den Entwicklungen in der Produktionsweise und denen in ideologischen Apparaten, ›Feldern‹ und Formen in den Blick zu bekommen. Freilich müsste eine solche Untersuchung sich davor hüten, Organisationsformen der Produktion auf die Ideologie zu übertragen, wie wir es am Beispiel des Taylorismus bei Lukács' Verdinglichungskonzept und bei Adorno/Horkheimers ›Kulturindustrie‹ beobachten konnten (s. o. 4.1 u. 4.2).

8.5 »Poststrukturalismus« und »Postmoderne«

Es gibt in der Literatur keinen Konsens darüber, wie die Bezeichnungen des ›Poststrukturalismus‹ und der ›Postmoderne‹ sich zueinander verhalten. Für Huyssen ist der Poststrukturalismus eine »Theorie des Modernismus im Stadium seiner Erschöpfung« und gehört insofern eher zur Weiterführung der Moderne als zu ihrer postmodernen Überwindung (1993, 33, 39f). Larrain versucht eine politische Unterscheidung, indem er den *Poststrukturalismus* für Autoren wie Derrida, Foucault, Hindess, Hirst, Laclau und Mouffe verwendet, »who do not dissolve social reality into fragmentary images and signs and who still think it possible [...] to be politically constituted by progressive discourses which resist power or aim at socialism«, während der *Postmodernismus* exemplarisch die Haltung von Lyotard und Baudrillard kennzeichnen soll, »who no longer hope that meaningful change can be attempted and tend to dissolve reality into simulacra« (1994, 91). Freilich zeigt seine weitere Argumentation, dass es sich hier nicht um eine trennscharfe Unterscheidung handelt, denn die zentralen Themen des Poststrukturalismus – Verabschiedung des Ideologiebegriffs, »Diskurs« als zentrale Instanz des gesellschaftlichen Lebens, Ablehnung jeder »linearen« Geschichtsauffassung, Kritik des autonomen »Subjekts« und seiner universalistischen »Wahrheit« (104f, 106ff) – finden sich bei den als postmodern aufgeführten Autoren wieder. Es bleibt unklar, worin die von diesen vorgenommenen Modifikationen genau bestehen und warum sie einen neuen Paradigmenwechsel begründen sollen.

Um solche unabschließbaren Zuordnungsdebatten zu vermeiden, ist es m.E. sinnvoller, die Unterscheidung auf andere Weise vorzunehmen: geht man von der Wortbedeutung des ›Poststrukturalismus‹ aus, bietet es sich an, ihn als eine *theoretische* Formation zu behandeln, die sich vor allem in Frankreich als Nachfolge und Überwindung des Strukturalismus herausgebildet hat. Er ist kein Gegenbegriff zur Postmoderne, sondern eine ihrer theoretischen Strömungen oder, wie Manfred Frank formuliert, »ein Denken [...] unter den Bedingungen der Nachmoderne« (1983, 29). Dagegen hat der Begriff der ›Postmoderne‹ sich schon in den fünfziger Jahren in der US-amerikanischen Literaturkritik eingebürgert, wurde in den sechziger Jahren zum Schlagwort einer avantgardistischen Kritik an der »ästhetischen Moderne« und in den frühen siebziger Jahren »zu einer Art Sammelbegriff für neuere Entwicklungen vor allem in der Architektur, aber auch im Tanz, im Theater, in der Malerei, im Film und in der Musik« (Huyssen 1993, 13, 17ff, 23ff). Erst dann, genauer nach Lyotards *La condition postmoderne* von 1979, wird der Term zum Erkennungszeichen philosophischer Diskurse. Es liegt also nahe, mit ›Postmoderne‹ allgemein auf eine moderne-kritische Wendung zu verweisen, die quer durch Ästhetik, Kultur und Lebensweise verläuft, unterschiedliche philosophische Richtungen erfasst und auch die theoretische Wendung vom Strukturalismus zum Poststrukturalismus mit beinhaltet. In diesem Sinne hat Frederic Jameson vorgeschlagen, ›postmodern‹ zur Bezeichnung eines »Überbaus« zu verwenden, der im Übergang vom Fordismus zum Postfordismus eine neue »Fühlstruktur« (structure of feeling) hervorgebracht hat (1991, XIV).[89] David Harvey reiht die Postmoderne in eine Reihe sukzessiver »Zeit-Raum Kompressionen« ein, die durch den Druck der Kapital-Akkumulation generiert werden (Harvey 1990, 306f).

Siedelt man Poststrukturalismus und Postmoderne auf verschiedenen Ebenen an, statt sie als Gegenbegriffe zu verwenden, kann man sich von dem unproduktiven Zwang befreien, die verschiedenen Autoren in eine künstliche Entweder-oder-Anordnung zu pressen. Nichts spricht z.B. dagegen, Foucault, Derrida oder Lyotard als Post*strukturalisten* zu behandeln, wenn man damit ihren Anspruch hervorheben will, den saussureschen oder lévi-straussschen Strukturalismus hinter sich zu lassen; man kann sie aber auch ebenso gut als Vertreter der Post*moderne* behandeln, wenn man sich dafür interessiert, wie sie sich von den anthropologischen »Utopien« oder sog. »Großtheorien« der Moderne (wie z.B. Humanismus, Psychoanalyse

89 Der Begriff der »Fühlstruktur« (structure of feeling) ist v.a. von Raymond Williams ausgearbeitet worden (vgl. O'Connor 1989, 114f; Jones 2004, 20, 73).

und Marxismus) abgrenzen, die Lyotard unter dem Begriff der »Metaerzählungen« (métarécits) zusammengefasst hat.

Ideologietheoretisch betrachtet ist den meisten poststrukturalistischen bzw. postmodernen Ansätzen gemeinsam, dass sie in mehrfacher Hinsicht an die foucaultsche Verabschiedung des Ideologiebegriffs anschließen. Für Lyotard ist Ideologiekritik nichts weniger als »Terror« der Wahrheit (1974, 297). Sein Begriff der »Metaerzählungen«, deren Ende er verkündet, bezieht sich nicht so sehr auf die metaphysischen Romane der traditionellen Philosophie, sondern v.a. auf die »Emanzipation des vernünftigen und arbeitenden Subjekts« (1994, 13). Wenn er sich gegen das »Projekt« wendet, welches seine Legitimation nicht aus einem Ursprung, sondern aus einer »einzulösenden Zukunft« bezieht (1990, 49f), zielt er auf eine Tiefendimension menschlicher Antizipation und Hoffnung, ohne die progressive Bewegungen und emanzipative Entwürfe sich nicht herausbilden können.[90] Der Diskurs der Postmoderne ist blind in sein Gegenteil verstrickt: Die Erzählung vom Tod der Meta-Erzählungen ist selbst größer als die meisten der Erzählungen, die sie dem Vergessen überantworten will, bemerkt Osborne (1995, 157). Er liefert »die größte denkbare Meta-Erzählung, die Erzählung nach den Erzählungen, die so altklug ist, dass sie alles immer schon als Nichtwissen weiß« (Haug 1993, 11).

Lyotard empfiehlt eine Haltung des kontemplativen »Aushaltens« der gesellschaftlichen Widersprüche: das postmoderne Wissen »verfeinert unsere Sensibilität für die Unterschiede und verstärkt unsere Fähigkeit, das Inkommensurable zu ertragen« (1994, 16). Es ist angebracht, den abstrakten Jargon in die Sprache der gesellschaftlichen Wirklichkeit zu übersetzen: Als ›inkommensurabel‹ gelten z.B. die Gegensätze zwischen den Klassen und Geschlechtern, zwischen Eliten und in Subalternität Gehaltenen, Herrschaft und Knechtschaft, Reichtum und Armut. In der postmodernen Empfehlung, diese Gegensätze zu »ertragen« ist ihrer Infragestellung und Kritik der Boden entzogen. Ein Befreiungsethos, das sich auf den vom jungen Marx formulierten »kategorischen Imperativ« orientieren würde, »*alle Verhältnisse umzuwerfen*, in denen der Mensch ein geknechtetes, ein verlassenes, ein verächtliches Wesen ist« (1/385), ist im postmodernen Rahmen weder formulierbar noch denkbar.

Jean Baudrillard weitet den Ideologiebegriff zunächst auf die Form materieller und symbolischer Produktion schlechthin aus (1972, 173f), um ihn anschließend durch die fiktionalistischen Kategorien der »Hyperrealität« und der »Simulacra« zu ersetzen: Der Ideologiebegriff gehörte zu einem überholten Begriff des Zeichens, das etwas Reales verbergen sollte,

90 Vgl. zur Bedeutung des Zukunftsbezugs im Marxismus meine Artikel »Antizipation« (Rehmann 1994), »Glaube« (Rehmann 2001) und »Hoffnung« (Rehmann 2004b) im *Historisch-Kritischen Wörterbuch des Marxismus* (HKWM).

aber das Zeichen verbirgt lediglich, dass es nichts verbirgt, weil es nichts dahinter gibt. In diesem Sinne »verbirgt« Disneyland nur, dass das wirkliche Amerika Disneyland ist, die Gefängnisse verbergen, dass die gesamte Gesellschaft ein Gefängnis ist usw. (1981, 24ff).

Damit hat Baudrillard den Fiktionalismus, den Foucault von Nietzsche übernommen hatte, zu einer radikalen Konsequenz weitergetrieben. Sein postmodernes Gebot lautet, dass es gegenüber den neoliberalen, mit Computer erzeugten Schein-Welten keinerlei reales Widerlager mehr geben darf. Eagleton hat dies als »linken« Zynismus beschrieben, der eine Komplizenschaft mit dem aufweist, was das System gerne glauben machen will (2000, 53). Wenn Kritik in ihrer Wortbedeutung (gr. *krineîn)* das Unterschiede-Machen bedeutet, läuft die fiktionalistische Einziehung jeder Unterscheidbarkeit auf die Zerstörung der Kritik selbst hinaus. »Fiktionalismus frisst [...] Erkenntnis insgesamt auf«, bemerkt Bloch (1950, GA 10, 24), er verwandelt die wissenschaftlichen Begriffe »höchst nützlich in Aktienpapiere, welche je nach der gegebenen Lage schwanken« und »macht den Zweifel am heute fassbaren Sein zu einem an allem und jedem. So durchzieht [er] große Teile des heutigen Denkens, leicht, bequem, treulos.« (1935, GA 4, 281f)

Die postmoderne Verabschiedung der Ideologietheorie ist selbst als ein integraler Bestandteil neoliberaler Ideologie beschrieben und kritisiert worden. Frederic Jameson versteht die Postmoderne als ein »Spannungsfeld, in dem sich unterschiedliche kulturelle Impulse behaupten müssen«, freilich mit einer »kulturellen Dominante«, die er als zunehmende Integration der ästhetischen Produktion in die ›spätkapitalistische‹ Warenproduktion bestimmt (1993, 48, 50). Eagleton zufolge wirkt die Postmoderne im Funktionszusammenhang des Kapitalismus sowohl ikonoklastisch als auch inkorporiert, weil dieser selbst gespalten ist in eine anarchische Marktlogik, die permanent die höheren Werte anti-ideologisch zersetzt, und einen Systembedarf nach kompensatorischen Ideologien: die Postmoderne sammelt die materielle Logik des fortgeschrittenen Kapitalismus auf und wendet sie aggressiv gegen seine geistigen Grundlagen (1996, 132f; vgl. 1990, 373f). Larrain meint, der Postmodernismus sei zur Verteidigung des gegenwärtigen Kapitalismus geeigneter als andere Ideologen, »because it makes chaos, bewildering change and endless fragmentation the normal and natural state of society« (Larrain 1994, 118).

9. Ideologiekritik mit einer Theorie des Ideologischen als Hinterland: das »Projekt Ideologietheorie« (PIT)

Das »Projekt Ideologietheorie« (PIT), eine von Wolfgang Fritz Haug 1977 gegründete Forschungsgruppe, führte wesentliche Aspekte von Gramscis Hegemonietheorie und Althussers ISA-Konzeption weiter. Im Unterschied v.a. zur Letzteren unternimmt sie dies auf der Grundlage einer theoretischen Ausarbeitung des kritischen Ideologiebegriffs bei Marx und Engels. Anders als in der Ideologiekritik im herkömmlichen Sinn wird das Ideologische nicht primär als »falsches Bewusstsein« gefasst, so dass sich die Analyse (wiederum ähnlich wie bei Gramsci und Althusser) auf die Funktionsweisen der ideologischen Mächte, Apparate und Praxisformen konzentriert.

9.1 Wiederaufnahme des kritischen Ideologiebegriffs von Marx und Engels

Aber diese Analyse ist zugleich ideologiekritisch in dem Sinne, dass sie solche ideologischen Mächte, Apparate und Praxisformen grundsätzlich vom Standpunkt einer klassenlosen und herrschaftsfreien Gesellschaft betrachtet. Die Untersuchungsperspektive kann in folgender Hypothese zusammengefasst werden: In einer »Assoziation, worin die freie Entwicklung eines jeden die Bedingung für die freie Entwicklung aller ist« (*Manifest*, 4/482), und in der »die assoziierten Produzenten [...] ihren Stoffwechsel mit der Natur rationell regeln, unter ihre gemeinschaftliche Kontrolle bringen, statt von ihm als einer blinden Macht beherrscht zu werden« (K III, 25/828), verliert auch die Ideologie im Sinne eines illusorischen Gemeinwesens ›über‹ dem gesellschaftlichen Leben ihre Funktionsnotwendigkeit. Die aus der Gesellschaft ausgelagerten, von ihr entfremdeten ideologischen Instanzen können in die Gesellschaft zurückgenommen werden.

Natürlich ist eine solche Perspektive nicht als empirische Voraussage zu verstehen sondern als methodischer Grundsatz der Analyse. Man muss sich klarmachen, dass die Frage von Standpunkt und Perspektive einer herrschaftskritischen Theorie nicht unmittelbar zusammenfällt mit der politischen Frage, ob eine solche Gesellschaft in absehbarer Zeit möglich ist, ob die kurz- und mittelfristigen Ziele anders abgemessen und formuliert werden müssen etc. Die Widersprüche zwischen grundlegenden Befreiungsperspektiven und dem heute Machbaren zu bearbeiten, ist Aufgabe einer politischen Dialektik, die Rosa Luxemburg in der Formel einer »revolutionären Realpolitik« zusammengefasst hat (GW 1/1, 373). Dagegen wäre es der Tod jeder kritischen Theorie, in der Ausarbeitung ideologietheoretischer Grundbegriffe nach ›realpolitischen‹ Erwägungen zu verfahren. Oder dialektischer formuliert: auch wenn sie aufgrund ihres Anspruchs, zu wirksam eingreifendem Denken und Handeln zu befähigen, beim Realpolitischen ›ankommen‹ muss, kann sie nicht von ihm ausgehen. Ihr Tauglichkeitskriterium ist nicht ›pragmatische‹ Umsetzbarkeit, sondern die heuristische Qualität, die komplexen und widersprüchlich zusammengesetzten Phänomene der Empirie analytisch zu zerlegen, in ihrer Zusammensetzung zu begreifen und dabei in der jeweils gegebenen Konstellation die »Elemente der neuen Gesellschaft in Freiheit zu setzen« (*Bürgerkrieg*, 17/343).

Mit der Verbindung von Ideologiekritik und Ideologietheorie antwortet der PIT-Ansatz auf eine Blockierung, die Juha Koivisto und Veikko Pietilä als »Dilemma« der bisherigen Forschungsansätze beschrieben haben (Koivisto/Pietilä 1993, 243): auf der einen Seite haben wir ideologiekritische Herangehensweisen, die die Ideologie v.a. als verkehrtes, verdinglichtes Bewusstsein kritisieren, aber große Schwierigkeiten damit haben, die Hegemonialapparate der Zivilgesellschaft, die ideologischen Praxisformen und die dazugehörigen Diskurse in ihre Analyse einzubeziehen; auf der anderen Seite stehen Ansätze, die mit dem Paradigma der Bewusstseinskritik gebrochen haben und sich auf die Analyse der materiellen Apparate und ihrer Diskurse konzentrieren, dabei aber – wie z.B. bei Althussers Annahme einer »ewigen« Ideologie im Allgemeinen oder bei Stuart Halls Rückkehr zu einer »neutralen« Ideologieauffassung – die bei Marx und Engels ausschlaggebende ideologiekritische Dimension und damit auch die analytische Schärfe des Begriffsgebrauchs verlieren. Was bislang fehlte, war ein Ansatz, der sowohl dem entfremdeten Charakter als auch der materiellen Existenzweise der Ideologie gerecht wird und beide Stränge organisch miteinander verbindet.[91]

Diese Polarisierung versucht das PIT zu überwinden, indem es in der Perspektive horizontaler Vergesellschaftung eine »kritische genetisch-strukturelle Ideologiekonzeption« entwickelt (ebd.). Dies eröffnet die Möglichkeit einer Ideologiekritik, die mit einer Theorie des Ideologischen als »begrifflichem Hinterland« operiert (Haug 1993, 21).

91 Koivisto/Pietilä entwickeln zur Veranschaulichung eine Vierfeldertafel (1993, 238), in der die Ideologie in der linken Spalte als Bewusstseinsphänomen behandelt wird (auf der Horizontalen aufgeteilt in »neutrale« und »ideologiekritische« Ansätze) und in der rechten Spalte als ein »Bewusstsein konstituierendes Phänomen«, bei der es ihrer Meinung nach nur eine »neutrale« Variante (vom Typus Stuart Halls) gab. Dies übersieht freilich die ideologiekritischen Dimensionen bei Gramsci. Das Feld für einen ideologiekritischen und zugleich die Materialität des Ideologischen berücksichtigenden Ansatz ist in ihrem Schaubild freigelassen und wird dann vom PIT-Ansatz gefüllt.

9.2 Das Ideologische in der Kreuzung von Klassen, Staatsentstehung und Patriarchat

Im Anschluss an Engels' Begriff der »ideologischen Mächte« (s. o. 2.4) unterscheidet das PIT zwischen den einzelnen Ideologien und dem »Ideologischen« und fasst dieses nicht primär als Ideelles, sondern als materielle Anordnung (Dispositiv) im »Ensemble der gesellschaftlichen Verhältnisse«, nämlich als spezifische Organisationsform staatlich reproduzierter Klassengesellschaften (1979, 179f). Das Ideologische bezeichnet die Grundstruktur ideologischer Mächte »über« der Gesellschaft und damit den Wirkungszusammenhang einer »entfremdeten Vergesellschaftung-von-oben« (181; 187f).

Den ideologischen Mächten entsprechen spezifische ideologische »Formen« (z. B. des Politischen, des Religiösen, Moralischen, Ästhetischen). Wenn Marx von den »juristischen, politischen, religiösen, künstlerischen oder philosophischen, kurz, ideologischen Formen« spricht, in denen sich die Menschen des Konflikts zwischen Produktivkräften und Produktionsverhältnissen »bewusst werden und ihn ausfechten« (*Vorw* 59, 13/9), ist mehr gemeint als ideelle Widerspiegelungen und Bewusstseinsformen (s. o. 2.3). Analog zu den »objektiven Gedankenformen« (23/90), die Marx im Zusammenhang mit dem Fetischcharakter der Ware und des Lohns analysiert hat, sind auch die ideologischen Formen als objektive Praxis-, Diskurs- und Denkformen zu verstehen, die den einzelnen Individuen vorgegeben sind, und in denen sie sich, um handlungsfähig zu sein, bewegen müssen. Gegenüber den in diesen gesellschaftlichen Formen ablaufenden Subjektivierungsprozessen sind die Ideengebäude sekundär und stellen das »am meisten Variable, Taktische« dar (PIT 1979, 188).

Grundlegend für das Ideologische ist die mit der Herausbildung gegensätzlicher Klassen verbundene Entstehung des Staats, den der späte Engels als die »erste ideologische Macht über den Menschen« bezeichnet hatte (*LF*, 21/302). Sieht man von besonderen Entstehungsbedingungen wie z. B. kriegerischen Unterwerfungen ab, kann man die Herausbildung des Staates genetisch-funktional damit erklären, dass die sozialen Antagonismen ein Ausmaß und eine Schärfe erreicht haben, die es unmöglich machten, sie weiterhin innergesellschaftlich, in »horizontalen« Konsensbildungsprozessen zu schlichten oder durch Gruppenteilung und Weggang einer Gruppe zu lösen.[92] Dies hat zur Folge, dass ursprünglich »horizontale« Kompetenzen der Vergesellschaftung auf Überbauten und ihre Beamtenapparate

92 Christian Sigrist hat an vor-staatlichen »segmentären Gesellschaften« gezeigt, dass es auch in großen Kollektiven über Jahrhunderte gelungen ist, die Entwicklung politisch-ökonomischer Ungleichheiten durch egalitäre Mechanismen wie z. B. Verspottung und ggf. Ausschließung von »Prominenten« oder durch Sezession einer Gruppe einzudämmen (Sigrist 1994; vgl. Haude/Wagner 2004).

übertragen werden. Im Zuge der damit einhergehenden Trennung von Hand- und Kopfarbeit entsteht eine Art diesseitiges »Jenseits« der Gesellschaft: eine »sozialtranszendente Instanz«, die die antagonistischen Klasseninteressen von oben fixiert und reguliert (PIT 1979, 180f).

Die Genealogie des Ideologischen muss freilich auch die patriarchalischen Geschlechterverhältnisse einbeziehen, die in der vorstaatlichen »Gerontokratie« (Ältestenmacht) v.a. über die Verfügung der Ältesten über die exogame Verheiratung der Frauen ausgeübt wird. Der französische Anthropologe Claude Meillassoux, der diese patriarchale Machtstellung in der Reproduktion als »matrimoniale Verwaltung« bezeichnet (Meillassoux 1983, 74), erklärt sie zum einen mit dem kriegerischen Frauenraub und dem damit verbundenen »Schutz« der Frauen durch die sie bewachenden Männer[93], zum anderen mit den Produktionszyklen der Landwirtschaft, bei denen die jeweils älteren Generationen den jüngeren Nahrung und Saatgut für die nächste Saison vorschießen (55).[94] Damit kann er die patriarchale Ältestenmacht als eine »auf der Anteriorität (oder dem ›Alter‹) gründende hierarchische Struktur« bestimmen, bei der der Älteste niemandem mehr etwas außer den Ahnen verdankt, »während er die Totalität dessen auf sich konzentriert, was die Jüngeren der Gemeinschaft schulden« (ebd.). Zu ihrer Erhaltung benötige die Ältestenmacht eine »zwingende Ideologie der Autorität« gegenüber den Jungen und v.a. den Frauen, z.B. im Ahnenkult: »Die Endogamie wird zum Inzest, die Ächtung zum Verbot.« (60)

W.F. Haug hat die Genealogie des Ideologischen aus den patriarchalischen Geschlechterverhältnissen mit der von Marx und Engels analysierten Herausbildung des Staats zu vermitteln versucht: das »vorstaatliche« Patriarchat erweise sich als eine Art »Staat vor dem Staat«, der zum einen die Staatsentstehung wesentlich abstütze, zum andern auch später als »Grundzelle des Staates« fortbestehe (1993, 197). Der patriarchale Grundtatbestand der Verfügung über weibliche Arbeitskraft, den Marx und Engels als erste Eigentumsform bzw. ersten Klassengegensatz bezeichneten[95], präge auch die ideologische Funktionsweise: während die Gemeinschaft der Geschlechter im gesellschaftlichen Diesseits zerstört wird, wird sie im Himmel des Ideologischen »illusionär restituiert«; das Ideologische wird von der symbolischen Repräsentation der Geschlechterverhältnisse getragen, das Familiale wird zum emotionalen und imaginären Vehikel jeder Über- und Unterordnung, wobei bevorzugt die Frauen das imaginäre Gemeinwesen der Familie repräsentieren: sie »sind die

93 »Aufgrund ihrer *sozialen* Verwundbarkeit erniedrigt, werden die Frauen unter männlichem Schutz an die Arbeit gestellt, mit den [...] unbefriedigendsten Aufgaben der Landwirtschaft und der Küche betraut.« (Meillassoux 1983, 42)

94 Vgl. hierzu u.a. F. Haug 2001, 511ff.

95 Z.B. in der DI, 3/32 und in *Ursprung*, 21/68.

Repräsentantinnen der Liebe«, während die Männer das Recht repräsentieren, heißt es in einem Konversationslexikon von 1818 (z. n. 200f).

In konkretisierender Weiterführung von Althussers Subjektkonzeption kann von einem »sexuellen Subjekteffekt« gesprochen werden, bei dem das soziale Geschlecht (gender) den Individuen als eine vorgeprägte ideologische Form auferlegt wird, die sie »zu sein haben«, ohne ihr jemals hinreichend entsprechen zu können: Das Subjekt »übernimmt sich«, im Doppelsinn der Verantwortungsübernahme und der Selbstüberforderung, das Geschlecht wird somit die »intimste Form, in der die Herrschaftsordnung sich dem Individuum eröffnet« (201). In der sexualfeindlichen Formation von ca. 1850–1950, die zugleich die dichteste Periode des modernen Rassismus ist, sind die ideologischen Werte *Gesundheit, Schönheit* und *Geist* mit sexueller Enthaltsamkeit verknüpft, während die Syphilis als Katalysator einer Medizinierung des Volkskörpers fungiert (1986, 126ff). »Die ›Selbstbeherrschung‹ [...] wird geradezu die Individualform *zwangloser Unterordnung*« (145).

9.3 *Spannungsfelder zwischen ideologischer Fremdvergesellschaftung und horizontaler Selbstvergesellschaftung*

Im Unterschied zu Althussers ISA-Konzept bezeichnet das Ideologische für das PIT nicht primär eine gesellschaftliche »Region«, sondern die Dimension einer Vergesellschaftung von oben, die sich durch unterschiedliche gesellschaftliche Bereiche hindurchzieht. Im Unterschied zu Stuart Hall wird es nicht deskriptiv zur Bezeichnung eines »mentalen Rahmens«, sondern als theoretischer Begriff benutzt, der es ermöglichen soll, verschiedene Aspekte gesellschaftlicher Verhältnisse und Praxisformen analytisch auseinanderzulegen.

Diese Art der Begriffsbildung ist in der Gesellschaftstheorie keineswegs unüblich: auch die von Marx in verschiedene Bestandteile zerlegte Ware existiert nicht *entweder* als Gebrauchswert *oder* als Tauschwert, sondern muss, um in der Warenzirkulation bestehen zu können, beide Aspekte vereinen; entsprechendes gilt von der Arbeit in der kapitalistischen Warenproduktion, die zugleich als konkrete wie auch als abstrakte auftritt, um ihre Träger, die ArbeiterInnen, ernähren und zudem die ausbeutenden Kapitalisten mit Mehrwert versorgen zu können. Marx war sich darüber bewusst, dass er die Entfaltung der Wertform wie unter Laborbedingungen in einer reinen Form analysierte, die es in der Wirklichkeit so nie gab (vgl. K I, 23/63ff). Max Weber prägte für die Notwendigkeit abstraktiver Begriffe in der Soziologie die Kategorie des »Idealtypus«, der »durch *gedankliche* Steigerung bestimmter Elemente der Wirklichkeit« gewonnen werden sollte (Weber, *WL* 190f).[96]

Gegenbegriff zum Ideologischen ist die Perspektive einer »Selbstverge-

96 Zum Vergleich zwischen den Abstraktionsverfahren von Marx und Weber, vgl. Rehmann 1998, 186-193;

sellschaftung der Menschen im Sinne einer gemeinschaftlich-konsensuellen Kontrolle der gesellschaftlichen Lebensbedingungen« (PIT 1979, 178). Von hier aus lassen sich anti-ideologische Impulse identifizieren, die die vertikalen Anrufungen durch Aufweis der ›nackten‹ materiellen Interessen der ideologischen Instanzen und ihrer Ideologen entheiligen und plebejisch ins Lächerliche ziehen (vgl. die Figuren des Schwejk oder des Hans Wurst). In Opposition zum Vertikalismus des Ideologischen (d.h. der Ableitung aus ›höchsten‹, unhinterfragbaren Werten) stehen vielfältige »horizontale« Vergesellschaftsformen, in denen die Individuen ihr Zusammenleben ohne Dazwischenkunft übergeordneter ideologischer Instanzen regeln und entsprechende soziale Erfahrungen und Kompetenzen entwickeln.

Freilich darf man auch diesen Begriff nicht empiristisch missverstehen. Wie beim Ideologischen handelt es sich nicht um eine abgrenzbare »Region«. Es gibt in staatlich verfassten Klassengesellschaften keine »horizontalen« Vergesellschaftungsformen in empirischer Reinform, die man als heile, unschuldige Welt gegen das Ideologische ins Feld führen könnte. Der Begriff der Selbstvergesellschaftung bezeichnet vielmehr eine *Dimension* menschlicher Handlungsweisen, die empirisch jeweils in unterschiedlichen Mischungsverhältnissen mit entfremdeten ökonomischen Formen und ideologischen Praxen aufzufinden ist. In diesem Sinne einer emanzipatorischen, auf kollektive Selbstbestimmung orientierten Dimension ist sie jedoch real, und zwar (anders als im Sprachgebrauch Lacans) im Sinne wirklich-wirksamer Handlungsmacht. In Bezug auf das Beispiel von *We are the poors*, das ich im Zusammenhang mit Althussers Anrufungsmodell eingeführt habe (s. o. 6.7), kann man sagen, dass die dort beobachtete Zurückweisung der spaltenden ethnischen Anrufung sowie die Formulierung einer Gegen-Identität (»we are the poors«) durch »horizontale« Erfahrungen der Kooperation und Solidarität untereinander ermöglicht und gestützt sind.

Vom Ideologischen unterscheidet das PIT zudem die Dimensionen des »Kulturellen«, in denen Individuen, Gruppen oder Klassen »das praktizieren, was ihnen lebenswert erscheint«. Die analytische Differenzierung ist erforderlich, wenn man die Spezifik ideologischer Transformation in den Blick bekommen will: »Die kulturellen Blumen werden ständig von den ideologischen Mächten gepflückt und als ›unverwelkbare‹ Kunstblumen von oben nach unten zurückgereicht, eingebaut in die vertikale Grundstruktur des Ideologischen.« (PIT 1979, 184)

Der Begriff des »Proto-Ideologischen« bezeichnet wiederum das Material, das sich »von unten« einer Ideologisierung von oben entgegenstreckt. In vorstaatlichen Gesellschaften erfolgte dies z. B. in Gestalt von Ältesten mit besonderen Machtbefugnissen[97], ihrem Ahnenkult, von Medizinmännern

97 Allerdings ohne eigenen »Verwaltungsstab zur Erzwingung«, durch den sich Max Weber zufolge die staatlichen Herrschaftsverbände auszeichnen (vgl. WuG 28f).

mit Geheimwissen, Heiligtümern usw., die dann bei der Herausbildung des Staates ideologieförmig umfunktioniert bzw. umorganisiert wurden (180, 183f). Von »Religion« oder religiöser Ideologie wäre dann ideologietheoretisch erst von dem Zeitpunkt an zu sprechen, zu dem die unterschiedlichen proto-ideologischen Funktionen in die frühe Staatsform der Theokratie eingearbeitet werden (vgl. die analoge Herleitung des »religiösen Feldes« bei Bourdieu, s. o. 7.1). Dies ist die Voraussetzung dafür, dass die Priesterschaft die relevanten intellektuellen Führungskompetenzen, von der Mathematik zur Beobachtung der Gestirne über das Ingenieurswesen bei Großbauten und Bewässerungsarbeiten bis hin zur Wirtschaftsplanung, monopolisiert. Auch unter den Bedingungen ideologischer Vergesellschaftung sind im Alltagsbewusstsein proto-ideologische Aspekte identifizierbar, die den verfassten Ideologien »von unten« zuarbeiten. Dazu zählt das PIT z. B. die mit dem Fetischismus der kapitalistischen Warenproduktion zusammenhängenden »objektiven Gedankenformen«, die zwar entfremdet, aber nicht »von oben« geregelt sind (186; zur Diskussion s. o. 2.2.5).

Vor dem Hintergrund dieser analytischen Differenzierungen erweist es sich als ein grundlegendes Missverständnis, wenn Werner Seppmann Haug und dem PIT die Auffassung unterstellt, das »Alltagshandeln« gehe in den »Machtimplikationen« der ideologischen Herrschaftsreproduktion auf, und daraus schlussfolgert, es handele sich um eine »neo-mechanistische Sozialtheorie« (2007, 164). Ihm ist entgangen, dass das PIT mit seinem Ideologiebegriff gerade nicht beansprucht, die Gesamtheit des ›Alltagshandelns‹ zu erfassen, sondern nur *eine* Dimension, die mit anderen Dimensionen, z. B. denen der »horizontalen Selbstvergesellschaftung«, des Kulturellen, des Proto-Ideologischen, in widersprüchlichen Wechselbeziehungen steht. Seppmann unterstellt dem PIT stillschweigend den Begriffsumfang seines eigenen weiten, d.h. »neutralen« Ideologieverständnisses. Seine Kritik würde zu einem bestimmten Grade die funktionalistischen Tendenzen in der althusserschen Ideologietheorie treffen (s.o. 6.3). Aber Althussers Funktionalismus hängt wiederum damit zusammen, dass er den Ideologiebegriff zur allumfassenden Instanz erklärt und nicht von anderen Vergesellschaftsdimensionen unterschieden hat, hierin ähnlich wie Seppmann.

Wie Frigga Haug (1980) exemplarisch an weiblicher Selbst-Unterstellung gezeigt hat, sind die Individuen selbsttätig in ihre ideologische Subjektion verstrickt. Das Alltagsleben, das in der bürgerlichen Gesellschaft weitgehend durch Marktkonkurrenz und Privatisierung der Individuen geprägt ist, erzeugt nicht nur die von Lukács hervorgehobenen »verdinglichten« Denkformen, sondern entfesselt auch vielfältige privat-egoistische Tätigkeiten und Tüchtigkeiten, die gegeneinander gerichtet sind. Unter diesen Bedingungen kann »Selbstbestimmung« sich als Abstoßung vom anderen vollziehen, die Identität ist vom Antagonismus her bestimmt. Die zersetzte Solidargemeinschaft stellt den »Resonanzboden« dar, der den konstituierten

Ideologien ihre konsensuelle Mächtigkeit über die Herzen der Menschen gibt. Die institutionalisierten ideologischen Praxis- und Deutungsformen haben im Alltag ihre informellen Entsprechungen in einem »vielgestaltigen *Do it yourself* der Ideologie«, in dem die Individuen um die Herstellung ihrer eigenen »Normalität« ringen (W.F. Haug 1993, 172, 227).

9.4 Dialektik des Ideologischen: Kompromissbildung, Komplementarität, antagonistische Anrufung des Gemeinwesens

Um die Gefahr einer Verdinglichung der eingeführten Kategorien zu vermeiden, ist darauf zu achten, dass sie nicht ›Gegenstände‹ oder fixierte ›Eigenschaften‹ bezeichnen, die sich als monolithische Blöcke gegenüberstehen, sondern Dimensionen, die sich als Momente in Wechselwirkungen bewegen. ›Horizontal‹ gerichtete Kräfte und Formen sozialer Kohäsion sind fortwährend dem Zugriff der ideologischen Mächte ausgesetzt, während umgekehrt auch ideologische Phänomene profaniert in die Volkskultur assimiliert werden können (PIT 1979, 184).

Die analytische Unterscheidung zwischen ideologischer Fremdvergesellschaftung »von oben« und »horizontaler« Selbstvergesellschaftung ist auch nicht normativ zu verstehen, als wäre jede Rebellion von unten ›gut‹ und alles, was sich ideologisch aus »Werten« ableitet, ›schlecht‹. Wie z.B. Paul Willis in seiner Untersuchung *Learning to Labour* (dt. *Spaß am Widerstand*) am Beispiel englischer Arbeiterjugendlicher in der Schule anschaulich gezeigt hat (Willis 1977 u. 1979), können anti-ideologische Widerstandsimpulse auch dazu führen, subalterne Stellungen zu befestigen. Indem der Protest gegen »die da oben«, hier vornehmlich die Lehrer und ihre Bildungswerte, die Form von Intellektuellenfeindlichkeit und Hass aufs Lernen annimmt, indem er sich als machistische Körperkultur »harter Männlichkeit« artikuliert, die die intellektuellen *eggheads* als »Schwule« denunziert, verurteilt er sich selbst zur Subalternität. Während die Arbeiterjugendlichen den Unterricht und die Lehrenden »erfolgreich« sabotieren, bereiten sie sich darauf vor, ihren Platz auf den für sie bereitgestellten Stellungen ungelernter Arbeit einzunehmen. Was als gegenkultureller Widerstand gegen pädagogische Bildungswerte antritt, trägt im Ergebnis zur ideologischen Befestigung der Herrschaftsordnung bei.

Umgekehrt kann man an der Genese des Rechts exemplarisch studieren, dass die Herausbildung einer ideologischen Macht (der »zweiten« nach dem Staat, wie Engels meinte) auch auf Druck von unten erfolgen kann. So entsprachen z. B. die Gesetzgebungen unter dem athenischen Gesetzesreformer Drakon im 7. Jh. v. u. Z. wesentlich auch den Forderungen, das Volk gegen die gewaltsamen und willkürlichen Übergriffe der Aristokratie zu schützen – in Griechenland waren die meisten Gesetzgeber Angehörige mittlerer, nicht-aristokratischer Schichten. Der Druck von unten »verschmilzt« mit der Wirkungsweise der übergeordneten ideologischen Instanz: er »zwingt« die Herrschaft »in die ideologische Form [...], in der sie ihn dann systemstabilisierend integriert« (PIT 1979, 189).

Zur Analyse der inneren Widersprüchlichkeit ideologischer Vergesellschaftung schlägt das PIT vor, bestimmte psychoanalytische Begriffe anzuwenden, freilich nicht wie bei Althusser, der die Behandlung der Ideologie im Allgemeinen an die lacansche Psychoanalyse abgetreten hat, sondern auf dem Wege ihrer gesellschaftstheoretischen Rekonstruktion. So kann z. B. das Über-Ich als Repräsentant des »Über-Uns« der Herrschaftsordnung, von König, Vater, Chef oder Oberschichten im Subjekt-Innern re-interpretiert werden (191). Von Bedeutung ist v. a. der Begriff der »Kompromissbildung«, mit dem Freud die Konstitution des neurotischen Symptoms beschrieben hat: Die beiden gegensätzlichen Kräfte (des strafenden Über-Ichs und des Verdrängten) treffen im Symptom zusammen und versöhnen sich im Kompromiss der Symptombildung. »Darum ist das Symptom auch so widerstandsfähig; es wird von beiden Seiten her gehalten.« (GW XI, 373; SA I, 350) Gesellschaftstheoretisch rekonstruiert bezeichnet der Begriff eine »Verdichtung antagonistischer Kräfte [...] im Rahmen der Herrschaftsstruktur«, eine in sich widersprüchliche Form unter der Dominanz der Herrschaft, in der den beherrschten Kräften ein Ventil eingeräumt wird (PIT 1979, 190f).

Als Kompromissbildung kann man z. B. die soeben geschilderten rechtlichen Kodifizierungen begreifen, in denen sich, soweit sie als »gerecht« anerkannt werden, sowohl die Interessen der Bauern am Schutz vor aristokratischer Willkür als auch die Interessen der Eliten an einer legal geordneten Herrschaftsausübung (ohne permanenten Bürgerkrieg) aufgehoben sehen. Ein Musterbeispiel für Kompromissbildungen ist die jüdisch-christliche Bibel, etwa wenn im Alten Testament die Befreiungsimpulse vom Exodus aus ägyptischer Versklavung in die Idealisierung des israelischen Königtums mitsamt seines Systems der Schuldknechtschaft einfließen (das freilich wiederum von den Propheten einer scharfen Sozialkritik unterzogen und in den Sabbath-Bestimmungen abgemildert und begrenzt wird), oder im Neuen Testament, wo die Berichte vom Verteilungskommunismus der urchristlichen Gemeinden (omnia sunt comunia; Apg. 2, 43ff; 4, 32) mit dem pro-römischen und pro-imperialen Hauptstrang von Lukas' *Apostelgeschichte* zusammenkomponiert werden.[98] Ton Veerkamp hat darauf hingewiesen, dass ›Gott‹ eine »Konzentration im ideologischen Gefüge« darstellt, die die unterschiedlichsten Loyalitätsstränge kompromisshaft verdichtet: »Sie wird als absoluter Garant herrschender Verhältnisse beschworen, aber sie kann auch angerufen werden als legitimierende Instanz für Versuche, Loyalität

98 Zu den Deutungskämpfen ums alttestamentliche Königtum, vgl. Wielenga 1988, 165ff; zu den Kompromissbildungen bei Lukas, vgl. Kahl 2002, 72ff, 86.

aufzukündigen« (Veerkamp 2001, 917). Allgemein kann gesagt werden, dass jede Ideologie mit popularer Ausstrahlung und Bindekraft Kompromissbildungen sozial gegensätzlicher Interessen und Impulse enthält und auf diese Weise von beiden Seiten des Sozialantagonismus her »gehalten« wird.

Schon der junge Marx ist in den *Ökonomisch-philosophischen Manuskripten* von 1844 auf eine Wirkungsweise des Ideologischen gestoßen, die sich im Zuge der Ausdifferenzierung moderner Gesellschaften ausgebreitet und intensiviert hat, nämlich »dass jede Sphäre einen andren und entgegengesetzten Maßstab an mich legt, [...] weil jede eine bestimmte Entfremdung des Menschen ist« (*Ms 44*, 40/551; MEGA I.2/282f). Im modernen bürgerlichen Staat »führt der Mensch nicht nur im Gedanken, im Bewusstsein, sondern in der *Wirklichkeit*, im *Leben* ein doppeltes, ein himmlisches und ein irdisches Leben, das Leben im *politischen Gemeinwesen*, worin er sich als *Gemeinwesen* gilt, und das Leben in der *bürgerlichen Gesellschaft*, worin er als *Privatmensch* tätig ist«, heißt es in *Zur Judenfrage* (1/355). Diese Aufspaltung in mehrere gegensätzliche »Wertsphären«, wie Max Weber später formulieren wird (*RS* I, 541ff; *WL*, 605), ist von W. F. Haug als »Komplementaritätsgesetz des Ideologischen« gefasst worden (1993, 19): Die Herrschaftsverhältnisse reproduzieren sich über »imaginäre Gegengesellschaften«, die zum kapitalistischen Privateigentum und zur staatlichen Repression einen »ergänzenden Gegenschein« errichten (143, 147; vgl. 183, 199). Wo in Patriarchat und Klassengesellschaft das Trennende über das Gemeinsame herrscht, »stellt das ideologische Imaginäre kompensatorisch das Gemeinsame über das Trennende« (197). Während antagonistische Klassen-, Geschlechter- und ›Rassen‹-Verhältnisse die Möglichkeiten demokratisch-gemeinschaftlicher Handlungsstrategien unterminieren oder verunmöglichen, werden sie zugleich von der »illusorischen Gemeinschaftlichkeit« (DI, 3/33) des Ideologischen verdeckt.

Es ist allerdings auch möglich, dass imaginäre Gegenwelten, die die Herrschaftsordnung zunächst kompensatorisch ergänzen, unter bestimmten Bedingungen zu Ressourcen einer Gegenhegemonie werden, z. B. wenn es gelingt, das »Gemeinwohl« oder die Kompromissform des »Gesellschaftsvertrags« gegen die gemeinschaftszerstörenden Partikularinteressen des Kapitals und der herrschenden Klassen einzuklagen. Umgekehrt können Manifestationen des Protests auch wieder abgeschwächt und so entschärft werden, dass sie kompensatorisch wirken oder zu einer Modernisierung der herrschenden Hegemonie führen. Dies geschah z. B., als ursprünglich gegenkulturelle Artikulationen der 68er Bewegung zum neuen Lebensstil vermarktet wurden. Bekanntlich wurde die linke Staats- und Bürokratiekritik erfolgreich von Neoliberalen aufgegriffen und gegen den fordistischen Wohlfahrtsstaat gewendet. Boltanski und Chiapello haben z. B. am französischen Beispiel beobachtet, wie die politischen Hoffnungen, die an die Selbstverwaltung geknüpft waren, Anfang der 80er Jahre »auf die Flexibilität, die Dezentralisierung der sozialpartnerschaftlichen Beziehungen und die neuen Managementformen übertragen werden [konnten]« (Boltanski/Chiapello 2003, 252). Die Forderungen nach sexueller Emanzipation büßten weitgehend ihren kritischen Stachel ein, als die traditionellen Tabus fielen und durch den Wachstumsmarkt der Sexualgüterindustrie und Sexualdienstleistungen ersetzt wurden (375f).

Indem die Ideologien, soweit sie massenwirksam sind, sich permanent von »horizontalen« Energien nähren, ermöglichen sie eine »antagonistische Reklamation des Gemeinwesens« (84), bei der die Klassen und Geschlechter dieselben Instanzen und Werte (z.B. die Gerechtigkeit, die Moral, den Sozialfrieden) in gegensätzlicher Weise auslegen und in Anspruch nehmen. Der Dichtepunkt der antagonistischen Anrufungen ist abhängig von den Macht- und Hegemonieverhältnissen der sozialen Kräfte. »In der symbolischen Form sind die antagonistischen Formationen kongruent, sie ist das Identische in den gegensätzlichen Artikulationen.«(Haug 1993, 85) Aber »unterhalb« der identischen Anrufungsinstanzen ist das Ideologische vielfältig gespalten.

Zudem konkurrieren die ideologischen Mächte miteinander um die Grenzziehungen zwischen ihren Kompetenzbereichen, die immer wieder neu befestigt werden müssen (vgl. Nemitz 1979, 67ff). In Hegemoniekrisen kommt es regelmäßig zu Spaltungen zwischen den geheiligten Werten einer ideologischen Macht und ihrem notwendig »unheiligen« Apparat, so dass sich das ideologische ›Oben‹ in den »weltlichen Himmel« (einer realen, ›über‹ der Gesellschaft stehenden ideologischen Macht) und eine »himmlische Welt« verdoppelt (Haug 1993, 85). Wie das Beispiel der protestantischen Reformationen zeigt, kann dieser Zwiespalt unter bestimmten Bedingungen von oppositionellen Bewegungen genutzt werden: nachdem »ketzerische« und reformatorische Bewegungen über Jahrhunderte vom katholischen Kirchenapparat zerstört (Stichwort Inquisition) oder von seinem Ordenssystem absorbiert wurden (Stichwort Franziskaner), gelang es Luther, Melanchthon, Zwingli, Müntzer und anderen religiösen Intellektuellen der reformatorischen Bewegungen, die zentralen ideologischen Instanzen Schrift/Gnade/Glaube gegen den »teuflischen« Apparat der Kirche zu wenden.

Die Dialektik des Ideologischen liegt darin, dass es kompensatorisch zur Herrschaftsreproduktion nur beitragen kann, indem es, wie verschoben auch immer, auch die Befreiung von Herrschaft ›bedeutet‹: »Jede ideologische Macht ist Sachwalterin einer Modalität des Bezugs aufs Gemeinwesen, das [...] von der Klassengesellschaft negiert ist.« (PIT 2007/1980, 108/77) Dieser Doppelcharakter bedingt, dass auch anti-ideologische, plebejische Elemente mit der Inanspruchnahme höchster ideologischer Werte verbunden werden können: »Selbstunterstellung unter die verhimmelten Gemeinwesenkräfte kann zur Lebensform von Befreiungskämpfen werden.« (Haug 1993, 86) Freilich kann der Widerstand über die ideologische Form, in der er sich artikuliert, auch wieder entschärft und in die Herrschaftsordnung eingebaut werden, so dass z.B. der im Religiösen enthaltene »Seufzer der bedrängten Kreatur« (Marx, KHR, 1/378) mit der Organisation ihrer Bedrängnis verschmilzt (PIT 1979, 192f).

Eine ideologietheoretisch reformulierte Ideologiekritik wird daher versuchen, die im Ideologischen repräsentierten Gemeinwesenfunktionen zu entziffern, herauszulösen und für die Entwicklung gesellschaftlicher Handlungsfähigkeit zurückzugewinnen.

9.5 *Faschistische Modifikationen des Ideologischen*

Eine historische Konkretisierung der Ideologietheorie des PIT erfolgte zunächst 1980 in einer zweibändigen Studie zu *Faschismus und Ideologie*, die im Jahre 2007 neu aufgelegt wurde (im Folgenden zitiert mit einfachen Seitenzahlen nach beiden Ausgaben 2007/1980). Offenbar kann der Hinweis auf die allgegenwärtige Gewalt im NS nicht hinreichend erklären, wie es den Nazis gelungen ist, die Massen bis zum Ende zu mobilisieren und ein enormes Potential jugendlichen ›Idealismus‹ für ihre Zwecke zu entfesseln. Die zentrale ideologietheoretische Frage ist daher, wie die faschistische Macht über die »Herzen des Volkes« (Goebbels) gewonnen und befestigt werden konnte. Eingerahmt von hemmungsloser, rechtlich ungebundener Gewalt wurden Wirkelemente aller Art, ungeachtet ihrer Herkunft, integriert. Besetzt wurde »alles, was den Alltag als seine Unterbrechung markiert«, »jedes Interesse, jede Liebe, jeder Idealismus und jede Begeisterungsfähigkeit – alles [wurde] eingespannt« (111f/80).

Die Frage dieser ideologischen Wirkmächtigkeit wurde in marxistischen Faschismustheorien nur selten systematisch bearbeitet. Im Rahmen der Komintern-Definition des Faschismus als »offen terroristische Diktatur der reaktionärsten [...] Elemente des Finanzkapitals« tendierten die Erklärungsansätze des ML dazu, die ideologische Wirkungsweise instrumentalistisch auf bewusste Manipulation und demagogische Verführung zu reduzieren, bei der das Monopolkapital Hitler und die NSDAP als bloße »Werkzeuge« benutzte.[99] Dagegen behandelten die sog. »Verselbständigungstheorien«, die in Anlehnung an die marxschen Analysen zum Bonapartismus eine Verselbständigung der faschistischen Bewegung und Regierung vom Großkapital diagnostizierten, die Ideologie des Faschismus als vorwiegend »kleinbürgerlich« oder allgemein als Ausdruck sozialer Deklassierung.[100] Beide Seiten der Debatte waren darauf fixiert, das Ideologische

99 Zur Kritik der Reduktion von Ideologie auf Manipulation und Demagogie, vgl. u. a. Kühnl (1979, 117, 212) und PIT (2007/1980, 30ff/13ff).

100 Z. B. Trotzki, Thalheimer, Paul Sering (R. Löwenthal), Otto Bauer. Vgl. die kritische Auswertung in PIT 2007/1980, 33ff/15ff. Reinhard Kühnl modifizierte die »Verselbständigungsthese«, indem er das Verhältnis zwischen herrschender Klasse und faschistischem Staatsapparat als »Bündnis« analysierte (1971, 142ff; 1979, 200).

einem bestimmten Klassenbewusstsein (des Groß- oder Kleinbürgertums) bzw. der Erfahrung sozialer Deklassierung zuzuordnen, und schenkten der klassenübergreifenden Wirksamkeit faschistischer Ideologien kaum Aufmerksamkeit.

Gerade hier fehlten der Linken geeignete Gegenstrategien. Clara Zetkin war eine der wenigen, die dies frühzeitig bemerkten. Schon 1923 hielt sie fest, dass der italienische Faschismus, »ehe er durch Akte des Terrors das Proletariat niederschlug, einen ideologischen und politischen Sieg über die Arbeiterbewegung errungen hatte« (1967, 99). Sie ermahnte die Führer der kommunistischen Weltbewegung: »Nur wenn wir verstehen, dass der Faschismus eine zündende, mitreißende Wirkung auf breite soziale Massen ausübt, [...] werden wir ihn bekämpfen können«. (90)

Ernst Bloch präzisierte 1932/33 diese frühzeitige Einsicht in der Diagnose, dass die Nazis ihre Hegemoniegewinnung ihren wirksamen »Entwendungen aus der Kommune« verdankten (*Erbschaft*, GA 4, 70): »Als der [...] Vulgärmarxismus [...] das Erbe der deutschen Bauernkriege [...] vergessen hatte: strömten die Nazis in die leergewordenen, ursprünglich münzerischen Gebiete.« (154) Es gelang ihnen, die »ungleichzeitigen Widersprüche« z.B. zwischen Kapitalherrschaft und Jugend, Kleinbauerntum und Angestellten zu besetzen. Statt sich darauf zu fixieren, die faschistisch besetzten Ungleichzeitigkeiten als »irrational« zu kritisieren, wie dies z.B. Lukàcs in der *Zerstörung der Vernunft* tat, schlug Bloch vor, zwischen ihren untergehenden Resten und »unerledigter«, nicht »abgegoltener« Vergangenheit, »Zukunft in der Vergangenheit« zu unterscheiden (61, 119, 122). Die Unterscheidung ist wichtig, um in eine »ungleichzeitige Propaganda« einzutreten und mithilfe einer »mehrschichtigen revolutionären Dialektik« die verwandlungsfähigen Elemente des Unerledigten herauslösen und umzumontieren (123f).

Erheblich später und ohne Bezugnahme auf die blochschen Materialanalysen wurden diese Motive diskurstheoretisch ergänzt. Laclau zufolge gelang es dem Faschismus, die Widersprüche zwischen dem herrschenden Machtblock und dem »Volk« in der Weimarer Republik populistisch zu besetzen und in einen rassistisch-antidemokratischen Diskurs einzuarbeiten (Laclau 1981a, 108ff, 116ff, 122). Ausgangspunkt für Poulantzas' Faschismusanalyse ist der Bruch des Repräsentationsverhältnisses zwischen den Klassen und den politischen Parteien in der Weimarer Republik: Da sowohl das Groß- als auch das Kleinbürgertum sich von ihren Parteien nicht mehr vertreten fühlten, kam es zu einer Verschiebung von der politischen zur ideologischen Repräsentation. Nicht nur schwenkten die ideologischen Vertreter dieser Klassen früher und in größerem Umfang zum Faschismus um als die politischen, es gelang ihnen auch, den Kampf um die eigene Hegemonie wirkungsvoll als Offensive gegen »die« Parteien und ihre »Berufspolitiker« zu führen (1973, 111).

Anknüpfend an die bisherigen Überlegungen zur ideologischen Funktionsweise des Faschismus untersuchte das PIT, wie es die Nazis beispiellos verstanden haben, »Selbstentfremdung als begeisterte Selbsttätigkeit zu organisieren« (107/77). Während Horkheimer und Adorno den Ideologiebegriff für den Nazismus bestreiten, weil sie ihn zuvor auf eine traditionelle Variante falschen Bewusstseins festgelegt haben (s. o. 4.3)[101], folgt die Studie von vornherein der ideologietheoretischen Grundentscheidung, nicht nach spezifischen Ideengebäuden, sondern nach der ideologischen Transformationsarbeit des NS zu suchen (72/47). Die Materialanalysen zeigen einen durchgängigen Primat ideologischer Dispositive, Praxen und Rituale vor den Ideengebäuden (77/51): »Weit vor jeder faschistischen Orthodoxie rangiert die ›Orthopraxie‹« (wörtlich: richtiges Handeln), verstanden als eine Folge »performativer Akte« mit ideologischen Subjekt-Effekten (104f/74).[102]

Der PIT-Analyse zufolge ist die faschistische Spezifik nicht in einem bestimmten Ideengebäude festzumachen (Rosenbergs *Mythos des 20. Jahrhunderts* hat Hitler anscheinend nie gelesen), sondern liegt in der Anstrengung, das gesamte Ideologische zu besetzen, in seinem Namen zu sprechen und den bürgerlichen Machtblock über die Verknüpfung Kampf-Lebensrisiko-Glaube anti-demokratisch umzubauen (72f/48f, 79f/53f, 87/59). Zu diesem Zweck wird der ›National-Sozialismus‹ konsequent als Anti-Bolschewismus konzipiert, und dies im Doppelsinn des Gegensatzes und eines ideologischen Gegenstücks, das zahlreiche Elemente der gegnerischen Formation, wie z. B. die »Partei neuen Typs« und die militante Kampfrhetorik in sich aufnimmt (87f/59f).

Kennzeichnend ist zugleich eine ideologische Verschiebung, die es den Nazis ermöglicht, das Feindbild der proletarischen Weltrevolution als das der »jüdischen Welteroberung« auszusprechen (89ff/61ff). Diese wird wiederum mit dem ebenfalls als ›jüdisch‹ umartikulierten Kapitalismus verbunden, der als ›raffendes‹ (Finanz-) Kapital dem ›schaffenden‹ (Industrie-)Kapital entgegengesetzt wird. Die Funktion des Antisemitismus besteht zunächst darin, in die Vielfalt »völkischer« Diskurse einzugreifen (das »Gemengsel von Anschauungen«, wie Hitler in *Mein* Kampf abschätzig schreibt) und ihre Ideologeme frühzeitig auf eine strikte Über/Unterordnung zwischen und innerhalb der »Rassen« festzulegen (92f/64). Das deutsche VOLK wird diskursiv durch den Gegensatz zum jüdischen GEGEN-

101 Im Gedankengut der Nazis spiegele sich kein »objektiver Geist« mehr wider, so dass der Begriff von Ideologie als notwendig falsches Bewusstsein ins Leere laufe. Stattdessen würden nur noch manipulatives Herrschaftsmittel und Repressions-Drohung eingesetzt, verbunden mit dem »Versprechen, dass etwas von der Beute für sie abfällt«. (IfS 1954, 169; GS 8, 466).

102 Zur faschistischen Inszenierung des Marschierens, von Massenveranstaltungen, Sammeln fürs Winterhilfswerk, Lagerleben, Betriebsfeiern usw., vgl. 118ff/83ff, 208ff/167ff, 228ff/209ff, 258ff/238ff).

VOLK konstituiert, dessen Grenzen allerdings offen sind: »wer immer sich gegen die Nazis stellt, fällt in diese Position und das heißt letztlich in den Wirkungsbereich der SS« (103f/73).[103]

9.6 Ausrottungspolitiken und Kirchenkampf im NS-Staat

In einer weiterführenden Untersuchung zeigt W. F. Haug (1986) am Beispiel der Vernichtung »lebensunwerten Lebens«, dass die nazistischen Ausrottungspolitiken nicht von außen in die Psychiatrie und Medizin einbrachen, sondern von den betreffenden ideologischen Ständen aktiv gestützt wurden. Die Vergasung wird als ärztliche Kompetenz organisiert, die beteiligten Ärzte werden in der Regel nicht dazu gezwungen, sondern »ermächtigt« (1986, 26ff). Die Frage nach der zugrunde liegenden ideologischen Konstellation der Mit-Täterschaft führt in ein weitgespanntes Netz von »Normalisierungsmächten«, die schon lange vor 1933 an der »Faschisierung des bürgerlichen Subjekts« arbeiten. Im Zentrum der Psy-Agenturen sowie einer weitverzweigten Ratgeberliteratur steht die Absicherung ideologischer Unterstellung unter höhere Instanzen. Dies erfolgt einerseits durch die Konstitution vor-bildlicher Gesundheit und Schönheit, die zunehmend rassistisch artikuliert werden, andererseits durch die Konstitution von »Asozialität« und »Degeneration«, die zur Ausrottung freigegeben werden.

Komplementär dazu habe ich mich in dem Buch *Kirchen im NS-Staat* (Rehmann 1986) auf die Frage konzentriert, wie in den beiden christlichen Großkirchen Kollaboration und Resistenz in Teilfragen untrennbar ineinander verschränkt waren: »Dieselben Kirchen, die den völkermordenden Faschismus bis zum Schluss als göttlich eingesetzte Obrigkeit anerkennen, haben wie keine andere ideologische Macht die Kraft, sich seinen Versuchen der Gleichschaltung und der Zerstörung ihrer Einflussbereiche zu widersetzen.« (13) Beide Kirchen wollen als »Körperschaften des öffentlichen Rechts« *im* und *neben* dem Staat stehen und sind mehrheitlich bereit, als relativ autonome ideologische Mächte die »von Gott eingesetzte Obrigkeit« abzustützen.

Aber sobald dieses hegemoniale Arrangement verletzt wird, kommt es v. a. auf Seiten der katholischen Kirche zu einem erbitterten »Stellungskrieg« (Gramsci) um ideologische Kompetenzen in Volkserziehung und Moral, bei dem die NS-Regierung sich mehrmals zurückziehen muss (z. B. beim »Kreuzeskampf« und im Falle der »Euthanasie«). Auf protestantischer

103 Domenico Losurdo hat den Wechsel vom proletarischen zum jüdischen Feindbild als Übergang von einer »transversalen« Rassisierung (gegen die Volksklassen, Unterschichten und Armen) zu einer »horizontalen« Rassisierung (gegen andere Völker und Nationen) gefasst (Losurdo 2004, 823ff, 851f, 877f). Zur Vermittlung dieser Terminologie mit dem PIT-Ansatz, vgl. Rehmann 2007b.

Seite führt die Verletzung kirchlicher Autonomie dazu, dass die traditionelle Einheit von Staatsbindung und Bekenntnisbindung vorübergehend auseinanderbricht, was von den Pastoren und Gläubigen als »Gewissensnot« artikuliert wird (111). Die »dialektische Theologie« Karl Barths, die im Namen des reformatorischen Schriftprinzips jede Verknüpfung mit anderen ideologischen Werten verweigert, mobilisiert den Widerspruch zwischen dem Wertehimmel und dem kirchlichen Apparat des Ideologischen und zeigt exemplarisch, dass Widerstand sich wirksam in der Form ideologischer Subjektion, nämlich der gehorsamen Unterstellung unter die *Heilige Schrift*, artikulieren kann: »Gerade das autoritäre Festhalten an der ausschließlichen und bedingungslosen Unterstellung unter ›Gottes Wort‹ setzt Kräfte frei, die der Faschismus nicht mehr in seine Kirchenpolitik integrieren konnte: die spezifische Handlungsfähigkeit des unbeirrbaren Nein-Sagens gegenüber den Herrschaftsansprüchen anderer Mächte« (118).

9.7 *Weitere Materialstudien*

Die vom PIT durchgeführten Studien zu den ideologischen Mächten im deutschen Faschismus wurden von einem Nachfolgeprojekt am Philosophischen Seminar der FU-Berlin weitergeführt, aus dem mehrere Untersuchungen zur Philosophie im deutschen Faschismus hervorgingen: Studien zu deutschen Philosophen im Jahre 1933 (Haug 1989), »Philosophieverhältnissen« im NS (Laugstien 1990), zum NS-Engagement der Universitätsphilosophen (Leaman 1993), zur Nietzsche-Rezeption im NS-Staat (Zapata Galindo 1995), zu Gadamers politischer Hermeneutik (Orozco 1995; neu aufgelegt 2004).

Ein anderer Forschungsschwerpunkt des *Projekts Ideologietheorie* bezog sich auf die Entstehung bürgerlicher Hegemonieapparate im 17. und 18. Jahrhundert (PIT 1987). Den für die »deutsche« Konstellation des Ideologischen konstitutiven Gegensatz zu Frankreich hat Peter Jehle am Beispiel der akademischen Romanistik untersucht (Jehle 1996). Eine »Kontextstudie« zu Max Weber unternahm es, seine politischen und soziologischen Schriften im Zusammenhang mit den bürgerlich-kulturprotestantischen Diskursformationen des Wilhelminischen Kaiserreichs zu rekonstruieren und als hegemoniale Arbeit an einer neuen Klassenkonstellation des Fordismus zu analysieren (v. a. in Bezug auf das neu zu schaffende Klassenbündnis zwischen Bourgeoisie und »Arbeiteraristokratie«). Sein Modernisierungsansatz ließ sich vor allem mithilfe von Gramscis Begriffs der »passiven Revolution« entschlüsseln (Rehmann 1998).

10. Friedrich A. Hayek – symptomale Lektüre eines neoliberalen Grundlagentexts

»Wenn das Geld, nach Augier, ›mit natürlichen Blutflecken auf einer Backe zur Welt kommt‹, so das Kapital von Kopf bis Zeh, aus allen Poren, blut- und schmutztriefend«, schrieb Marx im Kapitel zur sog. ursprünglichen Akkumulation (K I, 23/788). Es ist nicht übertrieben, die Aussage auch auf den Neoliberalismus anzuwenden, dessen Wirtschaftsdoktrin erstmals im brutalen Gewaltrahmen der chilenischen Militärdiktatur unter Pinochet angewandt wurde. Kurz nach dem Putsch 1973 überreichten die neoliberalen »Chicago-Boys« um Milton Friedman und Arnold Harberger den Generälen ihre wirtschaftspolitischen Vorschläge, die dann ab 1975 in einer Schocktherapie umgesetzt wurden. Ab ca. 1978 gewann dann eine andere neoliberale Richtung, die »Virginia-School« oder »Public-Choice-Schule« unter James M. Buchanan und Gordon Tullock an Einfluss, der es v. a. um eine »Durchmarktung« des Staates ging (vgl. Walpen/Plehwe 2001, 45f, 49ff, 56f). Friedrich A. Hayek hatte seit 1975 regelmäßigen Kontakt mit chilenischen Regierungskreisen, wurde 1977 von Pinochet persönlich empfangen und übte maßgeblichen Einfluss auf die neue Verfassung der chilenischen Diktatur von 1980 aus, deren Titel *Constitution of Liberty* angeblich sogar nach Hayeks gleichnamigen Buch von 1960 gewählt wurde (60f).

10.1 Erste Sondierungen

Angestoßen durch eine umfassende Wirtschaftskrise, die man später als Krise des Fordismus verstehen wird, und gestützt auf die Liberalisierung und Globalisierung der Märkte sowie auf eine stürmische Entwicklung der Produktivkräfte mit dem Computer als Leittechnologie, manifestiert sich in den 70er Jahren erstmals der Übergang zu einer weltweiten Hegemonie des Neoliberalismus. Sichtbar wird der Umschwung u. a. dadurch, dass der Wirtschaftsnobelpreis 1974 an Hayek und 1976 an Milton Friedman vergeben wird. Mit dem Wahlsieg Margret Thatchers in Großbritannien 1979 erobert der Neoliberalismus zum ersten mal in der Ersten Welt die »Kommandohöhen« des Staates – der leninsche Term wurde zum Titel des erfolgreichen neoliberalen Propagandafilms und -buchs *The Commanding Heights* (Yergin/Stanislaw 1998) –, und dann 1980 mit dem Wahlsieg Ronald Reagans in den USA. Von dieser Zeit an bestimmt die neue ideologische Formation seit mehr als einem Vierteljahrhundert maßgeblich das Weltgeschehen, seit dem Zusammenbruch des sozialistischen Lagers 1989 ohne nennenswerte Konkurrenz.

Auch wenn die theoretische Einordnung und Gewichtung des Neoliberalismus Gegenstand zahlreicher Kontroversen ist, besteht über die grundlegende phänographische Beschreibung weitgehende Einigkeit. Stichworte zu seiner Kennzeichnung sind u. a. der Abbau des fordistischen Wohlfahrtsstaats, die Deregulierung des Finanzsektors (Zusammenbruch des Bretton Woods Systems 1971), Privatisierung der öffentlichen Sektors und Zurückdrängung der Gewerkschaften. In der ehem. Dritten Welt ging es v. a. um die Zerschlagung des »Entwicklungsstaats«, der mithilfe von neoliberalen Strukturanpassungsprogrammen und Handelsvereinbarungen zum Abbau der Zollgrenzen und zur Privatisierung seines öffentlichen Sektors gezwungen wurde. Nach der UN-Studie *The Challenge of Slums* kann der weltweite Anstieg von Armut und Ungleichheit zwischen 1980 und 1990 in erster Linie auf den staatlichen Rückzug aus der Ökonomie zurückgeführt werden (z. n. Davis 2006, 154).

Vom Ergebnis her betrachtet kann der Neoliberalismus als politisches Projekt verstanden werden, die durch die Krise des Fordismus beeinträchtigten Bedingungen der Kapitalakkumulation wiederherzustellen und die bürgerliche Klassenherrschaft zu restaurieren (Harvey 2005, 16, 19). Mehrere Theoretiker machen seine Spezifik an der seit den 1970er Jahren »ausschlaggebenden Rolle der Geld- und Kapitalmärkte« fest (Aglietta 2001, 94). Bourdieu hat in diesem Zusammenhang von einer »fleischgewordenen Höllenmaschine« gesprochen, die ihre Gesetze über eine Ideologie des Sachzwangs den Staaten aufzwingt (1998b, 111, 114f; 2002, 391). Dagegen erklärt W. F. Haug die hegemoniale Ausstrahlung und Beständigkeit des Neoliberalismus mit seiner organischen Verbindung zur neuen Produktionsweise eines »transnationalen High-Tech-Kapitalismus« (2003, 41). Ausgehend von Poulantzas Begriff der »inneren Bourgeoisie« (2001, 55) kommen einige Autoren zu dem Befund einer »transnationalen« Hegemonie des Neoliberalismus, die sich auf eine globalisierte Managerklasse und eine weitgehend internationalisierte Zivilgesellschaft stützt (ausgewertet in Candeias 2004, 252ff).

Neoliberalismus ist ursprünglich eine Selbstbezeichnung, die auf einer internationalen Konferenz liberaler Ökonomen 1938 in Paris geprägt wurde. Anlass war die Übersetzung des Buches *The Good Society* (1937) des Philosophen und New-Deal-Kritikers Walter Lippmann ins Französische (*Cité libre*).[104] In Vorgesprächen (u. a. mit v. Mises und Röpke) wurde besprochen, wie man »einen internationalen Kreuzzug zugunsten eines konstruktiven Liberalismus« führen könnte, der sich vom gescheiterten »Manchester-Liberalismus« des *Laissez-Faire* deutlich unterscheidet (z. n. Walpen 2004, 56f). Trotz unterschiedlicher Strömungen kristallisierten sich von Anfang an zwei Gemeinsamkeiten heraus, nämlich zum einen die Ablehnung jedes

104 Zur Diskussion standen mehrere Bezeichnungen, z. B. neo-capitalisme, libéralisme positif, libéralisme social, sogar libéralisme de gauche, aber schließlich hat sich knapp der Begriff »neo-libéralisme« durchgesetzt (Walpen 2004, 60).

»Kollektivismus«, womit nicht nur Kommunismus und Sozialismus, sondern auch Keynesianismus und Wohlfahrtsstaat gemeint sind, zum anderen – in Frontstellung zur »engen ökonomischen Konzeption« des klassischen Liberalismus (Röpke, Rüstow) – eine stärkere Betonung des Staates, dessen Aufgabe Friedrich Hayek dahingehend bestimmt, den Wettbewerb als »Ordnungsprinzip der Wirtschaft« durchzusetzen (z. n. ebd., 58, 64). So befürwortet z. B. Röpke einen »liberalen Interventionismus«, der »nicht entgegen den Marktgesetzen, sondern in Richtung der Marktgesetze« eingreife (z. n. 70).[105] Otto Graf Lambsdorff betont in seiner Einführung zur Neuausgabe von Hayeks *Der Weg zur Knechtschaft*, Hayek setze nicht auf Wettbewerb allein, sondern auf eine »Wettbewerbsordnung, die der Staat setzen muss« (Hayek 1994/1944, 12). Diese Abgrenzung vom klassisch-liberalen Ökonomismus gibt einen ersten Hinweis darauf, den vom Neoliberalismus geforderten Rückzug des Staates aus der Ökonomie nicht als grundsätzliche Staatsfeindschaft misszuverstehen: die neoliberale Anti-Staat-Rhetorik richtet sich v. a. gegen den Sozialstaat sowie gegen eine keynesianische Wirtschaftspolitik, die die sozialen Gegensätze im Namen »sozialer Gerechtigkeit« auszugleichen versucht. Sie zielt auf einen Umbau des Staates und der Zivilgesellschaft, der mit einer Stärkung des kapitalistischen »Wettbewerbsstaats« sowie seiner militärischen und repressiven Instanzen einhergeht.

Von Bedeutung ist von Anfang an der internationale Charakter der neoliberalen Intellektuellenvereinigung. Im April 1947 gründet sich in der Schweiz die Mont Pèlerin Society, in der sich führende liberale Intellektuelle aus 10 Ländern (u. a. Walter Eucken, Friedrich August von Hayek, Milton Friedman, Wilhelm Röpke, Ludwig von Mises, Karl Popper) zu einem transnationalen Elitennetzwerk zusammenschließen. Dieses Netzwerk bildet den Ausgangspunkt für zahlreiche Thinktanks, die in unterschiedlichen Ländern an einer neoliberalen Kritik des vorherrschenden Keynesianismus arbeiten und über Veranstaltungen, Politikberatung und Medienverankerung auf die öffentliche Meinung einwirken. Zum Umschwung kommt es, als die zunächst auf Intellektuellenkreise beschränkte ideologische Vorbereitung sich mit den Krisenerscheinungen eines Fordismus kreuzt, der den sozialstaatlich abgesicherten Klassenkompromiss nicht mehr aufrechterhalten kann. Weitgehend unbeachtet von den linken Intellektuellen der 68er Bewegung und unterschätzt auch bei den Keynesianern, gehen die Neoliberalen seit Beginn der 1970er Jahre dazu über, über das *Institute for Public Affairs* die konservative Partei in England und über das *American Enterprise Institute* und die *Heritage Foundation* die Republikanische Partei in den USA zu erobern.

Wir konzentrieren uns in den folgenden Abschnitten auf Friedrich

105 Die Kritik der »neuen« Liberalen richtet sich gegen die »ungenügende institutionelle Umrahmung und damit Sicherung des marktwirtschaftlichen Prozesses«, bemerkt Ptak (2004, 170).

A. Hayek, der als einer der einflussreichsten Wegbereiter und organischen Intellektuellen des Neoliberalismus gilt. Hayek, 1899 in Wien geboren, arbeitete zunächst als Ökonom im Rahmen der von v. Mises geführten österreichischen Grenznutzenschule, siedelte 1931 nach London um, wo er bis 1950 an der London School of Economics lehrte, ging dann von 1950 bis 1962 an die Universität von Chicago und wurde 1962 zum Ordinarius für Volkswirtschaftslehre an die Universität Freiburg berufen. Er wurde zum »Vater der Freiburger Schule«, aus der u. a. die Wirtschaftsredaktion der *Frankfurter Allgemeinen Zeitung* ihre Orientierungen bezieht. Hayek war nicht nur maßgeblich an der Gründung der *Mont Pèlerin Society* beteiligt, sondern spielte auch eine zentrale Rolle bei der Ausarbeitung einer langfristigen Strategie neoliberaler Hegemoniegewinnung. So schrieb er z. B. 1949 in dem Artikel *The Intellectuals and Socialism*, die Durchsetzung der neuen liberalen Ideen könnte sich erst im Zeitraum von zwei bis drei Generationen vollziehen, weil sich erst dann das Meinungsklima und die dominante Weltanschauung geändert haben werden (z. n. Walpen 2004, 113). Sein Buch *The Road to Serfdom* (1944) wurde zu einem Grundlagentext für die britischen Neoliberalen um Margret Thatcher, von der im Propagandafilm »Commanding Heights« außerdem berichtet wird, sie hätte in einer kontroversen Debatte in der konservativen Partei einen ›gemäßigten‹ Kontrahenten unterbrochen, indem sie Hayeks *The Constitution of Liberty* hochhielt und pathetisch in den Saal rief: »This is what we believe.«

Es soll im Folgenden nicht darum gehen, den real existierenden Neoliberalismus aus den Schriften eines seiner organischen Intellektuellen herzuleiten. Die Texte werden vielmehr als Wegweiser in ein ideologisches Geflecht benutzt und als Symptom für zugrunde liegende Widersprüche neoliberaler Ideologie gelesen.

10.2 Der Frontalangriff auf »soziale Gerechtigkeit«

Wir beobachten den Punkt, an dem Hayek in seinem 1976 veröffentlichten Buch *The Mirage of Social Justice* (wir zitieren im Folgenden nach der deutschen Ausgabe, 1981a) zum Frontalangriff auf einen Begriff ansetzt, der eng mit dem Funktionieren des keynesianischen Wohlfahrtsstaats verbunden und tief im Alltagsverstand verankert war. Der Begriff der sozialen Gerechtigkeit sei völlig leer und bedeutungslos, ihn weiterhin zu verwenden sei »intellektuell anrüchig, ein Kennzeichen der Demagogie oder des billigen Journalismus, den zu benutzen verantwortliche Intellektuelle sich schämen sollten«. Er sei »unredlich«, schließlich sogar »zerstörerisch für das Moralempfinden« (134).

Hayeks Gegner sind nicht nur und nicht einmal spezifisch Marxismus und Sozialismus, sondern eine soziale Abweichung im Liberalismus, die er auf John Stuart Mill zurückführt: dieser habe 1861 in seiner Schrift *Utilitarianism* den Begriff der »sozialen oder distributiven Gerechtigkeit« eingeführt und ihn durch das Prinzip definiert, dass »die Gesellschaft jeden gleich gut behandeln soll, der sich um sie im gleichen Maße verdient gemacht hat« – gerecht sei, dass jeder das bekommt (oder erleidet), was er verdient (z. n. 94). Dieses sog. »equitable principle« und die damit verbundene Anspruchshaltung gegenüber der Gesellschaft führen Hayek zufolge »geradewegs zu einem voll entwickelten Sozialismus« (ebd.). Dass Hayek den sozialliberalen Sündenfall gerade bei John Stuart Mill ansetzt, ist nicht gegenstandslos. Während der frühe Liberalismus von Locke bis James Mill v. a. als »Besitzindividualismus« auftrat, der sich von politischen und sozialen Demokratisierungsforderungen deutlich abgrenzte, bildete sich mit John Stuart Mill eine stärker demokratische und egalitäre Variante heraus, die sowohl auf die Demokratisierungsbewegungen des 19. Jahrhunderts als auch auf die frühsozialistische Kritik von Saint Simon, Fourier, Louis Blanc und Robert Owen reagierte.[106]

Dass die zitierte »soziale« Gerechtigkeit bei Mill nur eine von fünf Gerechtigkeitsdefinitionen darstellt, von denen sich vier aufs individuelle Verhalten beziehen, wird von Hayek nicht nur deutlich gesehen, sondern als zentraler Punkt herausgearbeitet, auf den sich die Kritik zu konzentrieren habe: gefährlich ist gerade die sozial-liberale Vorstellung, individuelle und soziale Rechte miteinander kombinieren zu können. Dies versuchte z. B. Präsident Roosevelt 1944 in seiner Proklamation der »Vier Freiheiten«, in der die individuellen Freiheiten der Rede und des Glaubens mit den sozialen Freiheiten einer »Freiheit von Not« und »von Furcht« verbunden wurden (142). Diese Linie findet ihren Fortsetzung in der 1948 von der UN-Generalversammlung verabschiedeten »Allgemeinen Erklärung der Menschenrechte«, die einen Kompromiss zwischen liberalen und marxistischen Menschenrechtskonzepten darstelle, indem sie zusätzlich zu den individuellen Freiheitsrechten der ersten 21 Artikel noch einige »soziale und wirtschaftliche« Rechte aufnehme, z. B. das Recht auf soziale Sicherheit (Art. 22), auf Arbeit unter befriedigenden Bedingungen, angemessene Entlohnung und Gewerkschaftsfreiheit (Art. 23), auf Freizeit (Art. 24), einen ausreichenden Lebensstandard (Art. 25), Zugang zu Bildung (Art. 26), Teilnahme am kulturellen Leben (Art. 27). Für Hayek sind diese Rechte totalitär, da sie auf der Interpretation der Gesellschaft als einer »bewusst geplanten Organisation beruhten, bei der jeder Mensch angestellt ist« (143). In diesem Sinne kann Otto Graf Lambsdorff vom Hayek-Schüler und ehem. tschechischen Präsidenten Václav Klaus sagen, er hätte erkannt, dass die Reformsozialisten von 1968 gefährlicher waren als die orthodoxen Kommunisten (in Hayek 1994/1944, 8).

106 Zur Unterscheidung der unterschiedenen Phasen im Liberalismus, vgl. Macpherson 1973, 5ff, 25ff, 32ff und 1975, 75.

10.3 Die Gnadenordnung des »Katallaxie-Spiels«

Hayeks Einwände gegen den Sozial-Liberalismus lassen sich dahingehend zusammenfassen, dass das Konzept sozialer Gerechtigkeit ursprünglich aus der primitiven Kleingruppe stamme und auf die moderne Gesellschaft nicht übertragbar sei, da es dort aufgrund der sie auszeichnenden anonym wirkenden Marktgesellschaft kein intentionales Wesen der Gesellschaft gebe (95f, 99f, 123f). Um die Argumentation abzustützen, schlägt er vor, den Begriff der »Ökonomie« durch den der »Katallaxie« zu ersetzen. Erstere sei durch ihre Wortbedeutung, das »Gesetz »oder die »Ordnung« (*nomos*) eines »Haushalts« (*oikos*) zu sein, zu eng mit der planwirtschaftlichen Vorstellung bewusster Wirtschaftslenkung verbunden. Eine Wirtschaft in diesem Sinn bestehe »aus einem Komplex von Aktivitäten, durch den eine gegebene Menge von Mitteln nach einem einheitlichen Plan [...] aufgeteilt wird« (149). Dagegen leitet er den Neologismus »Katallaxie« vom griechischen Verb *katallatein* oder *katallassein* ab, das sowohl ›austauschen‹ als auch ›zu einer Gemeinschaft zulassen‹ und ›aus einem Feind in einen Freund verwandeln‹ bedeute (150). Damit hat Hayek den philologischen Schlüssel gefunden, um den Markttausch mit Gemeinschaftsbildung schlechthin zusammenfallen zu lassen. Die »Katallaxie« bringe zum Ausdruck, dass es sich bei der Marktgesellschaft um ein »Netz vieler miteinander verwobener Wirtschaften« ohne einheitliches Ziel handelt (149). Sie bezeichnet »die spontane Ordnung, die vom Markt dadurch hervorgebracht wird, dass Leute innerhalb der Regeln des Eigentums-, Schadensersatz- und Vertragsrecht handeln« (151). Freilich unterstellt die herangezogene Doppelbedeutung von *katallatein* auch, dass die »Zulassung« zur Gemeinschaft an den in den Tauschvorgang eingebrachten Besitz gebunden ist: zur Gemeinschaft gehört im Vollsinn, wer im Markt etwas zum Austausch anzubieten hat, das über den Verkauf der eigenen Arbeitskraft hinausgeht.

Durch den Ausschluss jeder Möglichkeit bewusster Planung wird das Ergebnis des Wirtschaftens in der Marktgesellschaft zum »Schicksal«. Es sei emotional verständlich aber streng genommen absurd, sich gegen die »Ungerechtigkeit« zu empören, »wenn eine Folge von Schicksalsschlägen eine Familie trifft, während eine andere stetig gedeiht, wenn eine verdienstliche Anstrengung durch irgendein unvorhersehbares Unglück vereitelt wird« (100). So wenig es bei solchen Schicksalsschlägen gelingt, den dafür Schuldigen zu finden, so wenig lasse sich bei der »Verteilung materieller Güter in einer Gesellschaft freier Menschen« eine Verantwortung zuordnen (101). Bei Hayek erhält der »Kosmos des Marktes« den Status einer Gnadenordnung: da wir von ihm immer wieder »Wohltaten empfangen, die wir in keinem Sinne moralisch verdient haben«, sind wir auch verpflichtet, »gleichermaßen unverdiente Einkommensminderungen ebenfalls hinzunehmen« (131).

Damit entsteht freilich die Gefahr, dass der objektive Fatalismus des Marktes zu einem subjektiven Fatalismus der an ihm beteiligten Individuen führt. Wir erinnern uns an Lukács' Passivierungsdiagnose, der zufolge das Verhalten in der bürgerlichen Gesellschaft »kontemplativ« wird, d.h. sich »in der richtigen Berechnung der Chancen [des] Ablaufs (dessen ›Gesetze‹ er ›fertig‹ vorfindet) [erschöpft], ohne selbst den Versuch zu unternehmen, in den Ablauf selbst durch Anwendung anderer ›Gesetze‹ einzugreifen« (*GuK* 109). Wir haben dagegen eingewandt, die Passivierungsthese unterschätze die Fähigkeiten der bürgerlichen Gesellschaft, immer wieder Aktivitätsschübe in privat-egoistischen Formen freizusetzen (s. o. 4.1). Eine wichtige Strategie, den Schicksalsaspekt entfremdeter Vergesellschaftung mit einem privat-egoistischen Aktivismus zu verknüpfen, verläuft über die Metapher des »Spiels«, die in unterschiedlichen neoliberalen Konzepten eine bedeutende Rolle spielt.[107]

Für Hayek stellt das »Katallaxie-Spiel«, das er als eine Kombination aus Geschicklichkeits- und Glücksspiel beschreibt, eine anthropologische Fundierung des Markthandelns dar (103, 158). Die Spielmetapher hat den Vorteil, menschliche Praxis auf eingeschränkte Handlungsmöglichkeiten festzulegen, ohne dass die vorgenommene Restriktion unmittelbar sichtbar wird.[108] Die Anordnung ist von vorneherein so angelegt, 1) dass menschliche Tätigkeit auf die Befolgung bereits vorgegebener »Regeln« beschränkt ist, die selbst nicht zur Diskussion stehen, so dass die aktive Gestaltung der Lebensbedingungen und die damit zusammenhängende Vereinbarung gemeinsamer »Regeln« aus dem Blickfeld verschwunden ist; 2) dass ihr spezifisch kooperativer, auf gemeinsame Ziele gerichteter und auf Reziprozitätsbeziehungen basierender Charakter ausgeblendet bzw. bei Mannschaftsspielen, die eine Binnen-Kooperation erfordern, der Wettbewerbslogik des Gewinnens untergeordnet wird. Bei Hayek können wir die weitere Funktion beobachten, dass das Spiel-Paradigma 3) eine dem Alltagsverstand unmittelbar einleuchtende Evidenz für die Unangemessenheit übergreifender distributiver Gerechtigkeitsforderungen liefert: Das Spiel verläuft nach bestimmten Regeln, die die Handlungen der individuellen Spieler leiten und deren Verletzung »ungerecht« ist. Während es daher sinnvoll ist, zu verlangen, dass niemand gegen die Regeln verstößt und betrügt, »wäre es unsinnig zu verlangen, dass die Ergebnisse für die verschiedenen Spieler gerecht sein sollen« (103).

107 Zur Rolle von Spieltheorien in neoliberalen Konzepten, vgl. Schui/Blankenburg 2002, 79f, 95ff.

108 Vgl. zum widersprüchlichen Verhältnis zwischen restriktiver und verallgemeinerter Handlungsfähigkeit Holzkamp 1983, 461ff, 491ff, 500ff.

10.4 Die »negative« Gerechtigkeit und ihre Unzuständigkeit fürs Ganze

Entschieden wendet sich Hayek gegen die Schlussfolgerung, die auch von »hervorragenden Philosophen« gezogen werde (genannt wird der Nietzscheaner Walther Kaufmann), zusammen mit der »sozialen Gerechtigkeit« auch den Begriff der Gerechtigkeit allgemein zu verabschieden. Damit werfe man »einen der fundamentalen moralischen Begriffe, auf denen das Funktionieren einer Gesellschaft freier Menschen beruht, über Bord« – ein Vorgang, den Hayek als Symptom für das Ausmaß der sozial-liberalen Zerstörung des »Moralempfindens« deutet (134f). Es gehört zu den Paradoxien von Hayeks Theorie, dass er dort, wo er darangeht, seinen Gerechtigkeitsbegriff positiv zu kennzeichnen, von einem »negativen Begriff der Gerechtigkeit« sprechen muss, um ihn vom »positiven« Konzept sozialer Gerechtigkeit abgrenzen zu können (139). Wie im Spiel-Paradigma betrifft sie nur die »Regeln des individuellen Verhaltens« (ebd.). Wie alle Moral beruhe sie auf der »Freiheit persönlicher Entscheidungen« und gründe sich auf »die traditionelle Forderung, dass jeder zurechnungsfähige Erwachsene für sein eigenes Wohlergehen und das seiner Nachkommen verantwortlich ist« (136f). Zugleich ist dies die »Gerechtigkeit, um die es der Rechtssprechung geht« (135) bzw. »die Gerechtigkeit, für die die Gerichte sorgen« (137).

Wenn Hayek sein Gerechtigkeitskonzept als »negativ« kennzeichnet, ist damit die von ihm verordnete Unzuständigkeit fürs Ganze gemeint. Der Begriff soll die Möglichkeit ausschließen, die Wirtschafts- und Gesellschaftsordnung des modernen Kapitalismus mit sozialen Gerechtigkeitspostulaten zu konfrontieren und auf diese Weise ihre Ungerechtigkeit zu erweisen. Dies geschieht z. B., wenn die katholische Soziallehre beansprucht, die Legitimität der Wirtschaftsordnung vom Konzept einer »Menschenwürde« her zu beurteilen, die von der »Ebenbildlichkeit« Gottes abgeleitet ist.[109] Nicht zufällig polemisiert Hayek gegen einen »große[n] Teil des Klerus aller christlichen Glaubensgemeinschaften«, der nach dem Verlust seines Glaubens an übernatürliche Offenbarungen »Zuflucht und Trost in einer neuen ›sozialen‹ Religion gesucht hat« (97). Um solche Gefahren grundsätzlich abzuwenden, reduziert Hayek die Gerechtigkeit auf das Geschick, die vorgegebenen Regeln des Markt-Spiels zum eigenen Vorteil zu nutzen. Sie wird damit zu einem unmittelbaren Ausdruck dessen, was Macpherson als bürgerlichen »Besitzindividualismus« analysiert hat.[110]

109 So heißt es z. B. in dem vermutlich deutlichsten anti-neoliberalen Pastoralbrief der katholischen US-Bischöfe zur ökonomischen Gerechtigkeit von 1986: »Wherever our economic arrangements fail to conform with the demands of human dignity lived in community, they must be questioned and transformed.« (National Conference 1986, 15).

110 Macpherson erklärt den klassisch-liberalen »Besitzindividualismus«, den er v. a. am Beispiel von Hobbes, Harrington und Locke diskutiert, mit dem Konzept des Individuums

Aber obwohl kein Staat sich anmaßen darf, der Marktwirtschaft andere, ihr äußerliche Gerechtigkeitspostulate aufzuerlegen, bewegt sich der von Hayek vorgeschlagene Gerechtigkeitsbegriff keineswegs im staatsfernen Raum, sondern wird von den »Gerichten«, d.h. vom ideologischen Staatsapparat des Rechts (sowie seinen repressiv-polizeilichen Ausführungsorganen) durchgesetzt. Der Besitzindividualismus wird nicht nur geduldet, sondern selbst zum »Gesetz«, zum *Nomos* erhoben, nach dem die Gesamtgesellschaft sich zu richten hat. Im Gegenzug dämonisiert Hayek die Postulate sozialer Gerechtigkeit zur Un-Moral schlechthin: sie appellieren an »schmutzige« Gefühle, v. a. auf Ressentiment und Neid, auf »die Abneigung gegen Leute, denen es besser geht als einem selbst« (135). Dagegen beruht eine »lebensfähige« Moral auf der Billigung oder Missbilligung des Verhaltens anderer und erweist sich darin, dass sie imstande ist, den »Zivilisationsapparat« aufrechtzuerhalten (135f).

Gerechtigkeitstheoretisch betrachtet ist Hayeks Argumentation eine äußerst fragwürdige Konstruktion. Wenn Tugendhat von der Moral sagt, sie hätte »ihrem Sinn nach mit der objektiven Vorzüglichkeit des Menschen als kooperativem Wesen zu tun« (1997, 224), gilt dies insbesondere auch von der Gerechtigkeit. Hayeks Anthropologisierung des Spiels blendet aus, dass Gerechtigkeitsvorstellungen im wirklichen Leben mit Ethiken der Gegenseitigkeit verbunden sind, die im kooperativen Charakter von gesellschaftlicher Arbeit und Reproduktion wurzeln. In unterschiedlichen ethnologischen Untersuchungen ist auf die große Bedeutung von Reziprozitätsbeziehungen in vor-staatlichen Gesellschaften verwiesen worden, die über Heiratsregeln, Potlatsch-Regulierungen von Gabe und Gegengabe und vielfältigen egalitären Sanktionen eine stabile Akkumulation von Reichtum und Macht über lange Zeit verhindert haben.[111]

Offenbar gehört es zu den allgemeinsten Mustern der Klassen- und Staatsentstehung, dass solche Reziprozitäts-Ethiken als real funktionierende Institutionen weitgehend zerstört und zugleich imaginär in die neuen Herrschaftsverhältnisse transponiert werden. Meillassoux zufolge werden die Reziprozitätsnormen, die in der »häuslichen Produktionsweise« den vorrangig egalitären Zirkulationsformen entsprechen, in den aristokratischen Klassengesellschaften als »Ideologie der Reziprozität aufrechterhalten und dazu benutzt, die Ausbeutungsverhältnisse zu rechtfertigen« (Meillassoux

»as essentially the proprietor of his own person or capacities, owing nothing to society for them. [...] The relation of ownership [...] was read back into the nature of the individual. [...] Political society becomes a calculated device for the protection of this property and for the maintenance of an orderly relation of exchange.« (Macpherson 1962, 3; vgl. ebd., 263f)

111 Vgl. zur ethischen Funktionsweise des Potlatsch immer noch Mauss (1990/1950, 20ff), zur wirksamen Verhinderung von Reichtums- und Machtakkumulation z. B. Clastres (1976, 22ff, 201), Meillassoux (1983, 77ff), Mann (1990, 22ff, 96), Sigrist (1994, 169ff, 186ff), Böhm (1993, 230f), Haude/Wagner (1998, 372ff).

1983, 83). »Im allgemeinen sprechen Herrscher und herrschende Gruppen in Begriffen der Reziprozität [...], um *ihren* Beitrag zu den von ihnen geführten gesellschaftlichen Einheiten zu betonen und die darin enthaltenen Tugenden und Notwendigkeiten harmonischer gesellschaftlicher Beziehungen zu preisen«, beobachtet Barrington Moore (1987, 669). Indem sie zugleich von den Beherrschten in Anspruch genommen wird, um die Legitimation der Herrschaft in Frage zu stellen, fungiert sie als eine Art »universeller Kode«, um dessen Auslegung in den ideologischen Kämpfen gestritten wird: ihre Einhaltung definiert, was als »gerecht« empfunden wird, so wie ihre Verletzung das ausmacht, was als ungerecht gilt (50, 666ff).

In dem, was Moore als »universellen Kode« der Gerechtigkeit beschreibt, kann man die ideologische Wirkungsweise einer »Kompromissbildung« beobachten, in der gegensätzliche Kräfte im Rahmen der Herrschaftsstruktur verdichtet werden (s. o. 9.4). Kohäsionsstiftend werden Gerechtigkeitsdiskurse gerade dadurch, dass sie »antagonistisch reklamierbar«, d.h. gegensätzlich auslegbar und anrufbar sind. Wie andere ideologische Diskurse nähren sie sich von »horizontalen« Energien und müssen sich dazu – wie verschoben auch immer – auf horizontale Reziprozitätsbeziehungen eines Gemeinwesens beziehen.

Entgegen Hayeks Argumentation ist der Begriff der »sozialen Gerechtigkeit« auch keineswegs ein anachronistisches Überbleibsel aus der Zeit »primitiver Kleingruppen«, sondern eine moderne Errungenschaft. Hayek bestätigt dies wider Willen, wenn er seine Herausbildung mit John Stuart Mill einsetzen lässt und damit in der zweiten Hälfte des 19. Jahrhunderts ansiedelt. Zur Verankerung sozialer Rechte kam es in der Regel sogar erst im Laufe des 20. Jahrhunderts, nachdem die politischen Gleichheitsrechte mit der Durchsetzung des allgemeinen Wahlrechts nach der gescheiterten Novemberrevolution 1918/19 anerkannt wurden.[112] Ausschlaggebend war der Aufstieg von sozialistischen Arbeiterbewegungen, die ihre Forderungen in der Sprache sozialer Rechte und Gerechtigkeit artikulierten. Im Zuge der »passiven Revolution« zur Sozialismusabwehr wurden solche Diskurse auch von bürgerlichen Sozialreformern aufgenommen und gegen die Forderung nach Vergesellschaftung der Produktionsmittel auf bloße Verteilungsgerechtigkeit reduziert.[113]

112 Vgl. zum Verhältnis zwischen bürgerlichen, politischen und sozialen Rechten Marshall/Bottomore 1992, 15, 24, 28.

113 Wenn Marx in der *Kritik des Gothaer Programms* gegen die Gerechtigkeitsdiskurse der Sozialdemokratie polemisiert, richtet sich die Kritik v. a. gegen die Reduktion auf Verteilungsgerechtigkeit (vgl. *Gotha*, 19/18ff). Während Marx aus der reformistischen Harmlosigkeit eines solchen Verteilungssozialismus den Schluss zog, den Begriff der Gerechtigkeit allgemein fallenzulassen, scheint es mir angesichts der Bedeutung popularer Gerechtigkeitsvorstellungen fruchtbarer zu sein, an diese Diskurse anzuknüpfen und den Gerechtigkeitsbegriff auf die Machtverhältnisse in der Produktion und Reproduktion der Gesellschaft auszuweiten.

Hayeks Gegner ist der moderne fordistische Sozialkompromiss in den höchst entwickelten kapitalistischen Ländern. Gerechtigkeitstheoretisch wurde er am prominentesten von John Rawls artikuliert, der aus einem fiktiven Zustand ursprünglicher Gleichheit, in dem die Teilnehmer ihre wirkliche soziale Position nicht wissen (Schleier der Unwissenheit), u. a. das Prinzip ableitete, Ungleichheiten seien nur dann gerecht, wenn sie für alle, insbesondere die Ärmeren, vorteilhaft seien (Rawls 1975, 81).[114] In Zeiten allgemein steigender Reallöhne in den kapitalistischen Zentren konnte ein solches Prinzip als glaubhaft und realistisch angesehen werden und funktionierte als Bestandteil hegemonialer Ideologie. Sobald die Krise des Fordismus in den 1970er Jahren die ökonomische Aufwärtsentwicklung zum Einsturz brachte, geriet auch Rawls' Gerechtigkeitstheorie zunehmend unter neoliberalen Beschuss.[115] Entscheidend in unserem Zusammenhang ist, dass die sachlich-unpersönliche Funktionsweise des Marktes, die Hayek dem Anspruch auf soziale Gerechtigkeit entgegenhält, in den von neoliberalen Autoren zurückgewiesenen Gerechtigkeitskonzepten des fordistischen Sozialkompromisses durchaus berücksichtigt ist: gerade weil der Markt sachlich-anonym funktioniere und sich »hinter dem Rücken« der an ihm Beteiligten durchsetze, wirke er »unsozial« und brauche als Gegengewicht einen Wohlfahrtsstaat, der ihn mit keynesianischen Steuerungsmethoden und gezielter Umverteilungspolitik reguliere.

10.5 Die religiöse Unterwerfungsstruktur des Marktradikalismus

Hayeks Begriffsstrategie erschließt sich, wenn man sie als Eingriff ins ideologische Instanzengefüge analysiert. Zu einem Teil tut er, was alle Ideologen zu tun versuchen, nämlich ein bislang vom Gegner gehaltenes semantisches Feld zu besetzen. Dies zeigt sich z. B. an seiner Beschwörung der »Großen Gesellschaft« (Great Society) freier Menschen (99, 123f, 153, 154f), die in den 1960er Jahren ein Kernbegriff der Johnson Administration gewesen ist, in dessen Namen ein von der Regierung geführter gesamtnationaler »Krieg gegen die Armut« ausgerufen wurde. Hayek löst den Begriff aus dem politischen Kontext der rooseveltschen New Deal Tradition heraus und überführt ihn in den Kontext des neoliberalen Marktradikalismus. Darüber hinaus schneidet er dem Begriff der Gerechtigkeit jede Möglichkeit ab, als moralischer Wert

114 Wie Ton Veerkamp gezeigt hat (2005, 146), ist Rawls Konstruktion eines solchen Urzustands der Gleichheit zwar fiktiv, stellt aber damit auch den Versuch dar, »außerhalb der Logik des jeweils geltenden Systems den ›archimedischen Punkt‹ zu finden«, von dem aus die Gesellschaft nach ihrer Un/Gerechtigkeit beurteilt werden kann.

115 Dass Rawls die kritischen Potentiale seiner Theorie nicht entfaltete und dann in seinen späteren Arbeiten unter dem Druck neoliberaler Kritiken zunehmend nach rechts rückte, hat u. a. Pogge gezeigt (1989, 4ff, 10ff).

»von unten« gegen die herrschende Marktordnung angerufen zu werden. Insofern ähnelt Hayeks Gerechtigkeit der allgemeinen Definition in Aristoteles' *Nikomachischer Ethik*, bei der das Gerechte mit dem Gesetzlichen zusammenfällt (*NE*, 1129b), nur dass der *nomos*, dem das Gerechte zu entsprechen hat, nicht mehr der einer aristokratischen Sklavenhaltergesellschaft, sondern der kapitalistischen Marktordnung ist (deshalb kann Hayek, der sich häufig auf Aristoteles' Gesetzesherrschaft beruft, dessen Prinzip einer »distributiven Gerechtigkeit« nicht übernehmen). Durch die Unterbindung der antagonistischen Anrufbarkeit verliert das Ideologische seine Mehrdeutigkeit und wird zur bloßen Unterstellungstugend degradiert.

Es wäre ideologietheoretisch naiv, Hayeks Betonung der Schicksalhaftigkeit des Marktes mit dem emphatischen Hinweis auf die schöpferische Freiheit der Individuen widerlegen zu wollen. Schließlich sprach auch die *Deutsche Ideologie* vom Markt, der »gleich dem antiken Schicksal über der Erde schwebt und mit unsichtbarer Hand Glück und Unglück an die Menschen verteilt, Reiche stiftet und Reiche zertrümmert, Völker entstehen und verschwinden macht« (DI, 3/35). Hayek artikuliert einige Aspekte der Verdinglichung bürgerlicher Warengesellschaft, die Marx in seinen Fetischismusanalysen aufgewiesen hat, mit dem Unterschied freilich, dass bei ihm zelebriert und zur alleingültigen Norm erhoben wird, was dort als entfremdete Vergesellschaftung der Produzenten dekonstruiert wurde. Insofern gleicht Hayeks Verfahren dem der Vulgärökonomie, die »objektiven Gedankenformen« der kapitalistischen Warenproduktion, die sich spontan als »gang und gäbe Denkformen« reproduzieren (K I, 23/90, 564), unmittelbar in eine doktrinäre Sprache zu »übersetzen« (TM, 26.3/445).

Freilich kann das, was sich vom Standpunkt kritischer Wissenschaft aus als intellektuell dürftige Apologie darstellt, vom Gesichtspunkt seiner ideologischen Wirksamkeit auch als Stärke analysiert werden. Folgt man Stuart Halls Anregung, bei der Analyse einer Ideologie nicht danach zu fragen, was falsch an ihr, sondern was »wahr« im Sinne von »einleuchtend« an ihr ist (Hall 1989, 189), wird man den Evidenzgehalt von Hayeks Neoliberalismus v. a. in seiner Nähe zur »Religion des Alltagslebens« finden, in der sich die Produktionsagenten »zu Hause fühlen« (K III, 25/838). Die Schilderungen von Marktmechanismen, die aufgrund ihres unpersönlich-anonymen Charakters moralisch nicht belangt werden können, scheinen die massenhaften Erfahrungen mit verdinglichten Verhältnissen nüchtern und pragmatisch angemessen auf den Punkt zu bringen. Warum soll man seine Hoffnungen auf wohlklingende Definitionen sozialer Gerechtigkeit setzen, die in der Krise des Fordismus, also da, wo man am dringendsten auf sie angewiesen wäre, ohnehin nicht einklagbar sind?

Aber Hayeks ideologischer Einsatz ist mit seiner Kennzeichnung einer »vulgärökonomischen« Reproduktion der »objektiven Gedankenformen« der bürgerlichen Gesellschaft noch nicht hinreichend gefasst. Seine Hauptanstrengung liegt in der Überhöhung der kapitalistischen Marktwirtschaft zu einem Allerheiligsten, das gegen jede menschliche Initiative, die es infrage stellen und in sie eingreifen könnte, systematisch abgeschottet ist: Das »Katallaxie-Spiel« ist zum einen dadurch geschützt, dass es nicht *gewusst* werden kann. Für Hayek wird das Wissen über die Zusammenhänge des Marktes seinem Gegenstand gefährlich, »weil es eine Versuchung zur Planung darstellt« (Haug 2006b, 191). Durchgängig sieht er sich im Gegensatz zu einem Aufklärungszeitalter, das er in Marx und Freud kulminieren lässt. Der dritte Band seiner Trilogie *Recht, Gesetzgebung und Freiheit* endet mit dem Satz: »Der Mensch ist und wird niemals der Herr seines Schicksals sein.« (1981b, 236).

Ein zweiter Schutzwall besteht in einer kultur-evolutionären Ableitung, in der die Marktwirtschaft die höchstmögliche Errungenschaft darstellt. Hayek vertritt einen modifizierten Sozialdarwinismus, bei dem sich das *survival of the fittest* nicht mehr wie noch bei Darwin auf die Arten und ihre Entwicklung bezieht, sondern auf die Institutionen. Auch hier geht es ihm v.a. darum, jeden Anteil bewusster Gestaltung auszuschließen. So wie das Gehirn als ein Organ funktioniert, das uns befähigt, »Kultur aufzunehmen, aber nicht, sie zu entwerfen«, vollzieht sich auch der Übergang von der Horde über die sesshafte Gemeinschaft zur »offenen Gesellschaft« auf der Grundlage, dass die Menschen lernten, »abstrakten Regeln zu gehorchen«, sie nachzuahmen und das Gelernte weiterzugeben (213f, 217). In der auf Evolution verkürzten Geschichte ist menschliche Praxis auf den passiven Aspekt einer Anpassung an die Umwelt reduziert. Und schließlich ist der Markt, wie wir gesehen haben, auch gegen jede moralische Infragestellung geschützt, die sich von sozialen Gerechtigkeitspostulaten herleitet.

Es bietet sich hier an, die Religionsanalogien in den marxschen Fetischismusanalysen beim Wort zu nehmen. Wir erinnern uns an Walter Benjamins Kennzeichnung des Kapitalismus als permanente, sich gnaden- und trostlos vollziehende »Kultreligion« ohne »spezielle« Dogmatik und Theologie, die nicht entsühnt, sondern universell »verschuldet« (GS VII, 2, 100). Hayeks Verfahren, den kapitalistischen Markt gegen menschliche Einsicht, bewusste Initiative, und ethischen Einspruch zu schützen, stattet diese materiell wirkende und wirksame Kultreligion mit dem Status eines *deus absconditus* aus, dessen Ratschlüsse unabänderlich und geheim sind. Während in traditionellen Religionen unter bestimmten hegemonialen Konstellationen noch die Möglichkeit besteht, die göttliche Instanz gegen irdische Herrschaften anzurufen, ist es bei Hayek der ökonomische Kernbereich bürgerlicher Herrschaft selbst, der zur verborgenen, unantastbaren Gottheit erhoben wird. Befreiungstheologen haben dies unter Berufung auf die »vorrangige Option für die Armen« in der Bibel als Götzendienst verurteilt. Ton Veerkamp beschreibt das ideologische System des Neoliberalismus als »eine Religion säkularisierter Bourgeois«: »Die positiv-religiösen

Dogmen traditioneller Religionen sind entsorgt, aber die religiöse Unterwerfungsstruktur bleibt lupenrein erhalten.« (Veerkamp 2005, 129)

Doch trotz der Perfektion, mit der Hayek eine monolithische Unterwerfungsstruktur zu errichten und gegen jegliche Infragestellung abzuschotten versucht, ist seine Konstruktion von inneren Widersprüchen durchzogen, die wir im Folgenden mithilfe einer »symptomalen Lektüre« freilegen wollen.

10.6 Ein symptomaler Widerspruch zwischen Marktschicksal und Leistungsmobilisierung

Den Begriff der »symptomalen Lektüre« hat Althusser zur Kennzeichnung eines kritischen Lektüre-Typus eingeführt, den Marx gegenüber der klassischen Ökonomie entwickelte und bei dem es darum ging, die »notwendige Verbindung« zwischen dem Feld des Erkannten und des Nicht-Erkannten ausfindig zu machen, das Nicht-Gesehene (bévue) im Gesehenen (vue), das Nicht-Gewusste in den stärksten Evidenzen zu entziffern (LLC, 18, 20, 26, 31; DKL I, 27, 29f, 36, 41f). »Symptomal« meint hierbei das Verfahren, die Bruchstellen eines Textes als Symptome eines latenten zweiten Textes zu lesen. Damit wird die Ideologiekritik den stärksten textanalytischen Anforderungen ausgesetzt: es geht um eine Kritik »von innen«, die den Text in seine eigenen Widersprüche verstrickt und auf diesem Weg die soziale Strukturierung der Problemanordnung und ihre inneren Grenzen rekonstruiert (vgl. LLC, 29f; DKL I, 39f).

Befragen wir Hayeks Text nach den immanenten Bruchstellen, die ihn durchziehen, stoßen wir auf den Widerspruch zwischen seiner Festlegung der Gerechtigkeit auf die Durchsetzung eines privat-egoistischen »Besitzindividualismus« (auch über den Staat) und einer Argumentation, die in Frontstellung gegen John Stuart Mills' »equitable principle« jeden Anspruch auf einen geregelten Zusammenhang zwischen Leistung und Belohnung zurückweist. Mit diesem Zusammenhangs-Verbot ist nämlich auch der von Hayek beschworene Privategoist getroffen, der nun jeden »moralischen« Anspruch auf einen »gerechten« Anteil am Marktreichtum verliert. Dass dies für Hayek ein Problem ist, sieht man bereits daran, dass sein Diskurs hier für einen Moment seinen selbstbewussten Verkündigungsduktus einbüßt und sich in einem unschlüssigen Einerseits-Andererseits verliert. Es sei ein »wirkliches Dilemma, bis zu welchem Ausmaß wir in jungen Menschen den Glauben bestärken sollen, dass sie Erfolg haben, wenn sie wirklich versuchen, oder eher betonen sollen, dass unvermeidlich einige, die es nicht verdienen, Erfolg haben und einige, die ihn verdienten, scheitern werden« (1981a, 107). Wie wir gesehen haben, gründete sich Hayeks gesamte Polemik gegen die »soziale Gerechtigkeit« auf den zweiten Punkt der aufgestellten Alternative, auf die »Schicksalhaftigkeit« des Katallaxie-Spiels. Zum »Dilemma« kommt es, weil Hayek sich andererseits ebenfalls bewusst ist, dass der Glaube an den Zusammenhang von Leistung und Ertrag für das Funktionieren der Marktordnung »gewiss wichtig« ist: »Tatsächlich gibt es nur wenige Umstände, die eher dazu geeignet sind, einen Menschen energisch und effizient zu machen, als die Überzeugung, dass es hauptsächlich von ihm selbst abhängt, ob er die Ziele erreicht, die er gesetzt hat.« (106f) Aber obwohl diese Überzeugung sich in der Gesellschaft »im allgemeinen sehr zum Vorteil« auswirke, führe sie andererseits zu einem »übertriebenen Vertrauen auf die Wahrheit dieser Verallgemeinerung«, die denen, die trotz ihres Fleißes gescheitert sind, »als bittere Ironie und böse Provokation erscheinen muss« (107). Das »Dilemma« besteht also darin, dass die Leistungsideologie des Neoliberalismus in sich die Tendenz birgt, in Ressentiment umschlagen und auf diesem Weg Ansprüche auf »soziale Gerechtigkeit« zu erzeugen, zu deren Delegitimierung Hayek gerade ausgezogen ist. Hayek versucht nicht einmal, dieses Problem zu lösen, sondern beschränkt sich darauf, zu bedenken zu geben, ob ohne das »übergroße« und »teilweise irrige« Vertrauen auf die angemessene Entlohnung der Fähigen und Fleißigen »die Masse wirkliche Entlohnungsunterschiede toleriert« (ebd.). Um solche Entlohnungsunterschiede für »gerecht« zu halten, muss also die »Masse« der Geringverdiener und Armen daran glauben, dass die Reichen ihre Reichtümer aufgrund ihrer eigenen Leistungen »verdient« haben. Die von Hayek theoretisch attackierte »moralische« Verbindung zwischen Leistung und Ertrag erweist sich als praktisch notwendige Illusion, um die bürgerliche Herrschaftsordnung abzustützen und ihre Subjekte leistungsmotiviert zu halten.

Dem Experten das aufgeklärte Wissen, Aberglaube fürs Volk. Wir stoßen hier auf eine Inkohärenz, die für das Funktionieren des Ideologischen allgemein erforderlich ist. In der Sprache des althusserschen Anrufungsmodells könnte man formulieren, dass die freiwillige Unterstellung unter das große SUBJEKT des kapitalistischen Marktes von den kleinen Subjekten erfordert, sich über ihre wirklichen Handlungsbedingungen Illusionen zu machen. Auch Althussers überallgemeine, aus Lacans Theorie des kindlichen Spiegelstadiums übernommene Gleichung ›Wiederkennen‹ = ›Verkennen‹, reconnaissance = méconnaissance (s. o. 6.5) kann im Kontext dieser ideologischen Anrufung einen konkreten Sinn erhalten: soweit die Subjekte sich in den Anrufungen der Leistungsideologie »wiedererkennen«, müssen sie im Interesse ihrer eigenen Handlungsfähigkeit versuchen, ihr Ausgeliefertsein an die entfremdeten Marktverhältnisse zu »verkennen«. Ohne illusionäre Anteile am Prinzip »Jeder ist seines Glückes Schmied« ist Motivation nur schwer aufrechtzuerhalten.

Was Hayek daran hindert, das von ihm aufgeworfene »reale Dilemma« zu beantworten, ist eine Paradoxie neoliberaler Ideologien: sie präsentieren sich als die radikalsten Vorreiter einer umfassenden Befreiung von Handlungsfähigkeit gegenüber einem bevormundenden und bürokratischen Staat. Unermüdlich mobilisieren sie die Subjekte, indem sie sie dazu aufrufen, Initiative zu ergreifen, aktiv und schöpferisch zu sein und optimistisch an den Erfolg ihrer Bemühungen zu glauben. Auf diese Mobilisations-Anrufungen konzentrieren sich die auf den späten Foucault zurückgehenden *Gouvernementalitäts-Studien*, ohne dabei in der Regel den Entfremdungszusammenhang zu analysieren, in den diese Anrufungen eingebettet sind (s. u. 12.3). Denn zugleich müssen die zu Mobilisierenden dazu angehalten werden, sich der unberechenbaren und schicksalshaften Ordnung des Marktes unterzuordnen, die die Leistungsanstrengungen so vieler regelmäßig frustriert.

Wir werden sehen, dass Hayeks Diskurs auch an zwei anderen strategischen Stellen, nämlich im Hinblick auf den Staat und die »Freiheit«, vom latenten Text seines Gegenteils heimgesucht und durchkreuzt wird.

10.7 Staat und Freiheit: Der neoliberale Diskurs ist von seinem Gegenteil durchkreuzt

Beginnen wir mit dem Verhältnis zum Staat. Hayeks Polemiken gegen den fordistischen Wohlfahrtsstaat und seine sozialen Kompromissbildungen werden häufig als grundlegende Staatskritik interpretiert und unter der Bezeichnung »libertarianism« in Gegensatz zu einem »Neokonservatismus« gebracht, der auf Autorität anstatt auf Marktfreiheit und individuelle Wahl setzen würde (z. B. Gamble 1996, 112f). Freilich erfährt man vom gleichen Autor, dass Hayek auf Grund seines »konservativen Individualismus« eine Brückenfunktion zwischen Neoliberalen und Neokonservativen einnehmen konnte (124). Dies gibt uns einen ersten Hinweis, dass es falsch wäre, die Unterschiede beider Formationen zu unüberschreitbaren Gegensätzen aufzubauschen. Zwar scheiterte die Mont Pelèrin Society 1972 mit ihrem Versuch, führende Neokonservative wie Irving Kristol, William Kristol und Gertrude Himmelreich als Mitglieder zu gewinnen, aber zahlreiche Intellektuelle hatten in den USA schon seit den 1950er und 60er Jahren am Projekt eines »Fusionismus« zwischen ›Libertarians‹ und ›Tradionalisten‹ gearbeitet.[116] Sein Erfolg zeigte sich spätestens Ende der 70er Jahre in der neoliberal-konservativen Blockbildung, die den Wahlsieg Ronald Reagans ermöglichte. »What happened was that around 1980, the free-market school of thought and the neoconservative school of thought fused. Maybe Reagan did it«, berichtet Irvin Kristol im Rückblick (z. n. Yergin/Stanislav 1998, 332).

Gebannt durch den anti-totalitären Oberflächendiskurs übersieht ein Großteil der Literatur, dass Hayek in seinem Verfassungsmodell in Gestalt

116 Vgl. Walpen 2004, 172f, 203f und Diamond 1995, 29ff. »Reverence for the past and an enduring social order balanced the fusionists' adjoining commitment to individualism.« (Ebd. 30)

eines »Rats der Weisen« eine politische Entscheidungsinstanz mit weitreichenden Vollmachten eingeführt hat, die weder demokratisch gewählt ist noch kontrolliert werden kann. Ausgangspunkt ist die Diagnose, dass die ursprünglich zur Kontrolle autokratischer Staatsgewalt eingeführte Gewaltenteilung zwischen Legislative, Exekutive und Judikative in eine uneingeschränkte Parlamentsherrschaft umgeschlagen ist (1981b, 141f). Möglich war dies durch eine Kompetenzanhäufung bei der Legislative, die sowohl die fürs Gemeinwesen verbindlichen Gesetze verabschiedet als auch die Regierung kontrolliert und insofern auch an der Leitung der Regierungsgeschäfte beteiligt ist. Das eigene Verfassungsmodell besteht im Kern darin, diese beiden Funktionen zu trennen, so dass eine »legislative Versammlung« nach Art eines ›Oberhauses‹ allein für die Gesetzgebung zuständig ist, während das ›Unterhaus‹ der »Regierungsversammlung« über seine Finanzhoheit (power of the purse) die Regierung kontrollieren kann (147f).

Die Legislative Versammlung, die Hayek sich nach dem Modell der athenischen *nomothetae* vorstellt, beschließt die »Gesetze« im Sinne von »generellen Regeln des gerechten Verhaltens« und legt damit die »abstrakte Ordnung«, den *nomos* fest, in dessen Rahmen sich alles Regierungshandeln bewegen muss (151f, 154). Während die »Regierungsversammlung« sich nach den Interessen der Bürger zu richten hat, geht es bei den *nomothetae* darum, »unparteiisch für die Gerechtigkeit [einzutreten]«, was von ihnen spezifische Qualitäten von »Redlichkeit, Weisheit und Urteilskraft« erfordert (155). Ihre Kompetenzen sind nahezu unbegrenzt. »Alle erzwingbaren Verhaltensregeln« erfordern ihre Sanktion. Es geht nicht nur um die Prinzipien der Besteuerung, sondern grundsätzlich um die Herstellung eines »adäquaten Rahmens für einen funktionierenden Wettbewerbsmarkt«, einschließlich Korporationsrecht sowie um alle Sicherheits- und Gesundheitsvorschriften, Produktions- oder Konstruktionsvorschriften, »die im allgemeinen Interesse durchgesetzt werden müssen« (158).

Aus solchen Sätzen ist nicht zu entnehmen, dass der Neoliberalismus die Wirtschaft »weniger« regulieren würde als der Keynesianismus. Der Unterschied besteht vielmehr darin, dass die ökonomischen Eliten nun über ihre *nomothetae* unmittelbarer bestimmen können, dass solche Regulationen nur nach den »Gerechtigkeits-Regeln« der kapitalistischen Marktordnung erfolgen dürfen. Dem entspricht, dass Hayeks Verfassungsmodell nicht vorsieht, die Legislative Versammlung nach dem allgemeinen und gleichen Wahlrecht zu wählen: sie soll sich aus Mitgliedern zusammensetzen, »die sich schon im Alltagsleben bewährt« und deshalb das »relativ reife Alter« von 45 Jahren erreicht hätten. Sie üben ihre Funktion in der Regel 15 Jahre lang bis zum 60. Lebensjahr aus und stehen nicht in Versuchung, sich wegen Wiederwahl bei der Bevölkerung anzubiedern. Vor allem werden sie nur von der Altersgruppe der 45-Jährigen gewählt, so dass jedes Jahr nur ein Fünfzehntel der Versammlung neu dazukommt, während ein Fünfzehntel der

60-Jährigen ausscheidet (156). Im Hintergrund steht die Vorstellung einer Organisation der Gesellschaft in Altersgruppen, in denen jeweils auch die verschiedenen sozialen Klassen zusammengefasst sein sollen (161f). Damit die Wahl von jeder Altersklasse als ein »Preis« angesehen wird, der den am meisten respektierten Zeitgenossen zugesprochen wird, schlägt Hayek eine »indirekte Methode der Wahl [...] mit regional ernannten Delegierten« vor, »die die Repräsentanten aus ihrer Mitte wählen« (157). Wer die Delegierten »ernannt« (appointed) hat, bleibt im Dunkeln.

Wir erhalten also gerade das, vor dem Hayeks anti-totalitaristisches Pathos uns zu warnen schien, einen autoritäten, in seinen Machtbefugnissen nahezu uneingeschränkten Ordnungsstaat. Dass alle Rahmenkompetenz nun bei einer demokratisch nicht legitimierten Instanz konzentriert ist, hebt das Prinzip der Gewaltenteilung de facto auf und macht es kaum möglich, Hayeks Modell vom Totalitarismus zu unterscheiden. Das wird umso deutlicher als in den Gerechtigkeitsregeln der Legislativen Versammlung nicht einmal die *individuellen* Grundrechte verankert werden sollen: weder die Rede-, Presse-, Religions- und Versammlungsfreiheit noch die Unverletzlichkeit der Wohnung seien ein »absolutes Recht [...], das nicht durch allgemeine Rechtsregeln beschränkt werden dürfte« (152). Dass Hayek zur gleichen Zeit den staatsterroristischen Neoliberalismus der Pinochet-Diktatur unterstützt, ist mit der Anlage seines Verfassungsmodells durchaus vereinbar.[117]

Betrachten wir nun, was in der neoliberalen Rhetorik den Gegenpol zum Staat bilden soll: die »Freiheit«. Wir konnten in Hayeks Diskurs bereits eine eigentümliche Verklammerung mit den Unterstellungstugenden des Gehorsams und der Anpassung feststellen. Sieht man nach, wie Hayek in seinem einschlägigen Buch *The Constitution of Liberty* (1960) den Begriff bestimmt, stößt man zunächst auf den angestrengten Versuch zu erklären, was Freiheit *nicht* ist: nichts zu tun haben soll sie z. B. mit »politischer Freiheit«. Ob man berechtigt ist, an der Bestimmung der Regierung, der Gesetzgebung oder der Verwaltung mitzuwirken, sage über den Zustand der Freiheit nichts aus, da man ja auch freiwillig die Sklaverei wählen könnte (1960, 13f). Ebenso wenig habe sie mit effektiver Handlungsmacht zu tun, wie z. B. John Dewey (effective power to do specific things) annahm (17), und es sei fraglich, erklärt Hayek ungeduldig, ob die Verwendung des Begriffs im Sinne von Macht »toleriert werden sollte« (18). Zu Recht befürchtet er, eine Verbindung mit der Macht würde nahelegen, das Vorhandensein oder das Fehlen materieller Ressourcen sowie die Reichtumsverteilung zum Gegenstand von

117 Hayeks ›Rat der Weisen‹ ist nicht das einzige und nicht einmal das einflussreichste neoliberale Modell zur Demokratieeinschränkung. Andere Projekte gehen eher in die Richtung, das Politische selbst nach dem »Tauschprinzip« zu organisieren und in private Einzelverträge aufzulösen (vgl. hierzu Schui/Blankenburg 2002, 125ff, 140ff).

Freiheits-Debatten zu machen (17f). Tatsächlich würde z. B. eine Verknüpfung des Freiheitsbegriffs mit Spinozas Konzept des Handlungsvermögens (*potentia agendi*) den Blick auf die gesellschaftlichen Verhältnisse lenken, die die Entfaltung der jeweils individuellen Handlungsfähigkeit beeinträchtigen. Von dort ist es nicht weit zu der Überlegung von Marx, Freiheit in einer klassenlosen Gesellschaft könne nur darin bestehen, »dass [...] die assoziierten Produzenten ihren Stoffwechsel mit der Natur rational regeln, unter ihre gemeinschaftliche Kontrolle bringen, statt von ihm als von einer blinden Macht beherrscht zu werden; ihn mit dem geringsten Kraftaufwand und unter den würdigsten Bedingungen zu vollziehen« (K III, 25/828).

Nein, wendet Hayek ein (1960, 16), nicht irgendwelche »Hemmung« (restraint) von Handlungen kann Unfreiheit hervorrufen, sondern lediglich unmittelbarer »Zwang« (coercion). Wie die Gerechtigkeit ist auch die Freiheit ein »negativer« Begriff, der nur die größtmögliche Abwesenheit von »Zwang durch andere Menschen« bezeichnet (11, 19). Wenn Hayek den »Zwang« auf ein Verhältnis zwischen Personen beschränkt (20f), tut er selbst, was er zu Unrecht den Vertretern »sozialer Gerechtigkeit« vorwarf: er geht auf eine vor-moderne Problemstellung zurück. Von ihr aus kann z. B. der »stumme Zwang der ökonomischen Verhältnisse«, mit dem Marx die Spezifik moderner bürgerlicher Herrschaft kennzeichnete (23/756), nicht mehr als Freiheitseinschränkung thematisiert werden. Wir können ergänzen, dass dies auch für andere Manifestationen struktureller Gewalt zutrifft, von den patriarchalen Geschlechterverhältnissen bis hin zum Rassismus (zumindest soweit nicht unmittelbar persönlicher Zwang angewandt wird). Insbesondere gilt es für den Zwang des Staats, den Hayek für notwendig erklärt, soweit er durch sein Machtmonopol die Privatsphäre schützt und die Zwangsausübung zwischen Person und Person verhindert (21).

Dies ist der Punkt, an dem die bereits entleerte, jedes demokratischen Gehalts und jeder gemeinsamen Zielstellung beraubte »negative Freiheit« ins Gegenteil umschlägt: da nur durch die gehorsame Hinnahme der vorgegebenen abstrakt-sachlichen Regeln die durch personellen Zwang verursachte Unfreiheit eingeschränkt werden kann, fällt »Freiheit« schließlich mit der Unterstellung unter das »Gesetz« des Marktes und seines Ordnungsstaats zusammen. Wenn Hayek den angelsächsischen Liberalismus mit der rationalistisch-demokratischen Tradition Frankreichs kontrastiert, hebt er v. a. die liberale Vorstellung hervor, dass ohne eine »genuine Verehrung für gewachsene Institutionen, Gebräuche und Gewohnheiten«, eine freie Gesellschaft nicht existieren könnte (61).[118] In Abwandlung des althusserschen Anrufungsmodells kann man sagen, dass Freiheit im ideologischen Dispositiv des Neoliberalismus als illusionäre Subjekt-Imagination funktio-

118 Und umgekehrt: »It is against the demand for submission to such [moral rules of conduct] that the rationalistic spirit is in constant revolt.« (Hayek 1960, 64f)

niert, die die ideologische Unterstellung unter Markt und Wettbewerbsstaat notwendig begleitet, indem sie ihr den Charakter der Freiwilligkeit gibt.

Hier wird freilich auch sichtbar, dass eine Ideologietheorie, die die Geschichte als »Prozess ohne Subjekt« (Althusser 1973, 94) konzipiert und die Problematik der »Freiheit« von vorneherein dem Bereich ideologischer Selbst-Verkennung überliefert, für eine Kritik der »negativen« Freiheitskonzeptionen des Neoliberalismus nicht hinreichend gerüstet ist. Mehr noch: sie läuft Gefahr, Wasser auf die Mühlen neoliberaler Ideologien zu leiten, indem sie ihren zynischen Unterstellungs-Fatalismus im Rahmen eines vermeintlich marxistischen Determinismus und Funktionalismus reproduziert. Dabei hatten Marx und Engels eine weitaus offensivere Begriffsstrategie vorgeschlagen, indem sie die Freiheit im Zusammenhang mit einer klassenlosen und herrschaftsfreien »Assoziation« konzipierten, in der »die freie Entwicklung eines jeden die Bedingung für die freie Entwicklung aller ist« (*Manifest*, 4/482). »Erst in der Gemeinschaft [mit Anderen hat jedes] Individuum die Mittel, seine Anlagen nach allen Seiten hin auszubilden; erst in der Gemeinschaft wird also die persönliche Freiheit möglich«, heißt es z. B. in der *Deutschen Ideologie* (3/74). Gegen einen deterministischen Abschluss der Freiheitsproblematik hat Bloch die »partielle Bedingtheit« der Determination hervorgehoben, die immer auch von den Kontingenzen des »Andersseinkönnens« durchzogen ist. Der Marxismus, den er als »offenes System von Zusammenhängen« sowie als »System offener Zusammenhänge« bestimmt, begreift die Freiheit als Erkenntnis und praktische Aktivierung objektiv-realer Möglichkeitsräume: »Die schlechte Möglichkeit gilt es, durch die abwehrende ›Freiheit wovon‹ zu vereiteln, die gute gilt es, durch die befördernde ›Freiheit wozu‹ zu verwirklichen.« (Bloch 1956, GA 10, 585) Um die neoliberale Verwandlung von Freiheit in ihr akutes Gegenteil wahrnehmen und als »Unfreiheit« kritisieren zu können, braucht die Linke einen eingreifenden und handlungsorientierten Freiheitsbegriff, der wieder mit gesellschaftlicher Kooperation und ihrer demokratischen Gestaltung verknüpft ist und die Verschränkung sozialer und individueller Menschenrechte in den Mittelpunkt stellt.

Hayeks Bestimmung der Freiheit als Unfreiheit und seine autoritäre Staatsauffassung sind selbst als Symptom zu lesen. Sie helfen verstehen, warum der Neoliberalismus nicht nur seine realpolitische Geburtsstunde in Pinochets Militärdiktatur in Chile erlebte, sondern sich auch v. a. in den USA ohne nennenswerte Reibungsverluste mit dem Neokonservatismus verbinden und in einen nach außen und innen aggressiven Sicherheitsstaat transformieren konnte. Wir verlassen nun die Ebene der Textanalyse und werfen einen Blick auf ideologische Konstellationen, die sich von denen des Fordismus deutlich unterscheiden.

11. Streifzug durchs ideologische Dispositiv des Neoliberalismus

Um die neuen Dimensionen der Repression und Überwachung zu kennzeichnen, die sich bereits vor den Anschlägen vom 11. September 2001 herausbildeten (und seither im Rahmen des »Kriegs gegen den Terrorismus« schubartig ausgebaut wurden), hat Stephen Gill den Begriff des »disziplinären Neoliberalismus« geprägt (Gill 1995). Gemeint ist eine ideologische Konstellation, in der die bisherigen, auf Konsens und kompromisshafte Einbeziehung der subalternen Klassen gerichteten Regulationsweisen des fordistischen Wohlfahrtsstaats durch Strategien einer »Übermacht« (supremacy) abgelöst wurden, die primär auf der Entpolitisierung und Fragmentierung oppositioneller Kräfte beruhen, und in denen die repressiven Aspekte der »panoptischen« Überwachung, der Einkerkerung und des Zwangs eine zentrale Rolle spielen (vgl. Gill 2003, 21ff, 27ff). Der »Atrophie des Sozialstaats« entspricht eine »Hypertrophie des Strafrechtsstaats«, bemerkt Wacquant, der zeigen kann, dass der sensationelle Ausbau des *Prison Industrial Complex* in den USA nicht zufällig in den späten 1970er Jahren, also mit dem Beginn der Hegemonie des Neoliberalismus einsetzte (2000, 68f).[119] Die von Foucault vorgestellte Prognose einer zunehmenden »Normalisierung« durch Sozialpädagogisierung der Bestrafung (1976, 395) übersah die Aufspaltung der gesellschaftlichen Sozialkontrolle zwischen einer inner-bürgerlichen Selbstkontrolle (self-policing), in der die Angebote des Psycho-Marktes eine wichtige Rolle spielen (vgl. hierzu Castel u. a. 1982, 312ff), und einer Fremddisziplinierung der potenziell »gefährlichen Klassen«, die durch ostentative Staats- und Polizeigewalt sowie durch eine Rhetorik des Bösen und des Krieges geprägt ist (vgl. James 1996, 34; Parenti 1999, 135ff).[120]

11.1 Der Aktualisierungsbedarf fordistisch geprägter Ideologietheorien

Eine ideologietheoretisch fundierte Ideologiekritik ist gut beraten, die Transformationen im Ensemble der ideologischen Instanzen jeweils konkret zu studieren, um sowohl die »Waffe der Kritik« (KHR, 1/385) als auch die konstruktiven Gegenentwürfe beweglich an die aktuellen Frontstel-

119 »Mit einer Inhaftierungsquote von 650 Strafgefangenen pro 100.000 Einwohnern liegen die Vereinigten Staaten heute [d.h. 1997; JR] sechs- bis zwölfmal höher als die europäischen Länder« (Wacquant 2000, 69). Siehe Tabelle (ebd. 70).

120 »Social control has bifurcated in ways Foucault never fully examined« and »the seemingly soft-shell, scientific discourses of ›deviance‹ and ›rehabilitation‹ have given way to a new, more cynical, rhetoric of war, law enforcement armies, lost generations, and ›bad guys‹.« (Parenti 1999, 138).

lungen anpassen zu können. Dazu müssen die im »sozialdemokratischen« Zeitalter der 1970er und 1980er Jahre entwickelten ideologietheoretischen Ansätze modifiziert werden. So ist z. B. Althussers These, der dominierende ISA der bürgerlichen Gesellschaft sei die Schule, unter den Bedingungen des neoliberalen Abbaus des öffentlichen Schulsystems kaum aufrechtzuerhalten. Auch der ursprüngliche Ansatz des *Projekts Ideologietheorie*, der das Ideologische v. a. in der »Sozialtranszendenz« des Staates festmachte (PIT 1979, 180), ist durch das europäische Sozialstaatsmodell in den Zeiten der Systemkonkurrenz mitgeprägt.[121] Er müsste ergänzt werden durch die schon von Marx und von Max Weber wahrgenommene US-amerikanische Tradition einer ideologischen Vergesellschaftung durch Sekten und Privatvereine, die – obwohl ebenfalls Bestandteile des »integralen Staats« im weiten Sinne (Gramsci, H. 6, §155, 824) – unmittelbarer mit bürgerlichen Geschäftsinteressen verbunden sind (vgl. Rehmann 1998, 28ff).[122]

In diesem Sinne hat Gramsci vom »›privaten‹ Gewebe des Staates« gesprochen und beobachtet, dass der Staat mithilfe von »privaten, der Privatinitiative der führenden Klassen überlassenen« Vereinigungen zum Konsens »erzieht« (H. 1, §47, 117f). Wie Joan Roelofs am Beispiel der USA gezeigt hat, spielten private Stiftungen (allen voran die 1936 gegründete »Ford Foundation«) schon im Fordismus eine zentrale Rolle bei der Beeinflussung zivilgesellschaftlicher Vereinigungen durch Großunternehmen, die bis hinein in sozialistischen Oppositionsbewegungen wirkten und durch gezielte Geldvergabe die radikalen Impulse in karitative und sozialreformerische Bahnen lenkten.[123] Stuart Hall hat am Beispiel des Thatcherismus analysiert, dass v. a. private Vereine die »Schützengräben und Befestigungsanlagen« bildeten[124], von denen aus die Offensive gegen die Hegemonie des Keynesianismus geführt wurde: Sie waren nicht nur die entscheidenden Instanzen, in denen eine neue »Orthodoxie« des Neoliberalismus ausgearbeitet wurde – Hall konzentriert sich hierbei v. a. auf das Londoner *Institute for Economic Affairs* –, sondern stellten in den späten 1970er Jahren auch die »Schlüsselstellen«, in denen die Lehre in die »populäre Sprache der praktischen Errungenschaften übersetzt« und von denen aus die »staatliche

121 »In gewisser Weise mag unsere Orientierung an den ›klassischen‹ ideologischen Mächten (Staat, Recht, Religion usw.) an europäische Bedingungen gebunden sein. Unsere Überlegungen lassen sich etwa nicht ohne weiteres übertragen auf die USA, wo […] z. B. die Kirchen durch ihre Privatisierung unermesslich vervielfältigt sind.« (W.F. Haug 1993, 252 Anm. 10)

122 Vgl. hierzu die Beobachtungen von Marx in *Zur Judenfrage* (1/356ff) und von Weber in *Die protestantischen Sekten und der Geist des Kapitalismus* (RS I, 215ff).

123 »Foundations are prime constructors of hegemony. […] [They] induce consent by creating an ideology that appears to be common sense and incorporates all newly emergent challenging trends.« (Roelofs 2003, 198f; vgl. ebd., 9ff, 28ff, 122ff, 136ff).

124 Vgl. Gramsci, H. 7, §16, 873f; 8, §52, 975.

Intelligenz«, von den Akademikern im Finanzministerium bis zu den Schullehrern, umgruppiert wurde (1988, 190f). Am Beispiel der 1947 in der französischen Schweiz gegründeten *Mont Pèlerin Society* hat Bernhard Walpen eine »hegemonietheoretische Bereichsanalyse des Neoliberalismus« unternommen, in der er die internationale Ausbreitung neoliberaler Thinktanks untersuchte (2004, 32, 182ff, 213ff). Anknüpfend an Webers Sektenaufsatz sowie an Gramscis Beobachtungen zur Freimaurerei und zum Rotary Club kommt er zu dem Schluss, dass sich auf diese Weise ein neuer Typ organischer Intellektueller herausbildete, die als konzeptive Ideologen einer entstehenden transnationalen Bourgeoisie die »Superstruktur des globalen Kapitalismus« bilden (17f, 283, 285).

Auch hier sind die Gegenstandsbereiche einer Ideologietheorie eng mit denen einer Staatstheorie verflochten. Gerade im Neoliberalismus umfasst das »private Gewebe« des Staates weitaus mehr als die Apparate der Hegemoniegewinnung und ideologischen Reproduktion. Insbesondere in den USA kam es zu umfassenden Privatisierungen staatlicher Bereiche und Aufgaben, die Naomi Klein am Beispiel des »Katastrophen-Kapitalismus-Komplexes« (disaster capitalism complex) im Irak und in New Orleans analysiert hat: zentrale Funktionen des Konflikt- und Katastrophenmanagements werden vom Staat in einen privatisierten Schatten-›Staat‹ ausgegliedert, der, obwohl über die Staatsaufträge mit Steuermitteln finanziert, unmittelbar nach den Maximen der Profitmaximierung arbeitet. Dies führt tendenziell zu einer »Katastrophen-Apartheid«, bei der Frühwarnsysteme, Transportmittel, Rettungsdienste usw. privat angeboten werden, so dass die Überlebenschancen unmittelbar von der eigenen Zahlungsfähigkeit abhängen (Klein 2007a, 54; vgl. 2007b, 418ff). Dieselben Unternehmen, die bei der Privatisierung des Kriegs im Irak, z. B. beim militärischen Schutz von Unternehmen und Regierungseinrichtungen, eine führende Rolle spielen (z. B. Blackwater, Halliburtons KBR, Bechtel), dominieren auch im Katastrophengeschäft in New Orleans und Mississippi nach dem Hurrikan Katrina. In vielen Bereichen sei jetzt schon zu beobachten, dass der ›öffentliche‹ Staat aufgrund der Veraltung seiner technischen Ausstattung und der Abwanderung der Experten in den Privatsektor seine Kernfunktionen ohne Privatfirmen (contractors) nicht mehr erfüllen kann (2007a, 52; 2007b, 417).[125] Falls es dazu komme, dass im Gefolge einer ökonomischen Krise die Staatsaufträge versiegen, sei zu erwarten, dass die Unternehmen des parallelen Privat-Staats ihre technisch überlegene Infrastruktur dem Staat zurückvermieten (2007a, 53f; 2007b, 419).

In dem Maße, in dem die »sozialtranszendenten«, d.h. umverteilenden und kompromissbildenden Sektoren und Funktionen des Staates durch die

125 »When Katrina hit, FEMA had to hire a contractor to award contracts to contractors.« (Klein 2007a, 52; 2007b, 417)

instrumentellen Aspekte neoliberaler Klassenherrschaft zurückgedrängt werden, verändert sich auch der Aggregatzustand ideologischer Vergesellschaftung. Dies betrifft sowohl die Zusammensetzung zwischen repressiven und ideologischen Apparaten als auch, innerhalb der letzteren, das Verhältnis zwischen politisch-ethischer Konsensbildung einerseits und Manipulation sowie medien- und hightech-gestützter Zerstreuung andererseits. Konnte der Fordismus in den entwickelten kapitalistischen Ländern als nachhaltige Blockbildung zwischen Bourgeoisie und höheren Schichten der industriellen Arbeiterklasse analysiert werden – nicht nur Lenin, sondern auch Max Weber benutzten hierfür den Begriff der »Arbeiteraristokratie«[126] –, hat sich die Arbeiterklasse im Neoliberalismus zunehmend zersetzt »in ein ausgesaugtes *Prekariat*, ein individualistisches *Kybertariat* und ein mehr oder minder organisiertes Rest-*Proletariat*, alle noch einmal gespalten entlang ethnischer, nationaler und geschlechtlicher Grenzen« (Candeias 2004, 205).

Am Beispiel US-amerikanischer Armenviertel haben Stadtsoziologen die Tendenz beobachtet, dass »Orte« (places) relativer sozialer Homogenität und kultureller Vertrautheit, zu denen z. T. auch noch die schwarzen Ghettos der 60er Jahre gehörten, sich in »Räume« (spaces) verwandelten: stigmatisierte Gefahrenzonen des Überlebenskampfes ohne gemeinschaftliche Ressource (Wacquant 2007, 402f; 2008, 241f). Die gesellschaftliche Reproduktion der Klassen vollzieht sich wieder zunehmend an getrennten Wohnorten. Die ghettoisierte Armut und die »gated communities« der Privilegierten werden weniger integriert als auf Distanz gehalten. Wenn auch nicht so ausgeprägt wie in den USA, lässt sich auch am Beispiel der Sozialen Arbeit in Deutschland eine Funktionsverschiebung von gesamtgesellschaftlicher Integration und ›Normalisierung‹ zum Management gesellschaftlicher Spaltung und Exklusion beobachten, bei dem den Armen und Marginalisierten dazu verholfen werden soll, ihr Leben ohne stabile Lohnarbeit aber dennoch in »Eigenverantwortung« zu organisieren (vgl. Kröll/Löffler 2004). Während der Sozialstaatsabbau zum Ansteigen der Kriminalitätsraten führt, wird der Polizei- und Sicherheitsapparat selbst zu einem wirksamen Artikulationszentrum der Zivilgesellschaft (vgl. Klingenberg 2001) und die ›innere Sicherheit‹ zum Thema, an dessen Inszenierung sich Wahlerfolge oder -niederlagen entscheiden. Die herrschenden Tendenzen gehen dahin, die im ideologischen Imaginären repräsentierten universalistischen Vorstellungen eines menschlichen Gemeinwesens zurückzudrängen und durch Obsessionen des Verbrechens und des Terrorismus zu ersetzen. Eine der Verarbeitungsweisen ist ein Zynismus, den Peter Sloterdijk als ein reflexiv abgefedertes, »aufgeklärtes falsches Bewusstsein« beschrieben hat (1983, 37f; vgl. Žižek 1994, 312ff).

126 Weber benutzte den Begriff bereits ab 1894 (z. B. MWG I/4, 429, 443ff, 456, 572, 740), also bevor Lenin ihn 1917 in *Der Imperialismus als höchstes Stadium des Kapitalismus* systematisierte (vgl. LW 22, 289, 306ff). Vgl. hierzu Rehmann 1998, 55, 101ff.

11.2 Neoliberalismus ohne Hegemonie?

Nähern wir uns mit solchen Beobachtungen wieder dem Punkt an, an dem vor mehr als 50 Jahren die *Kritische Theorie* den Schluss zog, das Problem ideologischer Konsensbildung für überholt und gegenstandslos zu erklären? Dies klingt an, wenn Alex Demirović in Bezug auf Gramsci vor der Gefahr warnt, »das Moment des Konsenses und der Hegemonie überzubewerten«: die Bourgeoisie könne auch »auf Hegemonie, also auf Zugeständnisse gegenüber den subalternen Klassen verzichten« (2007, 37). Im Neoliberalismus beschränke sie sich darauf, »allein auf dem Niveau des ökonomisch-korporativen Interesses zu herrschen« und setze dazu auf den »stummen Zwang« ökonomischer Verhältnisse und die Gewalt (38).

Das Argument ist als Einwand gegen die Hegemonietheorie Gramscis nicht gut geeignet, weil dieser die Möglichkeit einer »Diktatur ohne Hegemonie« durchaus gesehen hat (H. 15, §59, 1779). Es wäre zu diskutieren, inwieweit eine solche Kennzeichnung z. B. auf die unilaterale Kriegspolitik der Bush-Regierung zutrifft, die zu einer »negativen Hegemonie oder Dys-Hegemonie der USA« geführt hat (Haug 2003, 272). Freilich betrifft die Dys-Hegemonie des militaristischen US-Imperialismus bislang nur die »Weltöffentlichkeit« und kann nicht ohne weiteres auf die nationalstaatliche Öffentlichkeit in den USA angewandt werden. Vor allem wäre es ein Missverständnis, sie auf die Formation des Neoliberalismus überhaupt auszudehnen: das Hegemoniekonzept ist nicht mit seiner fordistischen Variante eines sozialstaatlich abgefederten Klassenkompromisses zu verwechseln.

Wir haben gesehen (s. o. 5.6), dass Gramsci in seinen Studien zum US-Fordismus die Spezifik gerade nicht an einem bestimmten Sozialstaatskompromiss festgemacht hatte, sondern daran, dass hier im Unterschied zu Europa »die Hegemonie in der Fabrik« entspringt und nicht so viele politische und ideologische Vermittler brauche (H. 1, §61, 132). Dabei meint »Fabrik« nicht den einzelnen Betrieb, sondern »das Ensemble der Fabrikbelegschaft als ein ›Gesamtarbeiter‹« (H. 9, §67, 1124). Besonders interessiert er sich dafür, wie die Unternehmensleitungen auf die traditionellen Ideologien des Puritanismus zurückgreifen, um mit ihrer Hilfe die Lebensgewohnheiten der Arbeiter an die Erfordernisse der taylorisierten Produktion anzupassen. Hierbei wendet er sich gegen eine oberflächliche Ideologiekritik, die die Nachforschungen der Industriellen über das Privatleben der Arbeiter und die Kampagnen zur Verbesserung der »Moral« nur als scheinheilige Form von Puritanismus verlacht. Denn dies mache es unmöglich, »die *objektive Tragweite* des amerikanischen Phänomens zu verstehen, das *auch* die größte [bisher dagewesene] kollektive Anstrengung ist, mit unerhörter Geschwindigkeit und einer in der Geschichte nie dagewesenen Zielbewusstheit einen neuen Arbeiter- und Menschentypus zu schaffen« (H. 4, §52, 529). Dessen Erzeugung beschreibt er als brutalen psycho-physischen Unterwerfungs-

und Anpassungsprozess, bei dem »eine Klasse sich einer anderen gegenüber durchsetzt«, und durch den die Schwachen und Widerspenstigen »in die Hölle der Unterklassen« gestürzt werden. Die Funktion der puritanischen Ideologie besteht in diesem Zusammenhang darin, Druck auf das soziale Feld auszuüben und dem »innewohnenden brutalen Zwang die äußere Form der Unterredung und des Konsens« zu verleihen (H. 1, §158, 193).

Es ist ideologietheoretisch bedeutsam, dass Gramsci hier keine schematische Entgegensetzung von »Zwang« und »Konsens« vornimmt, wie sie z.B. in Althussers Dichotomie von »repressivem Staatsapparat« und »ideologischen Staatsapparaten« anklingt (s. o. 6.3), sondern beide in ihrem Zusammenwirken zu begreifen versucht. Insofern ist der Hinweis auf die gewaltsame Durchsetzung einer neuen Produktions- und Lebensweise für sich genommen noch kein Argument gegen ihre hegemoniale Ausstrahlung. In Anknüpfung an Gramscis Fordismusanalysen hat W.F. Haug die hegemoniale Kraft des Neoliberalismus mit seiner Funktion erklärt, den »Übergang zur hochtechnologischen Produktionsweise« zu betreiben und zu verwalten: nur im Rahmen eines historisch-materialistischen Produktionsweise-Ansatzes könne man begreifen, dass der Neoliberalismus »mehrere Leben« hat und in unterschiedlichen Formationen, von konservativ bis rot-grün, immer wieder neu aufersteht (2003, 203, 206; vgl. ebd., 41f).[127] Ihn zu überwinden, setzt dann voraus, dass die Linke in der Lage ist, ein mehrheitsfähiges Konzept zur sozialen und ökologischen Gestaltung der hochtechnologischen Produktivkräfte zu entwickeln (1999b, 183ff, 188ff).

Betrachtet man die Entwicklung des Neoliberalismus seit seiner Eroberung der staatlichen »Kommandohöhen« ab Ende der 1970er Jahre, erscheint es in der Tat abwegig, ihm die hegemoniale Ausstrahlung absprechen zu wollen. Immerhin war er aufgrund seiner organischen Verbindung mit der stürmischen, auf elektronischer Datenverarbeitung und Kommunikation gestützten Produktivkraftentwicklung erfolgreich, wo sowohl der administrative Sozialismus des sowjetischen Blocks als auch die westliche Sozialdemokratie scheiterten. Es gelang ihm ein nahezu weltweiter Sieg, der nicht nur den Ostblock zu Fall brachte sondern auch in der VR China eine stürmische Anpassung in Form einer »passiven Revolution« hervorrief.

Nach wie vor treffen neoliberale Anrufungen persönlicher Freiheit auf die spontane Zustimmung derjenigen, die für sich in Anspruch nehmen oder erhoffen, ihr Leben nach »eigenen Entscheidungen« zu gestalten. »Any political movement that holds individual freedom to be sacrosanct is vulnerable to incorporation into the neoliberal fold«, bemerkt Harvey (2005,

127 Es führe zu einer systematischen Unterschätzung des Neoliberalismus, wenn man ihn seiner »historischen Materialität« entkleide: »Denn der Kern der neoliberalen Kompetenz und *daher* Hegemonie war – und ist noch immer – die Verwaltung einer Umwälzung der Produktionsweise.« (W.F. Haug 1999b, 24).

41). Dass die Freiheitsrhetorik trotz ihres hochgradig imaginären Charakters wirksam ist, hängt wesentlich mit der Ausstrahlungskraft zugrunde liegender Produktivkraftentwicklungen zusammen, die zumindest in Bereichen qualifizierter Informationstechnologie-Arbeit ein höheres Ausmaß von Selbständigkeit und Kreativität ermöglichten. Tatsächlich versucht das Management hier in der Regel stärker als im Fordismus, die Produktionsintelligenz, informelles Erfahrungswissen und Kreativität der ArbeiterInnen einzubeziehen. Aus den Leittechnologien des Computers und des Internets steigen immer wieder die attraktiven Mythen einer »Netzwerk-« und »Wissensgesellschaft« mit vermeintlich entstofflichter »Weightless Economy« und »immaterieller Arbeit« auf.[128] Hier kreierten die Managementliteratur und die von ihr beeinflussten Wirtschafts- und Sozialwissenschaften die Illusion, die eigentliche Wertschöpfung finde nur noch im Internet statt. Hier entstand die Fantasiefigur eines »Arbeitskraftunternehmers«, der die Verwertung seiner Arbeitskraft »selbst in die Hand« nimmt (Voß/Pongratz 1998, 152). Nicht nur in den angelsächsischen Ländern, sondern zunehmend auch in Kontinentaleuropa wird die Aktienspekulation zu einem beliebten Volkssport bis in die unteren Mittelschichten hinein, insbesondere bei der Jugend. »Die in den Phantasmen der Neuen Ökonomie sich äußernde kapitalistische Fiktion ist die Aura des fiktiven Kapitals.« (W. F. Haug 2003, 90)

11.3 Prekarisierung und Neuzusammensetzung der Arbeiterklasse

Es ist methodisch wichtig, die gegensätzlichen Pole neoliberaler Vergesellschaftung nicht gegeneinander auszuspielen, sondern in einer Widerspruchsanalyse zusammenzuhalten. Dass der Neoliberalismus seine Herrschaft wieder stärker auf den »stummen Zwang« ökonomischer Verhältnisse und hier v. a. auf die strukturelle Gewalt von Massenarbeitslosigkeit und Prekarisierung stützt, ist unbestreitbar. Bourdieu spricht im Zusammenhang eines Interviews mit arabischen Jungendlichen aus einer französischen *banlieue* von einem »Schicksals-Effekt«: ein Gefühl der Unabwendbarkeit an den Orten der gesellschaftlichen Verbannung, Auswirkung einer »›starre[n] Gewalt‹ des Laufs der Dinge [...], eingeschrieben in die unerbittlichen Mechanismen des Arbeitsmarkts, des schulischen Marktes, des Rassismus« (Bourdieu 1997a, 91f). Robert Castel beschreibt die Auswirkungen neoliberaler Fragmentierungen als »negativen Individualismus«, der sich »in wackligen Flugbahnen aus ruhelosem Suchen, einem Sich-Durchschlagen von einem Tag zum nächsten« äußert und die von regelmäßiger Lohnarbeit Abgekoppelten dazu zwingt, »ihre Individualität als ein

128 Vgl. zur Kritik der »Weightless Economy« v. a. Huws 2000; zum Begriff der »immateriellen Arbeit«, vgl. Haug 2003, 97ff; bezogen auf postmoderne Diskurse sowie auf Negri/Hardt, vgl. Rehmann 2007c, 13f.

Kreuz zu tragen« (Castel 2000, 407f, 412). Die Prekarisierung vollzieht sich nicht nur am Rande der Arbeitsgesellschaft, sondern bewirkt weit darüber hinaus eine »Unsicherheit, die bis tief hinein in die Lebenslagen der formal Integrierten reicht« (Dörre 2007, 37).[129]

Auch wenn der Neoliberalismus sich als soziale Desintegration, Fragmentierung solidarischer Zusammenhänge und Passivierung der Marginalisierten manifestiert, geht er darin nicht auf. Er reißt nicht nur ab, sondern konstituiert auch neue gesellschaftliche Zustände. Er »schafft, verändert, produziert Reales«, könnte man mit Poulantzas sagen, der dies in Bezug auf die Funktion des Staates allgemein formuliert hat (1978b, 28). Eine Kritik, die sich auf die Zusammenstellung der angerichteten Zerstörungen beschränkt, läuft Gefahr, den Neoliberalismus vom Standpunkt eines verlorengegangenen Fordismus zu sehen und sich auf dessen (unmögliche) Wiederherstellung zu fixieren.[130]

Wie Candeias in kritischer Auseinandersetzung mit Bourdieu, Castel und Wacquant gezeigt hat, gilt dies auch für die Analyse des Prekariats selbst. Candeias zufolge reproduziert die weitverbreitete Tendenz, in den Prekarisierten nur fragmentierte, isolierte und zur Selbstorganisierung unfähige Opfer zu sehen, wider Willen einen »Blick von oben«, der die Betroffenen ent-subjektiviert (2007a, 412). Wenn z.B. Wacquant das Prekariat rein negativ als eine »unmögliche Gruppe« bezeichnet, die man nicht konsolidieren könne, ohne ihren Mitgliedern zur Flucht aus ihr zu verhelfen (Wacquant 2007, 407; vgl. 2008, 246f), unterlege er die traditionell fordistischen Organisationsformen als Norm und übersehe die durch den High-Tech-Kapitalismus erzwungene Neuzusammensetzung der Arbeiterklasse, innerhalb derer das Prekariat eine dynamische wenn auch instabile »Klassenfraktion im Werden« darstelle (Candeias 2007a, 419).

Wie Mike Davis auf der Grundlage von UN-Statistiken gezeigt hat, stellt das »informelle Proletariat« die weltweit am schnellsten wachsende gesellschaftliche Klasse dar und wird bald auch die Mehrheit der globalen Arbeiterklasse ausmachen (2006, 178).[131] Dass diese Arbeiterklasse durch tiefgrei-

129 Zu den prekär Beschäftigten »zählt nicht nur die Masse der Mini- und Midijobber, der Leih- und Zeitarbeiter, befristet Beschäftigten, abhängig Selbständigen oder auch der Teilarbeiter/-innen wider Willen, sondern auch das Gros der Vollzeitbeschäftigten im Niedriglohnbereich.« (Dörre 2007, 22)

130 W. F. Haug hat ein solches methodisches Verfahren als »Retronormativität« der Analyse bezeichnet, d.h. als eine Methode, »das Gegenwärtige an den Trauerrändern festzumachen, die das Vergangene im Bewusstsein hinterlassen hat« (2003, 143).

131 Für das Jahr 2030 lauten die von Davis vorgestellten Berechnungen, dass von ca. 8 Mrd. Weltbevölkerung 5 Mrd. in Städten leben werden. Ungefähr 1,5-2 Mrd. können als »Arbeiter« im weiten Sinne (einschließlich sweatshop-Arbeiter) und 2-3 Milliarden als »informelle Arbeiter« bezeichnet werden, von denen wiederum mindestens 2 Mrd. in innerstädtischen Slums oder Slumvorstädten (peripheral shantytowns) leben (2004, 13).

fende Spaltungen zwischen regulär Beschäftigten, prekarisierten »working poor« und Arbeitslosen (sowie quer dazu entlang nationaler und rassischer Trennungen) bislang noch keine gemeinsame Handlungsfähigkeit gefunden hat, ist die grundlegende Existenzbedingung für die anhaltende Hegemonie des Neoliberalismus. An der Überwindung dieser Spaltungen zu arbeiten, um eine neu zusammengesetzte Arbeiterklasse »für sich« zu konstituieren, wird damit zu einer der wichtigsten Aufgaben linker Politik.

11.4 Wechselnde Blockbildungen des Neoliberalismus

Dass der Neoliberalismus große Menschenmassen in die Prekarität und ins Elend geworfen hat und wirft, sollte nicht zur Annahme verleiten, er könnte keine Konsenspotentiale mobilisieren. Gestützt auf die Faszinationen der neuen Computer- und Informationstechnologien ist es ihm bislang immer wieder gelungen, interklassistische Blockbildungen zwischen Herrschaftseliten, hochqualifizierten Informations- und KommunikationsarbeiterInnen, Ingenieuren, Technikern und Facharbeitern herzustellen. Dabei muss man sich klarmachen, dass er seine populare Anziehungskraft nicht primär einer bestimmten Wirtschaftslehre oder einer daraus abgeleiteten »Philosophie« verdankt. Mit einem monetaristischen Wirtschaftsprogramm oder Hayeks »negativem« Freiheits- und Gerechtigkeitsbegriff allein sind keine Wahlen zu gewinnen. Dafür bedarf es geeigneter Intellektueller, die das theoretische Programm in die Sprache nationalstaatlicher Politik übersetzen.

So konnte z.B. der Thatcherismus den neoliberalen Marktradikalismus mit Elementen eines traditionellen Toryismus verbinden und in der Sprache eines »autoritären Populismus« formulieren, der erfolgreich in die soziale Basis der Labour Partei eindrang: »er hat die breite Zustimmung wichtiger Teile der beherrschten Klassen gewonnen« und verstand es, »sich als eine Kraft darzustellen, die ›auf Seiten des Volkes‹ steht« (Hall 1989, 180f). Dass ein neoliberaler Block auch weit in linke und alternative Protestkulturen hineinwirken konnte, zeigen Boltanski und Chiapello am französischen Beispiel: seit der zweiten Hälfte der 70er Jahre ging eine »Avantgarde unter den Arbeitgebern« dazu über, die unternehmerischen Flexibilisierungsdiskurse mit linken Themen zu verbinden, die »Künstlerkritik« in der Tradition der 68er Bewegung von der gewerkschaftlichen Sozialkritik abzuspalten, zu kooptieren und auf diese Weise einen »Kompetenztransfer von der linken Protestkultur zum Management« zu erzeugen (2003, 235f, 249). Dabei war der Neoliberalismus aufnahmefähig genug, um sowohl die Kritik an der herrschenden »Unauthentizität« als auch die postmoderne Infragestellung der Authentizitätsforderung selbst zu »endogenisieren« (476ff, 489). Die neuen Unternehmensberater kannten »sich aus mit der Machtkritik Foucaults, wussten, wie die gewerkschaftliche Machtusurpation bloßgestellt werden konnte, waren Experten, wenn es galt, jegliches autoritäre Chefgebaren, gerade auf unteren Hierarchiestufen in die Schranken zu weisen« (252f).[132]

Als allgemeines Schema kann unterschieden werden zwischen einer ersten konservativen und einer zweiten sozialdemokratischen Phase des Neoliberalismus. Erstere konzentrierte sich auf die Zersetzung der nationalstaatlichen fordistischen Blockbildungen. Nach einigen Jahren erwies sich die gesellschaftliche Basis als zu schmal, um eine Abwahl der konservativ-liberalen Regierungen in fast allen bedeutsamen Industrieländern zu verhindern. Dagegen gelang es in der zweiten Phase, ganze oppositionelle Gruppen in den Klassenkompromiss einer »neuen Mitte« einzubeziehen und auf diese Weise die neoliberale Hegemonie zu verallgemeinern (Candeias 2007b, 11ff).[133]

Wie man exemplarisch am deutschen Beispiel sehen kann, geriet auch hier der Block schließlich in eine Krise, da die beanspruchte Verbindung von Reformen und Sozialverträglichkeit angesichts des massiven Sozialstaatsabbau der rot-grünen Regierung nicht mehr glaubwürdig war (14). Zu einer Hegemoniekrise wird es vermutlich solange nicht kommen, als realitätstaugliche und mehrheitsfähige linke Alternativen noch nicht sichtbar sind und der Neoliberalismus sich auf einen »passiven Konsens« stützen kann (16). In einem Strategiepapier der Rosa-Luxemburg Stiftung schlagen Michael Brie und Dieter Klein vor, dem neoliberalen Bündnis von Herrschaftseliten und Teilen der Mittelschichten ein soziales »Mitte-Unten-Bündnis« entgegenzusetzen, das einen neuen Gesellschaftsvertrag zwischen »allgemeinen Produktionsarbeitern«, Marginalisierten und Mittelschichten umfasst und durch Einstiegsprojekte vorbereitet wird, die zwischen Protest und Gestaltung vermitteln (Brie/Klein 2005, 2ff).

11.5 Befreiungsversprechen und Fremdbestimmung im Neoliberalismus

Für eine Analyse der Anziehungskraft des Neoliberalismus ist die vom *Projekt Ideologietheorie* vorgeschlagene Überlegung weiterführend, dass das Ideologische in der Regel als eine »Kompromissbildung« funktioniert. Wie wir gesehen haben (s.o. 9.3), ist damit nicht der spezifische Sozialstaatskompromiss des Fordismus gemeint, sondern allgemein eine »in sich widersprüchliche Form unter der Dominanz der Herrschaft, in der

132 Vgl. zu Boltanski/Chiapello die Rezension von Baratella/Rehmann (2005).

133 Vgl. hierzu auch Stuart Halls Analyse zum Versuch der britischen Labour Partei, den vom Thatcherismus übernommenen radikalen Freihandels-Neoliberalismus mit bestimmten »Belangen der traditionellen Arbeiterklasse und des Öffentlichen Dienstes« zu verbinden und den Staat mithilfe eines neoliberalen *New Public Management* Ansatzes und unter dem Schlagwort »unternehmerischen Regierens« in einen »Markt-Staat« umzubauen (2004, 486f, 490f).

den beherrschten Kräften ein Ventil eingeräumt wird« (PIT 1979, 190f). Auch der Neoliberalismus speist sich, wo er hegemoniale Wirkungen hervorbringt, maßgeblich aus Energien horizontaler Vergesellschaftung, die er kompromisshaft mit der Vermarktungslogik verbindet. Und auch hier liegt die Dialektik des Ideologischen darin, dass es kompensatorisch zur Herrschaftsreproduktion nur beitragen kann, indem es, wie entfremdet und verschoben auch immer, auch die Befreiung von Herrschaft ›bedeutet‹. Wenn das PIT in Bezug auf den deutschen Faschismus formulierte, jede ideologische Macht sei Sachwalterin eines »Bezugs aufs Gemeinwesen, das [...] von der Klassengesellschaft negiert ist« (PIT 2007/1980, 108/77), ist nun spezifizierend zu ergänzen, dass sich im Neoliberalismus der Akzent vom *kollektiven* Gemeinwesen-Bezug zur *individuellen* Emanzipation und Selbstaktivierung verschoben hat.

Frigga Haug hat in ihrer Analyse von Peter Hartz' Buch *Job Revolution* mehrere Beispiele für eine solche Kompromissbildung zusammengetragen und ausgewertet. Wenn Hartz den Aufbruch in die neuen flexibilisierten Arbeitsverhältnisse und -haltungen beschwört, artikuliert er an strategischen Stellen Befreiungsversprechen, die für sich genommen aus linken oder alternativen Milieus stammen könnten: selbstbestimmte Neudefinition von Arbeit, »Arbeitszeitsouveränität«, »neue Mündigkeit«, Selbstbewegung, Ganzheitlichkeit und Sinnhaftigkeit des Arbeitsvollzugs, »Individualität und Emotionalität des Einzelnen«, Sensibilität des »High-Touch«, »Mitarbeiter werden zu Mit-Unternehmern« usw. (Hartz 2001, 21, 53, 55, 66). Auch wenn Hartz' Sprache durchgängig mit Werbesprüchen durchsetzt ist, lässt sich nicht übersehen, dass er mit und an den Gefühlen derer arbeitet, die »Veränderung vorhatten« – er übernimmt »Hoffnungsworte der sozialen Bewegungen und fügt aus ihnen das neue Angebot des ›Unternehmers‹ zusammen«: »Die Utopie wird ins Diesseits geholt und erscheint genau dort, wo es uns an den Kragen geht.« (F. Haug 2003, 608)[134] Denn analog zu dem von Gramsci analysierten fordistischen Ideologisierungsschub geht es auch hier um die Schaffung eines neuen ›Menschentyps‹, der v.a. für die »Zumutbarkeiten« ungesicherter Arbeits- und Lebensverhältnisse im High-Tech-Kapitalismus tauglich gemacht werden muss. Wenn wir im Zusammenhang mit Hayeks »realem Dilemma« von einem zugrunde liegenden Widerspruch zwischen neoliberaler Aktivierung und Marktunterordnung gesprochen haben (s.o. 10.6), sehen wir diesen Widerspruch

134 Der Neoliberalismus hat auch einige der bisherigen Forderungen der Frauenbewegungen aufgenommen und nach Art einer »feindlichen Übernahme« integriert: stärkere Einbeziehung der Frauen in die Lohnarbeit, wenn auch meist in schlechtbezahlten und ungesicherten Beschäftigungen, Überlegungen zur Anerkennung der Hausarbeit, Kritik an der fordistischen Familie z.B. in Giddens Konzept eines Elternschaftsvertrag, der die vertraglichen Verpflichtungen gegenüber dem Kind festhält (F. Haug 2000, 69ff, 73, 76f)

hier in der Form, dass die Individuen ihre Handlungskompetenzen nur im Rahmen und unter dem Diktat ihrer Markt- und »Beschäftigungsfähigkeit« entfalten können, nach deren Vorgaben sie sich modellieren müssen (610f).

Wenn Hartz in diesem Zusammenhang die Parole »Emotion wird zu Kapital« ausgibt (2001, 57), deutet er zudem eine neuartige Verschiebung der Verwertungslogik in den Bereich der Gefühle an. Wie Christina Kaindl in ihren Materialanalysen zu den populären Fernsehsendungen *Big Brother* und *Popstars* gezeigt hat, geht es in solchen Inszenierungen um eine intensive Modellierung emotionaler ›Authentizität‹ und ›Kreativität‹, die – anders als in den typisch fordistischen Paradigmen der ›Verinnerlichung‹ oder ›Entemotionalisierung‹ (Holzkamp 1983, 404) – »an die Oberfläche geholt« und offensiv für die eigenen Verwertungsmöglichkeiten eingesetzt werden müssen (Kaindl 2005, 357f). So berichten z.B. prekär arbeitende Kulturschaffende in der Studie *Gesellschaft mit beschränkter Haftung* (Schultheis/Schulz 2005), wie wichtig es sei, sich bei Ausstellungseröffnungen nicht nur regelmäßig sehen zu lassen und Gespräche zu suchen, sondern auch alles daran zu setzen, »Lust zu haben und sich wohl zu fühlen, denn wer sich nicht wohl fühlt, hat an einem Abend auch keinen Erfolg« (Böhmler/Scheiffele 2005, 437). Dabei ist auch erforderlich, dass alle sich permanent bemühen, »von geplanten oder bevorstehenden Projekten zu berichten, um ja nicht den Eindruck zu erwecken, man befinde sich in einer Notsituation und suche verzweifelt nach einer Anschlussmöglichkeit« (443).

In Überlagerung mit den jeweiligen Positionen in den Klassen- und Geschlechterverhältnissen polarisiert sich das Feld in diejenigen, die »ihre Emotionen zu Kapital machen können«, und diejenigen, »denen die Selbstmobilisierung nicht gelingt oder die trotz Selbstmobilisierung keinen Erfolg haben« (Kaindl 2007a, 160). Eine relativ ›gehobene‹ Verarbeitungsform kann man beim »ironischen Subjekt« beobachten, das die Logik der Vermarktung und Selbstvermarktung als »Schein« durchschaut und gleichzeitig genießt. Thomas Barfuss zufolge ist der ironische Konsum primär als »Distinktion von der Distanzlosigkeit des Unterschichtskonsumenten« zu entziffern; die distanziert-ironischen Haltungen bilden eine zentrale Ressource, mit deren Hilfe sich die Mittelschicht »beweglich hält« (2007, 136f). In einer widersprüchlichen Kompromissbildung folgt der ›Ironese‹ den neoliberalen Anrufungen, aber mit dem ›aufgeklärten‹ Anspruch, hinter ihre Kulissen zu blicken.[135] Aber dort, wo die Appelle zu Initiative und Eigenverantwortung auf Lebensverhältnisse stoßen, die selbstbestimmtes

135 Spiegel-Online (9. 11. 2007) leitet ein Interview mit TV-Moderatorin und Talkshow-Star Barbara Schöneberger mit der Ankündigung ein, von ihr lernen zu können, »wie man seine Haut zu Markte trägt – und sich dabei einen Sinn für Ironie erhält«. Ihre Antwort lautet u. a., es gehe darum, »sich intelligent unterzuordnen, ohne sich zu verlieren«.

Handeln nicht bzw. nur sehr eingeschränkt zulassen, führen sie unter den Verhältnissen entfremdeter Vergesellschaftung und ohne kollektiv-solidarische Handlungsalternativen zu fatalistischer Lähmung und Selbsthass. Der von Bourdieu beobachtete massenhafte »Schicksals-Effekt« ist die dunkle Kehrseite der durch neoliberale Anrufungen erzeugten Subjekt-Effekte eigenverantwortlicher Mobilisierung.

Eine kritische Ideologietheorie hat die Aufgabe, den Blick für die konkreten Konstellationen und Strategien zu schärfen, in denen die Widersprüche zwischen neoliberalen Aktivierungsdiskursen und ideologischer Fremdbestimmung verarbeitet werden. In Anlehnung an Gramscis Analysen zur Inkohärenz des Alltagsverstands und an seinem Ansetzen an einem erfahrungsklugen und experimentierfreudigen buon senso (s. o. 5.3) sollte sie ihre Ideologiekritik so anlegen, dass sie sich gegen die partikularistischen, vereinzelnden und illusorischen Tendenzen wendet und sich zugleich mit den kreativen und aktivierenden Elementen verbündet, die sie aus der privat-egoistischen Bornierung ins gesellschaftlich Emanzipatorische zieht. Dies steht nicht im Gegensatz zur Aufklärung darüber, dass der vom Neoliberalismus propagierte Freiheitsbegriff so gefasst ist, dass er in Unfreiheit und Autoritarismus umschlägt. Am konkreten Beispiel ist aufzuzeigen, dass die versprochene Partizipation vorrangig in der selbstverantworteten Exekution politisch konstruierter »Sachzwänge« besteht. Aber zugleich kommt es darauf an, die Befreiungsversprechen des Neoliberalismus aufzugreifen, sie wieder mit den popularen Diskursen sozialer Gerechtigkeit, Kooperation und Solidarität zu verbinden und auf diese Weise gegen ihr neoliberales Gegenteil zu wenden. Was Bloch 1932 als sozialistische Strategie gegenüber den Attraktionskräften des deutschen Faschismus vorgeschlagen hat, kann auch für die veränderten ideologischen Konstellationen des Neoliberalismus aktualisiert werden: Aufgabe ist, »die zur Verwandlung fähigen Elemente [...] herauszulösen [...] und sie zur Funktion in anderem Zusammenhang umzumontieren« (*Erbschaft*, GA 4, 123).

12. Die uneingelösten Versprechen des späten Foucault und der »Gouvernementalitäts-Studien« – eine ideologietheoretische Re-Interpretation

Im Folgenden soll gezeigt werden, dass der späte Foucault interessante und viel versprechende Ankündigungen gemacht hat, die weder er noch die an ihn anknüpfenden »Gouvernementalitäts-Studien« umgesetzt haben. Das Versprechen bestand v.a. in seiner Unterscheidung von Herrschaft und Macht, von Herrschaftstechniken und Techniken der Selbstführung sowie in der Problemstellung, wie beide miteinander verzahnt werden. Paradoxerweise rückte der späte Foucault damit, trotz seiner Gegnerschaft zum Ideologiebegriff, in die Nähe eines ideologietheoretischen Ansatzes, wie er nahezu gleichzeitig zu den beiden Vorlesungsreihen zur »Geschichte der Gouvernementalität« (1978 u. 1979) vom *Projekt Ideologietheorie* ausgearbeitet wurde, das – im Gegensatz zu Althusser – zwischen »vertikaler« Fremdvergesellschaftung, »horizontaler« Selbstvergesellschaftung und »protoideologischem Material« analytisch unterschieden hat (s.o. 9.3).

Ich versuche zu zeigen, dass Foucault zum einen seine analytischen Unterscheidungen nicht durchhält, zum anderen seine Beobachtungen zu ›gouvernementalen‹ Führungskonzeptionen in der Ratgeberliteratur nicht mit den gesellschaftlichen Strukturen der Herrschaft vermittelt, in denen sie wirksam werden. Ähnlich verfahren die »Gouvernementalitäts-Studien«, die ausdrücklich auf jede ideologiekritische Analyse der Managementliteratur verzichten und sich daher weitgehend auf eine immanente Nacherzählung beschränken. Meine Kritik ist, dass sie deshalb das Verhältnis von Herrschaft und Subjektion im Neoliberalismus nicht adäquat erfassen können. Mein Vorschlag ist, die Stärken und Einsichten der »Gouvernementalitäts-Studien« in einem anderen gesellschaftstheoretischen Rahmen zu re-interpretieren.

12.1 Foucaults Frage nach der Vermittlung von Herrschaftstechniken und Selbsttechniken

Auf das Thema der Selbsttechniken stößt Foucault in der langen und offensichtlich krisenhaften Zeit zwischen dem ersten und zweiten Sexualitätsband, also zwischen 1976 und 1984. Während er den Machtbegriff bis 1975 im Sinne einer subtilen, omnipräsenten Durchformung der Menschen gebraucht hat, die den Subjekten keinerlei Eigenraum von Eigensinn und Widerstand übrig ließ, bezieht er nun das Selbstverhältnis der Subjekte mit ein. Die Art und Weise, wie die Menschen ihr Leben selbsttätig organisieren, welche »Techniken« sie auf sich, ihre Verhaltensweisen, ihre Körper, ihre Psyche anwenden, wird zu einem wichtigen Bestandteil seines neuen Machtbegriffs. Bei der Machtausübung wird der andere grundsätzlich als Handlungssubjekt anerkannt (DE II, Nr. 306, 1056), und dies schließt den Aspekt der wechselseitigen Beeinflussung, der Umkehrbarkeit von Machtbeziehungen ein (1061). Dagegen bezeichnet Herrschaft eine institutionelle Verfestigung, bei der die Machtbeziehungen nicht mehr umkehrbar, sondern blockiert und erstarrt sind (1062; Nr. 356, 1530).

Es lässt sich leicht zeigen, dass Foucault diese Unterscheidung nicht konsequent durchgehalten hat. In einem Interview 1984 wird er z. B. konfrontiert mit Hannah Arendts Unterscheidung zwischen einer kollektiven Handlungsmacht, bei der die Menschen gemeinsam eine größere Handlungsfähigkeit gewinnen, als wenn sie auf sich gestellt wären, und einer Herrschaftsmacht, die sich daraus entwickeln oder in sie einlagern kann. Foucault antwortet, er halte diese Unterscheidung für lediglich »verbal« (DE II, Nr. 341, 1408). Überhaupt differenziert er die beiden Begriffe meist nicht analytisch nach qualitativen Gesichtspunkten, sondern quantitativ nach dem Kriterium der Größe oder Ausdehnung, so als bezeichnete ›Herrschaft‹ die Makrostruktur und ›Macht‹ die Mikrostruktur: wo Macht »global« wird, nennt er sie Herrschaft, und was sich in die menschlichen Beziehungen hinein ausdehnt, definiert er als Macht(ebd., Nr. 306, 1062; Nr. 356, 1529).

Aber das ist begrifflich nicht tragfähig: auch Herrschaft hat die Fähigkeit, sich in die kleinsten und intimsten menschlichen Beziehungen auszudehnen, z. B. das Patriarchat, das beide Geschlechter tief verinnerlicht haben. Und umgekehrt beanspruchen z. B. die globalisierungskritischen (oder ›altermundialistischen‹) Bewegungen des Weltsozialforums, den den Aufbau einer »globalen« Gegenmacht anzustreben, die nicht wieder in unkontrollierte Herrschaft umschlagen darf. Auch der späte Foucault verzichtet darauf, den Begriff der Macht von der etymologischen Wortbedeutung des (Machen-)Könnens, her zu denken. Seine Faszination durch Nietzsches Machtbegriff blockiert die Annäherung an Spinozas Macht-Konzept der Handlungsfähigkeit (*potentia agendi*).[136]

Aber mehr als die Inkonsequenzen von Foucaults Begrifflichkeit interessieren mich zunächst ihre potenziellen Stärken. Zwischen der Mikrostruktur reziproker Machtbeziehungen und den verfestigten Blöcken der Herrschaft nimmt Foucault eine Vermittlungsebene an, die er als »Gouvernementalität« bezeichnet.[137] Diese (ich komme auf die Problematik dieses

136 Zum Gegensatz zwischen Spinozas und Nietzsches Machtbegriff und zur Etymologie von Macht/Möglichkeit bzw. puissance/pouvoir/possibilité, vgl. Rehmann 2004a, 52ff.

137 »Dans mon analyse du pouvoir, il y a ces trois niveaux: les relations stratégiques, les techniques du gouvernement et les états de domination.« (DE II, Nr. 356, 1547) »J'appelle ›gouvernementalité‹ la rencontre entre les techniques de domination exercées sur les autres et les techniques de soi.« (Ebd., Nr. 363, 1604) Vgl. Lemke 1997, 264, 308f.

Kunstwortes zurück) bestimmt er u. a. als ein »Führen der Führungen«. Im französischen Original liegt dem ein Wortspiel mit der Doppeldeutigkeit von *conduire* zugrunde, das zum einen heißt ›jemanden führen‹, *conduire quelqu'un*, und zum anderen als *se conduire* ›sich verhalten, sich benehmen‹. Es soll bei diesem Machtbegriff darum gehen, »à conduire des conduites«, die Lebensführungen der Menschen wiederum zu führen (DE II, Nr. 306, 1056; vgl. Nr. 340, 1401).

Das ist tatsächlich eine viel versprechende Problemstellung: wie man in der *Kritischen Psychologie* nachlesen (vgl. Holzkamp 1995) und auch an sich selbst erfahren kann, ist die Lebensführung unter widersprüchlichen Anforderungen des Alltags eine komplexe und komplizierte Angelegenheit. Man muss unterschiedliche Anforderungen ausbalancieren, in eine zeitliche Abfolge bringen, Prioritäten setzen, an den wichtigsten Zielen festhalten – ein Vorgang, der nicht ohne kritische Gewichtung der Lebensnotwendigkeiten und nicht ohne ein gewisses Maß an Selbstdisziplin funktioniert. In dem Maße, in dem es einer Herrschaft oder einer übergeordneten ideologischen Instanz gelingt, sich mit diesen Selbstführungen zu verbinden, in ihrem Namen aufzutreten, sie für bestimmte Zwecke zu mobilisieren, findet sie Einlass in die Strukturen des Alltagsverstands und erhält einen so starken Resonanzboden, dass intellektuelle Kritik allein nicht dagegen ankommt.

Von diesen und ähnlichen Formulierungen aus betrachtet sieht es so aus, als hätte der späte Foucault sich dem gramscianischen Thema der Führung, der Hegemonie angenähert, die im Unterschied zu Gewalt und Herrschaft den Aspekt des Konsenses beinhaltet. Seine Begriffsbildung berührt ein zentrales Problem bürgerlicher Hegemonie, nämlich die freiwillige Unterstellung unter Herrschaft, aktive Selbstunterstellung unter Fremdsteuerung. Die allgemeine Frage würde lauten: Wie erklärt man das Paradox, dass sich Menschen im Namen der Selbstverantwortung und Selbsttätigkeit für fremde Ziele mobilisieren lassen? Und wie erklärt man den Vorgang so, dass man seine Wirksamkeit erfasst, statt die Betroffenen von vorneherein als Unaufgeklärte und Manipulierte zu denunzieren? Das war der Gründungsimpuls der Ideologietheorie in den 70er Jahren, z.B. bei Althusser in Frankreich, bei den *Cultural Studies* um Stuart Hall in Großbritannien und beim »Projekt Ideologietheorie« in Deutschland. Foucaults Problemstellung der Verklammerung von Herrschafts- und Selbsttechniken hätte ihren Ort in dem, was man in der Sprache der Ideologietheorie als Zusammentreffen von Ideologie und Alltagsverstand (*common sense*) diskutiert. Sein spezifischer Beitrag wäre die Untersuchung von Ideologiemustern und Selbstführungen als Techniken und ihre Verzahnung zu einem hegemonialen Block, der als »Führung von Selbstführungen« wirksam wäre.

Aber bekanntlich erheben sowohl Foucault als auch die »Gouvernementalitäts-Studien« den Anspruch, die Begriffe der Hegemonie und des Ideologischen weit hinter sich gelassen zu haben. Sowohl Stuart Hall als auch Pierre Bourdieu werden dafür kritisiert, sie seien noch im alten Paradigma der »Ideologiekritik« befangen, und hätten noch nicht verstanden, dass man die Führungstechniken des Neoliberalismus »positiv« darstellen müsse.[138] Im Zuge einer solchen Verabschiedung der Ideologiekritik werden auch die eigenen Ankündigungen einer Untersuchung der Verzahnung von Herrschaftstechniken und Selbsttechniken stillschweigend fallengelassen. Der Gouvernementalitäts-Ansatz fällt damit in mehrfacher Hinsicht hinter den ideologietheoretischen Reflexionsstand zurück.

12.2 Der rätselhafte Inhalt des Gouvernementalitätsbegriffs

Das Problem liegt zunächst in Foucaults Begriff der *Gouvernementalität* selbst begründet, der sich kaum eingrenzen lässt und nach allen Seiten hin schillert. Ich nehme als Textgrundlage die unter dem Titel *Geschichte der Gouvernementalität* veröffentlichten Vorlesungen von 1978 und 1979 (Foucault 2004a/b; im Folgenden zit. G I/II), die ein wichtiges Bindeglied im Übergang zur Spätphase Foucaults markieren.

Der französische Neologismus scheint eine geheimnisvolle Botschaft zu enthalten, die entzaubert wird, sobald man den Ausdruck ins Deutsche übersetzt. Erklärt man das Wort aus der Zusammensetzung von ›gouvernement‹ und ›mentalité‹, erhält man so etwas wie »Regierungs-Mentalität«, »Regierungs-Gesinnung«, oder die Art und Weise, über Regierung nachzudenken.[139] Einer solchen Herleitung widerspricht freilich Sennelart, der Herausgeber der Vorlesungen, der erklärt, es handele sich nicht um eine Mentalität, sondern um eine Substantivierung des Adjektivs *gouvernemental*, wie *musicalité* aus *musical* (G I, 564, Anm. 125). Wenn das zutrifft, wofür Sennelart allerdings keine philologischen Argumente anführt, fragt man sich umso mehr, wozu der Aufwand gut sein soll: das vom Substantiv *gouvernement* abgeleitete Adjektiv *gouvernemental* (regierungsmäßig) durch Anhängen von *-ité* wieder in ein Substantiv zu verwandeln, bringt nicht mehr als ›Regierungsmäßigkeit‹ oder ›Regierungsartigkeit‹.

Schwerwiegender ist, dass Foucault das Wort auf sehr unterschiedliche Weise verwendet: auf allgemeinster Ebene soll es die Art und Weise bezeichnen, »in der man das Verhalten der Menschen steuert« (G II, 261), mithin jenes »Führen der Führungen« (*conduire des conduites*), das sich

138 Vgl. Barry u. a. 1996,11; Bröckling u. a. 2000, 19. Dass Bourdieus Neoliberalismus-Kritik auf eine »Verteidigung des Staates« hinauslaufe (ebd.), ist eine irreführende Vereinfachung: es ging ihm zum einen um eine demokratisch kontrollierte Finanzpolitik (Stichwort Tobinsteuer), zum anderen um ein Bündnis mit Fraktionen des Sozialstaats, und dies nicht bloß nationalstaatlich, sondern im Rahmen eines neuen europäischen Internationalismus (1998, 41ff).

139 Z. B. Bröckling u. a. (2000, 8); Opitz (2004, 60; 2007, 96f); »the way we think about government« (Dean 1999, 16ff).

durch seinen starken konsensualen Anteil von bloßer Herrschaftsausübung unterscheidet (vgl. G I, 173f, 182, 281); auf einer zweiten Ebene bezeichnet es eine Tendenz oder »Kraftlinie«, die das »gesamte Abendland« durchzieht und zur Vorrangstellung des Machttyps der »Regierung« geführt hat (162), nämlich in Gestalt der jüdisch-christlichen Tradition. Gemeint ist das »*Pastorat*«, d.h. eine bestimmte Vorstellung von Führung, die sich als Verhältnis von ›Hirte‹ und ›Herde‹ versteht und ihren Ursprung im »Orient« haben soll. Foucault zufolge war diese Führungskonzeption dem »griechischen Denken« fremd – eine These, die sich allerdings schon angesichts der eigenen Gegenbeispiele schwer aufrechterhalten lässt (202ff).[140] Durch die jüdisch-christliche Tradition komme es im christlichen Abendland zu einer spezifischen Verquickung von Macht und Subjektivität, die durch Gewissensprüfung, Beichte, Geständnis usw. hergestellt werde; auf einer dritten Ebene lässt Foucault die »politische ›Gouvernementalität‹« (521) im 16. Jahrhundert bei Reformation und Gegenreformation anbrechen, wo zugleich der Übergang zu großen Territorialstaaten erfolgte. Hierbei interessiert ihn, dass die antike Vorstellung einer Regierung der Polis mit der christlichen Hirtenvorstellung verschmilzt, das christliche Pastorat sich säkularisiert und weit ins Alltagsleben hineinwirkt. Die unter dieser Überschrift behandelten Führungskonzeptionen – Merkantilismus, Kameralistik, Staatsräson, ›Polizeywissenschaft‹ und Physiokraten – seien allerdings noch durch die Vorherrschaft der »Souveränitätsmacht« blockiert (153f), die Regierungskunst könne »ihre eigene Dimension nicht finden« (155). Diese Staats-Fixierung wird erst Mitte des 18. Jahrhunderts durch die »liberale Regierungskunst« überwunden, die in Foucaults Darstellung die »moderne gouvernementale Vernunft« einleitet (G II, 25, 40ff).

Erst bei diesem (vierten) engeren Begriff kann Foucault zufolge das Problem der Regierung außerhalb des juridischen Rahmens der Souveränität gedacht werden (G I, 156). Offenbar haben wir es bisher nur mit Vorformen der Gouvernementalität zu tun gehabt. Tatsächlich verkündet Foucault: »Wir leben im Zeitalter der Gouvernementalität, die im 18. Jahrhundert entdeckt wurde.« (164) Freilich deckt auch diese Begriffsverwendung immer noch eine komplexe Epoche ab, die neben dem Liberalismus z.B. den Konservatismus, den Faschismus, den Sozialdemokratismus usw. umfasste, und es fragt sich, wie die »Gouvernementalitäts-Studien« bean-

140 Wie Foucault selbst berichtet (G I, 202ff, 229f), wird der König in der *Ilias* 44-mal, in der *Odyssee* 12-mal als ›Hirte‹ angesprochen; die Pythagoreer leiten vom Hirten (*nomeus*) das Gesetz (*nomos*) und Zeus als Gott-Hirten ab; bei Platon wird die gute Regierung im *Kritias*, den *Nomoi* und in der *Politeia* als Hirte aufgefasst (206f). Foucaults Konzept einer im »Orient« wurzelnden Linie des Pastorats ist selbst eine orientalistische Konstruktion. Ein Stück Sozialgeschichte hätte ihm zeigen können, dass die Kleinviehzucht und damit die Figur des Hirten im gesamten Mittelmeerraum und nicht nur im ›Orient‹ verbreitet war.« (Rehmann 2005, 367)

sprüchen können, mit dieser Kategorie den analytischen Schlüssel zum Verständnis des Neoliberalismus gefunden zu haben.

Wir haben also vier verschiedene Bedeutungen der Gouvernementalität, die in Foucaults Verwendungsweise permanent durcheinander gehen: Führung allgemein als »eine Art Grundtatsache menschlicher Gesellschaften« (Bröckling u.a. 2000, 18), jüdisch-christliches Pastorat, politische Gouvernementalität ab dem 16. Jh., liberale Gouvernementalität seit dem 18. Jh. Es ist, als wollte Foucault in immer neuen Ansätzen versuchen, ein abstraktes Konzept an die Geschichte anzunähern, ohne jemals bei historischer oder sozialwissenschaftlicher Konkretion anzukommen.

Es schillert aber nicht nur die Ausdehnung des Begriffs, sondern auch die Realitätsebene, auf die er sich beziehen soll: während die Souveränitätsmacht noch bei Machiavelli auf das Territorium bezogen sei und ihren Zweck zirkulär in sich selbst habe, richte sich das Gouvernement auf den »Komplex« zwischen Menschen und Dingen, d.h. auf Menschen in ihren Verwicklungen mit Dingen, mit Reichtümern, Bodenschätzen, Nahrungsmitteln usw. (G I, 145ff). Aber als Spezifik einer modernen, »ökonomischen« Gouvernementalität ist diese Kennzeichnung ungeeignet, denn Menschen waren immer mit »Dingen« verwickelt, und alle Herrschaft musste sich auf längere Sicht auf diesen Zusammenhang, z.B. auf die Verfügung über ökonomische Ressourcen und Arbeitskräfte, beziehen. Will Foucault wirklich sagen, eine solche Verfügungsmacht sei eine neuzeitliche Erfindung, während es vorher nur ums Territorium als solches und um selbstzweckhafte Machtsteigerung gegangen wäre? Das wäre in der Tat ein ideologisches Märchen, bei dem alle Fragen der Produktions- und Distributionsverhältnisse, der imperialen Rohstoffsicherung, Bereicherung, Besteuerung der unterworfenen Völker ausgeblendet sind. Wie lange könnten die römischen Kaiser das Volk mit ›Brot und Spielen‹ unterhalten, wenn die Getreidelieferungen aus den Provinzen ausblieben?

Foucault weicht solchen Fragen aus, indem er die Realitätsebene wechselt: Gouvernementalität bezeichne nicht die Art und Weise, »in der die Regierenden wirklich regiert haben« (G II, 14), sondern ziele auf die Rationalisierungen, die den Regierungspraxen zugrunde liegen. Es geht also nicht um wirkliche Führungspraxen, sondern nur um bestimmte Denkweisen in der Ratgeberliteratur, die es vorher so nicht gegeben hat. Eine solche Beschränkung könnte methodisch durchaus gerechtfertigt werden. Das phänomenologische Nachzeichnen von Führungskonzepten könnte Bestandteil einer »immanenten Kritik« sein, die man mit Adorno als »Konfrontation dessen, als was eine Gesellschaft auftritt und was sie ist« definieren könnte (»Einleitung zum Positivismusstreit«, GS 8, 347). Aber eine solche Selbstbeschränkung steht wiederum in Widerspruch zu Foucaults Definition von Gouvernementalität als eine »aus den Institutionen, den Vorgängen, Analysen und Reflektionen gebildete Gesamtheit«, mit der die

Bevölkerung mit Hilfe eines »ökonomischen« Wissens geführt wird (G I, 162). Das Geflecht von Institutionen, Praxen und Deutungsformen – das wäre wiederum ein ideologietheoretisches Forschungsprogramm. Das Angekündigte wird nicht eingelöst: von Foucault erhält man Speisekarten mit leckeren Speisen, aber selten etwas zu Essen.

Was bei dieser Engführung verloren geht, kann man exemplarisch an Foucaults Behandlung des Liberalismus sehen. Er möchte ihn weder als »Theorie« noch als »Ideologie«, sondern als »Weise des Tuns« behandeln (G II, 436). Er tut dies aber nicht, sondern interessiert sich ausschließlich dafür, dass sich der Liberalismus als kritisches Instrument gegenüber zuviel Regierung sowie als deren Selbstbegrenzung versteht (ebd., 40ff, 438, 441). Das entspricht unmittelbar dem Selbstbild des Liberalismus, der sich gerne in der Opposition zu staatlicher und politischer Reglementierung sieht und dabei verdrängt, dass er in der wirklichen Geschichte bis zum 19. Jahrhundert vornehmlich als »Besitzindividualismus« aufgetreten ist, dem es um die (auch gewaltsame und disziplinäre) Absicherung ungleicher bürgerlicher Eigentumsverhältnisse ging.[141]

In Foucaults Paradigma, das in der Literatur weithin wegen ihrer Überwindung der »Ideologiekritik« gelobt wird, kann nicht mehr nach der ideologischen Funktionsweise des Liberalismus im Ensemble bürgerlicher Herrschaft gefragt werden. Es bleibt bei einer unkritisch-einfühlenden Nacherzählung.[142] Dies gilt auch für seine Behandlung des Neoliberalismus. Da die wirtschaftlich-soziale Entwicklungen und die politischen Kräfteverhältnisse aus dem Analyserahmen fallen, kann Foucault »keine tragfähige Position zu seinem Gegenstand [aufbauen]«, bemerkt Tilman Reitz: die behandelten neoliberalen Theorien scheinen »wie aus der Luft zu entstehen und wie auf Zuruf Resonanz zu finden« – weshalb sie bedeutsam und erfolgträchtig sind, bleibt im Dunkeln (Reitz 2005, 373).

Sah es zunächst so aus, als hätte der späte Foucault sich dem gramscianischen Thema der Hegemonie angenähert, zeigt sich nun, dass es sich nur um eine rhetorische Figur handelte: Während Gramsci das Verhältnis von Führung und Herrschaft, Hegemonie und Zwang, *società civile* und *società politica* erfassen will, hat sich bei Foucault die herrschaftliche Einrahmung hegemonialer Praxen rätselhaft verflüchtigt.[143] Die in Aussicht gestellte

141 Vgl. Macpherson 1962, 3, 263ff; 1973, 158, 192ff, 199ff.

142 Gordon erklärt die Distanz des späten Foucault von Marxismus und Anarchismus mit seiner Faszination für den Liberalismus: »Foucault does seem to have been (at least) intrigued by the properties of liberalism as a form of knowledge calculated to limit power« (1991, 47).

143 Bob Jessop interpretiert Foucaults Überlegungen zur Gouvernementalität als Rückkehr zur Makroanalyse, zum Thema der strategischen Kodifizierung von Machttechnologien in einem relativ einheitlichen Herrschaftsmuster und schließlich als Anzeichen

Untersuchung der Verbindung von Herrschafts- und Selbstführungstechniken ist bei der immanenten Darstellung des ideologischen Selbstverständnisses verloren gegangen.

Wer am Kunstwort der Gouvernementalität festhalten will, sollte sich dazu durchringen, aus seiner Doppeldeutigkeit herauszutreten: entweder man verwendet es als Synonym für einen materialistischen Begriff des Ideologischen, mit dem dann auch wirklich das Ensemble der ideologischen Mächte, Rituale und Praxen zu untersuchen wäre, oder man gebraucht es in einem bescheideneren Sinn, der auch dem tatsächlichen forschungspraktischen Einsatz bei Foucault entspricht, nämlich als Führungsstrategie, *soweit* und *wie* sie in Texten reflektiert wird: »reflexives Prisma« (G I, 399) eines hegemonialen Projekts und seiner Führungsprinzipien. Dies würde aber bedeuten, eine solche Textbetrachtung nicht fürs Ganze zu erklären und zur Überwindung von Ideologiekritik und Ideologietheorie aufzublasen.

12.3 Einfühlung in neoliberale Ideologien oder kritische Widerspruchsanalyse?

Damit bin ich bei einem zentralen Problem der »Gouvernementalitäts-Studien« angelangt, das ich im Folgenden exemplarisch am Beispiel von Bröckling (2000; 2002) und Sven Opitz (2004; 2007) behandele: Über weite Strecken erfährt man, was man ohnehin aus Unternehmerstellungnahmen, Managementliteratur, Regierungsverlautbarungen und aus der Mainstreampresse kennt, nämlich dass wir alle bei der Arbeit zur eigenverantwortlichen Initiative aufgerufen sind, die Orientierung am Kunden das A und O der richtigen Arbeitshaltung ist, jeder sein eigener Unternehmer zu sein hat, sich zum »Arbeitskraftunternehmer« oder zur »Ich-AG« transformieren muss usw. Dazwischen werden einige theoretische Foucault-Vokabeln eingeworfen, die ein Stück Distanz schaffen sollen (das pastorale Modell der Menschenführung, die Hermeneutik des Begehrens, der unermüdliche Wille zum Wissen usw.), aber die Auswertung besteht vor allem darin, die Mobilisierung der Selbstführungs-Kapazitäten der Menschen zum Kennzeichen der neoliberalen »Gouvernementalität« zu erklären und damit die Aktivierungsrhetorik der behandelten Texte aus der Managementliteratur theoretisch zu verdoppeln. Man erfährt kaum und allenfalls am Rande etwas davon, welchen Platz und Stellenwert diese höchst ideologischen Texte in der betrieblichen Realität, in den wirklichen Herrschaftsverhältnissen und Führungsmethoden des Neoliberalismus

einer Konvergenz mit Poulantzas' Analyse des kapitalistischen Staates (2004, 100ff). Aber dies übersieht die Einseitigkeit, mit der Foucault den Staat auf einen bloßen »Effekt« von Gouvernementalitäten reduziert hat (G I, 163f, 360, 415; G II, 115).

spielen. Dem Ansatz droht damit »das Schicksal des Schattenboxers, der seinen Gegner nie wirklich zu fassen bekommt« (Reitz/Draheim 2007, 119).

Einige Beispiele mögen veranschaulichen, wie schwer es dem Ansatz fällt, gegenüber der Werbesprache der neoliberalen Management- und Ratgeberliteratur eine analytische Distanz herzustellen. Beim sogenannten »Total Quality Management«, das die Qualitätssicherung auf alle Unternehmensaktivitäten ausdehnen wolle und dabei die Ausrichtung am Kunden an die oberste Stelle setze, sei die Qualität nun vom »Prinzip Vorbeugung« bestimmt, bekomme einen »pro-aktiven« Charakter und eine »präventive Ausrichtung«, meint Bröckling (2000, 136f). Hinter den Glitzerworten verbirgt sich zunächst nichts anderes, als dass man Fehler nicht erst nachträglich zu korrigieren versucht, sondern von vorneherein vermeidet (136). Das ist freilich in dieser Allgemeinheit keine neue Entwicklung, sondern würde auch fürs Fließband gelten. Qualität sei »kein Ziel«, sondern ein »Prozess, der nie zu Ende ist«, »keine Resultante, sondern Aktionsparameter«, zitiert Bröckling (137), aber da hätte er einhaken müssen, denn das ist eine ins Unsinnige überschäumende Phrase: natürlich ist »Qualität« weiterhin *auch* ›Ziel‹ und ›Resultante‹, sonst würden die Kunden das Produkt wieder zurückschicken bzw. die mangelhafte Dienstleistung reklamieren. Da Bröckling meint, die »Ideologiekritik« weit hinter sich gelassen zu haben, verzichtet er darauf, den Missbrauch der Sprache durch eine Werbung aufzudecken, die ihre Produkte in höchsten Tönen als allerneueste, revolutionäre Entwicklung verkauft.[144] Je mehr man einer solchen Werbenummer-Sprache nachgibt, desto schwerer fällt es, das wirklich Neue in der Entwicklung wahrzunehmen.

Bröckling fährt fort: Die Aufforderungen, sich ganz am Kunden zu orientieren, hätten die »Fabrikordnungen des Disziplinarzeitalters« abgelöst, wo es noch auf Pünktlichkeit, Fleiß und Ordnung ankam (137).[145] Ist eine solche Entgegensetzung wirklich tragfähig? Was passiert denn, wenn ein Arbeiter oder Angestellter z.B. zu einem Gesprächstermin mit dem Kunden nicht pünktlich erscheint? Größere Flexibilität und gleitende Arbeitszeit heißen keineswegs, dass die Arbeitsergebnisse nicht präzise zum vorgegebenen (oder vereinbarten) Zeitpunkt abgeliefert werden müssen. Dies lässt sich unmittelbar an den Diskursen selbst ablesen, auch wenn sie

144 Dass Diskursanalyse und Ideologiekritik sich nicht ausschließen, kann man exemplarisch an Frigga Haugs Untersuchung zu Peter Hartz' Subjektivierungsprojekt beobachten, die seine »ruchlose Verwandlung aller Worte in Waren« aufdeckt (2003, 606f).

145 Die neoliberalen Führungstechnologien seien als »*postdisziplinär* zu charakterisieren, da es sich bei ihnen im Sinne von Deleuze um ›Kontrollformen mit freiheitlichem Aussehen‹ [...] handelt«, meint Opitz (2007, 102). Aber dies übersieht, dass auch die ›Disziplin‹, insbesondere in Gestalt der ›Selbstdisziplin‹, ein »freiheitliches Aussehen« annehmen kann.

im Englischen weniger preußisch klingen: Das »*just in time*-Prinzip« der »*lean production*« erklärt die Pünktlichkeit zum absoluten Erfordernis, andernfalls wird sofort der Zulieferer gewechselt. Statt das Zeitalter der Disziplin zur Vergangenheit zu erklären und durch das Zeitalter der Kundenorientierung und Selbstführung zu ersetzen, wäre es besser, die spezifischen Ausformungen der Disziplinanforderungen unter den Bedingungen computerisierter Arbeit zu untersuchen. In diesem Zusammenhang ist es aufschlussreich, dass kritische Untersuchungen zum neoliberalen Management, wie z.B. die von Olaf Petersen (2004), wieder stärker auf Foucaults früheren Begriff der Disziplinarmacht zurückgreifen.

Dass die Subjektivität im tayloristischen Zeitalter nur als eine zu kontrollierende »Störgröße« behandelt wurde, wie Bröckling zustimmend referiert (2004, 142), ist ebenfalls eine irreführende Entgegensetzung.[146] Sie unterschätzt, dass gerade im Fordismus über puritanische Kampagnen, Hygiene- und Moralerziehung sowie die Propagierung kompensatorischer Familienideologien eine äußerst intensive Formung von Subjektivitäten stattgefunden hat (s.o. 5.6) – ein Befund, der sich im Übrigen sehr gut mit Foucaults These einer neuzeitlichen »produktiven« Konstitution des Sexualitätsdispositiv verbinden ließe. Gramsci sprach um 1930 von der »größte[n] (bisher da gewesene[n]) kollektiven Anstrengung, mit unerhörter Geschwindigkeit und einer in der Geschichte nie da gewesenen Zielbewusstheit einen neuen Arbeiter- und Menschentypus zu schaffen« (*Gef* 3, H. 4, §52, 529). Zu untersuchen wäre, was in den Gouvernementalitäts-Studien allenfalls gestreift wird, nämlich wie im Umbruch zur hochtechnologischen Produktionsweise und an den Schaltstellen von Arbeitsweise, Ausbildung, Massenkultur und Ideologie die Erzeugung menschlicher Subjektivitäten neu konfiguriert wird.

Bröckling berichtet vom sogenannten *Kaizen*, der japanischen Bezeichnung für eine kritische Suche nach Verbesserung, bei der die Arbeiter nicht nach dem Schuldigen suchen, sondern sich ohne Moralisierung an eine Diagnose der Fehler machen. »Fehler müssen ohne Angst vor Sanktionen offen gelegt werden können, um ihre Ursachen zu untersuchen und abzustellen.« (144) Dass die Managerliteratur zum Zwecke der Produktionssteigerung auf Elemente einer ›horizontalen‹ Selbstverständigung zurückgreift, ist ideologietheoretisch sicherlich ein interessanter Vorgang. Auch das Internet ist als Netz ›horizontal‹ angelegt und zugleich der Vertikalisierung durch Konzerne ausgesetzt, es ist »anarchisch, und reproduziert doch Herrschaft« (W.F. Haug 2003, 67). Leider verfolgt Bröckling nicht weiter, wie sich solche Anrufungen an den Produktionsverhältnissen brechen: wie soll eine angstfreie Fehlerdiskussion möglich sein, wenn im Kontext

146 Vgl. hierzu Ines Langemeyer, die diese Kritik am Beispiel von Moldaschl entwickelt (2004, 66ff).

von Massenarbeitslosigkeit und Arbeitsplatzunsicherheit jeder persönlich zuschreibbare und aufgedeckte Fehler zum Überlebensrisiko wird? Die Managementliteratur, die ein solches Kaizen vorschlägt, setzt stillschweigend eine Produktionssphäre voraus, in der die Arbeiter und Angestellten ohne Angst vor Degradierung und Entlassung eine »herrschaftsfreie Kommunikation« (Habermas) pflegen können. Praktisch kann dies allenfalls für privilegierte Bereiche der Arbeiterschaft umgesetzt werden, bei denen die Fachkräfte gefragt und damit relativ abgesichert sind.

Die sogenannte 360-Grad-Beurteilung, bei der jede/r sich der (anonymen) Beurteilung aller anderen zu stellen hat, beschreibt Bröckling als »demokratisierten Panoptismus«, ein »nicht-hierarchisches Modell reziproker Sichtbarkeit, bei dem jeder zugleich Beobachter aller anderen und der von allen anderen Beobachtete ist« (152). So kann man freilich allenfalls sprechen, wenn man diese Beurteilungsform zuvor aus den asymmetrischen Machtbeziehungen des Unternehmens herausgebrochen hat. Eine Widerspruchsanalyse würde sich zum einen dafür interessieren, wie ein solcher wechselseitiger Panoptismus für Beförderungen, Versetzungen und ggf. Entlassungen eingesetzt wird, zum anderen, wie die bloße Möglichkeit eines solchen Einsatzes ins Innere der Belegschaft zurückwirkt und Verhaltensweisen fördert, die die Betroffenen gegen ihre eigenen Kooperationsinteressen in Bewegung setzen. In diesem Sinne resümiert Olaf Peterson die Auswirkungen der 360-Grad-Beurteilung: »Die Interaktion mit den Kollegen war von [...] taktischem Verhalten überlagert und verhinderte das Aufbauen freundschaftlicher Beziehungen.« (2004, 141). Die Behauptung einer »Abflachung der panoptischen Asymmetrie« (Opitz 2007, 103) blendet zudem den vertikalen Panoptismus aus, der gestützt auf elektronische Überwachungssysteme weit über das hinausgeht, was Foucault in *Überwachen und Strafen* analysiert hat: Laut der *American Management Association* werden 75% der Mitarbeiter des amerikanischen Privatsektors elektronisch überwacht. Stephen Gill, der dies referiert, behandelt es als eines der Merkmale, die es rechtfertigen, von einem »disziplinären Neoliberalismus« zu sprechen (2003, 22ff, 26).

In dem Bemühen, keine »Ideologiekritik« zu betreiben und sich stattdessen auf die »positiven« Führungstechniken zu konzentrieren, praktizieren die »Gouvernementalitäts-Studien« eine geistesgeschichtlich orientierte, immanent-einfühlende Nacherzählung der Managementprogramme. Da sie diese nicht in ihrem gesellschaftlichen Funktionszusammenhang untersuchen, verzichten sie auf ein methodisches Instrumentarium, das ihnen ermöglichte, in der Managementliteratur zwischen neuen hegemonialen Führungsmustern, Phantasiegebilden und rhetorischem Geschwätz zu unterscheiden. Vor allem reproduzieren sie den Blickwinkel des Managements, der die Geführten vom Standpunkt ihrer Führer aus betrachtet und zugleich die marktvermittelte Herrschaft und Entfremdung hinter Motivationsanreizen und Appellen zur Teamarbeit verschwinden lässt.[147] So meint z.B. Sven Opitz zusammenfassend, alle behandelten Führungstechniken zielten darauf ab, die Kapazitäten der Selbststeuerung zu steigern und favorisierten eine »äußerst lose Kopplung« der Machtrelationen, die »unter keinen Umständen in ein Herrschaftsverhältnis umkippen darf« (2004, 141). Das ist vom Inneren der neoliberalen Ideologie her gesprochen.[148] Ideologietheoretisch würde sich der Blick von außen auf die gesellschaftliche Anordnung richten: die neoliberale Mobilisierung von Selbststeuerungskapazitäten funktioniert im Rahmen spezifischer Herrschaftsverhältnisse, ist von ihnen begrenzt und kann auch in ihrer Funktion nur von ihnen her verstanden werden.

12.4 Eine fatale Gleichsetzung von Subjektivierung und Unterwerfung

Aus der Problemstellung der Gouvernementalitäts-Studien sind nicht nur die Herrschaftstechniken heraus gefallen, deren Verbindung mit den »Selbsttechniken« Foucault thematisiert hatte. Wie Cathren Müller gezeigt hat, sieht es auf Seiten der Selbstführung nicht besser aus: indem man sich auf die Programmschriften der Managementliteratur beschränkt, ohne ihr ›Ankommen‹ bei den Subjekten zu untersuchen, wird die Unterscheidung von Selbstführungs- und Herrschaftstechniken hinfällig (2003, 101f).

Die Nicht-Unterscheidung von Fremd- und Selbstvergesellschaftung hängt nicht zuletzt damit zusammen, dass Bröckling und Opitz sich unter Berufung auf Judith Butler einer Subjekttheorie angeschlossen haben, bei der die Hervorbringung des Subjekts und seine Unterwerfung (*subjectivation* und *subjection/assujettissement*) unmittelbar zusammenfallen.[149] Was Judith Butler als »post-befreiungstheoretische Einsicht« bezeichnet (Butler 2001, 21), ist freilich älteren Datums und stammt aus der lacanschen Psychoanalyse, bei der die Subjektwerdung mit der Unterstellung unter das »Gesetz der Sprache« identifiziert wurde. Wie wir gesehen haben, hat auch Althusser diese Gleichsetzung in seinem Konzept einer überhistorischen »Ideologie im Allgemeinen« übernommen (s.o. 6.4 u. 6.6). Dagegen hat das *Projekt Ideologietheorie* in Anlehnung an die Kritische Psychologie darauf hingewie-

147 Inwieweit der Diskurs integraler Bestandteil einer »ausgehandelten Einbindung« mit substanziellen Mitbestimmungsrechten ist, wie exemplarisch eine Zeitlang im schwedischen Modell des »Kalmarismus« bei Volvo praktiziert, oder bloße ideologische Mobilisierung im Kontext eines »Neotaylorismus«, kann in einer solchen methodischen Beschränkung nicht mehr differenziert werden (vgl. Candeias 2004, 179ff).

148 Opitz lässt sich sogar zu der Stilblüte hinreißen, die Führungskräfte sollten sich »postheroisch« zurückziehen, um »einen Raum herzustellen, in dem die Mitarbeiter ein subjektives Begehren konstituieren können« (2007, 103).

149 Bröckling 2002; Opitz 2004, 81f, 132f.

sen, dass in einer solchen unhistorischen Entgegensetzung von versagender Gesellschaft und bedürftigem Individuum die Ausbildung einer selbstbestimmten Handlungsfähigkeit nicht gedacht werden kann: Althusser unterschiebe allem menschlichen Handeln und Denken eine »ungesellschaftliche Grundstruktur«, die die konkrete Analyse der jeweiligen Handlungsbedingungen durch ein reduktionistisches Verfahren ersetze (PIT 1979, 121ff).

Auch Butler setzt sich mit Althussers Ideologie- und Subjektionstheorie auseinander, schlägt aber eine entgegengesetzte Richtung ein: wenn Althusser die Unterstellung des Subjekts durch eine ideologische »Anrufung« zu erklären versucht, durch die das Subjekt sich wieder erkennt und in der Antwort seine Identität findet, weist sie darauf hin, dass ein solcher Vorgang nur möglich sei, weil es in der Kindheit des Subjekts eine »Gründungsunterwerfung« gibt, ein »vorwegnehmendes Begehren« des Angerufenen, »vom Angesicht der Autorität gesehen zu werden« (2001, 105f). Mit der Akzentuierung eines solchen ursprünglich verankerten Unterwerfungsbegehrens ist die historisch-materialistische Seite der althusserschen Ideologietheorie, ihr Anspruch, die Ideologie von außen nach innen (von den ideologischen Apparaten über die Rituale bis zu den Subjekt-Effekten) zu rekonstruieren, ausgehebelt. Die Unterwerfung ist noch tiefer ins Subjekt selbst geschoben, ohne Berücksichtigung der Gesellschaft, in der es sich herausbildet. Wie schon bei Lacan ist hier eine Ontologisierung von Unterwerfung zu beobachten, bei der ein Zustand frühkindlicher Abhängigkeit essenzialistisch zum Wesenszug des Menschen erklärt wird (vgl. Kaindl 2007a, 146).

Eine solche »anthropologische« Grundannahme hat schwerwiegende Auswirkungen für die Analyse der »Gouvernementalitäts-Studien«: wenn Subjektivität und Unterwerfung ohnehin dasselbe sind, kann man zwischen der Selbstführung der Individuen und ihrer Einspannung in neoliberale Herrschaft schon im Ansatz nicht differenzieren. Dass Foucaults Unterscheidung zwischen Selbsttechnologien und Herrschaftstechnologien forschungspraktisch folgenlos geblieben ist, ist also kein Zufall sondern hat hier seinen systematischen Grund. Damit verliert die Analyse der neoliberalen Führungstechnologien ihren kritischen Stachel: Sie kann nicht mehr festmachen, was man eigentlich untersuchen wollte, nämlich wo und wie die neoliberale Herrschaft emanzipatorische Elemente der Selbstvergesellschaftung der Menschen aufnimmt, entwendet und in ein modernisiertes System der Herrschaft einbaut.

Der Verzicht auf analytische Unterscheidungen geht schließlich auf Kosten eines fundierten Widerstandsbegriffs. So ist Widerstand z. B. bei Sven Opitz nur als »Grenzhaltung«, »Randgang«, »Fluchtlinie« denkbar und tut nicht mehr, als die *techne* der Regierung zu »komplettieren« (2004, 84, 164f). Möglich ist nur, bei der Übernahme des Gouvernements kleine taktische Verschiebungen innerhalb der Macht vorzunehmen. Gewarnt wird v. a. vor der Illusion, eine »globale Alternative zum Bestehenden« formulieren zu können, denn dann wäre man dem utopischen Konzept von Subjektbefreiung verhaftet, vor dem Foucault gewarnt hatte (ebd). Dem entspricht, dass das *Glossar der Gegenwart* meint, Kritik müsse »auf einen ›Standpunkt‹ verzichten und so flexibel werden wie ihre Gegenstände« (Bröckling u. a. 2004, 13). Es ist, als würde die gegenwärtige Ohnmacht der Linken angesichts der hegemonialen Übermacht des Neoliberalismus theoretisch festgeschrieben und verewigt. In einem solchen Ansatz ist von vorneherein undenkbar, dass sich eine Gegenhegemonie von unten bilden könnte, die sich daran macht, die fremd-besetzten Elemente der Selbststeuerung aus der Ideologie des Neoliberalismus wieder herauszulösen, anzueignen und freizusetzen.

12.5 Drei Thesen zur Re-Interpretation der »Gouvernementalitäts-Studien«

Die theoretische Kritik bedeutet nicht, dass die »Gouvernementalitäts-Studien« uninteressant oder wertlos wären. Ihre Stärke besteht darin, dass sie mit ihrem Anliegen, die Management-Literatur nach neuen Führungskonzepten zu durchforsten, einen relevanten Teilbereich neoliberaler Ideologie behandeln. Wie schon bei Foucault besteht ihr methodischer Fehler v. a. darin, dass sie die immanente Nachzeichnung des neoliberalen Selbstverständnisses theoretisch überhöht und zur Alternative von Ideologiekritik und Ideologietheorie erhebt. Erst durch diesen verfehlten Anspruch wird eine u. U. sinnvolle phänographische Begrenzung zu einer systematischen Engführung, die sowohl die Dimensionen der Herrschaft als auch der Selbstführung in einem »post-befreiungstheoretischen« Nebel verschwinden lässt. Die interessante Frage ist also, wie man eine solche Engführung wieder befreiungstheoretisch öffnen könnte.

Wie dies aussehen könnte, möchte ich abschließend in drei Thesen umreißen:

1) Obwohl in den »Gouvernementalitäts-Studien« von »Techniken« und »Technologien« (der Macht oder der Regierung) häufig die Rede ist, wird die technologische Entwicklung der Automationsarbeit und der Computerisierung kaum mit einbezogen. Die in der Managementliteratur vorgeschlagenen neuen Führungstechniken sind mit der neuen Produktionsweise des High-Tech-Kapitalismus zu vermitteln, ohne die sie nicht verstanden werden können. Wenn Gramsci im Zusammenhang mit dem Fordismus von einer »forcierten Ausarbeitung eines neuen Menschentyps« sprach, spezifizierte er dies im Sinne der »psycho-physischen Anpassung an die neue industrielle Struktur« (*Gef* 1, H. 1, §61, 132). Auch die neoliberalen Führungstechnologien sind nicht einfach eine neue ›Konstruktion‹, sondern integraler Teil der Umbrüche in der Produktionsweise. Neu ist u. a., dass die Konkurrenz nun in die einzelnen Betriebsteile hineinschlägt und die Konzerngrenzen von Ware-Geld-Beziehungen durchlöchert werden (W. F. Haug 2003, 75f). Was in den Gouvernementalitäts-Studien als Umstellung auf

»Selbstführung« beschrieben wird, erweist sich dann als eine widersprüchliche Subjektions-Form, bei der die Subjekte als autonome angerufen und zugleich in Subalternität gehalten werden: Selbstverantwortung, aber für fremdes Eigentum, Selbständigkeit als Selbstunterstellung unter die eigene Marktfähigkeit.[150] Zugleich würde deutlicher, wo die vorgeschlagenen Führungstechnologien der Managementliteratur ihren gesellschaftlichen Ort haben, nämlich bei der Arbeitselite qualifizierter Automationsarbeiter.

2) Während die »Gouvernementalitäts-Studien« ein erstaunlich homogenes Modell unterstellen, nach dem die Diskurse der Selbstaktivierung sich nahezu fugenlos über die gesamte Gesellschaft ausbreiten[151], müsste man die neuen Führungstechniken auf die neoliberalen Spaltungen der Gesellschaft beziehen. Wer den ausgezeichneten Film *Bread and Roses* von Ken Loach über die mexikanischen *working poor* in San Francisco sieht oder das Buch *Arbeit Poor* von Barbara Ehrenreich (2003) über die Arbeit im US-amerikanischen Niedriglohnsektor liest, wird dort weniger auf subtile Selbstführungstechniken als auf eine unmittelbare »Despotie des Kapitals« (Marx, K I, 23/669) stoßen, die in Bröcklings Darstellung wie eine längst überholte Vergangenheit erscheint (2000, 139).

Gegenüber der unterstellten Homogenität der neoliberalen Diskursformation wäre zum einen zu untersuchen, wo sich die sozialen Spaltungen auch in den Subjektionsstrategien selbst niederschlagen: positive Motivierung, Sozialintegration, Therapieangebote auf der einen Seite; Aufbau eines riesigen »Prison Industrial Complex«, Überwachung und Polizeikontrolle auf der anderen Seite. Robert Castel sieht im vorausplanenden Management einer solchen Spaltung sogar die Spezifik gegenwärtiger Macht: »the emerging tendency is to assign different social destinies to individuals in line with their varying capacity to live up to the requirements of competitiveness and profitability« (1991, 294).

Zum anderen funktionieren auch ähnliche neoliberale Anrufungen in verschiedenen ›Milieus‹ völlig unterschiedlich oder sogar gegensätzlich: tendenziell identitätsstützend, wenn sie mit einer Arbeitsrealität korrelieren, in der Selbständigkeit und Kreativität von der Arbeitsorganisation her gefordert und unterstützt werden; illusorisch und tendenziell subjektzerstörend, wo es keine wirklichen Handlungsmöglichkeiten gibt und die Anrufungen des *Empowerments* den Effekt haben, die Handlungsunfähigkeit und Wertlosigkeit der Individuen zu bestätigen und festzuschreiben. In diesem Zusammenhang stellt der bei Marginalisierten und Ausgeschlossenen beobachtete »Schicksals-Effekt« (Bourdieu 1997a, 91f) die dunkle Kehrseite der durch neoliberale Anrufungen eigenverantwortlicher

150 Vgl. PAQ 1987, 152ff u. F. Haug 2003, 610f.

151 Z. B. die saloppe Anwendung auf Langzeitarbeitslose, Rosenverkäufer in der Kneipe und Müllaufsammler in Afrika bei Bröckling 2002.

Mobilisierung erzeugten Subjekt-Effekte dar (s. o. 11.5). Hinzu kommt eine Wirkungsweise, die man als »Opium« der Ausgegrenzten charakterisieren könnte: In dem von Wacquant untersuchten Chicagoer Ghetto gaben alle Befragten dieselbe realitätsferne, aber zugleich zumindest teilweise geglaubte Auskunft, sie würden sich in absehbarer Zeit in ein College einschreiben (Wacquant 1997, 182f u. Anm. 6).

3) Und schließlich geht es um eine Öffnung der Gouvernementalitäts-Studien zu einem subjektwissenschaftlichen Ansatz, bei dem das Selbsthandeln der Individuen und ihr Anspruch auf Selbstvergesellschaftung auch theoretisch ernst genommen werden. »Wo Handlungsfähigkeit entsteht, ist nicht immer schon Unterwerfung.« (Langemeyer 2004, 73) Natürlich geht es nicht darum, ein unhistorisch im Inneren der Individuen schlummerndes »gutes« Wesen im Menschen zu beschwören, das nur noch auf seine Befreiung in der klassenlosen und herrschaftsfreien Gesellschaft wartet.[152] Aber emanzipatorische Bewegungen stehen immer wieder neu vor der Aufgabe, Aspekte entfremdeter Vergesellschaftung und solidarischer Selbstbestimmung voneinander zu unterscheiden, nicht ein für alle Male, sondern jeweils im konkreten Kontext. Eine befreiungstheoretisch orientierte Subjektwissenschaft hätte in der Auseinandersetzung mit der Managementliteratur z. B. die Aufgabe, analytisch zu unterscheiden zwischen den emanzipatorischen Potenzialen einer Tendenz zur Individualisierung und einem privategoistischen Besitzindividualismus, auf den der Neoliberalismus das Individualisierungskonzept reduziert.

Nur mit Hilfe solcher immer wieder neu vorzunehmenden Unterscheidungen kann es gelingen, die Anziehungskraft der neoliberalen Ideologie zu durchbrechen und eine Gegenhegemonie von unten aufzubauen.

152 Zur Kritik an Foucaults Polemik gegen Marxens angebliche »Utopie der Vollendung«, vgl. Rehmann 2004a, 84ff.

Literaturverzeichnis

Adorno, Theodor 1973ff: *Gesammelte Schriften*, 20 Bde, hgg. v. R. Tiedemann, Frankfurt/M (zit. GS)

ders., u. Max Horkheimer 1944: *Dialektik der Aufklärung*, in: Adorno, GS 3 (zit. DA)

Aglietta, Michel 2001: *Ein neues Akkumulationsregime. Die Regulationstheorie auf dem Prüfstand*, Hamburg

Althusser, Louis 1965: *Pour Marx*, Paris (zit. PM)

ders., 1968: *Für Marx*, Frankfurt/M (zit. FM)

ders., 1973: »Bemerkungen zu einer Kategorie: ›Prozess ohne Subjekt und ohne Ende/Ziel‹«, in: H. Arens u.a. (Hg.), *Was ist revolutionärer Marxismus?* Hamburg 1973, 89–94

ders., 1974: *Éléments d'autocritique*, Paris

ders., 1975: *Elemente der Selbstkritik*, Berlin/W

ders., 1976: *Freud und Lacan*, Berlin/W

ders., 1977: *Ideologie und Ideologische Staatsapparate* (1970), Hamburg (zit. ISA)

ders., 1978: *Die Krise des Marxismus*, Hamburg-Berlin/W

ders., 1993: *Die Zukunft hat Zeit. Die Tatsachen. Zwei autobiographische Texte*, Frankfurt/M

ders., 1994/1995: *Écrits philosophiques et politiques*, hgg. v. F. Matheron, 2 Bde, Paris (zit. *Ephp* 1 u. 2)

ders., 1995: *Sur la reproduction*, Paris (zit. SLR)

Althusser, Louis u. Étienne Balibar 1971: *Lire le capital 1*, Paris (zit. LLC)

dies., 1972: *Das Kapital lesen*, 2 Bde, a.d. Französischen v. K.-D. Thieme, Hamburg (zit. DKL)

Andresen, Sünne 2001: *Der Preis der Anerkennung. Frauenforscherinnen im Konkurrenzfeld Hochschule*, Münster

Aristoteles: *Nikomachische Ethik*. Übersetzung von Franz Dirlmeier, Stuttgart 2003

ders.: *Politik*, hgg. v. Olof Gigon, Zürich u. München 1955 (zit. *Pol*)

Baratella, Nils u. Jan Rehmann 2005: »Kritik in postkritischen Zeiten. Zu Boltanski/Chiapello, ›Der neue Geist des Kapitalismus‹«, in: *Das Argument* 261, 47. Jg., H. 3, 2005, 376–388

Barck, K. u. B. Burmeister (Hg.) 1977: *Ideologie – Literatur – Kritik. Französische Beiträge zur marxistischen Literaturtheorie*, Berlin/DDR

Barfuss, Thomas 2002: *Konformität und bizarres Bewusstsein. Zur Verallgemeinerung und Veraltung von Lebensweisen in der Kultur des 20. Jahrhunderts*, Hamburg

ders., 2007: »›Schaffe Dir Ironie!‹ Ironische Haltungen in Konsum und Arbeit«, in: Kaindl (Hg.) 2007b, 123–139

Barrett, Michèle 1991: *The Politics of Truth. From Marx to Foucault*, Cambridge

Barry, Andrew, Thomas Osborne und Nikolas Rose (Hg.), 1996: *Foucault and Political Reason. Liberalism, Neo-Liberalism and Rationalities of Government*, Chicago

Barthes, Roland 1964: *Mythen des Alltags*, Frankfurt/M

Baudrillard, Jean 1972: *Pour une critique de l'économie politique du signe*, Paris

ders., 1981: *Simulacres et simulation*, Paris

Bauer, A. u.a. 1974: *Basis und Überbau der Gesellschaft*, Berlin/DDR-Frankfurt/M

Benjamin, Walter, *Gesammelte Schriften*, 7 Bde, hgg. v. R. Tiedemann u. H. Schweppenhäuser, Frankfurt/M, 1972–1989 (zit. GS)

ders., 1921: *Kapitalismus als Religion*, in: Gesammelte Schriften, 7 Bde, hgg. v. R. Tiedemann u. H. Schweppenhäuser, Bd. VII.2, Frankfurt/M (zit. GS VII/2)

Bernstein, Eduard 1899: *Die Voraussetzungen des Sozialismus und die Aufgaben der Sozialdemokratie*, Stuttgart

Bieling, Hans-Jürgen 2007: »Die Konstitutionalisierung der Weltwirtschaft als Prozess hegemonialer Verstaatlichung – Staatstheoretische Reflexionen aus der Perspektive einer neogramscianischen Internationalen Politischen Ökonomie«, in: Buckel/Fischer-Lescano (Hg.) 2007, 143–160

Bischoff, Joachim 2003a: *Entfesselter Kapitalismus. Transformation des europäischen Sozialmodells*, Hamburg

ders., 2003b: »Neoliberalismus als Religion?«, in: *Sozialismus* Supplement, H. 12, Hamburg

Bloch, Ernst: *Gesamtausgabe*, 16 Bde, Frankfurt/M 1969–1976 Erg. Bd. 1978 (zit. GA)

ders., 1935: *Erbschaft dieser Zeit*, in: GA 4

ders., 1950: »Über Fiktion und Hypothese«, in: GA 10, 21–26

ders., 1956: »Freiheit, ihre Schichtung und ihr Verhältnis zur Wahrheit«. Vortrag zur Eröffnung einer Tagung in der Deutschen Akademie der Wissenschaften, Berlin, März 1956, in: GA 10, 573–598

ders., 1959 (1938–47): *Das Prinzip Hoffnung*, in: GA 5

Böhm, C. 1993: »Egalitarian Behavior and Reserve Dominance Hierarchy«, in: *Current Anthropology*, Vol. 34, Nr. 3, 227–54

Böhmler, Daniela u. Peter Scheiffle 2005: »Überlebenskunst in einer Kultur der Selbstverwertung«, in: Schultheis/Schulz (Hg.) 2005, 422–445

Boer, Dick 2004: Artikel »Imaginäres«, in: HKWM 6/I, 787–798

Bollinger, Stefan 2001: Artikel »geschichtlicher Block«, in: HKWM 5, 440–448

Bollinger, Stefan u. Juha Koivisto 2001: Artikel »Hegemonieapparat«, in: HKWM 5, 1258–1270

Boltanski, Luc u. Ève Chiapello 2003: *Der neue Geist des Kapitalismus*, aus d. Franz. v. Michael Tillmann, Konstanz

Bourdieu, Pierre 1974: *Zur Soziologie der symbolischen Formen* (frz. 1970), Frankfurt/M

ders., 1982: *Die feinen Unterschiede. Kritik der gesellschaftlichen Urteilskraft* (frz. 1979), Frankfurt/M

ders., 1984: *Homo academicus*, Paris

ders., 1985: *Sozialer Raum und ›Klassen‹. Leçon sur la leçon. Zwei Vorlesungen*, Frankfurt/M

ders., 1987: *Sozialer Sinn. Kritik der theoretischen Vernunft* (frz. 1980), Frankfurt/M

ders., 1988: *Die politische Ontologie Martin Heideggers*, Frankfurt/M

ders., 1990: *Was heißt sprechen? Die Ökonomie des sprachlichen Tausches*, a. d. Frz. v. H. Beister, Wien

ders., 1996: *Sur la télévision*, Paris

ders., u.a. (Hg.) 1997a: *Das Elend der Welt. Zeugnisse und Diagnosen alltäglichen Leidens an der Gesellschaft* (1993), Konstanz

ders., 1997b: »Die männliche Herrschaft« (1990), in: Dölling/Krais (Hg.) 1997, 153–217 ders., 1998a: *Praktische Vernunft. Zur Theorie des Handelns* (frz. 1994), Frankfurt/M

ders., 1998b: *Gegenfeuer. Wortmeldungen im Dienste des Widerstands gegen die neoliberale Invasion*, Konstanz

ders., 2000: *Das religiöse Feld. Texte zur Ökonomie des Heilsgeschehens* (frz. 1971), Konstanz

ders., 2001: *Meditationen. Zur Kritik der scholastischen Vernunft* (frz. 1997), Frankfurt/M.

ders., 2002: »Für eine neue europäische Aufklärung«, in: *Utopie kreativ*, H. 139 (Mai 2002), 389–397

ders., 2005: *Die verborgenen Mechanismen der Macht*, Hamburg

Bourdieu, Pierre u. J.C. Passeron 1973: *Grundlagen einer Theorie der symbolischen Gewalt*, Frankfurt/M

Bourdieu, Pierre u. Terry Eagleton 1994: »Doxa and Common Life: An Interview«, in: Žižek, Slavoj (Hg.) 1994, 265–277

Bourdieu, Pierre u. Loïc J.D.Wacquant 1996: *Reflexive Anthropologie* (frz. 1992), Frankfurt/M

Brand, Ulrich 2007: »Die Internationalisierung des Staates als Rekonstitution von Hegemonie. Zur staatstheoretischen Erweiterung Gramscis«, in: Buckel/Fischer-Lescano (Hg.) 2007, 161–180

Brie, Michael u. Dieter Klein 2005: *Der Kampf für ein soziales und demokratisches Europa – Hegemonie und Einstiegsprojekte. Thesen zur Diskussion*, Broschüre der Rosa-Luxemburg-Stiftung (http://www.rosalux.de/cms/index.php?id=10609)

Bröckling, Ulrich 2000: »Totale Mobilmachung. Menschenführung im Qualitäts- und Selbstmanagement«, in: Bröckling/Krasmann/Lemke (Hg.) 2000, 131–67

ders., 2002: »Jeder könnte, aber nicht alle können. Konturen des unternehmerischen Selbst«, in: *Mittelweg 36*, 11. Jg., 2002, H. 4 (z.n. www.eurozine.com/article/2002-10-02-broeckling-de.html)

ders., Susanne Krasmann und Thomas Lemke (Hg.), 2000: *Gouvernementalität der Gegenwart. Studien zur Ökonomisierung des Sozialen*, Frankfurt/M

dies., (Hg.) 2004: *Glossar der Gegenwart*, Frankfurt/M

Buci-Glucksmann, Christine 1981: *Gramsci und der Staat*, Köln

dies., 1985, Artikel »Hegemonie«, in: KWM 3, 1985, 475–81

Buci-Glucksmann, Christine u. Göran Therborn 1982: *Der sozialdemokratische Staat. Die ›Keynesianisierung‹ der Gesellschaft*, Hamburg

Buckel, Sonja u. Andreas Fischer-Lescano (Hg.) 2007: *Hegemonie gepanzert mit Zwang. Zivilgesellschaft und Politik im Staatsverständnis Antonio Gramscis*, Baden-Baden

Buhr, Manfred u. Georg Klaus (Hg.) 1974: *Philosophisches Wörterbuch*, 2 Bde, Leipzig

Burchell, Graham, Colin Gordon und Peter Miller (Hg.) 1991: *The Foucault Effect. Studies in Governmentality*, Chicago

Butler, Judith 2001: *Psyche der Macht. Das Subjekt der Unterwerfung* (1997), Frankfurt/M

Candeias, Mario 2004: *Neoliberalismus – Hochtechnologie – Hegemonie. Grundrisse einer transnationalen kapitalistischen Produktions- und Lebensweise. Eine Kritik*, Hamburg

ders., 2007a: »Das ›unmögliche‹ Prekariat. Antwort auf Wacquant«, in: *Das Argument* 271, 49. Jg., H. 3/2007, 410–423

ders., 2007b: »Konjunkturen des Neoliberalismus«, in: Kaindl 2007b, 9–17

Castel, Robert 1991: »From Dangerousness to Risk«, in: Burchell, G. u.a. (Hg.), 1991, 281–298

ders., 2000: *Die Metamorphosen der sozialen Frage. Eine Chronik der Lohnarbeit* (frz. 1995), Konstanz

Castel, Robert, Françoise Castel, Anne Lovell 1982: *The Psychiatric Society*, New York

Clastres, Pierre 1976: *Staatsfeinde. Studien zur politischen Anthropologie*, Frankfurt/M

Corpus. Revue de philosophie 26/27: A. L. C. Destutt de Tracy et l'idéologie, Paris 1994 (zit. *Corpus 26/27*)

Coward, Rosalind u. John Ellis: *Language and Materialism. Developments in Semiology and the Theory of the Subject*, London 1977

Crampe-Casnabet, M. 1994: »Du système à la Méthode: Destutt de Tracy, observateur lointain de Kant«, in: *Corpus 26/27*, 75–89

Dannemann, Rüdiger 1987: *Das Prinzip Verdinglichung. Studie zur Philosophie Georg Lukács'*, Frankfurt/M

ders., 2005: *Georg* Lukács. *Eine Einführung*, Wiesbaden

ders., 2008: Artikel »Klassenbewusstsein II«, in: HKWM 7/I, 792–802

Davis, Mike 2004: »The Urbanization of Empire. Megacities and the Laws of Chaos«, in: *Social Text*, Volume 22, No. 4, Winter 2004, 9–15 (http://muse.jhu.edu/journals/social_text/v022/22.4davis.html)

ders., 2006: *The Planet of Slums*, London, New York

Dean, Mitchell 1999: *Governmentality. Power and Rule in Modern Society*, London

Demirovic´ , Alex 2007: »Politische Gesellschaft – zivile Gesellschaft. Zur Theorie des integralen Staats bei Antonio Gramsci«, in: Buckel/Fischer-Lescano (Hg.) 2007, 21–41

Deneys, H. 1994: »Le crépuscule de l'idéologie: sur le destin de la philosophie ›idéologiste‹ de Destutt de Tracy«, in: *Corpus 26/27*, 1994, 199–232

Derrida, Jacques 1990: »Semiologie und Grammatologie. Gespräch mit Julia Kristeva«, in: Engelmann, Peter (Hg.) 1990: *Postmoderne und Dekonstruktion. Texte französischer Philosophen der Gegenwart*, Stuttgart, 140–164

Desai, Ashwin 2002: *We are the Poors. Community Struggles in Post-Apartheid South Africa*, New York

Destutt de Tracy, A. L. C. 1798: »Mémoire sur la faculté de penser«, in: *Mémoires de l'Institut National des sciences et des arts pour l'an IV de la république, Sciences morales et politiques*, t. I, Paris, thermidor an VI – août 1798, 283–450 (zit. *Mémoire*)

ders., 1801: *Projet d'Éléments d'Idéologie à l'usage des Écoles Centrales de la République française*, Paris

ders., 1977: *Éléments d'idéologie*, Paris 1801–1815, Reprint, 5 Bde., Stuttgart

Dews, Peter 1987: *Logics of Disintegration*, London

Diamond, Sara 1995: *Roads to Dominion. Right Wing-Movements and Political Power in the United States*, New York, London

Dold, H. 1979: »Zum Charakter der ideologischen Verhältnisse«, in: *Deutsche Zeitschrift für Philosophie*, 27. Jg., 1979, H. 6, Berlin/DDR, 742–47

Dölling, Irene 2001: Artikel »Habitus«, in: HKWM 5, 1105–1114

Dölling, Irene u. B. Krais (Hg.) 1997: *Ein alltägliches Spiel. Geschlechterkonstruktion in der sozialen Praxis*, Frankfurt/M

Dörre, Klaus 2007: »Prekäre Klassengesellschaft? Zur Strukturierung und Verarbeitung sozialer Ungleichheit im Finanz-Kapitalismus«, in: : Kaindl 2007b, 19–47

Dreyfus, Hubert L. u. Paul Rabinow 1983: *Michel Foucault. Beyond Structuralism and Hermeneutics*. 2. A., Chicago

Eagleton, Terry 1990: *The Ideology of the Aesthetic*, Oxford

ders., 1996: *The Illusions of Postmodernism*, Oxford

ders., 2000: *Ideologie. Eine Einführung*, Stuttgart-Weimar

Ehrenreich, Barbara 2003 (2001): *Arbeit poor. Unterwegs in der Dienstleistungsgesellschaft*, Reinbek bei Hamburg

Elliot, Gregory 1987: *Althusser: the Detour of Theory*, London

Fairclough, Norman 1992: *Discourse and Social Change*, Cambridge

Feuerbach, Ludwig 1841: *Das Wesen des Christentums*, in: *Werke in sechs Bänden*, hgg. v. E. Thies, Bd. 5, Frankfurt/M 1975 (zit. W 5)

Fiori, Giuseppe 1979: *Das Leben des Antonio Gramsci. Biographie*, Berlin

Foucault, Michel 1971: *Die Ordnung der Dinge. Eine Archäologie der Humanwissenschaften* (frz. 1966), Frankfurt/M

ders., 1973: *Archäologie des Wissens* (frz. 1969), Frankfurt/M

ders., 1976: *Überwachen und Strafen. Die Geburt des Gefängnisses* (frz. 1975), Frankfurt/M

ders., 1983: *Der Wille zum Wissen. Sexualität und Wahrheit 1* (frz. 1976), Frankfurt/M

ders., 1987: »Nietzsche, die Genealogie, die Historie« (frz. 1971), in: ders. 1987, *Von der Subversion des Wissens*, Frankfurt/M, 69–90

ders., 2001: *Dits et écrits 1954–1988*, (zweibändige Ausgabe), Paris (zit. DE I–II)

ders., 2004a: *Geschichte der Gouvernementalität*, Band I: *Sicherheit, Territorium, Bevölkerung. Vorlesung am Collège de France 1977–1978*, hgg. v. Michel Sennelart, aus dem Französischen von C. Brede-Konersmann und J. Schröder, Frankfurt/M (zit. G I)

ders., 2004b: *Geschichte der Gouvernementalität*, Band II: *Die Geburt der Biopolitik. Vorlesung am Collège de France 1978–1979*, hgg. v. Michel Sennelart, aus dem Französischen von J. Schröder, Frankfurt/M, 2004 (zit. G II)

Frank, Manfred 1983: *Was ist Neostrukturalismus?* Frankfurt/M

Frank, Thomas 2004a: *What's the Matter with Kansas? How Conservatives Won the Heart of America*, New York

ders., 2004b: »Amerikanische Depesche«, in: *Das Argument* 257, 46. Jg., H. 5/2004, 641–644

Fraser, Nancy 1994 (1989): *Widerspenstige Praktiken. Macht, Diskurs, Geschlecht*, Frankfurt/M

dies., 2001 (1997): *Die halbierte Gerechtigkeit. Schlüsselbegriffe des postindustriellen Sozialstaats*, Frankfurt/M

Freud, Sigmund, *Gesammelte Werke. Chronologisch geordnet*, Bd. 1–17, hgg. v. Anna Freud u. a., London 1940–1952 Nachtragsband, hgg. v. A. Richards, Frankfurt/M, 1987 (zit. GW)

ders., *Studienausgabe*, hgg. v. A. Mitscherlich, A. Richards, J. Strachey, Frankfurt/M 1987 (zit. SW)

Gamble, Andrew 1996: *Hayek. The Iron Cage of Liberty*, Cambridge

Gebauer, Gunter u. Chistoph Wulf (Hg.) 1993: *Praxis und Ästhetik. Neue Perspektiven im Denken Pierre Bourdieus*, Frankfurt/M

Gilens, Martin 2003: »How the Poor Became Black. The Racialization of American Poverty in the Mass Media«, in: Schram, Sanford F., Joe Soss u. Richard C. Fording (Hg.) 2003: *Race and the Politics of Welfare Reform*, Ann Arbor, 101–130

Gill, Stephen, 1995: »Globalisation, Market Civilisation, and Disciplinary Neoliberalism«, in: *Millennium* 23 (3), 399–423

ders., 2003: »Vormachtstellung und Überwachungsgewalt im globalen Kapitalismus«, in: *Argument* 249, 45. Jg., 2003, H. 1, 21–33

Goetz, Rose 1993: *Destutt de Tracy. Philosophie du langage et science de l'homme*, Genf

dies., 1994: »Destutt de Tracy et le problème de la liberté«, in: *Corpus 26/27*, 1994, 57–74

Gordon, Colin 1991: »Governmental Rationality: An Introduction«, in: Burchell, G. u. a. (Hg.), 1991, 1–51

Gramsci, Antonio 1955: *Die süditalienische Frage. Beiträge zur Geschichte der Einigung Italiens*, übersetzt von Erich Salewski, Berlin/DDR (zit. *Südfrage*)

ders., 1971: *Costruzione del Partito comunista* (1923–26), Torino (zit.: *CPC*)

ders., 1975: *Quaderni del carcere*, 4 Bände, kritische Ausgabe des Gramsci-Instituts, hgg. von V. Gerratana, Torino (zit. Q)

ders., 1991ff: *Gefängnishefte. Kritische Gesamtausgabe auf Grundlage der im Auftrag des Gramsci-Instituts besorgten Edition von V.* Gerratana (1975), hgg. v. Deutschen Gramsci-Projekt unter wissenschaftlicher Leitung von K. Bochmann, W. F. Haug u. P. Jehle, Hamburg (zit. *Gef*)

Habermas, Jürgen 1962: *Strukturwandel der Öffentlichkeit*, Neuwied

ders., 1963: *Theorie und Praxis. Sozialphilosophische Studien*, Neuwied und Berlin

ders., 1968: *Technik und Wissenschaft als ›Ideologie‹*, Frankfurt/M

ders., 1981: *Theorie des kommunikativen Handelns*, 2. Bde., Frankfurt/M (zit. 1981 a/b)

ders., 1985: *Der philosophische Diskurs der Moderne. Zwölf Vorlesungen*, Frankfurt/M

Habermas, Jürgen u. Niklas Luhmann 1971: *Theorie der Gesellschaft oder Sozialtechnologie – was leistet Systemforschung?* Frankfurt/M

Hahn, Erich 1974: *Materialistische Dialektik und Klassenbewusstsein*, Berlin/DDR-Frankfurt/M

ders., 2000: »Ideologiebegriffe gestern und heute«, in: *Sitzungsberichte der Leibniz-Sozietät*, Bd. 37, Jg. 2000, H. 2, 57–64

ders., 2005: »Probleme der Ideologiekritik unter den Bedingungen des Neoliberalismus«, in: *Junge Welt*, 16. Juli 2005

ders., 2007: »Alte und neue Probleme der Ideologietheorie«, in: Eichhorn, Wolfgang u. Wolfgang Küttler (Hg.), *Was ist Geschichte? Aktuelle Entwicklungstendenzen von Geschichtsphilosophie und Geschichtswissenschaft*, Berlin 2007, 77–98

Hall, Stuart 1981: »Notes on Deconstructing the Popular«, in: Samuel, R. 1981: *People's History and Socialist Theory*, London, Boston, 227–40

ders., 1984: »Ideologie und Ökonomie – Marxismus ohne Gewähr«, in: PIT 1984, 97–121

ders., 1989: »Der Thatcherismus und die Theoretiker«, in: ders., *Ausgewählte Schriften*, hgg. von N. Raethzel, Berlin/W 1989, 172–206 ders., 1993: »Encoding, Decoding«, in: *The Cultural Studies Reader*, hgg. v. S. During, London-New York 1993, 507–17

ders., 1996: *Critical Dialogues in Cultural Studies,* hgg. v. D. Morley u. Kuan-Hsing Chen, London, New York

ders., 2004: »New Labours doppelte Kehrtwende«, in: *Das Argument* 256, 46. Jg., H. 3/4, 2004, 483–493

Hänninen, Sakari u. Lena Paldán (Hg.) 1983: *Rethinking Ideology: A Marxist Debate*, Berlin/W

Hartz, Peter 2001: *Job Revolution. Wie wir neue Arbeitsplätze gewinnen können*, Frankfurt/M

Harvey, David 1990: *The Condition of Postmodernity*, Cambridge (USA), Oxford (UK)

ders., 2003: *The New Imperialism*, Oxford, New York

ders., 2005: *A Brief History of Neoliberalism*, Oxford

Hauck, Gerhard 1992: *Einführung in die Ideologiekritik. Bürgerliches Bewusstsein in Klassik, Moderne und Postmoderne*, Hamburg

ders., 1995: »Ideologie und Wahrheit. Anmerkungen zu W. F. Haugs Ideologietheorie«, in: *Das Argument* 211, 37. Jg., 1995, H. 5, 717–20

Haude, Rüdiger u. Thomas Wagner 1998: »Herrschaft oder Macht. Begriffsstrategien um herrschaftsfreie Gesellschaften«, in: *Das Argument* 225, 40. Jg., Heft 3, 1998, 371–383

dies., 2004: Artikel »herrschaftsfreie Gesellschaften«, in: HKWM 6/I, 135–161

Haug, Frigga 1980: »Opfer oder Täter: Über das Verhalten von Frauen«, in: *Das Argument* 123, 22. Jg., 1980, H. 5, 643–49

dies., 1983: »Die Moral ist zweigeschlechtlich wie der Mensch«, in: *Das Argument* 141, 25. Jg., 1983, H. 5, 653–73

dies., 1994, Artikel »Alltagsforschung«, in: HKWM 1, 150–162

dies., 2000: »Globale Umbrüche und Geschlechterverhältnisse«, in: Rosa-Luxemburg-Stiftung (Hg.), *Globalisierung und Geschlecht. Anforderungen an feministische Perspektiven und Strategien.* Werkstattgespräch, Berlin 2000, 68–81

dies., 2001: Artikel »Geschlechterverhältnisse«, in: HKWM 5, 493–531

dies., 2003: »›Schaffen wir einen neuen Menschentyp‹. Von Henry Ford zu Peter Hartz«, in: *Das Argument 252*, 45. Jg., H. 4/5, 2003, 606–617

dies., 2007, *Rosa Luxemburg und die Kunst der Politik*, Hamburg

Haug, Wolfgang Fritz 1971: *Kritik der Warenästhetik*, Frankfurt/M

ders., 1980: *Warenästhetik und kapitalistische Massenkultur (I). ›Werbung‹ und ›Konsum‹. Systematische Einführung in die Warenästhetik*, Berlin

ders., 1984: »Die Camera obscura des Bewusstseins. Zur Kritik der Subjekt/Objekt-Artikulation im Marxismus«, in: PIT 1984, 9–95

ders., 1985: *Pluraler Marxismus*, Bd. 1, Berlin/W

ders., 1986: *Die Faschisierung des bürgerlichen Subjekts. Die Ideologie der gesunden Normalität und die Ausrottungspolitiken im deutschen Faschismus. Materialanalysen*, Hamburg

ders. (Hg.), 1989: *Deutsche Philosophen 1933*, Hamburg

ders., 1993: *Elemente einer Theorie des Ideologischen*, Hamburg

ders., 1999a: Artikel »Fiktionalismus«, in: HKWM 4, 449–463

ders., 1999b: *Politisch richtig oder Richtig politisch. Linke Politik im transnationalen High-Tech-Kapitalismus*, Hamburg ders., 2002: »Eine Welt, in der viele Welten Platz haben. Zum Historisch-Kritischen Wörterbuch des Marxismus«, in: *Sitzungsberichte der Leibniz-Sozietät*, Bd. 47, Jg. 2001, H. 4, Berlin 2002, 77–92 (zit. n. der Internet-Ausgabe http://www.wolfgangfritzhaug.inkrit.de/documents/HKWMLEIB2001.pdf)

ders., 2003: *High-Tech-Kapitalismus. Analysen zur Produktionsweise, Arbeit, Sexualität, Krieg und Hegemonie*, Hamburg

ders., 2004: Artikel »Hegemonie«, in: HKWM 6/I, 1–25

ders., 2005: *Vorlesungen zur Einführung ins »Kapital«* (1974), Neufassung von 2005, Hamburg

ders., 2006a: *Philosophieren mit Brecht und Gramsci* (1996), Hamburg

ders., 2006b: *Neue Vorlesungen zur Einführung ins »Kapital«*, Hamburg

Hayek, Friedrich A. 1960: *The Constitution of Liberty*, Chicago

ders., 1981: *Recht, Gesetzgebung und Freiheit;* Bd. 2: *Die Illusion der sozialen Gerechtigkeit. Eine neue Darstellung der liberalen Prinzipien der Gerechtigkeit und der politischen Ökonomie;* Bd. 3: *Die Verfassung einer Gesellschaft freier Menschen*, Landsberg/Lech (zit. 1981a u. 1981b)

ders., 1994 (1944): *Der Weg zur Knechtschaft.* Neuausgabe mit einem Vorwort von Otto Graf Lambsdorff, München

Hennessy, Rosemary 2000: *Profit and Pleasure. Sexual Identities in Late Capitalism*, New York, London

Herkommer, Sebastian 1985: *Einführung Ideologie*, Hamburg

ders., 2004: *Metamorphosen der Ideologie. Zur Analyse des Neoliberalismus durch Pierre Bourdieu und aus marxistischer Perspektive*, Hamburg

Heuer, Uwe-Jens 2007: *Marxismus und Glauben*, Hamburg

Hirst, Paul 1979: *On Law and Ideology*, London

HKWM 1994ff = *Historisch-Kritisches Wörterbuch des Marxismus*, hgg. v. W. F. Haug u. P. Jehle, Hamburg

Holzkamp, Klaus 1983: *Grundlegung der Psychologie*, Frankfurt/M, New York

ders., 1995: »Alltägliche Lebensführung als subjektwissenschaftliches Grundkonzept«, in: *Das Argument* 212, 37. Jg., H. 6, Nov/Dez 1995, 817–846

Holzkamp-Osterkamp, Ute 1976: *Grundlagen der psychologischen Motivationsforschung 2: Die Besonderheit menschlicher Bedürfnisse – Problematik und Erkenntnisgehalt der Psychoanalyse*, Frankfurt/M u. New York

Honneth, Axel 1985: *Kritik der Macht. Reflexionsstufen einer kritischen Gesellschaftstheorie*, Frankfurt/M

Horkheimer, Max 1985 (1947): *Zur Kritik der instrumentellen Vernunft.* Aus den Vorträgen und Aufzeichnungen seit Kriegsende, hgg. v. Alfred Schmidt, Frankfurt/M

Huws, Ursula 2000: »Der Mythos der Weightless Economy«, in: *Das Argument* 238, 42. Jg., H. 5/6, 2000, 646–60

Huyssen, Andreas 1993: »Postmoderne – eine amerikanische Internationale?«, in: Huyssen/Scherpe (Hg.), 1993, 13–44

Huyssen, Andreas u. Klaus Scherpe (Hg.) 1993: *Postmoderne. Zeichen eines kulturellen Wandels*, Reinbek

IfS = Institut für Sozialforschung) (Hg.) 1954: *Soziologische Exkurse. Nach Vorträgen und Diskussionen*, Frankfurt/M

James, Joy 1996: *Resisting State Violence. Radicalism, Gender, and Race in U.S. Culture*, Minneapolis

Jameson, Frederic 1991: *Postmodernism, or, the Cultural Logic of Late Capitalism*, Durham

ders., 1993: »Postmoderne – zur Logik der Kultur im Spätkapitalismus«, in: Huyssen/Scherpe (Hg.) 1993, 45–102

Jehle, Peter 1994a: Artikel »Alltag«, in: HKWM 1, 144–150

ders., 1994b: Artikel »Alltagsverstand«, in: HKWM 1, 162–167

ders., 1996: *Werner Krauss und die Romanistik im NS-Staat*, Hamburg-Berlin

ders., 2001: Artikel »Gesunder Menschenverstand«, in: HKWM 5, 680–693

ders., 2004: Artikel »Irrationalismus«, in: HKWM 6/II, 1531–1542

Jena, D. 1989: *G.W.Plechanow. Historisch-politische Biographie*, Berlin/DDR

Jessop, Bob 2004: »Pouvoir et stratégies chez Poulantzas et Foucault«, in: *Actuel Marx*, 36, 2004, 89–108

ders., 2007: »Althusser, Poulantzas, Buci-Glucksmann – Weiterentwicklungen von Gramscis Konzept des integralen Staats«, in: Buckel/Fischer-Lescano (Hg.) 2007, 43–65

Jones, Paul 2004: *Raymond Williams' Sociology of Culture. A Critical Reconstruction*, Houndsmill

Kahl, Brigitte 2002: »Reading Luke against Luke. Non-Uniformity of Text, Hermeneutics of Conspiracy, and the ›Scriptural Principle‹ in Lk 1«, in: A.-J.Levine (Hg.), 2002: *A Feminist Companion to Luke*, Sheffield, 70–88

Kaindl, Christina 2005: »›Du musst ihn fühlen, den Scheiß!‹. Zu Big Brother und Popstars«, in: *Argument 261*, 47. Jg., H. 3/2005, 347–360

dies., 2007a: »Frei sein, dabei sein: Subjekte im High-Tech-Kapitalismus«, in: Kaindl, Christina (Hg.) 2007b, 143–163

dies., (Hg.) 2007b: *Subjekte im Neoliberalismus*, Marburg

Kammler, Jörg 1974: *Politische Theorie von Georg Lukács. Struktur und historischer Praxisbezug bis 1929*, Darmstadt-Neuwied

Kausch, M. 1988: *Kulturindustrie und Populärkultur. Kritische Theorie der Massenmedien*, Frankfurt/M

Kautsky, Karl 1906: *Ethik und materialistische Geschichtsauffassung. Ein Versuch*, Stuttgart

Kennedy, E. 1978: *A Philosophe in the Age of Revolution. Destutt de Tracy and the Origins of »Ideology«*, Philadelphia

ders., 1994: »Aux origines de l'idéologie«, in: *Corpus 26/27*, 1994, 11–32

Klein, Naomi 2000: *No Logo! Der Kampf der Global Players um Marktmacht. Ein Spiel mit vielen Verlierern und wenigen Gewinnern*, Sonthofen

dies., 2007a: »Disaster Capitalism. The new economy of catastrophe«, in: *Harper's Magazine*, October 2007, 47–58

dies., 2007b: *The Shock Doctrine. The Rise of Disaster Capitalism*, New York

Klingenberg, E. 2001: »L'obsession sécuritaire«, in: *Le Monde diplomatique*, Feb. 2001

Koivisto, Juha u. V. Pietilä 1993: »Der umstrittene Ideologiebegriff. W. F. Haugs Theorie des Ideologischen im Vergleich«, in: Haug 1993, 233–46

Korsch, Karl 1923/1966: *Marxismus und Philosophie*, hgg. v. Erich Gerlach, Frankfurt/M, Wien

Krais, Beate 1993: »Geschlechterverhältnis und symbolische Gewalt«, in: Gebauer/Wulf (Hg.), 1993, 208–250

dies., 2004: »Habitus und soziale Praxis«, in: Steinrücke, Margareta (Hg.) 2004: *Pierre Bourdieu. Politisches Forschen, Denken und Eingreifen*, Hamburg, 91–106

Krais, Beate u. Gunter Gebauer 2002: *Habitus*, Bielefeld

Kröll, Tobias u. Volker Löffler 2004: »Exklusionsmanagement: Soziale Arbeit im Neoliberalismus«, in: *Das Argument 256*, 46. Jg., H. 3/4, 2000, 534–541

Kühnl, Reinhard 1971: *Formen bürgerlicher Herrschaft. Liberalismus-Faschismus*, Reinbek

ders., 1979: *Faschismustheorien. Texte zur Faschismusdiskussion 2. Ein Leitfaden*, Reinbek

KWM = *Kritisches Wörterbuch des Marxismus*, 8 Bde, hgg. v. G. Labica u. G. Bensussan, dt. Fassung hgg. v. W. F. Haug, Berlin/W-Hamburg 1983–1989 (Dictionnaire critique du marxisme, Paris 1982)

Labica, Georges 1986: *Der Marxismus-Leninismus. Elemente einer Kritik*, Hamburg

Labriola, Antonio 1974: »Über den Historischen Materialismus – Präliminarien« (1896), in: ders., 1974: *Über den Historischen Materialismus*, hgg. v. C. Pozzoli u. A. Ascheri-Osterlow, Frankfurt/M, 73–138

Lacan, Jacques 1949: »Das Spiegelstadium als Bildner der Ichfunktion, wie sie uns in der psychoanalytischen Erfahrung erscheint«, in: ders., *Schriften* 1, 61–70

ders., 1966/1971: *Écrits 1 et 2*, Paris (zit. *É*)

ders., 1991ff: *Schriften*, Bde. 1 u. 2, Weinheim, Berlin (zit. S)

Laclau, Ernesto 1979: »Faschismus und Ideologie«, in: *Argument* 117, 21. Jg., 1979, H. 5, 667–77

ders., 1981a: *Politik und Ideologie im Marxismus. Kapitalismus-Faschismus-Populismus*, a. d. Engl. V. G.Schmahl u. E.Volker, Berlin/W

ders., 1981b: »La politique comme construction de l'impensable«, in: *Matérialités discursives*, Lille 1981, 65–74

Laclau, Ernesto u. Chantal Mouffe 1991: *Hegemonie und radikale Demokratie*, hgg. u. übers. v. M. Hintz u. G. Vorwallner, Wien

Langemeyer, Ines 1995: »Einflüsse Kurt Lewins und der modernen Physik auf Bertolt Brecht« (http://www-user.tu-cottbus.de/~lanines/Langemeyer_BrechtLewin.pdf)

dies., 2004: »Subjektivität und kollektive Erfahrung. Subjektivierung als Machtinstrument im Produktionsprozess«, in: *Widerspruch. Beiträge zu sozialistischer Politik*, 46, 24. Jg., 1. Halbjahr 2004, 65–78

Laplanche, J. u. J.-B. Pontalis 1999 (1967): *Das Vokabular der Psychoanalyse*, Frankfurt/M

Larrain, Jorges 1979: *The Concept of Ideology*, Athens

ders., »Ideology«, in: Bottomore, Tom (Hg.) 1983: *A Dictionary of Marxist Thought*, Oxford, 249–52

ders., 1994: *Ideology and Cultural Identity. Modernity and the Third World Presence*, Cambridge/USA

Laugstien, Thomas 1990: *Philosophieverhältnisse im deutschen Faschismus*, Hamburg

ders., 1995: Artikel »Diskursanalyse«, in: HKWM 2, 727–743

Leaman, George 1993: *Heidegger im Kontext. Gesamtüberblick zum NS-Engagement der Universitätsphilosophen*, Berlin-Hamburg

Leclaire, Serge 1976: *Der psychoanalytische Prozess. Versuch über das Unbewusste und den Aufbau einer buchstäblichen Ordnung*, Baden-Baden

Lecourt, Dominique 1972: *Pour une critique de l'épistémologie (Bachelard, Canguilhem, Foucault)*, Paris

ders., 1975: *Kritik der Wissenschaftstheorie. Marxismus und Epistemologie (Bachelard, Canguilhem, Foucault)*, Berlin/W

Lefebvre, Henri 1987: *Kritik des Alltagslebens* [1946, 1962], Frankfurt/M

Lemke, Thomas 1997: *Eine Kritik der politischen Vernunft. Foucaults Analyse der modernen Gouvernementalität*, Hamburg

Lenin, Wladimir Iljitsch 1953ff: *Lenin Werke*, Bd. 1–40 u. 2 Erg.-Bde, hgg. vom Institut für ML beim ZK der KPdSU, dt. A. besorgt v. Institut für ML beim ZK der SED, Berlin/DDR (zit. LW)

Lipietz, Alain 1992: »Vom Althusserianismus zur ›Theorie der Regulation‹«, in: Demirović, Alex, H.-P. Krebs u. T. Sablowski (Hg.) 1992: *Hegemonie und Staat. Kapitalistische Regulation als Projekt und Prozess*, Münster, 9–54

Löser, Christian 1995: Artikel »Dialektischer Materialismus«, in: HKWM 2, 693–704

Losurdo, Domenico 2004 (2002): *Nietzsche, il ribelle aristocratico. Biografia intellettuale e bilancio critico*, Torino (ab 2009 in dt. Übersetzung beim Argument Verlag Hamburg)

Luhmann, Niklas 1969: *Legitimität durch Verfahren*, Neuwied, Berlin/W

Lukács, Georg 1923: *Geschichte und Klassenbewusstsein*, erweiterte Auflage 1923, Berlin (zit. GuK)

ders., 1968: »Vorwort« zu Lukács, Georg: *Geschichte und Klassenbewusstsein*, in: Georg Lukács Werke, Bd. 2, Frühschriften II, Neuwied und Berlin/W, 11–41

Luxemburg, Rosa: *Gesammelte Werke*, 5 Bde, hgg. v. Institut für Marxismus-Leninismus beim ZK der SED, Berlin/DDR, 1970–1975 (zit. GW)

Lyotard, J. F. 1974: *Économie libidinale*, Paris

ders., 1979: *La condition postmoderne*, Paris

ders., 1986: *Das postmoderne Wissen: ein Bericht*, Graz-Wien

ders., 1990: »Randbemerkung zu den Erzählungen«, in: P. Engelmann (Hg.), *Postmoderne und Dekonstruktion. Texte französischer Philosophen der Gegenwart*, Stuttgart 1990, 49–53

Macpherson, C.B. 1962: *The Political Theory of Possessive Individualism. Hobbes to Locke*, Oxford

ders., 1973: *Democratic Theory. Essays in Retrieval*, Oxford

ders. (Hg.), 1975: *Property. Mainstream and Critical Positions*, Toronto

Mann, Michael 1990 (1986): *Geschichte der Macht, Bd. 1: Von den Anfängen bis zur Griechischen Antike*, Frankfurt/M-New York

Mannheim, Karl 1952: *Ideologie und Utopie*, Frankfurt

Marchart, Oliver 2007: »Eine demokratische Gegenhegemonie – Zur neo-gramscianischen Demokratietheorie bei Laclau und Mouffe«, in: Buckel/Fischer-Lescano (Hg.) 2007, 105–120

Marcuse, Herbert 1967: *Der eindimensionale Mensch. Studien zur Ideologie der fortgeschrittenen Industriegesellschaft*, München

Marshall, T.H. u. Tom Bottomore 1992: *Citizenship and Social Class*, London

Marx-Engels-Gesamtausgabe (MEGA), hgg. v. Institut für Marxismus-Leninismus beim ZK der KpdSU und v. Institut für Marxismus-Leninismus beim ZK der SED, Berlin/DDR-Moskau 1975–1989, ab 1992 hgg. von der Internationalen Marx-Engels-Stiftung Amsterdam, Berlin-Amsterdam (zit. MEGA)

Marx-Engels-Werke (MEW), Bd. 1–42, hgg. v. Institut für Marxismus-Leninismus beim ZK der SED, Berlin/DDR 1957ff (zit. mit einfacher Bandangabe/Seitenzahl, z.B. 23/89)

18.B	Marx, »Der 18. Brumaire des Louis Bonaparte« (1852), in: 8/111–207
Bürgerkrieg	Marx, *Der Bürgerkrieg in Frankreich* (1871), in: 17/313–65
DI	Marx, Engels, *Die deutsche Ideologie* (1845–46, zuerst veröffentlicht in MEGA (1), Bd. 5, 1932), in: 3/9–530
Gotha	Marx, »Kritik des Gothaer Programms« (1875, zuerst veröff. 1890/91), in: 19/11–32
Judenfrage	Marx, »Zur Judenfrage« (1844), in: 1/347–77
K I	Marx, *Das Kapital. Kritik der Politischen Ökonomie. Erster Band. Buch I: Der Produktionsprozess des Kapitals* (1867), MEW 23
K III	Marx, *Das Kapital. Kritik der Politischen Ökonomie. Dritter Band. Buch III: Der Gesamtprozess der kapitalistischen Produktion*, hgg. v. Fr. Engels (1894), MEW 25
KHR	Marx, »Zur Kritik der Hegelschen Rechtsphilosophie. Einleitung« (1844), in: 1/378–91
KHS	Marx, Kritik des Hegelschen Staatsrechts (1843, zuerst veröff. 1927), in: 1/203–333
Klassenkämpfe	Marx, »Die Klassenkämpfe in Frankreich 1848–1850« (1850), in: 7/9–107
LF	Engels, *Ludwig Feuerbach und der Ausgang der klassischen deutschen Philosophie* (1866), in: 21/259–307
MS 44	Marx, Ökonomisch-philosophische Manuskripte aus dem Jahre 1844 (zuerst veröff. 1932, in: 40/465–588
ThF	Marx, Thesen über Feuerbach (1845, zuerst veröff. 1888), 3/5–7
TM	Marx, *Theorien über den Mehrwert* (1862/63, zuerst veröff. 1905–1910 v. K. Kautsky), MEW 26.1, 26.2, 26.3
Ursprung	Engels, *Der Ursprung der Familie, des Privateigentums und des Staates* (1884), in: 21/25–173
Vorw 59	Marx, »Vorwort« von *Zur Kritik der politischen Ökonomie* (1859), in: 13/7–11

McNally, David 2001: *Bodies of Meaning. Studies on Language, Labor, and Liberation*, New York

Mehring, Franz 1922a: *Geschichte der deutschen Sozialdemokratie, Erster Teil*, 1. und 2. Bd. (1898), 12. A., Berlin-Stuttgart

ders., 1922b: *Geschichte der deutschen Sozialdemokratie, Zweiter Teil*, 3. und 4. Bd. (1898), 12. A., Berlin-Stuttgart ders., 1960ff: *Gesammelte Schriften*, 15 Bde, hgg. v. Th. Höhle u.a., Berlin/DDR (zit. GS)

Meillassoux, Claude 1983 (1975): *Die wilden Früchte der Frau. Über häusliche Produktion und kapitalistische Wirtschaft*, Frankfurt/M

Müller, Cathren 2003: »Neoliberalismus als Selbstführung. Anmerkungen zu den ›Governmentality Studies‹«, in: *Das Argument* 249, 45. Jg., H. 1, 98–106

Napierala, Mark u. Tilman Reitz 2005: Artikel »Warenästhetik/Kulturindustrie«, in: *Ästhetische Grundbegriffe*, hgg. v. K. Barck u. a., Bd. 6, Stuttgart, 461–481

National Conference of Catholic Bishops 1986: *Economic Justice for all. Pastoral Letter on Catholic Social Teaching and the U.S. Economy*, Washington D.C.

Nemitz, Rolf 1979: »›Mut zur Erziehung‹ als konservativer Spontaneismus«, in: *Argument* 113, 21. Jg., 1979, H. 1, 64–75

Nietzsche, Friedrich 1999 (1980): *Kritische Studienausgabe*, hgg. v. Giorgio Colli und Mazino Montinari, München (zit. KSA)

AC *Der Antichrist. Fluch auf das Christentum* (1889), in: KSA 6

FW *Die fröhliche Wissenschaft* (1882), in: KSA 2

GM *Zur Genealogie der Moral. Eine Streitschrift* (1887), in: KSA 5

JGB *Jenseits von Gut und Böse. Vorspiel einer Philosophie der Zukunft* (1886), in: KSA 5

WL *Über Wahrheit und Lüge im außermoralischen Sinne* (1873), in: KSA 1

Za *Also sprach Zarathustra* (1883–85), in: KSA 4

Nolte, Ernst (Hg.) 1967: *Theorien über den Faschismus*, Köln, Berlin

O'Connor, Alan 1989: *Raymond Williams. Writing, Culture, Politics*, New York

Opitz, Sven 2004: *Gouvernementalität im Postfordismus. Macht, Wissen und Techniken des Selbst im Feld unternehmerischer Rationalität*, Hamburg

ders., 2007: »Gouvernementalität im Postfordismus. Zur Erkundung unternehmerischer Steuerungsregime der Gegenwart«, in: Kaindl (Hg.) 2007b, 93–108

Orozco, Teresa 2004 (1995): *Platonische Gewalt. Gadamers politische Hermeneutik der NS-Zeit*, Hamburg

Osborne, Peter 1995: *The Politics of Time*, London

Ottinen, Vesa 1994: *Spinozistische Dialektik. Die Spinoza-Lektüre des französischen Strukturalismus und Poststrukturalismus*, Frankfurt/M

Pagel, Gerda 2002 (1989): *Jacques Lacan zur Einführung*, Hamburg

Parenti, Christian 1999: *Lockdown America. Police and Prisons in the Age of Crisis*, London, New York

Pascal, Blaise: »Pensées«, in: *Oeuvres complètes*. Texte établi, présenté et annoté par Jacques Chevalier, Paris 1954, 1079–1345

Pêcheux, Michel 1975: *Les vérités de la palice*, Paris

ders., 1984 a/b: »Zu rebellieren und zu denken wagen! Ideologien, Widerstände, Klassenkampf«, in: *kultuRRevolution*, 1984, Nr. 5, 61–65, u. Nr. 6, 63–66

ders. u. C. Fuchs, 1975: »Das Subjekt und der Sinn. Zur Neuformulierung des Erkenntnisgegenstands Sprache«, in: *alternative* 104, 18. Jg., 1975, 204–16

Peter, Lothar 2004: »Pierre Bourdieus Theorie der symbolischen Gewalt«, in: Steinrücke, Margareta (Hg.) 2004: *Pierre Bourdieu. Politisches Forschen, Denken und Eingreifen*, Hamburg, 48–73

Petersen, Olaf, 2004: »Ausfaltung und Verfeinerung der Disziplinarmacht im Management – Erfahrungsbericht aus einer internationalen Unternehmensberatung«, in: *Forum Kritische Psychologie* 47, Hamburg, 120–144

Petit, Jacques-Guy 1990: *Ces peines obscures. La prison pénale en France (1780–1875)*, Paris

ders., u.a. (Hg.), 1991: *Histoire des galères, bagnes et prisons. XIIIe–XXe siècles. Introduction à l'histoire pénale de la France*, Toulouse

Pogge, Thomas W. 1989: *Realizing Rawls*, Ithaca, London

Polanyi, Karl 1977: *The Great Transformation. Politische und ökonomische Ursprünge von Gesellschafts- und Wirtschaftssystemen*, Wien

Poulantzas, Nicos 1968: *Pouvoir politique et classes sociales*, t. 1, Paris

ders., 1973: *Faschismus und Diktatur. Die Kommunistische Internationale und der Faschismus*, München

ders., 1975: *Politische Macht und gesellschaftliche Klassen*, Frankfurt/M

ders., 1978a: *L'Etat, le Pouvoir, le Socialisme*, Paris

ders., 1978b: *Staatstheorie. Politischer Überbau, Ideologie, Sozialistische Demokratie*, Hamburg

ders., 2001: »Die Internationalisierung der kapitalistischen Verhältnisse und der Nationalstaat« (1973), in: Hirsch, Joaching, Bob Jessop u. Nicos Poulantzas (Hg.) 2001: *Die Zukunft des Staates*, Hamburg, 19–70

Projekt Ideologietheorie (PIT) 1979: *Theorien über Ideologie*, Berlin/W

dass., 1980: *Faschismus und Ideologie 1*, Berlin/W, neu herausgegeben von Klaus Weber 2007 (zit. 2007/1980)

dass., 1994: *Die Camera obscura der Ideologie. Philosophie, Ökonomie, Wissenschaft.* Drei Bereichsstudien von S. Hall, W. F. Haug und V. Pietilä, Berlin/W 1984

dass., 1987: *Der innere Staat des Bürgertums. Studien zur Entstehung bürgerlicher Hegemonieapparate im 17. und 18. Jahrhundert*, vier Bereichsstudien von H. Bosch, R. Graf, P. Jehle u. M. Reiter, Berlin/W

Ptak, Ralf 2004: *Vom Ordoliberalismus zur Sozialen Marktwirtschaft. Stationen des Neoliberalismus in Deutschland*, Opladen

Rawls, John: 1975 (1971): *Eine Theorie der Gerechtigkeit*, Frankfurt/M

Rehmann, Jan 1986: *Die Kirchen im NS-Staat. Untersuchung zur Interaktion ideologischer Mächte*, Berlin/W

ders., 1991: »Gramsci und die Religionsfrage. Ein Beitrag zum christlich-marxistischen Dialog«, in: *Widerspruch. Beiträge zur sozialistischen Politik*, 11. Jg., H. 21, Juni 1991, 179–183

ders., 1994, Artikel »Antizipation«, in: HKWM 1, 364–376

ders., 1998: *Max Weber: Modernisierung als passive Revolution. Kontextstudien zu Politik und Religion im Übergang zum Fordismus*, Berlin, Hamburg

ders., 2001: Artikel »Glauben«, in: HKWM 5, 787–805

ders., 2004a: *Postmoderner Links-Nietzscheanismus. Deleuze & Foucault. Eine Dekonstruktion*, Hamburg

ders., 2004b: Artikel »Hoffnung«, in: HKWM 6/I, 450–469

ders., 2004c: Artikel »Ideologietheorie«, in: HKWM 6/I, 717–760

ders., 2005: »Platzhalter für eine kritische Ideologieforschung. Foucaults Vorlesungen zur ›Geschichte der Gouvernementalität‹«, in: *Das Argument 261*, 47. Jg., H. 3, 2005, 361–369

ders., 2007a: »Herrschaft und Subjektion im Neoliberalismus. Die uneingelösten Versprechen des späten Foucault und der *Gouvernementalitäts-Studien*«, in: Kaindl (Hg.) 2007b, 75–92

ders., 2007b: Review article on Domenico Losurdo's ›Nietzsche: il ribelle aristocratico. Biografia intellettuale e bilancio critico‹, in: *Historical Materialism*, 15.2, 2007, 173–193

ders., 2007c: »Deleuze and Foucault. Towards a Deconstruction of Postmodernist Neo-Nietzscheanism«, in: *Situations. Project of Radical Imagination*, Vol. 2, no. 1/2007, 7–16

ders., 2008: Artikel »Kalvinismus/Puritanismus«, in: HKWM 7/I, 33–48

Reitz, Tilman 2004: Artikel »Ideologiekritik«, in: HKWM 6/I, 690–717

ders., 2005: »Neoliberalismus in Staat und Geist«, in: *Das Argument 261*, 47. Jg., H. 3, 2005, 371–375

ders., u. Susanne Draheim 2007: »Schattenboxen im Neoliberalismus. Kritik und Perspektiven der deutschen Foucault-Rezeption«, in: Kaindl (Hg.) 2007b, 109–121

Rogge, A. 1977: »Zum ideellen Charakter der ideologischen Verhältnisse«, in: *Deutsche Zeitschrift für* Philosophie, 11/1977, 1369–1374

Roelofs, Joan 2003: *Foundations and Public Policy. The Mask of Pluralism,* New York

Roudinesco, Elisabeth 1997 (1993): *Jacques Lacan*, New York

Sawyer, R. Keith 2003: »Ein Diskurs über den Diskurs. Historische Archäologie eines intellektuellen Konzepts«, in: *Argument* 249, 45. Jg., 2003, H. 1, 48–62

Scherpe, Klaus 1983: »›Ideological‹, ›Protoideological‹, ›Unideological‹. Literary Practice as Rough Country for Ideology Theory«, in: Hänninen/Paldán (Hg.) 1983, 104–108

Schröder, W. u.a. (Hg.) 1974: *Französische Aufklärung. Bürgerliche Emanzipation, Literatur und Bewsusstseinsbildung*, Leipzig

Schui, Herbert, Stephanie Blankenburg, 2002: *Neoliberalismus: Theorie, Gegner, Praxis*, Hamburg

Schultheis, Franz u. Kristina Schulz (Hg.) 2005: *Gesellschaft mit begrenzter Haftung. Zumutungen und Leiden im deutschen Alltag*, Konstanz

Schwingel, Markus 1993: *Analytik der Kämpfe. Macht und Herrschaft in der Soziologie Bourdieus*, Hamburg

ders., 2003 (1995): *Pierre Bourdieu zur Einführung*, Hamburg

Seppmann, Werner 2000: *Das Ende der Gesellschaftskritik? Die »Postmoderne« als Realität und Ideologie*, Köln

ders., 2007: »Der Marxismus und das Christentum der Bergpredigt«, in: *Utopie kreativ*, H. 196 (Februar 2007), 161–171

Sève, Lucien 1977: *Marxismus und Theorie der Persönlichkeit*, Frankfurt/M

ders., 2004: Artikel »historische Individualitätsformen«, in: HKWM 6/I, 281–293

Sigrist, Christian 1994: *Regulierte Anarchie: Untersuchungen zum Fehlen und zur Entstehung politischer Herrschaft in segmentären Gesellschaften Afrikas* (1967), 3. Auflage, Hamburg

Sloterdijk, Peter 1983: *Kritik der zynischen Vernunft*, Frankfurt/M

Sorg, Richard 1976: *Ideologietheorien. Zum Verhältnis von gesellschaftlichem Bewusstsein und sozialer Realität*, Köln

Spinoza, Benedictus de: *Die Ethik*. Lateinisch und Deutsch, revidierte Übersetzung von Jakob Stern, Reclam 1997 (zit. *Ethik*)

Sparks, Colin 1996: »Stuart Hall, cultural studies and marxism«, in: Hall 1996, 71–101

Spiegel, Hermes 1997 (1983): *Gramsci und Althusser. Eine Kritik der Althusserschen Rezeption von Gramscis Philosophie*, Berlin-Hamburg

Stalin, Joseph W. 1938: »Über dialektischen und historischen Materialismus«, in: *Geschichte der KPdSU(B)*, Moskau

ders., 1947 (1938): *Fragen des Leninismus*. Elfte Auflage, Moskau

ders., 1950ff: *Werke*. Deutsche Übersetzung des Marx-Engels-Lenin Instituts beim Parteivorstand der SED, 13 Bde, Berlin/DDR (zit. W)

Suvin, Darko 2001: Artikel »Haltung«, in: HKWM 5, 1134–1142

Thompson, John B. 1984: *Studies in the Theory of Ideology*, Cambridge

ders., 1990: *Ideology and Modern Culture. Critical Social Theory in the Era of Mass Communication*, Cambridge 1990

Tuschling, Burkhard 1978: *Die »offene« und die »abstrakte« Gesellschaft. Habermas und die Konzeption von Vergesellschaftung der klassisch-bürgerlichen Rechts- und Staatsphilosophie*, Berlin

Veerkamp, Ton 2001: Artikel »Gott«, in: HKWM 5, 917–931

ders., 2005: *Der Gott der Liberalen. Eine Kritik des Liberalismus*, Hamburg

Vološinov, V.N. 1975: *Marxismus und Sprachsphilosophie*, Frankfurt/M

Voß, Gerd-Günter 1991: *Lebensführung als Arbeit. Über die Autonomie der Person im Alltag der Gesellschaft*, Stuttgart

ders., u. H.J. Pongratz, 1998: »Der Arbeitskraftunternehmer. Eine neue Grundform der Ware Arbeitskraft?«, in: *Kölner Zeitschrift für Soziologie und Sozialpsychologie*, 50. Jg., H 1, 1998, 131–58

Wacquant, Loïc 1997: »Die Zone«, in Bourdieu u.a. (Hg.), 1997, 179–204

ders., 2000: *Elend hinter Gittern*, Konstanz

ders., 2007: »Territoriale Stigmatisierung im Zeitalter fortgeschrittener Marginalität«, in: *Das Argument* 271, 49. Jg., H. 3/2007, 399–409

ders., 2008: *Urban Outcasts. A Comparative Sociology of Advanced Marginality*, Cambridge

Walpen, Bernhard 2004: *Die offenen Feinde und ihre Gesellschaft. Eine hegemonietheoretische Studie zur Mont Pèlerin Society*, Hamburg

Walpen, Bernhard u. Dieter Plehwe 2001: »›Wahrheitsgetreue Berichte über Chile‹: Die Mont Pèlerin Society und die Diktatur Pinochet«, in: *1999. Zeitschrift für Sozialgeschichte des 20. und 21. Jahrhunderts*, 16. Jg., Nr. 2, 42–70

Weber, Max: *Max Weber Gesamtausgabe*, hgg. v. Horst Baier, M. Rainer Lepsius, Wolfgang J. Mommsen, Wolfgang Schluchter, Johannes Winckelmann. Abteilung I: Schriften und Reden Abteilung II: Briefe, Tübingen 1984ff (zit. MWG)

ders., 1920: *Die protestantische Ethik und der »Geist« des Kapitalismus, in:* RS I, 17–206

ders., 1920: *Gesammelte Aufsätze zur Religionssoziologie I*, Tübingen 1988 (1920), (zit. RS I) ders., 1921: *Gesammelte Politische Schriften*, hgg. v. Johannes Winckelmann, Tübingen 1988 (1921), (zit. GPS)

ders., 1921: *Wirtschaft und Gesellschaft. Grundriss der verstehenden Soziologie*, Studienausgabe Tübingen 1980 (1921), (zit. WuG)

ders., 1922: *Gesammelte Aufsätze zur Wirtschaftslehre*, hgg. v. Johannes Winckelmann, Tübingen 1988 (1922) (zit. WL)

Weber, Thomas 1995: Artikel »Bedeutung«, in: HKWM 2, 95–116

Weiss, Peter 1976: *Die Ästhetik des Widerstands. Roman*, Frankfurt/M

ders., 1981: *Notizbücher 1971–1980*, 2 Bde, Frankfurt/M

Wielenga, Bastiaan 1988: *It's a long Road to Freedom. Perspectives of Biblical Theology*, Madurai/ India

Williams, Raymond 1977: *Marxism and* Literature, London

Willis, Paul 1977: *Learning to* Labour, London

ders., 1979: *Spaß am Widerstand, Gegenkultur in der Arbeiterschule*, Frankfurt/M

Wolf, Frieder Otto 1994: Artikel »Althusser-Schule«, in: HKWM 1, 184–191

Wolff, Rick 2004: Artikel »Ideologische Staatsapparate/repressiver Staatsapparat«, in: HKWM 6/I, 761–772

Yergin, Daniel u. Joseph Stanislaw 1998: *The Commanding Heights: the Battle between Government and the Marketplace that is Remaking the Modern World*, New York

Zander, Michael 2008: »Zweierlei Klugheit. Episches Theater und Verhalten. Bertolt Brecht und die Psychologie«, in: *Junge Welt*, 7. Februar 2008

Zapata Galindo, Martha 1995: *Triumph des Willens zur Macht. Zur Nietzsche-Rezeption im NS-Staat*, Hamburg

Zetkin, Clara 1967: »Der Kampf gegen den Faschismus«, in: Nolte (Hg.) 1967, 88–112

Žižek, Slavoj 1989: *The Sublime Object of Ideology*, London

ders. (Hg.), 1994: *Mapping Ideology*, London

ders., 2001, *Die Tücke des Subjekts*, Frankfurt/M

Personenregister

Sachregister